脱贫攻坚口述史丛书

甘肃卷

脱贫攻坚口述史

主　　编　刘正平

副 主 编　安永香

执行主编　刘一丁

中共党史出版社

图书在版编目（CIP）数据

脱贫攻坚口述史.甘肃卷/刘正平主编；安永香副
主编；刘一丁执行主编.-- 北京：中共党史出版社，
2023.12

ISBN 978-7-5098-6217-9

Ⅰ.①脱… Ⅱ.①刘… ②安… ③刘… Ⅲ.①扶贫－
工作概况－甘肃 Ⅳ.①F126

中国版本图书馆 CIP 数据核字（2022）第 226403 号

书　　　名：脱贫攻坚口述史（甘肃卷）

作　　　者：刘正平（主编）　安永香（副主编）　刘一丁（执行主编）

出版发行：**中共党史出版社**

协调编辑：王媛

责任编辑：贾欣琪

责任校对：申宁

责任印制：段文超

社　　　址：北京市海淀区芙蓉里南街 6 号院 1 号楼　邮编：100080

网　　　址：www.dscbs.com

经　　　销：新华书店

印　　　刷：北京中科印刷有限公司

开　　　本：710mm × 1000mm　1/16

字　　　数：360 千字

印　　　张：24.5

版　　　次：2023 年 12 月第 1 版

印　　　次：2023 年 12 月第 1 次印刷

书　　　号：ISBN 978-7-5098-6217-9

定　　　价：60.00 元

"脱贫攻坚口述史丛书"编委会

（按姓氏笔画为序）

邢光龙　刘正平　刘荣刚　刘晓晨

严爱云　杜　丹　李　良　赵国卿

目　录

脱贫攻坚人间奇迹的陇原壮举

孙伟

2021 年 2 月 25 日，习近平总书记在全国脱贫攻坚总结表彰大会上庄严宣告，经过全党全国各族人民共同努力，在迎来中国共产党成立一百周年的重要时刻，我国脱贫攻坚战取得了全面胜利，区域性整体贫困得到解决，完成了消除绝对贫困的艰巨任务，创造了又一个彪炳史册的人间奇迹！

甘肃是全国脱贫攻坚任务最重的省份，是全国脱贫攻坚战主战场。党的十八大以来，在习近平总书记的殷切关怀、悉心指导下，在以习近平同志为核心的党中央坚强领导下，在习近平总书记关于扶贫工作重要论述和对甘肃重要讲话和重要指示批示精神的正确指引下，甘肃省委、省政府团结带领全省广大干部群众以敢死拼命的劲头、砸锅卖铁的决心、较真碰硬的作风，负重自强、顽强拼搏，向最深的贫困堡垒发起背水一战的总攻，解决了许多长期想解决而没有解决的难题，办成了许多过去想办而没有办成的大事，彻底告别了绝对贫困，彻底解决了区域性整体贫困，彻底撕掉了"苦瘠甲天下"的历史标签，甘肃各族人民同全国各族人民一道迈入全面小康社会，创造了脱贫攻坚人间奇迹的陇原壮举。我作为脱贫攻坚战的参与者、亲历者、见证者，以亲身经历回顾甘肃脱贫攻坚的艰辛历程、体悟伟大成就、分享成功经验，感到无比激动和自豪，千言万语汇成一句话：正是习近平总书记亲自谋划、亲自部署，亲自挂帅、亲自出征，才创造了脱贫攻坚这一人间奇迹。

"脱贫攻坚是我心里最牵挂的一件大事"

习近平总书记一直对脱贫攻坚念兹在兹，他多次讲"脱贫攻坚是我心里最牵挂的一件大事"，40多年中先后在县、市、省、中央工作，扶贫始终是工作的一个重要内容，花的精力最多。从村到县到市到省到中央，习近平总书记始终挂念着还没摆脱贫困的乡亲，那些人、那些事一直都装在他的心里。在陕北梁家河，他最大的心愿就是让乡亲们饱餐一顿肉；在河北正定，他冲破束缚甩掉了"高产穷县"的帽子；在福建宁德，他孜孜探索出"弱鸟先飞"的脱贫路子；在福建省委，他身先士卒开创了"闽宁协作"的生动典范。从初到梁家河的知识青年，到为国为民、夙夜在公的人民领袖，习近平总书记风雨兼程、一往无前。"脱贫攻坚是我心里最牵挂的一件大事"，"我最牵挂的还是困难群众"，"他们的生活存在困难，我感到揪心。他们生活每好一点，我都感到高兴。"一句句饱含深情的话语，映照着人民领袖为人民的赤子之心，彰显着百年大党矢志不渝的使命担当。

党的十八大以来，以习近平同志为核心的党中央领导全党全国各族人民向绝对贫困和区域性整体贫困宣战，在中华大地上打响了前所未有的气壮山河、声势浩大的脱贫攻坚人民战争。党的十八大刚刚闭幕，习近平总书记在同中外记者见面时掷地有声地说，"人民对美好生活的向往，就是我们的奋斗目标。"他多次强调，"到2020年我国现行标准下农村贫困人口实现脱贫，是我们的庄严承诺。一诺千金"。习近平总书记连续多年新年第一次国内考察都到贫困地区，50多次调研扶贫工作，深入14个集中连片特困地区，直接调研指导几十个贫困村，足迹遍及贫困地区的乡村田野，顶风雪、冒酷暑、踏泥泞、翻山越岭、跋山涉水，到贫困群众家中同他们聊家常，翻民生簿、算增收账、嘘寒问暖、鼓劲加油。习近平总书记说，"到这些地方调研的目的只有一个，就是看真贫、扶真贫、真扶贫"。多少回，习近平总书记前一天还在主持重要会议、处理国家大事和国际关系，第二天就已轻车简从、风尘仆仆赶赴贫困地区；多少次，我们看到习近平总书记忙碌的扶贫身影，农家院落、田间地头，一张方桌、几条板凳，体察百姓疾苦、细辨贫困症结。习近平总书记的不倦足迹，深深印刻在贫困地区的山山水水，习近平总书记的殷殷之情，深深温暖着贫困群众的肺腑心窝。

访贫问苦的脚步走得越远、走得越深，同人民的心就贴得越近、贴得越紧。习近平总书记和乡亲们的脱贫故事，是中国共产党的故事、是中国人民的故事、是当代中国的故事。从这些故事里，我们能够清晰读懂中国的昨天、今天和明天。

连续五年主持中央政治局常委会会议、政治局会议听取脱贫攻坚成效考核汇报，连续六年召开七次中央扶贫工作座谈会，连续七年在国家扶贫日期间出席重要活动或作出重要指示，连续七年在新年贺词中强调脱贫攻坚，多少次与党代表、人大代表、政协委员、民主党派、工商联和无党派人士共商脱贫攻坚大计，多少次回信勉励基层干部群众投身反贫困斗争伟大事业……在脱贫攻坚的每个重要节点和重大关头，习近平总书记都为我们指引方向、领航掌舵。习近平总书记既亲自挂帅、亲自出征，身体力行、率先垂范，又谆谆教导、千叮万嘱，直指难点、把脉开方，提出了一系列脱贫攻坚原创性思想，领导全党全国各族人民进行了一系列创新性实践，取得了一系列突破性进展，夺取了一系列标志性成果。

放眼今日神州大地，从大石山区到西北戈壁，从太行山区到秦巴腹地，从土家苗寨到雪域高原，习近平总书记的足迹走到了每一个角落，曾经的贫困县贫困乡贫困村产业旺了、出行易了、房子新了、环境美了，曾经的贫困群众腰包鼓了、脑袋富了、干劲足了、脸上笑了。无数人的命运因此而改变，无数人的梦想因此而实现，无数人的幸福因此而成就。一个个乡村蜕变、一张张欢快笑脸汇聚成脱贫攻坚的最美画卷。

一个14亿人口的大国，困扰几千年的绝对贫困问题历史性画上句号。这是亘古未有的时代壮举，这是中华民族的永恒丰碑，这是人类减贫的人间奇迹，这是中国人民的伟大光荣！

习近平总书记对甘肃脱贫攻坚工作格外关心、十分关切，三次面对面指导，多次作出重要指示批示。2013年2月，习近平总书记专程到甘肃视察指导工作，这是党的十八大之后习近平总书记到西部地区调研的第一站，对甘肃工作作出了"八个着力"的重要指示，强调要"着力推进扶贫开发，尽快改变贫困地区面貌"，指出"甘肃贫困问题比较突出，贫困面大、贫困程度深""扶贫开发任务繁重"，要求"连片特困地区党委和政府的工作重点要放在扶贫开发上，把扶贫开发摆在更加突出的位置，做到有计划、有资金、有目标、有措施、有检查，把扶贫开发工作抓紧抓实，坚决打好新一轮扶贫开发攻坚战"，为甘肃打赢打好脱贫攻坚战提供了根本指引。

2月3日正是农历小年，习近平总书记冒着严寒，翻山越岭，深入临夏回族自治州东乡族自治县布楞沟村和定西市渭源县元古堆村考察脱贫工作，向乡亲们拜年，并为每家每户送上年货。习近平总书记的到来，为这两个鲜为人知的贫困小山村带来了希望和光明，是这两个村实现华丽蝶变的美好开始。

布楞沟在东乡语中就是"悬崖边"的意思，表明这个地方山大沟深。村子就像是挂在半山腰上，几乎没有平地。2012年人均纯收入只有1624元，贫困发生率高达96%，是东乡县最贫困最干旱的山村。村民长期吃的是靠天上少得可怜的降水收集起来的水窖水，要么得翻山越岭到30里外的洮河车拉人背，过去在布楞沟说水贵如油一点不为过。村里村外全是土路，晴天一身土、雨天一身泥。绝大部分住房都是老旧土坯房，根本谈不上安全。基本没有像样的产业，农户种两三亩地，养七八只羊，收入很低，勉强糊口度日，根本谈不上发展。妇女基本足不出户，更不可能自己挣钱。习近平总书记沿着陡峭不平的山路、踩着没过脚面的浮土走进贫困群众家里，看面柜、看羊圈，坐在土炕上同乡亲们拉家常，问粮食够不够吃、低保有没有保证、看病有没有保障、孩子有没有上学，嘱咐他们要让孩子好好读书，要多养羊，要有脱贫致富的信心。在察看村里的集雨水窖后，习近平总书记要求当地党委政府抓紧解决好村民饮水困难问题，关切嘱托，"要把水引来，把路修通，把新农村建设好"，鼓励乡亲们发扬自立自强精神，找准发展路子，苦干实干，改善生产生活条件，早日改变贫困面貌。乡亲们说："总书记深情惦记着东乡族人民，我们有信心过上好日子。"习近平总书记的关怀激励，让布楞沟的脱贫攻坚驶上了高速路。现在，每家每户都通了自来水，彻底结束了吃水靠车拉人背的历史；二级公路穿村而过，户户都通了水泥路；家家都住进了新房，住房安全有了可靠保证，一些家庭还买了小汽车；村里新建了小学和幼儿园，孩子们还能免费吃上热气腾腾的午餐；特色产业形成"小气候"，全村一年出栏的羊超过8000只，"布楞沟东乡手抓羊肉"远销北京等地。更为可喜的是，妇女也走出了家门，积极到村里的两家扶贫车间务工，既通过自己的劳动挣到了钱贴补家用，提升了家庭地位，也改变了思想观念，能够大方主动地与外人交流了，这对子女教育、家庭文化带来的正能量是无法用金钱衡量的，也是最深远的。2020年全村人均收入7918元，比2012年增长了近四倍。与布楞沟村民唠家常时，他们说得最多的一句话是"吃水不忘总书记，永远感恩共产党"。

元古堆村三面环山，高寒阴湿，海拔2400多米，过去人称"烂泥沟"，2012年人均纯收入1466元，贫困发生率高达57%，也是典型的深度贫困村。70%以上的农户住的是危房，房前屋后到处都是生活垃圾、牲畜粪便和柴草杂物，"穷、困、苦"与"脏、乱、差"集于一身。村民不仅物质生活匮乏，思想观念更是封闭，内生动力明显不足，觉得祖祖辈辈都这样，小山沟里翻不出什么大浪。习近平总书记踩着两脚泥走进村子，向乡亲们送上新春祝福，鼓励大家"咱们一块儿努力，把日子越过越红火"。为实地察看水质，在老党员马岗家里，习近平总书记亲自从水缸里舀起一瓢水喝，第二天又专程到引洮供水工程工地考察，叮嘱有关负责同志，要让老百姓早日喝上干净甘甜的洮河水。乡亲们都说："总书记的关怀，就是我们脱贫最大的动力。党和政府努力帮咱们，咱们自己更得努力干"。现在元古堆村建起了一幢幢整齐明亮的新房、矗立起一排排晒着太阳就来钱的光伏板，水泥路通到家家户户门口，村民都喝上了甘甜的洮河水，百合、马铃薯、中药材等特色产业和农家乐鼓起了村民的钱袋子，2020 年人均收入达到 11598 元，比 2012 年增长了近七倍，不仅甩掉了"烂泥沟"的帽子，还入选第二届"绚丽甘肃·十大美丽乡村"。群众思想观念和精神面貌像换了个人一样，见面聊得最多的是如何致富，都在积极找门路、主动找活干、想法挣到钱，憧憬更加美好的未来。

2019 年 3 月全国两会期间，习近平总书记亲临甘肃代表团参加审议，重点讲的也是脱贫攻坚问题。会议一开始，总书记就当面向临夏州、甘南州和定西市的全国人大代表详细了解脱贫攻坚情况，语重心长地说："我对甘肃的扶贫工作非常关注，对这里脱贫任务的完成很关切"。习近平总书记在重要讲话中对省委把脱贫攻坚作为全省头等大事、第一民生工程和底线性任务，坚持"两不愁三保障"脱贫标准，聚焦深度贫困地区和特殊贫困群体等做法和甘肃脱贫攻坚取得的重要进展给予了充分肯定，强调"现在距离 2020 年完成脱贫攻坚目标任务只有两年时间，正是最吃劲的时候，必须坚持不懈做好工作，不获全胜决不收兵"，指出"甘肃是全国脱贫攻坚任务最重的省份，脱贫难度极大"，要求坚定信心不动摇、咬定目标不放松、整治问题不手软、落实责任不松劲、转变作风不懈怠，"尽锐出战、迎难而上，真抓实干、精准施策，确保脱贫攻坚任务如期完成"。总书记给予的肯定鼓舞人心，寄予的期望催人奋进，分析的形势令人警醒，指出的问题振聋发聩，提出的要求掷地有声，让我们信心更足、决心更大、动力更强。

时隔不到半年的 8 月 19 日至 22 日，习近平总书记带着对甘肃脱贫攻坚的关切和对贫困群众的关怀，顶着烈日，行程 1000 多公里，来到甘肃各族干部群众中间，深入贫困村、走进贫困户，看得仔细、问得温情、教得深切。

武威市古浪县黄花滩是一个大型易地扶贫和生态移民安置区，共搬迁安置古浪县南部深山区 11 个乡镇、73 个贫困村的 6.24 万群众。过去，这些群众生活在高寒阴湿山区，那里的海拔平均在 2500 米以上，农户散落居住，住房破旧危险，靠种几亩靠天吃饭的薄地过日子，孩子上学、群众看病、娶媳妇等各种难题叠加交织，生产生活条件十分艰苦。习近平总书记专程来到黄花滩移民安置区富民新村，沿着整洁宽敞的村道，一路走一路看，访农户、问干部，进学校、看师生，详细察看和询问义务教育、基本医疗、住房安全、饮水安全等"两不愁三保障"情况。到村民李应川新家，屋里屋外看个仔细，看看院子，看看房子，打开厨房水龙头冲冲手，到厕所按下马桶开关，仔细了解乡亲们易地扶贫安置后的生产生活情况，详细询问家庭就业、收入、看病、社保、医疗保险、孩子上学等方面还有什么困难，李应川热泪盈眶地说，哪有什么要求啊，想到想不到的都有了，千恩万谢感谢党。看到乡亲们都过上了好日子，习近平总书记十分欣慰地说，"你们高兴，我们也高兴"，"共产党就是为人民服务的，就是给老百姓办事的。老百姓的幸福，就是共产党的事业。"

习近平总书记在听取省委和省政府工作汇报后发表重要讲话时，还专门回忆了前一天到黄花滩考察的场景。从亲切的话语里，我们深切体悟到总书记的欣慰和托底。习近平总书记强调"要深化脱贫攻坚，坚决攻克最后的贫困堡垒"，指出"甘肃如期打赢脱贫攻坚战是一场硬仗，要坚持靶心不偏、焦点不散，在普遍实现'两不愁'的基础上，重点攻克'三保障'方面的突出问题，把脱贫攻坚重心向深度贫困地区聚焦，以'两州一县'和18个省定深度贫困县为重点，逐村逐户、逐人逐项去解决问题，坚决攻克最后的贫困堡垒"，重申"集中连片特困地区党委和政府的工作重点要放在扶贫开发上，要继续坚持"。

现在，黄花滩村民的日子过得热气腾腾、红红火火。产业和饮水、道路、用电、通信等基础设施，教育、医疗等基本公共服务和住房等民生问题一次性全部解决。一座座种植大棚、养殖暖棚拔地而起，全村已建成日光温室400多座、养殖暖棚2000多座，还引进海升集团建设12万平方米玻璃温室，为黄花滩移民安置区产业发展带来更大后劲，孩子们可以在家门口的足球场上欢快地踢球，妇女们在村民广场上跳起广场舞，村民们做饭取暖都用上了天然气。群众发自内心地听党话、感党恩、跟党走。习近平总书记视察时亲切看望的李应川一家，日光温室种植的辣椒年收入1.8万元左右，养殖暖棚繁育母羊从40只增加到200多只，通过卖羊羔每年可增收近10万元。全村过得像李应川家这么殷实的还有许多。80岁的韩学忠老汉激动地说，"我永远忘不了共产党带给百姓的好处"。

习近平总书记对甘肃贫困群众的深情挂念，对甘肃脱贫攻坚的特殊关怀，犹如尧风舜雨激荡在陇原大地，让 2600 万陇原各族儿女倍感温暖、倍受激励、倍增信心。习近平总书记对甘肃重要讲话和重要指示批示精神，思想深邃、内涵丰富，情真意切、语重心长，为我们决战脱贫攻坚、决胜全面小康，加快建设幸福美好新甘肃、不断开创富民兴陇新局面，提供了思想指引、行动指南和根本遵循。

"甘肃是全国脱贫攻坚任务最重的省份"

长期以来，贫困是甘肃如影随形的存在，在这片先天贫瘠的土地上，贫困像难以摆脱的枷锁，沉重地压在陇原人民心头。一说起甘肃，人们首先想到的就是左宗棠"陇中苦瘠甲于天下"的沉重叹息和联合国专家"这里不具备人类生存的基本条件"的绝望评价。

2013 年底建档立卡时，脱贫收入标准为人均年收入 2300 元，平均每天只有 6.3 元，即使在这样低的标准下，甘肃贫困人口仍多达 552 万人，后来动态调整为 574.5 万人，贫困发生率高达 27%，贫困村 7262 个，全省 86 个县市区中有 75 个是贫困县（58 个属于连片特困地区贫困县，17 个是插花型贫困县），全国 14 个集中连片特困片带，甘肃就有秦巴山区、六盘山区和涉藏地区，甘南州、临夏州和武威市天祝县被国家确定为"三区三州"深度贫困地区。

2017 年 3 月，我从山东调到甘肃省委工作，分管最主要的工作就是脱贫攻坚。当时，7262 个贫困村一个也没有出列，75 个贫困县一个也没能摘帽，还有 227 万贫中之贫、困中之困、坚中之坚的贫困人口没有摆脱贫困。面对如此严峻的脱贫攻坚形势和艰巨的脱贫攻坚任务，我深感责任重如泰山。我牢记习近平总书记的谆谆教导和殷殷嘱托，坚决扛起脱贫攻坚政治责任，始终把脱贫攻坚作为首要政治任务和底线性任务，做到时间上优先保证、精力上优先集中、工作上优先投入、调研上优先围绕，四年多时间开展 130 多次专题调研，主持召开 110 多次专题会议，组织起草几十个政策性文件，坚决贯彻落实习近平总书记的每一条教导、每一次指示、每一项要求，竭尽全力推动脱贫攻坚走深走实。到甘肃工作一年时间内，我走遍 14 个市州和 86 个县市区，四年多我到全省 86 个县市区调研三次以上，大部分深度贫困县调研十次以上，联系的贫困县调研 40 次以上。走得越多、看得越多、了解得越多越深，我对甘肃的贫困程度之深和脱贫难度之大感受越深切，对习近平总书记作出的"甘肃贫困问题比较突出"，"甘肃是全国脱贫攻坚任务最重的省份，脱贫难度极大"，"甘肃如期打赢脱贫攻坚战是一场硬仗"等重要论断的体悟越深刻。习近平总书记的重要论断，是对甘肃脱贫攻坚面临严峻形势最精准的把握，是对甘肃在全国脱贫攻坚大局中特殊地位最精准的定位。因此，我们必须牢固树立"全国脱贫看甘肃"的政治意识和大局意识，付出比别的地方加倍的努力、拿出比别人更大的干劲，才能打赢打好甘肃脱贫攻坚这场硬仗。

虽然甘肃贫困人口数量不是全国最多的，贫困发生率也不是全国最高的，但脱贫难度却是全国最大的，可用三句话来概括。

第一句话，致贫因素复杂深刻。致贫的各种因素甘肃都有，一些深度贫困地区是集所有致贫因素于一身，困难程度可见一斑。从大的方面讲，一个是自然条件因素，一个是人的因素。甘肃自然条件最明显的特征是贫瘠。人们常说，一个地方贫瘠并不可怕，可怕的是贫瘠的地方还有这么多人。在甘肃贫困地区，人、地、水不匹配的问题十分突出，一些地方有地没水，一些地方有水没地，一些地方有水有地但积温不够，缺乏发展农业生产的基本条件。有的乡村人均只有几分靠天吃饭的山旱地，天不下雨不长东西，雨下多了滑坡泥石流，种什么、养什么能脱贫致富呢？连养牛养羊的饲料也供不上。一位中央部委负责同志到临夏回族自治州东乡族自治县调研后跟我讲，你们这里是"有深山没老林啊"，这句话特别形象地诠释了"贫瘠"。2018 年我陪同东部地区一位副省级城市的书记调研，途中他看到我们大山区的村落散而小，问能不能多搞些搬迁。我向他解释，这里大多是 V 字形山谷，在山上还有点靠天吃饭的旱地，越往山下越没地，连建房的地都难找。

人的因素更具根本性，也更复杂。最要害的是劳动力文化水平普遍偏低。许多贫困地区"60后""70后"大多没上过几年学，在甘南、临夏等民族地区，"80后"甚至"90后"的妇女好多甚至没上过学，青壮男劳力上过初中就不错了，许多也只上过小学，好多人年纪轻轻就在家里守着几亩薄地，不敢走出去，即使外出打工也只能打零工，收入不可能高。还有一个现象就是越贫的地方、越困的家庭孩子越多，陷入"越穷越生、越生越穷"的怪圈。有的贫困家庭孩子四五个甚至更多，挣多少钱才能脱贫呢？贫困家庭大多有病人，有的贫困家庭只有一个或两个劳动力，其他要么是病人、要么是老人或小孩，日子过得艰难而痛苦。脱贫攻坚是一场没弹性更没退路的背水一战的硬仗。

第二句话，历史欠账时长量大。由于种种原因，甘肃乡村住房、饮水、道路等基础设施，教育、医疗等基本公共服务，农业产业发展等方面不仅欠账多，而且欠得时间长，离"两不愁三保障"标准差距很大，与周边省份的差距也拉大。许多农户连喝水都十分困难，更谈不上喝干净卫生的水，大批农户还住在危房里，不少村没有卫生室，更别说有村医了，乡镇卫生院设备和医生普遍不足，一些边远山区小规模学校或教学点教学质量不高，许多行政村没有通硬化路，村组道路欠账更大，农民群众吃水难、住房难、看病难、上学难、行路难等问题叠加，让人十分揪心。多数县没有像样的产业，不仅没有真正意义上的工业，就连农业也基本停留在一家一户的散种散养、自给自足阶段。这也是为什么老百姓辛辛苦苦"种地养羊"却一直没有摆脱贫困的重要原因，因为老百姓种的是口粮、养的是食物，而没有变为商品，哪来的收入。

第三句话，特有少数民族都在深度贫困地区。甘肃有三个特有的少数民族，即东乡族、保安族和裕固族，其中东乡族和保安族聚居在临夏回族自治州的东乡族自治县和积石山保安族东乡族撒拉族自治县，是典型的深度贫困地区，裕固族聚居的肃南裕固族自治县地处祁连深山，也是插花型贫困县。习近平总书记反复强调，"全面小康路上不能忘记每一个民族、每一个家庭"，"决不能落下一个贫困地区、一个贫困群众"。因此，这三个少数民族自治县如期脱贫意义极为重要和特殊。这三个县中，肃南县的情况相对好些，而东乡县和积石山县按贫困程度综合评价贫困深度、脱贫难度分别排全省第一和第四位，是名副其实的贫中之贫、困中之困、坚中之坚。习近平总书记在党的十八大后亲临我省的第一个贫困地区就是临夏回族自治州东乡族自治县。东乡县、积石山县及临夏州的脱贫攻坚战成败不仅事关甘肃脱贫攻坚战成败，而且事关全国脱贫攻坚大局，是顶天立地的大事。如果东乡县、积石山县、肃南县不能如期脱贫，不仅仅是几万人没能脱贫的问题，而是全省、全国有三个县不能摘帽，更是 56 个民族中有三个民族没能脱贫。因此，我们经常告诫自己，全国脱贫看甘肃，甘肃脱贫看临夏，临夏脱贫看东乡、积石山。甘肃脱贫攻坚进程关系全国脱贫攻坚进程，甘肃脱贫攻坚质量关系全国脱贫攻坚质量。全国脱贫攻坚能不能获全胜、能不能收兵，关键要看甘肃这块最硬的骨头能不能啃下，关键看甘肃这块最难攻的阵地和最深的贫困堡垒能不能攻下。

面对甘肃脱贫攻坚的严峻形势和艰巨任务，面对甘肃脱贫攻坚在全国脱贫攻坚大局中的极端重要地位、特殊重大分量，新一届省委省政府牢记习近平总书记殷殷嘱托，坚持以习近平总书记关于扶贫工作重要论述和对甘肃重要讲话和重要指示批示精神为统揽和主线，站在"百年目标、全党使命"的政治高度，站在"全国脱贫看甘肃"的大局高度，把脱贫攻坚作为首要政治任务和底线性任务，以脱贫攻坚统揽经济社会发展全局，坚定不移地照着习近平总书记为我们确定的奋斗目标、指明的努力方向、提出的明确要求奋勇前进，团结带领全省干部群众大力弘扬"人一之我十之，人十之我百之"的甘肃精神，撸起袖子加油干，不破楼兰终不还，紧盯目标标准，贯彻精准方略，下足绣花功夫，聚焦深度贫困，实施"一户一策"，狠抓"三个落实"，夯实"五个基础"，坚决落实习近平总书记关于脱贫攻坚的一系列指示要求，破解一个又一个难题，攻克一个又一个堡垒，创造一个又一个脱贫攻坚陇原壮举，成为习近平总书记亲自发动、亲自领导创造的人间奇迹的鲜活实践和生动写照。

"脱贫攻坚贵在精准、重在精准，成败之举在于精准"

精准，是新时代脱贫攻坚最显著的特征和最鲜明的导向。

习近平总书记 2013 年在湖南湘西州花垣县十八洞村视察时明确提出精准扶贫理念，成为打赢脱贫攻坚战的制胜法宝。

贫有百样，困有千种。只有做到"精准"，才能对症下药、靶向治疗、药到病除。如何做到"精准"？习近平总书记用平实的话语教导我们，"要思考我们这个地方穷在哪里？为什么穷？有哪些优势？哪些自力更生可以完成？哪些需要依靠上面帮助和支持才能完成？"情况搞清楚了，才能把工作做到家、做到位。习近平总书记明确提出要实行扶持对象精准、项目安排精准、资金使用精准、措施到户精准、因村派人精准、脱贫成效精准等"六个精准"，明确要求实行发展生产脱贫一批、易地搬迁脱贫一批、生态补偿脱贫一批、发展教育脱贫一批和社会保障兜底一批等"五个一批"，从理论和实践上科学回答了"扶持谁、谁来扶、怎么扶、如何退"等脱贫攻坚关键核心问题，为实现扶贫对象精细化管理、扶贫资源精确化配置、扶贫对象精准化扶持，打出政策组合拳，因村因户因人施策、因贫困原因施策、因贫困类型施策，下足绣花功夫，让扶贫扶到点上、扶到根上提供了根本遵循。

扶贫先识贫。准确识别贫困人口是精准扶贫的第一步。我们遵循习近平总书记精准扶贫理念，按照"县不漏乡、乡不漏村、村不漏户、户不漏人"的要求，在全省全面深入开展建档立卡，为精准扶贫、精准脱贫打下基础。

识贫是为了扶贫和脱贫。识贫只解决了扶持谁的问题，而要解决谁来扶、扶什么、怎么扶的问题，需要精准再精准。为此，我们全面组织实施"一户一策"，确保扶贫工作务实、脱贫过程扎实、脱贫结果真实。

"一户一策"不是"一户一册"，不是弄本小册子就完事，而是要用"过筛子"办法，挨家挨户剖析致贫原因、算清收支细账、商讨脱贫路径、明确帮扶举措，需要什么扶持就提供什么扶持，存在什么困难就解决什么困难，切实做到真扶贫、扶真贫。我们组织40多万乡镇包村干部、村"两委"负责人、驻村第一书记和工作队员、帮扶责任人到贫困群众家里，同贫困群众面对面讨论，一起分析致贫原因、一块算好脱贫细账、一同商议脱贫办法、一道细化帮扶举措，用叙事写实的方式逐户量身制定"一户一策"精准脱贫计划。通过制定"一户一策"主要解决四个问题。一是基本情况。包括几口人、多大年龄、是否患病、孩子是否上学、住房情况如何、有无安全饮水以及是否脱贫、计划哪年脱贫、帮扶责任人是谁等。二是致贫原因。包括患病、受灾、缺劳力、缺技术、子女上学负担等。三是收入现状。包括家里有几亩地、种植什么、养殖什么以及卖了多少、净收益如何，家里谁外出到哪里务工、从事什么工种、收入多少，落实哪些惠民兜底政策以及扣除缴纳医保等费用后取得多少净收入等情况。四是帮扶举措。包括直接针对致贫原因的措施和帮助提高收入的办法，以及协调落实入学、就医、危房改造、兜底保障等方面政策举措。

　　我们把实施"一户一策"作为贯彻精准扶贫理念、下足绣花功夫的有力抓手，作为脱贫攻坚的精准时间表、详细任务书、具体施工图。一是"一户一策"目标聚焦，就是"一超过两不愁三保障"，既不"眉毛胡子一把抓"，也不喊大口号、不提好高骛远的目标。二是"一户一策"简洁明了，就是情况、原因、举措、成效四个部分，直奔主题、一目了然，不搞繁文缛节、不做表面文章。三是"一户一策"作用集成，就是通过周密制定、有力实施和严格考核，逐户逐人逐项落实"六个精准"和"五个一批"，让"扶持谁、谁来扶、怎么扶、如何退"等关键问题成为清晰账、任务单、责任书。各地区各部门和各帮扶单位把扶贫政策和帮扶措施同"一户一策"紧密结合起来，把"三保障"及易地搬迁等扶贫项目实施、到户产业扶持资金、就业补助资金等扶贫资金落实同"一户一策"严格挂钩，把宝贵的扶贫资源用到最需要帮助的贫困群众身上、用到最能改变贫困状况的措施上，彻底改变了过去大水漫灌式的扶贫方式，有效调动了贫困群众脱贫的内生动力，使扶贫扶到点上、扶到根上的要求成为一个又一个现实。

"着力解决'两不愁三保障'突出问题"

过上什么样的日子才算脱了贫？习近平总书记明确指出，"到2020年稳定实现农村贫困人口不愁吃、不愁穿，义务教育、基本医疗、住房安全有保障，是贫困人口脱贫的基本要求和核心指标"，指出"实现义务教育有保障主要是让贫困家庭义务教育阶段的孩子不失学辍学；实现基本医疗有保障主要是所有贫困人口都参加医疗保险制度，常见病、慢性病有地方看，得了大病、重病后基本生活过得去；住房安全有保障主要是让贫困人口不住危房；饮水安全有保障主要是让农村人口喝上放心水"，多次强调在脱贫标准上既不能脱离实际、拔高标准、吊高胃口，也不能虚假脱贫、降低标准、影响成色。

过去一段时间，有些地方、部门和单位的同志对脱贫标准把握不精准，有的降低标准，试图尽快"摘帽"，没实现"两不愁三保障"就想宣布脱贫，影响了脱贫成色和质量；有的拔高标准，像危房改造和易地搬迁面积超标、看病不花钱、上什么学都免费等，虽然出发点是好的，但结果吊高了群众胃口、超越了发展阶段、造成了"悬崖效应"。习近平总书记的一锤定音，及时纠正了这些地方、部门和单位把握脱贫目标标准不准确不聚焦等问题，让脱贫攻坚切实聚焦"两不愁三保障"，做到目标明确、靶心不偏、焦点不散。

甘肃一方面贫困人口多、贫困程度深、脱贫难度大，另一方面作为西部欠发达地区，财力主要靠中央转移支付。聚焦"两不愁三保障"，既不拔高标准也不降低标准，集中力量解决突出问题，确保脱贫质量显得尤为重要。因此，新一届省委省政府先后组织实施了义务教育、基本医疗、安全住房和饮水安全"3+1"冲刺清零行动和后续行动，逐村逐户逐人逐项"过筛子"，发现什么问题就解决什么问题，做到动态清零，确保严格达标，持续巩固提升。

俗话说，"家贫子读书"。通过读书摆脱贫困、改变命运是阻断贫困代际传递、彻底拔掉穷根的有效途径。过去一些贫困地区乡村义务教育一直在怪圈中转，越穷的地方越难办教育，越不办教育就越穷。习近平总书记对这种状况深感痛心，深情地说，"贫困地区教育一定要搞上去，不能让孩子输在起跑线上，要让他们有受教育的机会，有上大学的机会，再过十年八年能够成为致富能手，起码有本事挣到饭吃，不至于再过穷日子。"

念书穷一时，不念书穷一世。习近平总书记指出，"让贫困地区的孩子们接受良好教育，是扶贫开发的重要任务，也是阻断贫困代际传递的重要途径"。甘肃具有尊师重教的优良传统，绝大多数贫困家庭，家长都知道孩子读书的重要，觉得自己没上过学读过书，养家糊口都困难，不能让孩子走他们的老路，只要有孩子上学，都会咬紧牙关苦供。典型的像会宁、民勤等地，自然条件非常艰苦，却是全省有名的教育大县，通过读书走出去的人很多，会宁的学生苦读、家长苦供、老师苦教"三苦"精神在全国都很有名。不过，甘肃地域广阔特别是在一些少数民族地区，由于思想观念、家庭条件、教育环境等影响，义务教育阶段孩子失学辍学现象仍然存在。一些地方特别偏僻，离乡镇、县城很远，即使是到村上的学校和教学点上学也要走很远的山路，加上一些小规模学校和教学点学生少、老师年龄偏大，缺少音、体、美教师，严重影响教学质量和学校吸引力，出现了既有家长不愿意供孩子上学，也有孩子自己不愿意上学的现象。

这些年我们把改善办学条件、提高办学质量、强化控辍保学作为脱贫攻坚的重中之重。一是建立省市县校四级联动控辍保学机制，组织动员学校教师、公安干警、乡村干部、帮扶队员等力量进行劝返稳学，帮助解决贫困家庭实际困难，引导家长转变观念，推动形成保障义务教育的社会氛围。共劝返复学 2.57 万人，控辍保学实现动态清零，全省义务教育巩固率达到 96.2%，比全国平均水平高一个百分点。二是大力实施农村改薄计划，加快乡村寄宿制学校建设，提升农村中小学设施设备。脱贫攻坚期间累计完成 1.21 万所义务教育学校改薄计划，提高乡村学校软硬件水平和教学质量，从根本上巩固控辍保学成果。三是着力加强农村教师队伍建设，通过特岗招聘、选派支教和银龄讲学等方式补充乡村教师 1.86 万名，在全国率先出台乡村教师支持计划，为地处最偏远、条件最艰苦的乡村学校教师每月发放 1000 多元补助。让我们十分感动的是，东部协作省市、中央定点帮扶单位和一些爱心人士，他们调动自己的资源引进支教项目，掏出自己的腰包资助贫困学生，用赤诚爱心点燃了贫困地区孩子们心中的希望之火。

解决教育问题不光是钱的事，很多时候我们缺少的不是钱，而是那份心和情。2018 年 9 月，我到帮扶联系的积石山县调研，看到关家川乡白家沟村小学虽然硬件还可以，但孩子们中午都是啃自带的干粮，连口热水也喝不上，我和县里的同志商量，在把学生营养早餐做好的基础上，利用各方筹措的资金，中午为孩子们做一顿午餐，让孩子们能吃上一口热乎饭。后来我再去看的时候，孩子们都说学校饭比家里饭好吃，也更愿意来上学了。

没有全民健康，就没有全面小康。习近平总书记强调，"健康扶贫是精准扶贫的一个方面。因病返贫、因病致贫现在是扶贫硬骨头的主攻方向"。相当部分贫困家庭是因病致贫或因病返贫的。防治病魔，方能驱逐"穷魔"。因病致贫是甘肃贫困群众致贫最重要的原因。2017 年，全省因病致贫因病返贫人口占比高达 35.29%。我在调研中发现，大多数贫困户家中都有大病或慢性病人，不仅有沉重的医疗费负担，而且还需家人照顾，原来的劳动力也无法外出务工挣钱，家里只要有一人得大病就极易致贫返贫。健康扶贫在甘肃显得格外重要。原来一些贫困群众对参加基本医疗保险重要性认识不足，特别是身体状况好的时候往往觉得参保没多大用，也有一些贫困群众缴纳参保费用确实存在困难。我们一方面用贫困群众身边的例子教育引导他们增强未雨绸缪的意识，积极参保，另一方面对建档立卡贫困户参保费用也给予一定补助，以减轻他们的缴费负担。经过各方不懈努力，全省 574.5 万建档立卡贫困人口全部参加了基本医疗保险和大病保险，各地还组织乡村医生为每个贫困群众建立了健康档案。原先一些地方没有村卫生室或没有合格村医，有的地方甚至连乡镇卫生院的基本设施和全科医生配备都不齐全，农民群众看病取药要跑几十里甚至上百里到县医院，极不方便还增加群众负担，成为一些贫困群众有病不愿看、硬扛着的重要原因，结果往往把小病拖成了大病。我们把建立健全乡村卫生服务体系、确保医疗卫生资源向乡村下沉作为重点，着力加强村卫生室、乡镇卫生院和县医院建设，共建设提升13995个村卫生室、1150个乡镇卫生院和75个县级医院，每个行政村建设改造了标准化卫生室，配备了合格村医，乡镇卫生院都配备至少一名全科医生，县级医院都提升了软硬件水平。贫困群众住院医疗费用按健康扶贫倾斜性政策实施报销，政策范围内住院医疗费用报销比例比原来提高十个百分点以上，全省定点医疗机构全部实现"一站式"结算，贫困群众看病更方便了，医疗费负担明显减轻。针对大病、重病患者贫困家庭医疗负担过重，影响基本生活等问题，我们通过大病救助、临时救助、低保兜底等政策帮助他们渡过难关，让他们基本生活有保障，避免落入绝对贫困陷阱。

安居，对许多贫困群众来说，曾经是遥不可及的梦。贫瘠荒凉的黄土地，低矮破旧的土坯房，残垣断壁、杂乱无章，人畜不分、满目疮痍，这就是许多贫困村贫困户曾经的居住条件。甘肃农村危房改造历史欠账大，不少贫困户住的房子还是20世纪七八十年代垒的土坯房，年久失修，早已成了危房。一些农民稍晚自己盖的砖瓦房，由于没有什么建筑标准，加上受暴雨等灾害或湿陷性黄土地面沉降影响，出现梁柱倾斜、墙体开裂等安全隐患，严重威胁农民群众居住安全。

脱贫攻坚拉开了甘肃历史上规模最大的农村危房改造大幕，农民群众居住条件和乡村面貌发生翻天覆地的变化。我们组织农村住房安全全面摸排和安全鉴定，凡是经专业鉴定确认为C级、D级危房的全部纳入危房改造计划，实行差异化补贴（"两州一县"户均补助2.5万元，18个省定深度贫困县户均补助2.2万元，其他县区户均补助2万元），采取加固维修、拆除重建等不同方式予以改造，对无能力建房的特困户采取房屋置换、长期租赁及兜底统建等方式进行兜底保障，共改造农村危房36.61万户，跟进改造因灾新增危房3.64万户。对那些自然灾害频发、住房"年年修、年年毁"的村庄，下决心实施生态避险移民搬迁，纳入易地扶贫搬迁工程，"十三五"易地扶贫搬迁49.9万建档立卡贫困人口 11.44 万套安置住房全部竣工并搬迁入住，同步实现了住房安全、生态恢复和摆脱贫困。

临夏州广河县康家易地扶贫搬迁就是一个典型例子。广河县将三甲集镇及周边 3 个乡镇、27 个村 1650 户 8426 名山区群众易地搬迁到康家安置点。以前，这些群众大多居住在山梁陡坡上，自然条件恶劣，生活非常艰苦，群众到最近的集镇都要翻过几座山梁，往返要用一天时间，孩子们上学极不方便，来回要走好几里山路。康家搬迁安置点邻近三甲集镇和经济园区，是全县区位最好的地方，安置点同步规划建设了小学、幼儿园和卫生室，孩子上学、群众看病都方便了。在安置点附近还建了牛羊产业园，让 350 多户搬迁群众搞起了养殖，群众户均养殖增收 5 万元左右；在临近的皮毛交易中心建了东西协作产业园，引进 10 家制鞋、灯具加工等企业，带动 2000 多名搬迁群众就地就近就业，妇女们既能照顾老人和小孩，又在家门口当起了产业工人，月收入在 2500 元以上。通过下山入川，这些群众挪出了穷窝，过上了幸福美好新生活。

翻山越岭、爬坡过坎去拉水，肩挑背扛、车拉牛驮，取水远、水质差，曾经是不少贫困群众吃水难的真实写照。习近平总书记指出，"甘肃缺水问题比较突出，要重视解决饮水安全问题"。资源性缺水、工程性缺水、水质性缺水、结构性缺水并存是甘肃基本水情，不仅工农业生产缺水，许多地方群众吃水都难以保障。有的深度贫困县虽然周边有河流，但山大沟深、居住分散，村民取水极不方便，一些地方水里面氟、铅等矿物质含量明显超标，喝这样的水严重威胁群众健康。长期以来能稳定喝上放心水对很多地方贫困群众来说似乎是天方夜谭。不愁吃，不仅是粮食够吃，还要能喝上干净水。因此，我们集中人力物力财力在全省开展全覆盖的农村安全供水工程。有条件的地方，实施集中供水工程或分散供水工程，让农民群众跟城里人一样喝上自来水。有的地方由于缺乏水源或地形限制，一时无法通自来水，我们还试验安装了水窖水净化装置，让这部分农民群众喝上水质达标的水。这些年共建设集中供水工程 2816 处、巩固提升 3861 处，建设分散供水工程 3.78 万处、巩固提升 4.67 万处，改造冬季冻管 8281 公里，改造老旧管网 8316

公里，为 3.99 万户饮用水窖水的群众安装净化设施，农村集中供水率、自来水普及率分别达到 93% 和 90%，历史性解决了长期困扰甘肃农村的"吃水难"问题。

"发展产业是实现脱贫的根本之策"

进蔬菜大棚、看牛圈羊圈、到田间地头，在山西大同看黄花，在陕西安康看茶叶，在广西桂林看葡萄，在甘肃临夏看牛羊……每到贫困地区视察，习近平总书记都要细看详问扶贫产业搞得怎么样，反复强调"发展产业是实现脱贫的根本之策"，"产业增收是脱贫攻坚的主要途径和长久之策"。

习近平总书记的重要指示，一语道破真谛。我们认真分析农民收入构成，主要由经营性收入、工资性收入、转移性收入和财产性收入四部分组成。从甘肃贫困地区农民收入来看，财产性收入越是贫困就越少，转移性收入基数已经不低，不会有太多增长，因此增加农民收入主要靠也必须靠经营性收入和工资性收入，而要增加经营性收入和工资性收入，根本上要靠农民群众自身努力。发展产业不仅是贫困群众稳定脱贫、持续增收的根本途径，也是贫困地区实现农业现代化的根本途径。

贫困地区之所以贫困，根本原因在于缺乏产业支撑，而发展产业恰恰又是最难做好的事情，也是脱贫攻坚中最具技术含量的工作，是对各级干部能力素质和工作水平的最大考验。因为推动产业发展不仅仅是钱的事，有钱也不一定能干好，需要积极开动脑筋、充分发挥主观能动性，立足当地资源禀赋，宜农则农、宜林则林、宜牧则牧、宜商则商、宜游则游，才能做到户户有增收项目、人人有脱贫门路。

贫困地区发展产业到底发展什么？习近平总书记又亲自为我们把脉开方，2013 年视察甘肃时就明确要求"着力发展现代农业"，指出"甘肃是我国农业文化起源地之一，农业自然条件多样，要充分发挥优势，加快发展现代农业，在提升粮食生产能力上开辟新途径，在优化农业结构上取得新进展，在转变农业发展方式上寻求新突破，在促进农民增收上获得新成效"。2019年8月视察甘肃时再次明确指出，"甘肃光照充足、气候干燥、昼夜温差大，非常适合发展现代特色农业"，强调"要在规模化、集约化、产业化方面下功夫，发展高附加值的节水农业、旱作农业、设施农业"，为甘肃农业现代化指明了前进方向、提供了根本遵循。

许多同志跟我讲，甘肃现代特色农业实际上是脱贫攻坚这几年才做起来的。长期以来，甘肃特色农业处于小、散、弱状态，有的甚至还是自给自足，成为脱贫攻坚最大的短板。

甘肃农业产业发展有哪些有利条件？突出问题是什么？必须把这些省情农情搞清楚，才能知道应该干什么、应当怎么干。经过深入调查研究、分析研判，我们总结出甘肃农业发展的七大阶段性特征。一是优势突出但发挥不充分。农业是对自然依赖性最强的产业，甘肃是全国地理多样性最为突出的省份，地形地貌复杂，气候类型多样，自然隔离条件好，病虫害少，年均日照时数2300多小时，平均气温日较差12℃，有利于干物质积累，是多种特色农产品的最佳适生区。甘肃发展特色农业具有得天独厚的优势，但这些优势没有得到充分发挥，没有转化为产业优势、增收优势。二是特色明显但规模不够大。甘肃农业最明显的标志就是"特色"，独特的自然地理条件孕育出一大批"独一份""特别特""好中优""错峰头"的特色优质农产品，人无我有、人有我优，具有明显的差异化竞争优势。但许多农产品光有特色没有规模，那成了"贡品"而不是"商品"。甘肃老百姓祖祖辈辈在种、在养，但一家种两亩小麦、两亩玉米、两亩土豆，养一头牛、几只羊，其实种的是口粮、养的是食物，没有变为商品，没有成为产业，农民群众也没有从中直接获得多少收入。因此，农业要实现产业化必须在坚持特色、保证品质的基础上做大规模。三是主体增多但能力不够强。产业发展如果没有合作社组织和龙头企业带动，那是搞不成产业化、规模化的，更谈不上农业现代化。虽然在培育引进农业企业、组建农民专业合作社上下了不少功夫，但总体上成效还不够大，主要表现为数量增长较快但质量不高，龙头企业规模小实力弱，合作社不规范能力差，对产业发展和贫困群众增收带动作用不强。四是产出增加但加工不够深。这些年，甘肃一些农产品种养规模和产量开始走在全国前列，还从无到有发展出许多新产业，但初级产品多、原料产品多，精深加工少、产业链条短，附加值低、经济效益不高等问题尚未根本解决。五是农技创新但推广不够宽。农业科技创新步伐明显加快，农业新品种、新技术、新机械不断涌现，但由于科技研发、成果转化、市场开发结合得不紧密，基层农技推广体系不健全，农业技术推广"最后一公里"不畅通，许多良种良法、农机农艺没能得到大面积推广应用，科技这只翅膀和这个轮子没有发挥出应有的作用。六是土地流转但范围不够广。甘肃这几年大力开展农村土地流转，完成承包地确权登记颁证，建成一批土地流转交易市场，为土地流转创造了良好条件，还创造了一户一块田、一户一台地、一企一基地等经验做法。但许多农户仍处在一家一户小农户生产经营状态，土地流转、托管比例低，集约化、规模化程度低。七是品质独特但品牌不够响。甘肃特色农产品最大的优势是绿色安全、品质上乘，但过去缺乏统一、响亮、知名的品牌引领。虽然各市州、县市区基本都有自己的地方品牌，农业企业也有各自的商标品牌，但仍处在各自为战状态，没能握指成拳、形成合力，优质特色农产品仍然"养在深闺人未识"。我们深刻地认识到，这些阶段性特征既是甘肃农业产业面临的突出问题，也是推进现代农业发展的潜力和空间所在。

奋斗目标、前进方向、根本路径已经非常明确，特色优势和形势任务已经分析清楚，接下来就是从哪里入手的问题。

首先要明确"干什么"。我们提出要把现代丝路寒旱农业作为甘肃农业现代化的总抓手、帅字旗、主旋律。根据各地自然条件、资源禀赋、种养传统、产业基础，坚持"大特色"和"小品种"一起抓，明确将"牛羊菜果薯药"作为六大全省性主导产业，支持各地因地制宜发展食用菌、百合、油橄榄、花椒、核桃、藜麦、玫瑰、中蜂等区域性特色产业，科学谋划沿黄现代农业产业带和河西高效戈壁生态农业区、陇东循环农业区、中部现代旱作农业区、陇南天水山地特色农业区、甘南及祁连山高寒草地农牧交错区等"一带五区"特色农业产业布局，走上"现代"方向引领、"丝路"时空定位、"寒旱"内在特质、"甘味"品牌标识的现代丝路寒旱农业发展路子。

为解决"谁来干"的问题，我们着力构建新型经营主体带动的生产组织体系。过去甘肃农业基本由农户家庭分散经营，存在生产规模小、产业链条短、附加值低、抗风险能力弱等短板弱项，农业生产效率和市场效益都低，既无法支撑现代农业发展，也无法实现持续增收。为此，我们坚持培育和引进"两条腿走路"，不断发展壮大龙头企业、农民专业合作社、家庭农场等新型经营主体，推动龙头企业带合作社、合作社带农户，建立利益联结机制，把一家一户的散种散养和新型经营主体的规模化种养结合起来，把小农户接入大产业大市场，让农民群众从农业产业发展中获得更多收益。到 2020 年底，全省培育和引进龙头企业 3096 家，当年营业收入达到 1000 亿元以上，其中营业收入超过 1 亿元的企业 160 家、超过 10 亿元的企业 12 家，特别是引进的中盛、海升、伊利、新希望等大型龙头企业带动一个县甚至一个市完善农业产业链，全省农产品加工转化率提高到 55%。全省农民专业合作社达 9.1 万多家，吸纳成员 202.6 万人，带动农户 242.1 万户，成为把农户特别是贫困户组织起来共同发展产业的中坚力量。全省创办家庭农场 4.9 万个，覆盖种植、畜牧、水产养殖、林下经济等各个领域，经营土地面积达到 1799 万亩，2020 年销售农产品总值达到 27.57 亿元。以上措施从根本上改变了甘肃农业经营主体"小散弱"的局面，把散种散养的小农户逐步纳入龙头企业带动、专业合作社组织、家庭农场示范的发展模式中来，走上了小农户与现代农业有机衔接健康发展轨道。

为解决"没钱干"的问题，我们着力构建财政投入金融支持的投入保障体系。发展产业离不开大量资金投入，光靠农民家庭积蓄和企业自有资金远远不够，而贫困户更是几乎没什么积蓄。为此，我们统筹扶贫专项资金、整合涉农资金、东西部扶贫协作帮扶资金、土地指标增减挂钩跨省交易资金等多个资金渠道，持续加大产业扶贫投入，明确要求扶贫专项资金 50% 以上用于产业扶贫，并通过财政贴息等方式，鼓励支持银行等金融机构向贫困户提供小额贷款、增加特色产业发展贷款和农产品收购贷款，为农业产业发展提供资金保障。

为解决"闷头干"的问题，我们着力构建面向国内国际市场的产销对接体系。过去广大农户缺乏市场意识，只顾埋头生产，不考虑生产出来能不能卖得出、卖得好。如果生产不对路导致产品滞销，不仅造成农民群众损失，而且挫伤生产经营的信心和积极性。为此，我们主要通过三大举措加强产销对接。一是"抱团"闯市场。在全国率先组建省级扶贫产业产销协会及马铃薯等九个分会，扶持建设安定区马铃薯、定远高原夏菜两个国家级专业批发市场和一批特色农产品批发市场，在粤港澳、长三角、京津、成渝等终端大市场和东部协作省市建立经销体系，提高了甘肃农产品市场占有率。二是发展农村电商。陇南市最早在大山深处搞电商，成为第一个电商扶贫示范市，电商扶贫成效居全国第一。在陇南经验的示范带动下，许多市县依托知名电商平台，通过直播带货等方式拓展农产品在线销售，推动农产品产销对接体系不断向国内大市场拓展，一批批"甘味"特色农产品走进千家万户，甚至远销海外。三是建设冷藏保鲜和冷链物流设施。到2020年底，全省建成乡村冷藏保鲜设施5483个，储藏能力达到593万吨，居全国首位，极大提升了农产品保鲜储存运输能力，为特色农产品错峰上市、卖出好价创造了条件。

为解决"不白干"的问题，我们着力构建保险保本垫底的风险防范体系。抗风险能力弱是农业的显著特点，甘肃农业总体上以小农户生产为主，抗风险能力更弱。一旦遭遇自然灾害或农产品市场价格剧烈波动，农民群众等于一年到头白忙活，不仅没有收入，还会血本无归。贫困户本来就家底薄、发展能力弱、生活压力大，更承受不起这些风险。为此，我们把加强农业保险作为防范产业发展风险的重要举措，持续推进"增品、扩面、提标、降费"工作，农业保险补贴品种达到96个，开发设计了贫困户种养产业综合保险，基本实现贫困户、种养产业、自然灾害和市场风险"三个全覆盖"，贫困户参保给予总保费10%的补贴，还创新开发出"保险+合作社""保险+期货"、民生综合保障保险等新模式，切实为农民群众特别是贫困群众兜起了托底保底的"安全网"。2020年9月，农业农村部在天水召开全国农业保险座谈会，总结推广我省经验做法。

为解决品牌"不够响"的问题，我们在全国率先谋划和大力实施由省域公用品牌、地方公用品牌、企业商标品牌构成的"甘味"品牌体系建设。坚持品质至上，把品质作为"甘味"品牌体系建设的"根"和"魂"，大力推进无公害、绿色、有机农产品和农产品地理标志"三品一标"建设，积极推进农业清洁生产，开展化肥、农药减量和病虫害生物防治，构建农业生产绿色循环体系，建立"甘味"品牌目录动态调整机制和农产品产地环境监测、营养品质评价、安全追溯等机制，确保"甘味"农产品既绿色、安全、健康，又卖相靓、口感醇、味道好，从源头上构建消费者对"甘味"品牌舌尖上的信任。坚持互认共建、互促共享，对纳入"甘味"品牌目录的地方公用品牌和企业商标品牌，授权使用"甘味"品牌标识，进行公益性宣传推介，提供增值服务，地方公用品牌和企业商标品牌开展宣传推介时，同步使用"甘味"标识、同步宣传"甘味"品牌、同步讲好"甘味"故事，形成共建共享"甘味"品牌合力。"甘味"品牌在全国的知名度和影响力不断扩大，认可度和美誉度明显提升，"厚道甘肃·地道甘味"已经在广大客商和消费者心中留下美好印象、形成良好口碑，极大提升了甘肃优势特色农产品的市场竞争力，为促进全省优势特色产业高质量发展和农民增收发挥了重要作用。

更为可喜的是，各地充分发挥主动性创造性，开拓产业发展思路、探索产业发展路径、创造产业发展模式。宕昌县形成以贫困户为基础、村办合作社为单元、乡镇联合社为纽带、县联合社为主体、股份公司为龙头的合作社发展"宕昌模式"。庄浪县结合农村"三变"改革形成以党组织为核心、以国有扶贫开发公司为龙头、以合作社为基础、以贫困群众为主体、以分工增收为目的的"庄浪模式"。舟曲县坚持党建引领合作社发展，打造田园党建、甜蜜党建等五个"党建＋合作社"品牌，形成"党建＋联合社＋合作社＋农户"的"舟曲模式"。庆阳市实施"南牛北羊、塬果川菜、草畜平衡、农牧循环"发展。环县坚持"好地种好草、好草养好羊、好羊产好肉、好肉卖好价"做法。平凉市坚持"远抓苹果近抓牛、当年脱贫抓劳务"思路，统筹产业发展和就业促进。会宁县采取"脱贫抓产业、产业抓覆盖、覆盖抓达标、达标抓效益"的办法。陇南市大力培育油橄榄、花椒、核桃、苹果"四棵摇钱树"和"麻辣香甜"优势特色产业群，推动品质提升和品牌打造有机融合，促进产业发展内外兼修、形神兼备。

这些成功模式做法、典型经验成效，示范带动全省兴起大抓特色产业热潮，甘肃农业现代化迈出历史性步伐、实现历史性跨越。许多县特别是深度贫困县农业产业实现从无到有、从小变大、由弱变强的历史性变革。甘肃在产业扶贫中探索发展起来的优势特色产业已经从"星星之火"到"燎原之势"、从"小环境"到"大气候"，新型主体开始"挑大梁"，产销对接连通"大市场"，"甘味"品牌树起"大招牌"，农业保险兜起"安全网"，农业产业从"小散弱"的家庭经营走上了组织化、规模化、集约化的农业现代化快车道。2018—2020年，全省牛存栏增长9.6%、出栏增长13.2%，羊存栏增长16.2%、出栏增长18.8%，蔬菜、苹果、马铃薯、中药材产量分别增长6%、43%、24%、10%，到2020年底，六大主导产业产值达到753亿元，比2018年增长35.28%。全省形成存栏30万头以上肉牛产业大县4个，存栏百万只肉羊大县9个，30万亩蔬菜产业大县5个，百万亩苹果大县1个，30万亩苹果大县8个，百万亩马铃薯大县2个，30万亩中药材产业大县4个。甘肃高原夏菜面积产量位居全国第一，马铃薯、中药材、苹果面积产量位居全国第二，羊存栏量位居全国第三，牛存栏量位居全国第九。此外，油橄榄、食用菌、藜麦、百合、核桃、花椒、奶业等一批区域性优势产业异军突起、渐成声势。在产业发展坚实支撑和有力助推下，2018—2020年，全省第一产业增加值增幅连续三年位居全国前列，贫困人口人均可支配收入年均增长22.2%，73.6%的贫困人口通过发展产业实现脱贫。2020年全省农民人均可支配收入突破万元大关。

"调动各方力量，加快形成全社会参与的大扶贫格局"

"天津医生""福建干部""山东老师""北京专家"……在党中央和习近平总书记号令下，一支支来自东部地区和中央单位的帮扶力量，奔忙在甘肃脱贫攻坚一线，成为陇原大地一道道靓丽风景线。

新时代东西部扶贫协作和中央单位定点扶贫，是在习近平总书记亲自部署、亲自督战下轰轰烈烈开展起来的。2016年7月，习近平总书记在宁夏银川主持召开东西部扶贫协作座谈会，强调"扶贫开发是全党全社会的共同责任，要动员和凝聚全社会力量广泛参与"，"必须坚持充分发挥政府和社会两方面力量作用，构建专项扶贫、行业扶贫、社会扶贫互为补充的大扶贫格局"，"要深化东西部扶贫协作和中央单位定点扶贫"，"要做到每个贫困村都有驻村工作队、每个贫困户都有帮扶责任人"，向全社会发出了凝心聚力、齐帮共扶、共同攻克贫困堡垒的伟大号召。

甘肃许多贫困县贫困发生率曾经高达30%以上，而财政自给率却不足一成。不少贫困群众文化程度低、身体状况差、发展能力弱，多种致贫原因叠加，让这些地方的贫困村、贫困户完全依靠自身努力摆脱贫困比登天还难。迫切需要深化精准帮扶，才能走出困境。

东西部扶贫协作和中央单位定点扶贫，让甘肃与远隔千山万水的东部协作省市和中央单位结成了"亲戚"。每年，双方党政主要领导同志都要相互"走亲戚"，开展交流互访，议定协作事项，敲定帮扶项目，共同推动扶贫协作和定点扶贫任务落实，助力甘肃加快脱贫进程。东部协作省市和中央定点扶贫单位以强烈的政治责任感、历史使命感，把甘肃的事当作自己的事，倾注真情实意，投入真金白银，围绕产业发展、就业促进、干部人才、消费扶贫等最直接最见效的领域重点帮扶，着力解决贫困群众最关心最急迫的困难问题，同时也将先进的发展理念、丰富的发展资源、优良的干事作风源源不断输送到甘肃贫困地区。2020年面对突如其来的新冠肺炎疫情，东部协作省市和中央定点扶贫单位坚持帮扶"不停顿"、协作"不断线"，资金支持、消费扶贫、项目建设等重点工作逆势向前，达到历年来最好水平。

据不完全统计，东部协作省市投入甘肃财政援助资金86.86亿元，实施协作项目4900余个，派出挂职干部256人和专技人员4632人，引进企业405家，投资42.53亿元，帮助销售贫困地区农产品71亿元，帮助输转贫困劳动力28万人，帮助3.36万名贫困劳动力在东部实现稳定就业，累计带动 29.49 万贫困人口持续增收，为甘肃脱贫攻坚作出了重要贡献。我们深知，东部协作省市虽然经济总量比我们大许多，但大有大的难处。近年来，经济下行压力不断加大，东部省市发展面临的形势也很严峻，自身民生保障任务重、财政刚性支出压力大，但他们自己省吃俭用、精打细算、过紧日子，而对甘肃的帮扶援助年年增加，超额完成目标任务，让我们由衷感动。

天津市创造了"组团式＋院包科"的办法对甘南州开展医疗帮扶。2018 年组织天津十家三甲医院对口帮扶甘南州人民医院，选派 20 名副主任医师以上专家开展为期三年的帮扶工作，目标是把甘南州人民医院建设为三甲医院。大力实施"县级骨干医生培训计划"，组织天津医科大学、天津中医药大学、天津医科大学临床医学院三所高校为甘肃涉藏地区定向培养 356 名医学本科生。为有效解决甘南州医疗资源供需矛盾，组织天津医科大学肿瘤医院、天津市中心妇产医院、天津眼科医院和天津博奥塞斯生物科技公司向甘南州人民医院和卓尼县、舟曲县、迭部县、临潭县人民医院捐赠先进医疗设备。

对口帮扶定西的福州市发挥绿化造林经验技术优势，在安定区探索出"水土流失综合治理（生态林）扶贫"模式，已建设四期"福州林"项目，吸纳 390 户贫困户参与造林务工，户均增加收入 3280 元，118户贫困户享受到退耕还林补助，户均年增收 1.1 万多元。"福州林"不仅种出了好风景，还为贫困群众种出了"摇钱树"。

厦门市按照"扶贫扶长远，长远看产业"的思路帮扶临夏回族自治州，聚焦贫困地区产业薄弱问题集中发力，精准引进并培育建成厦琳鞋业产业园、吉美包袋生产基地、思明全和农业公司等一批技术成熟、销路稳定、用工量大的园区企业和一大批建在村口田边、移民安置区的扶贫车间，不仅让贫困群众在家门口实现就业，还让当地产业实现历史性突破。

青岛市把深化产业合作作为扶贫协作重点任务，共同推进陇南市经济开发区青岛产业园建设，建成投产陇南科创孵化园、利和萃取、湘鲁食品公司辣椒种植等重点项目，在青岛商场、超市、酒店设立陇南农特产品专营实体店、专柜、代销点和电商体验馆，把陇南丰富的优质农产品真正转变为市场竞争优势和农民群众收益。

济南市与临夏回族自治州建立对口帮扶关系，着眼夯实脱贫地区产业基础精准发力，引进九间棚高原农业、夏都建国实业等大型龙头企业，支持临夏州发展畜牧养殖、道地药材、设施蔬菜、花卉培育等特色农业和艾草创意加工、牛羊肉屠宰加工等产业，不仅有力巩固了临夏州来之不易的产业发展势头，而且延伸产业链条、优化产业结构、形成产业集群，推动一二三产业融合发展。

36家中央定点扶贫单位立足自身所能和甘肃贫困地区所需，投入帮扶资金21.9亿元，实施帮扶项目1684个，购买定点帮扶县农产品8.12亿元，同时还拓展帮扶领域，在金融支持、捐资助学、光伏扶贫、风力发电、人员培训等方面给予贫困地区巨大帮助。中央组织部定点帮扶舟曲县，协调安排天津市"组团式"帮扶工作队到舟曲针对教育系统短板，对舟曲一中、舟曲职业中专等学校对症下药开展帮扶、一点一滴拆解难题。在舟曲一中开展教师德育与教学年会展示，设立"育穗班"对部分学生进行重点提升和能力训练，指导学生创客社团活动，让学生最大程度实现"低进高出、低进优出"；在舟曲职专落实津甘院校帮扶协议，选派60名教师互派互学，制定完善20多项考核制度，主动联系实习平台，与中建集团等五家央企签订校企合作协议，组建"研学共同体"，让舟曲职专面貌焕然一新。中央统战部、国务院国资委、全国工商联等部门单位组织"千企帮千村"系列活动，1587户民营企业结对帮扶甘肃2357个贫困村，累计投入资金36.77亿元。全国妇联从1998年开始对口帮扶漳县，2015年又增加对口帮扶西和县，深入组织开展"巾帼脱贫行动"，不仅向定点扶贫县投入资金力量、引入企业项目，而且在发挥妇女组织作用、激发贫困妇女群众内生动力、关爱困难妇女儿童方面作出典范。

这样的例子举不胜举。更让我们感动的是，东部协作省市和中央定点扶贫单位的广大援甘干部、专业技术人员，带着一颗真心，怀着满腔热忱，奔忙在陇原脱贫攻坚一线，挥洒汗水、献计出力，一身尘土、两脚泥泞，书写了跨越千山万水的"山海情缘"，为陇原大地脱贫攻坚插上腾飞的"翅膀"。他们大多是家里的顶梁柱，上有老下有小，有需要照顾的年迈父母、年幼子女，但他们毅然远离家乡、远离亲人，来到甘肃这样艰苦的地区，克服常人难以想象的困难，义无反顾、心无旁骛地投入脱贫攻坚这场史无前例的人民战争，与甘肃贫困群众想在一起、过在一起、干在一起，有盐同咸、无盐同淡，把最美好的年华无私奉献给甘肃脱贫事业，充分彰显了同舟共济、扶贫济困的人间大爱，为甘肃夺取脱贫攻坚战全面胜利作出了永载史册的重要贡献。东部协作省市和中央定点扶贫单位对甘肃人民的深情厚谊，我们永远不会忘记。

强化省内帮扶是本届省委省政府采取的又一大举措。省委省政府主要负责同志以身作则、率先垂范、示范带头。2017 年 6 月，省委决定实行省级领导联县包乡抓村帮户，23 名省级领导分别联系包抓 23 个深度贫困县，省委书记、省长带头包抓全省脱贫难度最大的东乡县、宕昌县，他们走田间、下地头、入农户、进大棚，深入察看"两不愁三保障"巩固、"三类户"动态监测帮扶和产业发展、务工就业等情况，手把手指导县乡村衔接工作机制、做实产业项目、强化基层治理，详细询问并现场协调解决困难问题，示范带动全省帮扶工作掀起新高潮。其他省级领导同志无论是党委、人大、政府、政协、驻甘部队，也不论是不是分管联系扶贫工作，都成为脱贫攻坚的行家里手。在省级领导同志的示范带动下，全省各级干部积极投入到帮扶工作中，在全省形成尽锐出战、齐帮共扶的浓厚氛围。

我们制定了驻村工作队管理办法、帮扶工作责任清单和成效考核评价办法，不仅明确规定"帮什么""怎么帮""由谁帮"，而且清晰指明必须"帮到什么程度""帮不到位怎么办"，使帮扶工作责任更加明确、任务更加聚焦、考核更加严格。每年都召开帮扶工作推进会、现场会，及时研究解决存在的突出问题，宣传推广各地的好经验好做法，隆重表彰帮扶工作先进集体和先进个人，要求各级帮扶单位把最能打仗的干部派到脱贫一线，激励驻村帮扶干部全身心投入帮扶事业。督促各级党委组织部、扶贫办加强帮扶工作考核，在干部选拔任用、评优评先时充分运用考核结果，及时撤换不合格、不胜任的帮扶单位分管领导和驻村第一书记、帮扶干部，严肃处理"驻村不住村""挂名不干事""两头空"等问题，树立鲜明干事导向，持续推动帮扶工作走深走实。

全省 7262 个贫困村都组建了驻村帮扶工作队，每个工作队都至少有县以上帮扶队员三人，所有贫困户都落实结对帮扶责任人，累计选派 108 名干部担任贫困县挂职副书记专抓脱贫攻坚，还从脱贫攻坚任务较轻的河西四市选派 600 名干部充实到陇东南地区 12 个深度贫困县驻村帮扶工作队。各级帮扶单位、帮扶责任人和驻村帮扶工作队共自筹帮扶资金 18 亿多元，引入社会力量捐助 6.3 亿元，为贫困村争取修路、通水、建卫生室、修文化广场等项目资金，积极帮助贫困群众发展产业、外出务工，解决他们就医、上学等急事难事，发挥了重要作用。广大驻村帮扶队员切实发挥扶贫政策宣传员、村情民意信息员、脱贫攻坚战斗员、项目资金监督员、农民群众服务员、乡村治理指导员等"六大员"作用，把青春、热血、汗水挥洒在脱贫攻坚战场上，涌现出一大批可歌可泣、感人至深的典范人物和光辉事迹。他们有的主动请缨到条件最艰苦、任务最艰巨的地方去，有的自己身体有残疾却坚决要求驻村帮扶，有的不获全胜决不收兵、驻村期满还要继续干下去，有的为给贫困村跑资金、拉项目、搞产业四处奔波、全年无休，有的自己生病顾不上看却常常陪着贫困老人住院，有的自己工资也不高却多次拿出钱资助贫困户孩子上学，有的甚至把宝贵生命献给了脱贫事业，成为人民群众心中永远敬仰的英雄。因公殉职的原甘南藏族自治州舟曲县扶贫办副主任张小娟同志就是这样的英雄。张小娟以舟曲县文科状元的优异成绩考上了中央民族大学，大学毕业不久，怀着报效桑梓的美好愿望回到家乡舟曲县工作。舟曲是国家扶贫重点县，还是涉藏县，贫困发生率高，资源禀赋薄弱，是脱贫攻坚的难中之难、坚中之坚。张小娟一直坚守在农村基层和脱贫攻坚一线，一年中至少有三分之二以上的时间不是在贫困户家里，就是在去往贫困户家里的路上。她几乎没有周末，把大部分时间用在孜孜不倦学习扶贫政策上，对各类数据、标准、规定、政策精准掌握、了然于胸，成为各乡镇、各部门 24 小时在线的"业务联络员"，被广大党员干部和贫困群众亲切地称为舟曲扶贫的"移动数据库"和"活词典"。她心里始终装着贫困群众，时时想着贫困群众，事事为着贫困群众，设身处地为贫困群众着想，勤勤恳恳为贫困群众服务，乡镇村组、田间地头、农家院落，都留下了她奔走忙碌的身影，成为群众心中的"乖女儿"、困难群众的"贴心人"。2019年10月7日，张小娟在下乡开展扶贫工作返回途中，因车祸不幸殉职，生命永远定格在34岁，成为舟曲群众心中永不凋零的"格桑花"。张小娟同志被追授全国优秀共产党员、全国脱贫攻坚楷模等荣誉称号，她用短暂的一生，深刻阐释了共产党人的初心和使命，深刻阐释了对扶贫事业的忠诚与担当。

"帮钱帮物，不如帮助建个好支部"

一个好支部就是坚不可摧的战斗堡垒，一名好支书就是引领发展的"领头雁"。

习近平总书记多次强调，"农村基层党组织是党在农村全部工作和战斗力的基础"，"无论农村结构如何变化，无论各类经济社会组织如何发育成长，农村基层党组织的领导地位不能动摇、战斗堡垒作用不能削弱"，"帮钱帮物，不如帮助建个好支部"。

农村基层党组织处在"三农"工作最前沿、第一线，是贯彻落实党的"三农"政策"最后一公里"的关键，是乡村治理体系的基础与核心。基层党组织坚强有力，基层党建有声有色，群众就跟得紧，事情就办得顺，推动脱贫攻坚这样全世界最大规模的扶贫行动就有了硬核底气。

过去一些贫困村党组织软弱涣散，"两委"班子不健全、年龄老化，发展没思路，干事没办法，说话没人听，虚化弱化边缘化问题比较突出，有的"两委"成员甚至是家族势力、黑恶势力的代表。我到乡村调研发现，甘肃脱贫攻坚缺的并不主要是政策、资金，许多工作成效不理想，主要是不落实、落不实的问题突出，这很大程度上与基层组织软弱涣散有关。除村党组织软弱涣散等问题外，一个普遍情况是，贫困村党员队伍年龄结构老化、文化程度不高、工作能力不足的问题比较突出。而且越是偏远、越是贫困的地方，村党支部的能力越弱，维持日常运转都很吃力，更谈不上带领群众脱贫致富。

省委高度重视农村党建工作。我们组织省委农办、省委组织部等部门开展农村党建大调研，弄清现状、提出办法。深入推进抓党建促脱贫攻坚，以开展村党支部标准化建设为抓手，在持续强化村党组织政治功能、提升村党组织组织力凝聚力战斗力上狠下功夫。

农村富不富，关键看支部，支部强不强，核心还在"领头羊"。村支书是农村基层党组织的领路人、村级班子的带头人，是"三农"工作的重要组织者、推动者和实践者，基层党组织作用发挥怎么样与村党支部书记能力素质作风密切相关。凡是村里工作搞得好的，通常都有一位热心、能干、有威信的村党支部书记。因此，在建强农村基层党组织工作中，我们着重选拔培育农村"带头人"特别是选优配强村党支部书记，通过培训、调整、选派等方式，把有本事、愿干事、群众认可的优秀人才选拔为村"两委"成员，把政治强、事业心强、能力强的好党员推到村党支部书记岗位上。我们公开择优选聘 4041 名专职化村党组织书记，占全省村党组织书记四分之一。我们把村党支部书记年报酬提高到 3 万元、"一肩挑"村党支部书记年报酬提高到 4.5 万元，村级办公经费提高到 5 万元，我们加大从优秀村支书中选拔乡镇领导干部、考录乡镇公务员、招聘乡镇事业编制人员的力度，进一步调动他们的积极性主动性创造性。2020 年村"两委"换届完成后，村党组织书记和村委会主任"一肩挑"比例提高到 91.2%，村支书平均年龄降到 38.4 岁、比换届前降低 8.4 岁，大专以上学历占 65.1%、比换届前提高 29.9 个百分点。很多村组干部宁肯自己多受累，也要让群众尽快脱贫，宁肯自己掉上几斤肉，也要让群众走上致富路，成为团结带领农民群众向贫困堡垒发起最后冲锋的"先锋官"。

我们在全省持续开展"四抓两整治"行动，督促各地区持之以恒抓带头人队伍、抓阵地建设、抓党内政治生活、抓基础保障，大力整治软弱涣散村党组织、整治"村霸"和党员信教问题。三年多来累计整顿软弱涣散基层党组织 7055 个，调整村级班子 2351 个，调整村党组织书记 4730 人，清理存在涉黑涉恶和"村霸"问题的村"两委"成员 954 人，坚决把基层党组织中的害群之马清理出党的队伍，同时把那些政治可靠、素质过硬、群众认可的带头人吸纳到基层党组织中来，不断增强基层党组织政治功能和组织力凝聚力战斗力，充分发挥村党组织战斗堡垒作用和农村党员先锋模范作用。

农村基层党组织发挥作用、服务群众需要具备一定经济基础和物质条件。如果村集体没有一点收益，就没有能力为农民群众办事，组织和发动群众也很困难。过去甘肃许多贫困村是集体经济"空壳村"，村党组织既没有能力解决农民群众实际困难，也没有条件带领他们发展产业脱贫致富，在群众中缺乏威信和号召力。我们把建强农村基层党组织和培育乡村特色产业紧密结合起来，通过创建"党支部＋合作社"模式、鼓励村"两委"班子成员领办创办集体经济组织、财政直接投入形成资产收益量化为村集体经济、光伏扶贫收益在完成脱贫任务后作为村集体资产、土地整理复垦多出来的地作为村集体资产等多种方式，千方百计培育壮大村级集体经济。到2020年，全省7262个贫困村中的3594个集体经济"空壳村"全部消除，贫困村集体经济村均达到7.62万元。贫困村有了这些收益，有的用来照顾"五保户"老人，有的用来帮助遭遇意外的特困家庭，有的用来为合作社购买农机农具、改善生产条件，明显增强了农民群众对村集体的归属感和对村党组织的信赖感。

到2020年底，甘肃574.5万建档立卡贫困人口全部脱贫，7262个贫困村全部出列，75个贫困县全部摘帽，创造了脱贫攻坚人间奇迹的甘肃壮举，在国家脱贫攻坚成效考核中获得"好"的等次，向党和人民交上了一份优秀答卷。这是习近平总书记殷切关怀、悉心指导的结果，是以习近平同志为核心的党中央坚强领导的结果，是中国共产党领导优势和中国特色社会主义制度优势充分彰显的结果，是中央各部门大力支持的结果，是东部协作省市、中央定点扶贫单位和社会各界倾力帮扶的结果，也是全省上下负重自强、顽强拼搏的结果。

脱贫攻坚战的伟大胜利，不仅让陇原乡村发生了翻天覆地变化，而且还让我们得到了五大收获：一是建立了有效机制。形成加强"三农"工作的七个有效制度体系，即五级书记一起抓的组织领导体系、横向到边纵向到底的条块责任体系、真督实战定期调度的工作推进体系、财政投入金融支持的资金保障体系、优先倾斜合力推进的政策支持体系、东西协作齐帮共扶的社会帮扶体系、较真碰硬奖惩分明的考核评估体系，成为甘肃巩固拓展脱贫成果、接续推进乡村振兴的重要保障。二是构建了产业体系。找到并走上现代丝路寒旱农业这一甘肃农业现代化路子，农业产业发展格局已今非昔比，不仅为打赢脱贫攻坚战提供有力产业支撑，也为推进乡村振兴打下坚实产业基础。三是激发了内生动力。通过产业和就业扶贫，采取以奖代补等办法，让贫困群众用自己的辛勤劳动获得收益、改善生活，增强了自立自主干事创业的信心决心，实现了从"帮我干"到"带我干"再到"我来干"的历史性改变。四是实现了"三个转变"。就是从抓"一农"为主向协调抓"三农"转变，从经济领域为主抓向"五位一体""四个全面"统筹抓转变，从主要由扶贫和农业部门抓向党政齐抓共管和社会齐帮共扶转变。五是锻炼了干部队伍。通过在脱贫攻坚主战场真刀真枪实战，培养锻炼了一批又一批懂农业、爱农村、爱农民的年轻干部，建强了农村基层党组织。这是我们最宝贵的财富。

"脱贫摘帽不是终点，而是新生活、新奋斗的起点"

民族要复兴，乡村必振兴。脱贫攻坚目标任务如期完成之后，下一步"三农"工作怎么干？

习近平总书记深刻指出，"脱贫攻坚取得胜利后，要全面推进乡村振兴，这是'三农'工作重心的历史性转移。""坚持把解决好'三农'问题作为全党工作重中之重，坚持农业农村优先发展，走中国特色社会主义乡村振兴道路，持续缩小城乡发展差距，让低收入人口和欠发达地区共享发展成果，在现代化进程中不掉队、赶上来"。2020年5月在山西考察时，习近平总书记对闻讯而来的群众说："乡亲们脱贫后，我最关心的是如何巩固脱贫、防止返贫，确保乡亲们持续增收致富。"

我们深知，全面推进乡村振兴的深度、广度、难度都不亚于脱贫攻坚，决不能有任何喘口气、歇歇脚的想法，必须坚决守住脱贫攻坚成果，在巩固拓展脱贫攻坚成果同乡村振兴有效衔接上走在全国前列。对甘肃来说，目前实现的只是现行标准下的底线性脱贫，全省农业农村特别是脱贫地区整体发展水平依然较低，自我发展能力依然较弱，一些群众收入水平还不高，一旦遇到意外状况生活就会陷入困境，还有一些脱贫群众自我发展能力不强，一旦帮扶措施撤出就可能返贫，巩固拓展脱贫攻坚成果、全面推进乡村振兴的艰巨复杂程度丝毫不亚于脱贫攻坚。

为了扎实巩固拓展脱贫攻坚成果、接续推进乡村全面振兴，从2020年下半年开始，我们就开始深入谋划有效衔接工作。我们坚持以习近平新时代中国特色社会主义思想为指导，深入学习贯彻党的十九大和十九届历次全会精神和习近平总书记关于"三农"工作重要论述、对甘肃重要讲话和重要指示批示精神，始终把巩固拓展脱贫攻坚成果同乡村振兴有效衔接作为重大政治任务和底线性任务，站在增强"四个意识"、坚定"四个自信"、做到"两个维护"的政治高度，扎实推动责任落实、政策落实、工作落实，在全国率先出台《关于全面推进乡村振兴加快农业农村现代化的实施意见》《关于实现巩固拓展脱贫攻坚成果同乡村振兴有效衔接的实施意见》《关于统筹做好巩固拓展脱贫攻坚成果同乡村振兴有效衔接工作的通知》《关于实施现代丝路寒旱农业优势特色产业三年倍增行动的通知》等政策文件，按照"做到七个衔接，守住一条底线，聚焦三个重点，做好九篇文章"的总体工作思路，推动全省巩固拓展脱贫攻坚成果同乡村振兴有效衔接实现良好开局。

做到"七个衔接"，就是把脱贫攻坚期间形成的组织领导、条块责任、工作推进、资金保障、政策支持、社会帮扶、考核评估等七个行之有效的制度机制体系有效衔接和有机转换到乡村振兴上来，确保各项工作平稳过渡、有序展开。

守住"一条底线"，就是坚决守住不发生规模性返贫这条底线。我们坚持把防止规模性返贫作为头等大事，健全动态监测帮扶机制，建立低收入人口常态化监测帮扶机制，全面监测排查、迅速发现响应、精准实施帮扶、清零风险隐患。紧盯"三类户"实施网格化动态监测，持续跟踪收入和"两不愁三保障"及饮水安全巩固情况，实现动态清零。对重点人群实行"六必访""六必查"，对标注风险消除监测对象做到

"七不消"，发现一户、监测一户、帮扶一户、动态清零一户。全省共有监测对象 10.3 万户 41.7 万人，全部有针对性地落实产业、就业、综合保障等"一户一策"帮扶措施，超过 83% 的监测对象落实了两项以上帮扶措施。全面组织开展易地扶贫搬迁后续扶持工作，有劳动能力且有就业意愿的搬迁脱贫群众每户至少有一人实现稳定就业。

聚焦农民增收这个根本，做好产业倍增、就业促进和创业培育。下好从产业扶贫向产业振兴转变的先手棋，启动实施现代丝路寒旱农业优势特色产业三年倍增行动计划，力争用三年左右时间实现优势特色产业质量提升、规模扩大、效益倍增。农业农村部与我省签署部省共同推进现代丝路寒旱农业建设合作框架协议。完成粮食播种面积 4015.1 万亩，粮食产量 1231.5 万吨。制定实施促进务工就业政策措施，加强就业培训，加大有组织劳务输转力度，规范公益性岗位，推动帮扶车间转型升级。鼓励支持有条件的农民群众发展农村电商、乡村旅游等创业项目。2021 年前三季度，第一产业增加值增长 9.8%，外出务工脱贫人口 199.1 万人，比 2020 年全年增加 9.2 万人，农村居民人均可支配收入稳定增长。

聚焦农民群众生活品质提升这个目的，推动农村物质文明、精神文明、生态文明建设。启动实施乡村建设示范行动，已建成 500 个省级示范村。深入开展农村人居环境整治五年提升行动，接续推进农村改厕等"三大革命"和"六大行动"，已改造农村卫生户厕 48.5 万座，占计划任务的 97%。实施"十县百路"示范创建工程，新建自然村组硬化道路 10753 公里、覆盖 6366 个自然村组。中央农办、农业农村部、国家乡村振兴局连续在我省召开农村厕所革命西部片区座谈会和全国村庄清洁行动现场推进会。加强乡村治理体系和治理能力建设，召开现场会总结推广金昌、甘南、临夏经验做法，推动全省乡村治理水平不断提升。

聚焦党的建设这个核心，抓实农村基层党组织建设、农村带头人培育、农民群众内生动力激发和主体作用发挥。始终把建强农村基层党组织作为推动乡村振兴的关键之举。印发实施《甘肃省抓党建促乡村振兴规划》，推动党建工作与乡村振兴深度融合、精准对接、一体推进。在抓好农村党支部标准化建设、村党支部书记和村委会主任"一肩挑"、村党支部书记专职化和能力素质提升等工作基础上，在全省实施农村留守老人妇女儿童和特困群众关爱服务行动，开展乡村振兴"岗位大练兵、业务大比武"活动，着力解决群众的急难愁盼问题，基层干部政策水平和工作能力显著提升，群众政策知晓率和满意度明显提高。

回首过去，我们在攻克困扰几千年的绝对贫困堡垒上创造了人间奇迹；展望未来，我们必将在实现中华民族伟大复兴中国梦的征途上再创人间伟绩。征途漫漫，唯有奋斗。我们要高举习近平新时代中国特色社会主义思想伟大旗帜，更加紧密地团结在以习近平同志为核心的党中央周围，坚定信心、开拓创新，苦干实干、勇毅前行，坚定不移地沿着习近平总书记指引的方向奋勇前进，为奋力谱写加快建设幸福美好新甘肃、不断开创富民兴陇新局面的时代篇章而不懈奋斗。

（李毓刚　整理）

全力以赴助推决战决胜脱贫攻坚

张智军

2018 年，我担任省财政厅党组书记、厅长，这一年正是脱贫攻坚三年行动的开局之年，也是脱贫攻坚进入决胜阶段的关键一年。赴任以来，我认真贯彻落实党中央决策部署和省委省政府工作要求，始终把脱贫攻坚作为第一政治、头等大事和第一民生工程，要求全省各级财政坚决扛起脱贫攻坚资金保障的政治责任，认真履行脱贫攻坚资金保障职责，持续加大扶贫资金投入，强力推进涉农资金整合，精准统筹各类扶贫资金，强化资金监管，全力以赴助推打赢打好脱贫攻坚战。

提高政治站位，以高度责任感推进财政脱贫攻坚工作

作为厅党组书记、厅长、资金保障专责组组长，我深知每一个职务都是一份沉甸甸的责任，饱含着组织的期望和人民的期许。面对这场时代大考，我深知这是责无旁贷、没有退路的硬仗。特别是 2019 年 3 月 8 日现场聆听习近平总书记"五要五不"政治要求，更加感到形势紧迫，既备受鼓舞又倍感压力，决心提高政治站位，全力以赴履职尽责。三年

多来，我始终紧紧围绕学习贯彻习近平新时代中国特色社会主义思想这条主线，坚持读原著、学原文、悟原理，先后组织制定省财政厅学习贯彻习近平总书记关于扶贫工作的重要论述、参加十三届全国人大二次会议甘肃代表团审议时的重要讲话精神、视察甘肃重要讲话和重要指示批示精神、《习近平谈治国理政》（第三卷）等实施方案，同时跟进组织学习习近平总书记最新重要讲话精神，教育引导全厅党员干部站在政治的高度，进一步增强"四个意识"、坚定"四个自信"、做到"两个维护"，充分认识打赢脱贫攻坚战的极端重要性和紧迫性，坚定必胜信心和决心，强化做好脱贫攻坚资金保障工作的思想自觉、政治自觉和行动自觉。加强组织领导，成立厅脱贫攻坚领导小组，我担任组长，带头把精力和心思聚焦到脱贫攻坚；班子其他成员任副组长，各处室主要负责同志为成员，下设资金保障（资金问题整改）、扶贫领域腐败和作风防治、帮扶工作三个办公室及扶贫领域腐败和作风治理督查组。协调从脱贫攻坚资金专责组成员单位抽调五名处级干部脱岗到省财政厅集中办公。整合抽调厅内 28 名同志，充实专班力量，专职负责扶贫资金保障、监督管理和问题整改，确保各项任务有领导盯办、有人负责。对标对表习近平总书记重要讲话和重要指示批示精神，多次召开厅党组会、厅脱贫攻坚领导小组会、专班会，财政系统调度会、推进会，研究谋划脱贫攻坚资金保障措施，安排布置资金保障工作；认真履行资金保障专责组组长单位职责，建立日常沟通协调机制，不定期召开资金保障专责组协调会、座谈会，研究分析资金保障工作进展情况，及时解决存在的问题，切实把习近平总书记关于脱贫攻坚的各项要求贯穿落实到财政资金投入、涉农资金整合、资金使用监管、绩效评价运用、问题整改等各个环节，紧盯责任落实、政策落实、工作落实，强化担当、履职尽责，扎实推进财政脱贫攻坚工作。

持续加大投入，全力保障脱贫攻坚需求

甘肃作为全国脱贫攻坚主战场，任务十分繁重，加之财政收入总量

小、人均水平低，各级财政都十分困难，收支矛盾异常突出。

面对这一历史性大考，我们知难而上，主动作为，勇于担当，全力以赴保障财政资金投入。一是积极争取中央支持，通过努力，2016—2020年，中央下达我省财政专项扶贫资金439亿元，年均增长17.2%。二是合理统筹地方财力，坚持勤俭节约、节用裕民、量力而行、尽力而为，除保障工资发放、正常运转和基本民生支出外，以"砸锅卖铁"的勇气，最大限度压减一般性支出，调整优化结构，全力以赴保证脱贫攻坚投入。2016—2020年，省级财政安排财政专项扶贫资金230.8亿元，年均增长46.6%；市县安排167亿元，年均增长21.4%，投入力度逐年加大，"十三五"期间，省市县投入与中央下达我省资金的比例基本达到1∶1，投入力度在全国排前列，特别是2020年省市县投入达到115亿元，超过中央下达我省资金。三是主动对接东部对口帮扶我省的天津、厦门、青岛、福州四市，给予我省大力帮助支持，东西部扶贫协作资金逐年大幅增加，累计达到86亿元，年均增长123.6%。同时，要求市县尽力整合涉农资金，调整地方政府一般债券使用结构，落实土地增减挂钩结余指标跨省调剂政策，用好行业资金，全力支持脱贫攻坚。财政投入力度的加大，为实现脱贫攻坚各项任务圆满完成奠定了坚实基础。

坚持"双审"机制，深入推进涉农资金整合

在甘肃这样一个贫困面积大、贫困程度深的地方，打赢打好脱贫攻坚战，我深知零打碎敲不行，"撒胡椒面"更不行，必须要集中财力办大事。因此，始终把贫困县统筹整合使用涉农资金作为打赢脱贫攻坚战资金保障的重要举措。2016年，国务院出台关于贫困县统筹整合涉农资金的意见，明确资金整合范围和主要投向，构建"多个渠道引水、一个龙头放水"的扶贫投入机制。全省各级财政部门认真贯彻落实国务院意见精神，及时制定具体实施意见，作出全面安排，采取有力措施，强

力推进涉农资金整合。按照"渠道不变，充分授权"的原则，督促省级13个部门将中央20项、省级14项涉农资金一律切块下达，不戴帽子、不跟任务、不考核约束性任务完成情况，审批权限完全下放到县，由县级政府依据脱贫攻坚规划自主安排使用。指导贫困县制定涉农资金整合方案，做到"因需而整""应整尽整"，将有限的资金用在刀刃上，不断提高资金使用的精准度和效益。2016—2020年，全省累计整合使用涉农资金922.18亿元，整合率达到73.74%。通过涉农资金整合，有效解决了资金分散、管理分散、使用效益不高的问题，有效破解了长期困扰贫困地区产业发展和农村基础设施建设投入不足的问题，支持培育了一大批农业特色产业，有力促进了贫困群众增收，极大地改善了贫困群众生产生活条件，切实增强了人民群众的获得感、幸福感。

突出攻坚重点，倾斜支持深度贫困地区

这几年我们在全面推进、全面攻坚的同时，坚持抓重点带全局的攻坚策略，紧盯深度贫困"堡垒"，精准聚焦、靶向发力，全力支持打好脱贫攻坚阵地战、歼灭战。一是财政专项扶贫资金向深度贫困地区倾斜。协调落实省里关于安排到深度贫困县财政专项扶贫资金不低于当年资金50%的要求，2018—2020年，安排"两州一县"和其他18个省定深度贫困县财政专项扶贫资金397.7亿元，年均增长19.3%，占全省的65.3%。二是转移支付和基本财力保障向深度贫困地区倾斜。下达"两州一县"均衡性转移支付268.8亿元，"两州一县"补助系数比全省县级平均水平高三个百分点以上。三是完善县级基本财力保障机制。下达"两州一县"县级基本财力保障奖补资金61.1亿元，人均扶贫开发支出提前两年达到规定标准。四是加大对未脱贫摘帽县倾斜支持力度。按照较真碰硬"督"、凝心聚力"战"的要求，2020年投入八个挂牌督战县可用于脱贫攻坚的各类资金141.4亿元，占全省的24.8%，有力保障了八个县如期实现脱贫摘帽。

强化工作指导，统筹用好各类扶贫资金

为进一步提高扶贫资金使用的精准性和规范性，确保"两不愁三保障"底线性任务不留资金缺口，2020 年报请省脱贫攻坚领导小组出台《关于加大扶贫资金投入　保攻坚补短板强监管的意见》，要求贫困县全面厘清脱贫攻坚三年实施方案确定的任务，统筹使用专项扶贫、涉农整合、行业扶贫、东西部扶贫协作等资金，将资金精准匹配到对应的脱贫任务和具体项目；编制《扶贫资金精准统筹使用方案》，防止出现资金结构性缺口，造成脱贫任务出现死角、盲区。指导各县紧盯"3+1"冲刺清零后续行动、"5+1"专项提升行动等重点任务，着力落实新冠肺炎疫情期间产业、就业支持等新政策，做到项目安排精准、资金匹配到位，确保资金规范有效使用。督促贫困县修改完善方案，严格抓好落实，保障脱贫攻坚底线性任务全面清零。切实履行督战责任，重点对八个未摘帽贫困县扶贫资金精准统筹使用方案修改完善情况挂牌督战。75个贫困县精准统筹使用扶贫资金 395.6 亿元，为如期全面打赢脱贫攻坚战提供了坚实的财力支撑。2020 年 7 月，国家脱贫攻坚督查组把这一做法作为全省脱贫攻坚六条典型经验之一，给予充分肯定。

认真落实政策，坚决克服新冠肺炎疫情对脱贫攻坚影响

2020 年，在脱贫攻坚最关键的冲刺阶段，面对突如其来的新冠肺炎疫情，如何做好"加试题"，高质量做完"必答题"，是我们工作的重中之重。这种情况下，我们要求全省各级财政部门坚决贯彻落实习近平总书记关于坚决打赢新冠肺炎疫情防控阻击战的重要讲话、指示批示精神和党中央国务院及省委省政府关于坚决打赢新冠肺炎疫情防控阻

击战、脱贫攻坚歼灭战的决策部署和要求，联合省扶贫办及时下发通知，调整和优化资金使用，重点向产业项目倾斜，强化就业支持，确保抗击疫情和脱贫攻坚双促进、双胜利。在支持产业发展方面，采取生产资料补助、种养业先建后补、存量奖补、见犊补母等多种方式，适当加大奖补力度，支持受疫情影响难以外出且有意愿发展产业的贫困户和可能致贫人口恢复生产，开展生产自救；对积极带动贫困户发展的扶贫龙头企业和合作社等带贫主体，给予一次性生产补贴和贷款贴息支持；鼓励各地采取资产收益扶贫的方式，支持受疫情影响较大的规模化标准化种植养殖、农产品初加工深加工、储存、运输等产业链条上的生产经营主体渡过难关。在支持就业方面，加大以工代赈、以奖代补、劳务补助力度，引导贫困群众积极主动参与脱贫攻坚。鼓励就近吸纳贫困农民工就业。提高吸纳用工补贴标准，对企业、扶贫车间等各类生产经营主体吸纳本地贫困劳动力且稳定就业半年和一年以上的，分别给予一次性补助；支持开发乡村公益性岗位，2020 年在全省开发三万个乡村公益性岗位基础上，再开发两万个乡村公益性岗位，所需资金从就业补助和扶贫资金中列支；利用扶贫资金给予差别化、阶梯式奖补，支持有组织输转贫困劳动力，鼓励其外出务工、长期务工和稳定务工；鼓励采取以工代赈方式，积极组织贫困群众参与安全饮水、村组道路硬化等扶贫项目和工程建设，充分创造贫困群众省内就业岗位。

完善制度机制，不断加强扶贫资金监督管理

扶贫资金量大面广、点多线长，监管难度大，如何把每一笔资金用在刀刃上、花在群众的心坎里，一直是我们重点关注和着力推动的工作。为此，我们按照习近平总书记关于"扶贫资金是贫困群众的'救命钱'，一分一厘都不能乱花，更容不得动手脚、玩猫腻"的要求，紧扣扶贫资金预算安排、资金拨付、绩效管理、监督管理全过程，研究制定12 项制度办法，扎紧织密制度"藩篱"，为扶贫资金规范有效使用立下

"铁规矩"，划出"硬杠杠"。一是建立约谈问责机制。报请省脱贫攻坚领导小组印发《甘肃省扶贫资金监督管理追责办法》，从省级到乡村，逐级分部门明确扶贫资金使用管理职责，构建了"横向到边、纵向到底"的监管问责机制。执行财政专项扶贫资金周调度、旬报告、月通报约谈制度，提请对资金支出慢或质量不高的市县政府分管领导和财政、扶贫等部门主要负责人进行约谈，督促贫困县切实加快项目建设和扶贫资金支出进度。2018—2019年，财政专项扶贫资金均在规定时限内拨付下达，支出进度较国家考核要求分别高出4.8和6.4个百分点。2020年，根据支出进度连年好转的趋势，将财政专项扶贫资金和涉农整合资金支出进度统一调整为月报告制。2020年，全省财政专项扶贫资金支出进度达97.9%，高于国家考核要求5.9个百分点。二是建立限时拨付机制。要求中央下达预算指标"随到随办"，项目明确的在10日内拨付到位；需要二次分配的20个工作日内拨付到位；省级资金在人大批准后60日内拨付到位。三是建立动态监控机制。完善财政扶贫资金动态监控制度，进一步明确监控内容、职责分工、监控流程，充分运用扶贫资金动态监控平台，对各类扶贫资金重点流程和关键节点进行全程监控，对预警发现的问题，及时提醒督促纠正，着力提升资金管理使用时效。四是建立绩效管理机制。按照"花钱必问效、无效必问责"的要求，报请出台《甘肃省扶贫项目资金绩效管理实施办法》《甘肃省财政专项扶贫资金绩效管理实施办法》，将各级预算安排用于脱贫攻坚的资金全部纳入绩效管理，构建协调完善的绩效管理体系。2018—2019年，全省共完成11243个扶贫项目资金的绩效目标编报和自评工作。五是建立监督评价机制。会同省扶贫办聘请第三方机构，采取"五查五看"的办法，对贫困县财政专项扶贫资金和涉农整合资金开展中期和年度绩效评价，督促贫困县加强扶贫资金使用监管，提高扶贫资金使用效益。六是建立公告公示机制。督促扶贫资金主管部门严格按照"两个一律"的要求，将扶贫资金分配结果一律公告公示，主动接受社会监督，做到"阳光扶贫""廉洁扶贫"。七是建立挂牌督战机制。按照中央和省委省政府关于挂牌督战"较真碰硬督、凝心聚力战"的要求，制定下发《脱贫攻坚资金保障挂牌督战方案》，明确督战目的、范围、内容及措施。

联合省扶贫办组成工作组，由厅级干部带队，两次深入八个未脱贫摘帽县开展实地督战调研，解读新政策，指出工作中存在的不足，共同研究处理困难问题，着力解决扶贫资金使用管理的"死角""盲点"，确保资金保障政策措施落实到位。

回顾这些年的财政脱贫攻坚工作，我省脱贫攻坚资金保障工作扎实有效，财政投入连年大幅增加，涉农资金整合强力推进，深度贫困地区和年度重点任务资金优先保障，资金监管体系健全完善，责任明确、措施有力，得到了国家有关部委和省委省政府的充分肯定。2016年、2018年、2019年、2020年，国家财政专项扶贫资金绩效评价我省均被评为优秀等次。2018年，资金保障专责组被省脱贫攻坚领导小组评为全省脱贫攻坚先进集体。2018年、2019年、2020年，省财政厅在全省脱贫攻坚成效考核中连续三年被评为"好"等次。

现在回头看，虽然过程很艰难，有压力、有挫折，但也有喜悦、有感动。特别是在习近平总书记宣告脱贫攻坚取得全面胜利的那一刻，我倍感自豪，这其中，就有我们甘肃财政人的一份贡献。

在新时代，面对新征程新考验，我们有决心，更有信心，在以习近平同志为核心的党中央坚强领导下，在省委省政府的安排部署下，继续完成党和人民赋予的新任务，勇于担当财政部门和财政人的职责使命。

（汪洋　田文　整理）

小康路上决不让任何一个地方因交通而掉队

刘建勋

　　2021 年 2 月 25 日，习近平总书记在全国脱贫攻坚总结表彰大会上庄严宣告：我国脱贫攻坚战取得了全面胜利，创造了又一个彪炳史册的人间奇迹。在谈到贫困地区整体面貌发生历史性巨变时，总书记指出，贫困地区行路难等问题得到历史性解决，具备条件的乡镇和建制村全部通硬化路、通客车、通邮路；许多乡亲告别溜索桥、天堑变成了通途。习近平总书记对交通运输脱贫工作的充分肯定，让我们每一位交通人都感到非常振奋，更为曾经参与了脱贫攻坚这场战役而自豪。

　　党的十八大以来，我们按照精准脱贫、交通先行的思路，以不获全胜决不收兵的决心，凝聚"交通力量"，运用"交通战法"，发挥"交通智慧"，奉献"交通情怀"，加快补齐我省农村地区交通基础设施短板，让农村交通面貌发生了巨大变化，方便了群众出行，也让广大农村因路而兴，兑现了"小康路上决不让任何一个地方因交通而掉队"的庄严承诺。

"交通力量"

我省山大沟深，长期以来农村交通基础设施极为落后，直到2012年底，全省还有50%的建制村未通硬化路。交通人勠力同心，共同打赢了脱贫攻坚战。

我们聚力打好交通扶贫"两通"攻坚战，让农村"出行难"成为历史。党的十八大以来，我们把破解农村"行路难"作为脱贫攻坚的重中之重，坚持政府主导、规划引领和政策保障，全力推进交通扶贫。特别是"十三五"时期累计完成投资450亿元，新改建农村公路7.1万公里，平均每年建成1.4万公里以上，2017年底全省具备条件的建制村100%通硬化路，2019年底全部实现通客车。至2020年底，加上已建成的6.7万公里自然村组路，全省农村公路里程达到19.2万公里，"外通内联、通村畅乡、客车到村、安全便捷"的农村交通运输网络日趋完善，农民群众"出门水泥路、抬脚上客车"的梦想基本实现，助推75个贫困县全部脱贫摘帽。

我们倾力定点帮扶，助力帮扶县摘掉了"贫困帽"。2017年9月调整帮扶力量后，省交通运输厅和公交建集团帮扶临潭县王旗镇、新城镇12个贫困村，2545户10342人，其中建档立卡户1155户4941人；省公路局帮扶礼县4个村，394户贫困户1587人。几年来，我们紧盯贫困村贫困户基础设施改善、民生保障、扶贫政策落实、产业发展、内生动力提升、人居环境整治等重点任务，周密制订帮扶工作方案、全面加强政策指导、资金筹集、消费扶贫、劳务输转、帮办实事等措施，用心谋划、用情帮扶，深入开展定点帮扶工作，在脱贫攻坚战中充分体现出行业担当。省交通运输厅定点帮扶临潭县，共协调帮办实事和项目644项，协调落实资金2052.74万元，消费扶贫500余万元。经过几年的倾力帮扶，省交通运输厅、省公路局、省公交建集团以及省属各公路局、公路段定点帮扶的贫困户、贫困村全部实现脱贫退出，贫困人口生活水平显著提高，全部实现"两不愁三保障"，返贫风险直线下降，贫困率动态归零。

我们大力推行"交通+"模式，为群众打开了脱贫致富的大门。紧盯贫困地区经济社会发展需要，大力推进旅游路、产业路、资源路建设，"交通+特色产业""交通+生态旅游""交通+就业"蓬勃发展，带动农民群众脱贫致富。路通了，农民群众走出了世世代代生存的山沟沟，感知新事物，接受新观念，谋求新发展，精神面貌、思想观念和生产生活方式发生了翻天覆地的变化。车来了，藏在大山深处的农产品不再愁销路，农民群众也走出了一条条"脱贫路""致富路""幸福路"，口袋越来越鼓，乡村振兴的步伐也越走越快。人流畅通了，随着"外通内联"路网的逐步完善，甘肃成为国内旅游的热门地，我们的国道213线合作至郎木寺、省道222线康县至阳坝、国道227线扁都口路段等也成为广大旅游爱好者的"打卡地"。

我们围绕打造人民满意交通发力，群众获得感显著增强。农村公路不仅畅通了交通"微循环"，也让乡村发展有机融入国内经济"大循环"。农家乐、采摘园、乡土民俗旅游等因路而兴，如雨后春笋般涌现，农村地区资源优势转化为经济优势、发展优势，农民群众有了实实在在的获得感、幸福感。随着政策扶持加大，帮扶措施见效，增收门路拓宽，贫困群众不仅笑声多了、精神好了，而且脑子活了、胆识壮了、心气足了。东南沟村老党员姚生华在代表村民写给厅里的信中说，"我小时候宣传的'楼上楼下、电灯电话'，'点灯不用油、耕地不用牛'，全部变成了现实。现在路上跑着大大小小的汽车，耕地用的是拖拉机，我们伟大的中国梦也一定能够早日实现。"

"交通战法"

在脱贫攻坚的伟大实践中，我们交通人积极探索、大胆实践，开拓创新、锐意进取，探索总结出了一系列精准管用的"交通战法"。

我们把高位谋划贯穿始终，认真学习贯彻习近平总书记关于扶贫工作的重要论述，以及对甘肃重要讲话和重要指示批示精神，全面贯彻落实省委、省政府部署要求，始终把打赢脱贫攻坚战作为首要政治任务和第一民生工程来抓，成立了省交通运输厅交通扶贫工作领导小组、厅定点帮扶工作领导小组及厅帮扶临潭县工作组、农村公路督导帮扶组，统筹谋划、强力推动工作落实。我们强化目标管理，将交通扶贫纳入全省扶贫开发成效考核，扎实推进交通扶贫任务的全面落实，确保交通扶贫经得起历史的检验。

我们把精准施策贯穿始终，制定了《关于加快实施交通扶贫行动的意见》《推进"四好农村路"高质量发展实施方案》，细化实化措施，用足用好政策，狠下绣花功夫，全面对标攻坚，加快实施交通扶贫三年行动，加快补齐贫困地区交通基础设施短板。帮扶机制不断健全，帮扶措施更加精准，帮扶力度持续加大，帮扶成效日趋凸显。因村因户因人施策精准高效，帮扶村、户如期高质量实现脱贫。产业带贫减贫效果明显，带动群众实现"稳增收"。致富产业初具规模，助力群众跑出增收"加速度"。

我们把务实创新贯穿始终，探索形成了专业养护、承包养护、集中养护、地企共养、市场化养护的农村公路养护模式，率先在全国设立了乡镇农村公路管理所，平均每年落实养护资金八亿元左右，"有路必养"的目标基本实现，"养必到位"的步伐明显加快。探索建立了春耕生产送农资、送科技下乡、送文化下乡、访贫问苦等务实有效的制度化常态化帮扶举措。依托高速公路服务区特殊的优势，探索建立了甘肃交通"1+1+1+2+N"消费扶贫模式。面对新冠肺炎疫情带来的外出务工受阻等问题，建立了"公交建扶贫车间""公交建扶贫车间公路养护作业队"，吸纳全省贫困群众就地就近务工增收。

我们把凝聚合力贯穿始终，省政府连续五年召开全省交通扶贫暨"四好农村路"建设现场会，市州成立由党委、政府主要领导任组长的农村公路建设领导小组，县市区政府认真履行农村公路责任主体，构建起了"政府主导、行业推动、部门联动"的工作格局。省交通运输厅切实履行省直组长单位职责，组织召开省州县组长单位联席会议和推进会议 13 次，综合研判、定期督查帮扶工作，指导帮扶单位互看、互学、互比、互促，形成工作合力。

我们把固本强基贯穿始终，扎实开展支部结对共建，基层党支部建设趋于规范化、标准化。坚持扶贫与"扶志""扶智"相结合，广泛开展扶贫政策宣讲，激发了贫困群众奋发向上的精气神。注重培育致富带头人，帮扶村涌现出了一批懂技术、观念新、善经营的致富能手。围绕"3+1"冲刺清零行动、"5+1"专项提升行动等重点工作，突出"攻坚、巩固、提升"，查漏补缺、固强补弱，全面提升帮扶工作质量与成效，持续巩固脱贫成果。

"交通智慧"

在脱贫攻坚这场战役中，我们不仅贡献了"交通力量"和"交通战法"，还极大地发挥了"交通智慧"。

要想富，先修路。2003 年，交通部提出"修好农村路，服务城镇化，让农民兄弟走上沥青路和水泥路"的目标，启动了新中国成立以来规模最大的农村公路建设。从 2006 年开始，我省大规模启动实施通乡油路、建制村通达工程，于 2011 年实现了 100% 建制村通砂砾路，2013 年实现了 100% 乡镇通沥青（水泥）路。同年，根据农村公路建设的进展情况，交通部进一步提出了"小康路上绝不让任何一个地方因农村交通而掉队"的新要求。和全国其他省份一样，我省开始大规模实施建制村硬化工程，"十二五"期间全省建制村硬化率每年增长 10% 左右，于 2017 年底实现了全省具备条件的建制村 100% 通硬化路。

为了真正做到修一段公路、给群众打开一扇致富的大门，我们自我加压，真抓实干，全省 14 个省属公路发展中心成立了农村公路督导帮扶组，从项目建设前期到竣工全程跟踪督导帮扶；各市州成立由党委、政府主要领导任组长的农村公路建设领导小组，实行市级领导分片包抓责任制；县市区作为实施主体，将农村公路建设纳入政府主要议事日程和考核目标，构建起了"政府主导、行业推动、部门联动"的工作格局，全力推进交通扶贫和"四好农村路"建设。全省创建省级示范县22个，清水县、陇西县、西和县、安定区、民乐县、广河县、合水县等七个县区被交通运输部、农业农村部、国务院扶贫办联合命名为"四好农村路"全国示范县，创评数量位列全国前列。

2017年，承担临潭县的定点帮扶任务后，我们积极履行省直组长单位职责，强化统筹协调，精准制定帮扶方案，细化实化帮扶举措，制定出台了《甘肃省交通运输厅脱贫攻坚帮扶工作实施方案》《2018—2020年省交通运输厅帮扶工作要点》，明确了目标任务、工作内容和保障措施。制定了12个村脱贫攻坚帮扶工作实施方案，实现了"一户一策""一村一方案""一村一规划"。在充分学习掌握"两不愁三保障"、产业扶贫、兜底救助、"三区三州"深度贫困地区脱贫攻坚专项政策的基础上，帮助贫困群众协调落实低保、医疗、助学、产业扶持资金等惠农政策，鼓励贫困群众在公益性岗位就业增收。

2019年3月7日，习近平总书记在参加十三届全国人大二次会议甘肃代表团审议时指出，脱贫攻坚正是最吃劲的时候，必须坚持不懈做好工作，不获全胜、决不收兵。根据习近平总书记的重要讲话精神，省委省政府要求，以滚石上山的意志、敢死拼命的精神、滴水穿石的韧劲，打赢脱贫攻坚战。同年4月，我调任省公路交通建设集团工作，省公交建集团作为全省公路交通建设领域骨干企业，开展脱贫攻坚工作，除了"交通+脱贫攻坚"的平台，又增加了"国企+脱贫攻坚"的抓手。到任伊始，我和班子成员就将脱贫攻坚作为集团公司的首要政治任务来抓，主动扛起脱贫攻坚重任，除了继续深耕好定点帮扶任务"责任田"，更要履行好国企政治责任、经济责任、社会责任。为此，我们提出了"路修到哪里，脱贫攻坚工作就开展到哪里"的新帮扶理念，充分发挥交通基建项目"线长、点多、面广"的行业优势，交通产业集团"融、投、建、养、营、运、服"的平台优势，劳动密集型企业"人多力量大"的资源优势，以"公交建扶贫车间"为抓手，促进项目建设、道路养护、路域沿线的就业扶贫；以工地临设（施工余料）捐赠再利用、"永临结合"规划建设为载体，为当地政府群众帮办好事实事；以高速公路服务区超市、各单位食堂餐厅为依托，通过搭建销售平台、内部采购等方式，以消费扶贫促进产业发展。

"药方子"对不对？群众参与程度高不高？成效好不好？这在当时都是未知数。为了少走弯路、规避风险，取得可复制、可推广的经验，我们采取先易后难、先试点后推广、先局部后全局的方式，扎实稳步推进这些"公交建"帮扶方案。在二车项目，建设了钢筋加工、小型构件预制等扶贫车间，吸纳项目周边 200 余名贫困群众务工，在农闲季节开展"暖冬行动"，为项目沿线贫困群众提供带薪培训，让他们掌握一技之长。在定点帮扶村草场门村产业合作社的建设中，将承建收尾项目的旧钢筋棚、旧活动板房、安全护栏等余料，用于产业合作社和办公用房建设，不仅加快了合作社建设进度，还直接节约资金 30 余万元，把省下来的资金用在发展产业的刀刃上。在高速公路兰州北、太石服务区，设立了"消费扶贫专柜"，长期销售我省特色农产品，利用工会福利和食堂餐厅定点采购帮扶村合作社、农户的农产品，一定程度解决了群众农产品难卖、贱卖的问题。经过半年多的摸索实践，这些帮扶举措得到了地方政府的支持，得到了群众的认可，增收效果明显，我们将沿着这条帮扶之路，走得更宽、更广、更远！

2020 年是不平凡的一年，脱贫攻坚收官之年遭遇疫情、灾情影响，各项工作任务加重，难度更大。但让我们感到欣慰的是，从甘南草原到大漠戈壁，从黄土高原到陇上江南，无论是在驻村帮扶战线还是项目建设一线，交通行业干部职工能够坚决贯彻省委省政府的决策部署，依托自身优势，做实、做深了帮扶举措，打造了一张张靓丽的帮扶名片。截至 2020 年底，我们在工程项目、生产企业、场站服务区等建设了 30 个"公交建扶贫车间（班组）"，吸纳 6600 余名贫困群众实现就业，并将其打造成集扶贫、扶智、扶志为一体的综合帮扶平台，既能够长期灵活吸纳贫困群众务工增收，又能教授贫困群众学习职业技能。将完工项目价值 330 万元的安全体验馆、办公用房、拌和站彩钢房、料棚等设施分别捐赠给漳县和宕昌县，用于发展扶贫产业和建设扶贫车间，这是余料利用、永临结合的又一实践。在兰州市中心城区打造陇货甘味农产品直营店，在全省40对服务区设立了73个"消费扶贫专柜"，引进了包括灵台纯粮醋、环县杂粮、临潭蜂蜜等在内的220余项农产品，通过单位购买、东西部对接消费、友情单位助力推介、市场化面向社会销售等方式，不断扩大消费扶贫朋友圈，进行"N方"多渠道促销，全年各渠道销售额达到了3000余万元，打出了消费扶贫的"组合拳"。

回首这几年定点帮扶的经历，我们把扶贫一线作为锤炼干部的主阵地，全系统各级帮扶单位选派700余名干部职工结对帮扶，并先后选派150余名优秀干部长期扎根一线，与帮扶群众一道战"贫魔"、斩"穷根"，涌现出了许多感人肺腑的先进事迹和优秀人物。

让群众尝到养蜂"甜头"的龙元山村第一书记陈勇，把困难群众当成自己家人的草场门村第一书记刘宝，善于团结干部群众的陈庄村第一书记陈明文，注重基层战斗堡垒建设的口子下村第一书记董晞中……还有一批帮扶先进集体和个人，都是他们中的杰出代表。他们舍小家顾大家，毅然奔赴偏远山村，和群众一起苦、一起干，胜利完成了所有帮扶任务。正是因为他们，省交通运输厅连续四年被省委、省政府评为脱贫攻坚工作省级优秀单位。

"交通情怀"

交通脱贫攻坚，树起的是碑，连接的是心，通达的是福。

这是我们帮扶中的一个故事：临潭县王旗镇陈庄村谭平安九岁的小女儿谭淑丽上三年级的时候，被确诊为"进行性肌肉萎缩"。听了医生的介绍，谭平安"感觉要活不下去了，天塌了一样"。从此，他背着孩子到兰州，去西安，上北京，甚至打听到哪个村里有"神医"都要去试试。辗转几年时间，医药费花了20万元。后来，再找亲戚们借钱，亲戚们都躲得远远的。就这样，谭淑丽在轮椅上度过了她十年的青春时光。我们的帮扶队员了解到这些情况后，帮谭淑丽联系甘肃省中医院专家进行了住院治疗。帮扶干部还给她送去了电脑，谭淑丽轮椅上的生活自此变得丰富了起来，并开起了小卖部。帮扶队员还帮谭平安办起了个家庭农场，经过劳务技能培训，学到技术的他带领本村劳务人员进驻省交通运输厅的公路建设工地务工。2019年，谭平安大女儿大学毕业后，帮扶单位高速公路服务公司招收到高速服务区就业，每个月有4000多元的工资收入。

还有一个故事：临潭县新城镇张旗村党虎姐，十年前由于家庭变故，30岁的她成为家里的顶梁柱。那时候三个女儿还在村里读小学，家里除六亩多青稞和油菜之外，没有任何收入。党虎姐带着三个女儿生活，艰难可想而知。2015年大女儿安晓玲考入兰州文理学院，2016年二女儿安晓霞考入甘肃民族师范学院，2017年三女儿安晓雯考入了兰州财经大学。为了凑够三个孩子的学费，党虎姐连家中的牛也卖了。2017年7月，党虎姐家被纳入建档立卡贫困户。帮扶队员入户走访党虎姐，等了很长时间也没有见到她，原来党虎姐去邻居家借学费去了。帮扶队员对她的三女儿说："快把你妈妈叫回来，帮扶队就是给你们送学费来的。"三女儿猛地一下从凳子上站起来问："叔叔，是真的吗？我这就喊我妈妈去。"党虎姐一进门，和帮扶队员一同入户的村书记说："这是交通厅困难学生资助金1.1万元，你收好，三个姑娘的学费有着落了。"党虎姐接过助学金，眼泪一下子流了出来："感谢交通厅的帮扶，如果没有这笔钱，三个姑娘的学费今年恐怕凑不够了，感觉生活都快过不下去了……"2017年以来，驻村帮扶工作队针对党虎姐家的实际情况，编制了帮扶计划，根据政府教育扶贫政策，三个孩子上大学期间享受"雨露计划"和助学贷款。几年来，帮扶队在每年的春耕时节都为党虎姐送去春耕物资，帮助春耕生产；当地政府也帮助将自来水接到院子里，院落和门口的道路全部硬化；农闲时节，帮扶队还帮党虎姐联系到附近的卓尼县公路建设项目通过劳务技能培训后实现了就业，每个月有近4000元的收入，党虎姐和三个大学生女儿渐渐过上了让人羡慕的生活。

脱贫摘帽不是终点，而是新生活、新奋斗的起点。回首交通脱贫走过的历程，我们倍感成绩来之不易，更明白奋斗过后幸福生活的甜蜜。在巩固拓展脱贫攻坚成果、全面服务乡村振兴中，我们将弘扬脱贫攻坚精神、履职尽责、接续奋斗，让更多的"谭平安""党虎姐"过上更好的日子。

栉风沐雨战贫困　接续奋斗谋新篇

张柯兵

回望来路，才知道走出了多远；亲历奋斗，才明白付出的意义。消除贫困，从古至今都是中华民族孜孜不倦追求的理想，也是中国共产党人前赴后继、努力奋斗的目标。党的十八大以来，以习近平同志为核心的党中央把脱贫攻坚摆到治国理政突出位置，全面打响了脱贫攻坚战。在战胜贫困的道路上，我们民政人栉风沐雨、接续奋斗。

这五年来，我们倾注精力最多的是扶贫工作，调研指导最多的是贫困地区。甘南州、临夏州、天祝县——我们脱贫致富的不倦足迹，深深印刻在"两州一县"深度贫困地区和未摘帽贫困县的乡间道路和田间地头。脱贫攻坚的每一个阶段，我们精准施策、攻坚拔寨；访贫问苦的每一次考察，我们细算收支账、做好兜底保障；疫情灾情的每一次救助，我们多措并举、应救尽救，展现民政人的责任担当。

这五年来，面对贫中之贫、困中之困的顽固堡垒，我们坚决贯彻落实习近平总书记关于扶贫工作的重要论述和关于民政工作的重要指示精神，通过冲刺清零、专项提升、挂牌督战、监测预警等措施，为脱贫攻坚事业贡献民政力量，以不获全胜决不收兵的意志啃下脱贫硬骨头，以一鼓作气、乘势而上的姿态奋勇夺取新胜利，以"成色十足"的工作实效，向助推困难群众脱贫致富奔小康、向人民群众高速迈进美好生活交了一份满意的答卷。

强推进，抓落实，服务脱贫攻坚大局。我们深入学习贯彻习近平总书记对甘肃重要讲话和重要指示批示精神，始终把做好兜底保障工作作为民政部门的重大任务和底线性制度安排，全面落实省委、省政府关于打赢脱贫攻坚战的一系列部署要求，加强统筹协调，层层压实责任，全面贯彻"三落实、三精准、三保障"要求，及时修订完善兜底保障有关政策，扎实做好农村低保、特困人员救助供养、临时救助等各项工作，服务脱贫攻坚大局，确保高质量打赢脱贫攻坚战。

我们通过加大资金投入力度、持续提高保障标准等措施，切实做好脱贫攻坚兜底保障工作。五年来，共投入困难群众救助补助资金534.5亿元；全省农村低保指导标准由每人每年2855元提高到4428元，增幅达到55.1%；农村特困人员供养标准由单一的基本生活标准拓展为"基本生活＋照料护理"，从2016年的每人每年4525元提高到2020年的7200元、8400元、9600元三类护理标准。特别是2020年以来，面对新冠疫情和暴洪灾害，我们坚定信心、超前谋划、有效应对，在短时间内制定出台了一系列措施。通过公布救助热线、开通网上申请渠道、优化简化审批程序、适度扩围提标等形式，最大限度缓解了疫情灾情对困难群众基本生活带来的影响。2020年因疫、因灾新纳入城乡低保对象11.85万人，对30.5万人实施临时救助，发放资金3.74亿元，确保他们的基本生活不受影响。

夯基础，固根基，持续完善政策供给。脱贫攻坚以来，我们始终坚持以人民为中心的发展思想，全力兜底线、织密网、建机制，充分发挥社会救助在实现"两不愁"中的兜底保障作用。坚持把完善政策、健全机制作为编密织牢兜底保障网的基础工作，立足省情实际，出台了一系列政策法规。落实习近平总书记在贵州调研时提出的"低保政策兜底一批"，制定了《关于精准扶贫社会救助支持计划的实施方案》；落实习近平总书记在太原座谈会上要求的"支持深度贫困地区脱贫攻坚"，制定了《关于支持"两州一县"和18个深度贫困县脱贫攻坚兜底保障工作实施方案》；落实中央《关于打赢脱贫攻坚战三年行动的指导意见》，及时制定了《关于在脱贫攻坚三年行动中切实做好社会救助兜底保障工作的实施方案》；落实习近平总书记在解决"两不愁三保障"突出问题座谈会上的重要讲话精神，制定了《兜底保障冲刺清零工作方案》。特别是打赢脱贫攻坚战三年行动实施以来，我们先后制定出台了《关于做好农村最低生活保障制度与扶贫开发政策有效衔接的通知》《关于进一步加强脱贫攻坚兜底保障工作的通知》等一系列针对性、操作性、实效性强的脱贫攻坚兜底保障政策文件，形成了以地方性法规、政府规章和规范性文件为载体，衔接配套的兜底保障政策体系。创新提出了单人户施保、低保渐退、扣减就业成本、扩大两项补贴范围等一系列政策措施，使兜底保障政策更多、更好地惠及困难群众。

战贫困，攻堡垒，深入一线挂牌督战。接力奔跑，仍需加劲冲刺；千年追寻，圆梦就在今朝。对深度贫困地区，我们在政策上给予重点支持，制定出台了《关于支持"两州一县"和18个深度贫困县脱贫攻坚兜底保障工作实施方案》，对深度贫困地区脱贫攻坚兜底保障工作提出了具体的支持意见和措施。在资金上给予重点倾斜，五年来，共下拨"两州一县"和18个省定深度贫困县276.3亿元，占全省资金总量的51.7%。其中，2018年共下拨54.66亿元，2019年共下拨59.92亿元，2020年共下拨62.03亿元，保障资金逐年增加，为推进深度贫困地区兜底保障工作奠定了坚实的资金基础。在工作措施上给予重点指导，2019年，派出6名厅级领导和57名省厅业务骨干到57个贫困县蹲点，开展为期两个月的"下沉"包抓行动。2020年，我们制定了《脱贫攻坚兜底保障挂牌督战行动实施方案》，建立了厅级领导包抓、处级干部督战、业务骨干蹲点的工作责任制，确定6名厅级领导和2名处室主要负责人任组长，抽调16名处级干部和业务骨干组成8个督战组，通过实地督查、随机暗访、电话督导、数据比对、政策宣讲等方式，对8个县脱贫攻坚兜底保障开展不间断督战。督战行动开展以来，厅主要负责同志先后深入8个督战县开展调研督导，指导各地加大工作力度，准确执行兜底保障各项政策，确保了8个县全面完成脱贫攻坚兜底保障任务，顺利实现脱贫摘帽。

织密网，建机制，兜住兜牢民生底线。"民政为民、民政爱民"这一理念，以坚定的为民爱民立场、深厚的人民情怀彰显着我们民政人的初心和使命。我们深入贯彻党中央、国务院系列政策措施，全力兜底线、织密网、建机制，切实做到应保尽保、应兜尽兜。一是围绕"兜得准"，全面开展核对筛查。我们建立了农村低保信息定期核对机制，及时开展动态管理；制定农村低保对象"3+1"综合测评认定办法，建立农村低保家庭困难状况评估指标体系。2020年出台的《农村最低生活保障家庭经济状况评估认定办法》，为准确核算家庭收入、财产状况，精准认定保障对象提供了政策依据和统一标准。二是围绕"兜得住"，务必做到应救尽救。健全"8+1"社会救助体系，创新完善单人户保、渐退机制等一系列政策措施。建立健全主动发现、及时救助机制。截至目前，我们有力保障了全省140.8万农村低保对象和9.06万农村特困人员，特别是88.9万兜底保障对象的基本生活。三是围绕"兜得牢"，努力提高保障标准。我们积极争取中央支持，优先安排省级困难群众补助资金，中央下拨我省的救助补助资金从2016年的75.33亿增长到2020年的98.8亿元，增幅达到31.2%。特别是2020年新冠肺炎疫情发生以来，我们要求各地加大临时救助力度，将符合条件的对象全部纳入临时救助范围，全省实施临时救助人次214.9万人、支出资金24.8亿元。四是围绕"兜得好"，不断提升服务质量。我们积极推行"资金＋物资＋服务"的救助模式，加大政府购买服务力度，保障特困供养人员基本生活权益，确保其平日有人照应、生病有人看护。通过签订监护照料协议、落实定期探视走访制度、采购发放生活物资、推进政府购买社会救助服务、开发公益性岗位等措施，提升服务质量，保障特困人员基本生活权益。

固成果，防返贫，监测预警主动救助。我们坚持把困难群众的早发现、早介入、早救助作为防止返贫的重要抓手。2020年以来，我们联合扶贫、教育、人社、卫健、医保、残联等部门启动困难群众动态管理监测预警机制，在全面监测低保对象、特困供养人员、存在返贫风险的已脱贫人口、存在致贫风险的边缘人口的基础上，将患有慢性病和重大疾病的困难群众、登记失业人员、登记发证残疾人全部纳入监测范围，并逐步扩大到低收入群体，监测对象由七大类250.55万人扩大到十大类413.7万人。通过部门间的信息数据共享比对，适时发出监测预警信息，指导基层入户核查。目前已对 2.4 万名符合条件的城乡困难群众落实了相应救助，对暂时不符合救助条件的建立了台账，长期跟踪关注，将"人找政策""单一施救"的救助现状变成了"政策找人""综合施救"，有效防止困难群众返贫致贫。

脱贫摘帽不是终点，而是新生活、新奋斗的起点。在这个实现第一个百年奋斗目标、向第二个百年奋斗目标迈进的重要关口，我们既要为全面建成小康社会跑好"最后一公里"，又要乘势而上开启全面建设社会主义现代化国家新征程。我们将不忘初心、继续前行，一任接着一任干、一代接着一代干，以尺寸之功积千秋之力，全力巩固脱贫攻坚成果，积极助推乡村振兴战略，为开启"十四五"民政事业发展新征程，加快建设幸福美好新甘肃，不断开创富民兴陇新局面作出新的贡献。

（常正虎　吕家奇　整理）

敢死拼命抓产业　助推乡村如期脱贫

李旺泽

　　甘肃是全国脱贫攻坚任务最重的省份，2017年底全省还有贫困人口188.67万人、贫困发生率高达9.56%，贫困地区富民产业培育明显滞后、基础明显薄弱、体系明显不全，导致产业一直处于低水平状态。2018年以来，甘肃省农业农村厅始终牢记习近平总书记"发展产业是实现脱贫的根本之策"的嘱托，始终牢记打赢打好脱贫攻坚战、同全国一道全面建成小康社会是甘肃最大的政治工程、最重要的民生工程，认真学习贯彻习近平总书记关于扶贫工作的重要论述和对甘肃工作的重要讲话和重要指示批示精神，按照党中央国务院"深入实施贫困地区特色产业提升工程，因地制宜加快发展对贫困户增收带动作用明显的种植养殖业"等安排部署，扎实推动省委、省政府精准到户扶持和区域扶贫产业体系构建系列政策举措落实落地，甘肃产业扶贫取得历史性成就，为甘肃打赢脱贫攻坚战作出了应有贡献。

一、坚决扛起产业扶贫政治责任

没有产业，脱贫攻坚就如"无源之水"。甘肃发展产业的自然环境恶劣、基础条件薄弱，贫困地区有土的地方没有水，有水的地方没有土，有水有土的地方没有积温，培育发展产业需要付出更大精力和更长周期，贫困地区和群众对产业扶贫的渴望和需要更加强烈。在2017年以前相当长的一段时间内，甘肃除产业上发过五万元的小额扶贫贷款外，直接投向贫困户用于支持发展生产的资金非常少，扶贫产业基础薄弱，很多地方产业扶贫甚至处于空白，基本都是单家独户的小农散户，缺产业、缺资金、缺技术、缺市场等问题突出，农业生产效益低下。2018年，省委、省政府派我到省农业农村厅工作，任省委农村工作领导小组办公室主任，省农业农村厅党组书记、厅长。当时，脱贫攻坚战已进入短兵相接的决战阶段，社会上说到，全国的脱贫看甘肃，甘肃的脱贫看临夏，临夏的脱贫看东乡。作为省农业农村厅厅长，我深感责任之重、压力之大。面对脱贫攻坚异常严峻的形势，按照省委省政府决策部署和产业开发专责组职责要求，把产业扶贫作为实现脱贫的根本之策、根本出路，开始在全省拉开架势构建产业扶贫体系。三年来，我们认真履行省脱贫攻坚产业开发专责组组长单位职责，始终把产业扶贫摆在厅系统头等大事、压倒性位置来抓，我与厅领导班子成员一道，带领农业农村系统全体党员干部，从树牢"四个意识"、坚定"四个自信"、做到"两个维护"的高度，自觉扛起产业扶贫这一全省脱贫攻坚职责使命，成立了由我任组长、其他厅级领导任副组长、相关处室主要负责人为成员的产业扶贫工作领导小组和包抓督导工作领导小组，专门抽调厅系统十名业务骨干成立了产业扶贫办公室。我们建立了厅级领导包抓产业工作制度，实行每一位厅领导包抓一个产业、组建一个督导班子、制定一个工作方案、打造一个全产业链示范点（县），开一个高质量现场推进会"六个一"的推进机制。几年来，先后召开60多次厅党组（扩大）会议和产业扶贫专题会议研究部署产业扶贫工作，厅领导班子成员走遍了全省所有的深度贫困县，每年在基层现场指导产业扶贫工作的时间均在三个月以上，坚决扛起产业扶贫政治责任。

二、建立狠抓政策精准落实机制

省委省政府按照习近平总书记"发展产业是实现脱贫的根本之策，把培育产业作为脱贫攻坚的根本之路"，"农民专业合作社是带动农户增加收入、发展现代农业的有效组织形式，要总结推广先进经验，把合作社进一步办好"等重要指示精神，以及党中央、国务院《关于打赢脱贫攻坚战的决定》《关于打赢脱贫攻坚战三年行动的指导意见》要求，在认真调研分析和通盘考虑的基础上，制定了六大产业实施意见和三年行动计划，出台了《甘肃省培育壮大特色农业产业助推脱贫攻坚实施意见》《关于进一步加大资金投入扶持产业发展确保打赢脱贫攻坚战的通知》《关于加快推进贫困村农民合作社发展的意见》《关于扶持贫困地区龙头企业发展的意见》《关于进一步完善产业扶贫措施和带贫减贫机制促进高质量打赢脱贫攻坚战的通知》《甘肃省 2018—2020 年农业保险助推脱贫攻坚实施方案》《关于支持贫困户发展"五小"产业的指导意见》《关于进一步加强两个"三品一标"建设打造"甘味"知名农产品品牌实施方案（2019—2023 年）的通知》等一系列含金量高、针对性强的产业扶贫配套政策，形成了比较完备的产业扶贫政策体系。通过到户产业培育使贫困户的收入达到并超过"两不愁"的标准，能够托住底；通过构建完备的生产、加工、销售产业体系，让贫困户的脱贫产业与市场实现有机衔接，不断培育壮大，推动贫困户实现持续稳定增收。一方面，针对建档立卡贫困户，千方百计筹措和整合各类资金，按照人均 5000 元、每户最多不超过 3 万元的标准，精准落实产业到户扶持政策，原则上一半用于补助到户自主发展产业，支持和引导贫困户真种真养、多种多养，使贫困户的收入有最基本的保障，能够托住底；一半用于入股与贫困户产业发展密切相关的合作社或龙头企业，既推动新型经营主体快速发展壮大，又建起贫困户与合作社龙头企业利益联结机制，搭建起贫困户与市场有效对接的桥梁和纽带。另一方面，用财政奖补、贷款贴息等扶持政策，支持贫困村组建培育农民合作社，在贫困县培育引进龙头企业，建专业市场和果蔬保鲜库，支持贫困户参加农业保险，为贫困地区大抓到户到村产业培育和构建扶贫产业体系提供坚实的政策保障。为确保党中央国务院和省委省政府产业扶贫各项政策精准落实落地，实行厅级领导包抓产业包抓督导市州、县处级干部包抓督导贫困县工作责任制，从全厅系统抽调 290 多名行政和技术骨干，组建了 65 个由厅机关各处室、厅属各单位主要负责人担任队长的产业扶贫包抓督导工作队，实现了对 75 个贫困县（市、区）产业扶贫督导工作全覆盖。包抓督导队通过进村入户、进企入社、进棚入园，开展了多轮包抓督导，三年累计走访贫困乡镇 6526 个次、贫困村 1.13 万个次、贫困户 4.42 万户次、合作社 6750 个次、龙头企业 3825 家次，起到了宣传政策、督促指导、传导压力、发现问题、促其整改、推动落实的作用。坚持典型示范引领，推进互学互鉴，连续三年每年分特色产业召开现场推进会，通过现场观摩、互比互鉴，以点带面，推广新技术新模式和典型经验做法，提高全省农业农村系统干部指导推动扶贫产业的能力和水平。组织厅属站所的专家，在宕昌、安定、东乡等地开展标准化规模化中药材、马铃薯、苹果、蔬菜种植基地及牛羊养殖基地建设，有针对性地对贫困户、合作社、龙头企业和营销队伍开展技术培训，并为每个贫困村培育两至三户农业科技示范户，开展先进适用技术示范，带动整村推广应用，提高扶贫产业现代技术和装备的应用水平，提升产业综合效益。通过在全厅上下营造扶贫一线建功立业、真抓实干的良好工作氛围，激发了农业农村系统干部群众敢死拼命、苦干实干、把论文写在大地上的干事创业活力，为产业扶贫取得历史性成就提供了坚强的政治和组织保障。

三、拉开架势构建扶贫产业体系

按照省委省政府的安排部署，我们紧紧扭住贫困人口持续稳定增收这个关键，紧扣贫困地区产业发展的现状和比较优势，确定并主攻"牛羊菜果薯药"六大特色主导产业，补充适度规模发展地方优势特色产品和小庭院、小家禽、小手工、小买卖、小作坊"五小"产业，着眼产业扶贫与乡村产业振兴的长远考虑，以创新思维、系统思维，把扶贫资金精准到户扶持贫困户扩大种养规模与培育壮大新型经营主体、构建扶贫产业体系进行有机结合，针对贫困群众发展特色产业"没钱干""谁来干""闷头干""不白干"的问题，拉开架势构建"投入保障、生产组织、产销对接、风险防范"四大体系，搭建起了甘肃产业扶贫的"四梁八柱"，为群众稳定脱贫、长久致富保驾护航。

一是围绕解决"没钱干"的问题，强化投入保障体系。"没钱干"、难起步，我们通过将产业扶持资金投放使用与"一户一策""农民意愿、真种真养、见物见钱、奖勤罚懒"挂钩，发挥"四两拨千斤"作用。指导市县制定精准到户产业脱贫帮扶计划，并督查指导贫困县严格落实省上制定的贫困户人均 5000 元、每户不超过 3 万元到户扶持政策，用于到户到人的产业增收项目，2018—2020 年累计投入扶持资金 155.6 亿元，扶持 109.4 万贫困户发展扶贫产业，不仅如期实现了不漏一户、不落一人脱贫的目标，而且走出了"市场牵龙头、龙头带合作社、合作社联农户建标准化基地"的产业发展路子，构建起了具有区域竞争优势的扶贫产业体系。我到广河县调研时发现，广河县按照贫困户奖补6000 元、非贫困户奖补 5000 元的标准，整村实施基础母牛奖补项目，奖补实施过程公开公正，群众一致好评，2019 年全县较上年新增养殖户 9470 户、新增牛存栏 4.1 万头、羊存栏 20.3 万只。从调研的情况看，贫困群众对党中央国务院及省委省政府的到户产业扶持政策交口称赞，满意度明显提高，获得感和幸福感明显增强。

二是围绕解决"谁来干"的问题，健全生产组织体系。甘肃大部分贫困县区山大沟深、经济发展相对落后，贫困群众的信息相对闭塞、市场意识不强，弱、小、散特征非常明显，"千家万户"小农户无法与"千变万化"大市场有效对接，是我们构建产业扶贫体系中的一个痛点和难点，我们下大决心、花大力气，培育合作社、龙头企业等新型经营主体进行有效组织带动来解决。一方面，大力发展农民合作社。农民合作社一头连着千家万户，一头连着龙头企业和市场，是把千家万户"小农户"和千变万化"大市场"有效对接起来的最佳组织形式，是构建产业体系、打造全产业链、完善利益联结机制、增强农户抵御风险能力的关键抓手，是推动农业产业化经营，确保贫困户稳定增收的不二选择。基于这些认识和考虑，为破解"不会干"、无人引领的困境，2018年，我们立足解决合作社"有没有"的问题，利用省级财政筹措2亿元，在没有或只有一个农民合作社的贫困村，扶持新建合作社2173个，实现了贫困村合作社全覆盖；2019年，我们着眼解决"好不好"的问题，坚持把规范提升和办实办好合作社作为有效组织农户集约化生产和对接市场的重要抓手，从2月份开始，利用一个月时间，摸清了2018年底全省7262个贫困村共有合作社3.64万家，通过实施合作社能力提升工程，组建起6500人的市县乡三级辅导员队伍，开展合作社领办人"万人培训"计划，并根据合作社发挥作用情况将前期摸底调查时"运营规范的、运营一般的和未运营的"三种类型调整为"运营规范的、运营较规范的、运营一般的、未运营的和注销吊销的"五种类型进行分类规范，到年底时全省共有合作社3.31万家。同时，按照有产业基地、有农业机械、有良种供给、有销售订单、有加工和贮藏场所等"五要素"标准办好办实合作社，全力扶持合作社在良种繁育、农机购置、基地建设、收贮冷藏等多元化功能上培育和提升，截至2020年底，全省贫困村3.31万个合作社中运营规范和较规范的合作社占比达到75%以上，全省合作社在实现由"有没有"向"好不好"的转变中迈出了坚实的一步，有效发挥了将贫困户带入扶贫产业大链的作用。如"宕昌模式"整合了到户扶持资金、国企、民企等多方资金入股，组建合作社联社控股的富民公司，将村、乡级合作社以及贫困户带入产业组织体系，在促进特色产业发展与带动农户增收方面发挥了很好的作用。另一方面，大力引进培育龙头企业。坚持把培育和引进龙头企业作为提升产业效益和带贫益贫能力的核心动力，采取轻资产引进、多元化自建等方式，加快龙头企业引进培育进程，培育引进了中盛农牧、蓝天集团、中天羊业、康美牛业、前进牧业等本地"正规军"和北京德青源、海升集团、福建圣农、四川希望集团及泰国正大、新加坡益海嘉里等省外境外"王牌军"，通过订单收购、入股分红、生产托管、土地入股等方式，带动合作社发展产业，带动农户增收。三年来，在贫困地区引进和培育龙头企业2946家，实现了贫困县每个脱贫产业都有龙头企业带动的目标。在带贫机制探索推广上，我们积极推广轻资产的"德青源模式"、政府主导组建国有农发公司的"庄浪模式"、合作社控股组建富民公司的"宕昌模式"、订单种植保底价收购贷款支持的"蓝天模式"、"六位一体"的"康美模式"、技术培训投种回收加工销售一条龙的"中天模式"和"中盛模式"等，初步构建了"市场牵龙头、龙头带合作社、合作社带农户建基地"的生产组织体系，产业发展缺少主体带动的难题得到有效缓解。比如，定西蓝天马铃薯集团，探索构建了带动338个合作社、2.6万户贫困户、15万亩标准化加工薯生产基地的"扶贫模式"在全国马铃薯产业现场推进会中受到了与会代表的高度评价。

三是围绕解决"闷头干"的问题，完善产销对接体系。农产品能不能卖上好价钱直接影响贫困户稳定增收和发展产业的积极性。为解决"闷头干"、没收益，按照省委省政府安排部署，我们把解决好农产品销售问题作为产业扶贫的重中之重来抓，坚持不懈政府市场两手并用开拓运作市场，着力完善产销对接体系。在全国率先组建省级农业产业扶贫产销协会及马铃薯等九个产销分会，连续三年组织举办了甘肃特色农产品贸易洽谈会以及龙头企业负责人和营销专家培训班，提供运作市场的能力和水平，着力培育一支活跃在产地和终端市场的营销家队伍，抱团出省抢占市场，重点对接京津冀、长三角、粤港澳、成渝地区、东西部扶贫协作区，加快特色农产品走出去步伐。扶持建设安定区马铃薯、定远高原夏菜两个国家级专业批发市场和一批特色农产品产地专业市场，构建起了连接产地与终端大市场的销售网络体系，马铃薯、中药材、高原夏菜、苹果、牛羊肉等特色农产品市场占有率和议价能力明显提高，马铃薯等特色农产品集散中心、信息中心、价格形成中心功能初步显现。着力完善贫困地区冷链物流体系，积极争取落实扶持资金 6.3 亿元，新建果蔬保鲜库 2075 座，新增储藏能力近 100 万吨，提高了甘肃特色农产品直供省外大市场的能力和水平，使广大农户可以根据市场行情灵活选择上市时间，实现错峰销售，有效缓解了收获季节农产品滞销压价现象。甘肃"天干地不干"特征最明显，自然地理环境多样性最突出，土地资源丰富，"甘味"品牌拥有得天独厚的特殊自然禀赋支撑。甘肃是畜牧业大省、高原夏菜主产区、苹果最佳适生区、全国马铃薯种植和育种基地、"千年药乡"和"天然药库"，"甘味"品牌拥有丰富优质的特色农畜产品支撑。针对我省生产出的大批"独一份""特别特""好中优""错峰头"优质特色农产品，品牌不够响亮、知名度较低、市场占有率不高的问题，根据省委省政府的安排部署，我们大力实施"甘味"农产品品牌营销战略，发布"甘味"品牌目录，组织开展一系列"甘味"农产品展示展销、洽谈签约、成果发布等活动，与新华社签署"民族品牌工程"战略合作框架协议等，对"甘味"农产品品牌进行了大力度、全方位、多层次的宣传推介，力争让"甘味"农产品走向全国各地、走进千家万户，让"甘味"品牌家喻户晓、深入人心，让"甘味"触动广大消费者的味蕾，留住舌尖上的记忆。产销体系的建立，有效避免了周边各地大多种养同样的东西很容易出现的卖难滞销、谷贱伤农、菜贱伤农等问题，再不用为产品卖不出去、卖不上好价钱而发愁，从根本上扭转了"丰产不丰收"的困境，全省特色农产品价格持续走高，呈现产销两旺的喜人形势。如全省马铃薯产业产销协会 2019 年根据全国马铃薯供需状况提出了甘肃产地马铃薯收购目标价位，通过合作社组织薯农签订种植订单，按照目标价格批量有序向终端市场供货。在安定区，种植马铃薯的贫困户每亩地比 2018 年增收 800 元。

四是围绕解决"不白干"的问题，构建风险防范体系。我省贫困县大多处于边缘或高海拔地区，自然条件严酷，基础设施薄弱，生态环境脆弱，干旱、洪涝、泥石流、霜冻、冰雹等自然灾害频发，对扶贫产业发展造成一定影响。此外，由于农产品市场行情的变化、消费需求的转移、集中上市等因素，农产品滞销或"卖难"的现象仍然存在，做好农业保险入户承保工作对于保障贫困户防范因自然灾害和市场风险造成贫困户种养产业财产损失，不因灾减收、助推全省打赢脱贫攻坚战具有极端重要性。为防止"不白干"、有保障，我们考虑按照六大产业全覆盖、贫困户一户不落的要求，坚持普惠、特惠相结合，全面启动农业保险"增品扩面、提标降费"工作，构建"中央补贴险种、省级补贴险种、市县补贴险种"相互补充的风险保障体系。按照省委省政府安排部署，我们把农业保险作为特色产业保本保收的一项重要兜底保障举措，积极协调争取国家支持，在"增品扩面"上，将保险补贴品种从2018年的69个、2019年的80个扩大到了2020年的96个，越来越多的农产品有了保本保收的托底保障；在"提标降费"上，按照普惠和特惠相结合的办法，将18个中央和省级补贴险种提高保额、降低费率均达到30%以上，对贫困户参保给予缴纳总保费的10%的特殊优惠，确保了每一户贫困户都能"保得起"。全省三年累计实现签单保费45.29亿元，累计赔付33.03亿元，从中直接受益农户356.07万户次，其中贫困户199.02万户次，实现了对有意愿贫困户主要增收种养产业的全覆盖，贫困群众特色产业抵御风险能力大大提升，有效化解了发展产业的市场和自然风险，为群众放心养、放心种提供了保障。此外，我们还做细做优理赔服务，推动在全省15788个行政村全部组建农金室，与农业保险承保机构共同服务农户承保理赔工作，打通了服务"最后一公里"。探索"保险＋期货"的模式，开发出了规避市场价格波动的新型保险。

四、苦干实干取得产业扶贫实效

2018年以来，在打赢打好脱贫攻坚战的关键阶段，我省在产业扶贫上可以说是憋足了气、铆足了劲。我们聚焦贫困实际，上下同心、一鼓作气，坚持"六年任务三年干，三步并作两步跑"，甩开膀子、拉开架势狠抓大抓产业扶贫，从产业培育、农产品生产、加工、销售等农业发展的方方面面入手，强化"资金投入"体系、健全"生产组织"体系、完善"产销对接"体系、构建"风险保障"体系等四大体系的建设工作，使农民能种得出、卖得好，有钱赚。经过三年多的苦干实干，甘肃产业扶贫取得了历史性成就，三年间全省依靠发展产业和"产业＋劳务"脱贫人口达 138.83 万，占总体脱贫人口的 73.6%，2020 年全省农村居民人均可支配收入突破万元大关，彻底撕掉了"苦甲天下"的历史标签。农业农村部、国务院扶贫办先后在甘肃召开了全国粮改饲、马铃薯、冷链物流、农险保险、产业扶贫等现场推进会，总结推广甘肃贫困地区产业发展的经验做法。

一是种养产业规模和效益明显提升。立足各地资源禀赋和比较优势，着力培育"独一份""特别特""好中优""错峰头"的地方优势产品，逐步形成以"牛羊菜果薯药"六大主导产业为主，小庭院、小家禽、小手工、小买卖、小作坊"五小"特色产业为补充的产业格局。在到户产业扶持资金的强力推动下，产业增长的势头十分明显。据行业统计，2020 年全省牛存栏达 482 万头、出栏 228.6 万头，羊存栏 2191.8 万只、出栏 1737.1 万只；蔬菜面积达 930 万亩、产量 2810 万吨，苹果面积达 662 万亩、产量 650 万吨，马铃薯面积 1030 万亩、产量 1550 万吨，中药材面积达 470 万亩、产量 132 万吨。2020 年第一产业增加值达到 1198.1 亿元，三年平均增速达到 5.4%；畜牧业发展势头强劲，畜牧业、种植业增加值比例达到 23.44：68.07，种养业结构进一步优化；"牛羊菜果薯药"六大特色产业增加值达到 753 亿元，占 2020 年全省农林牧副渔业增加值的 60%，特色产业规模和效益明显提升。

二是贫困地区特色产业带逐步形成。全省农业产业串点成线、以线带面，形成了优势突出、特色明显的"产加销"一体化区域产业体系。截至 2020 年底，全省建成存栏 30 万头肉牛大县 4 个，存栏 10 万头肉牛大县 7 个，形成了以张掖为核心的河西肉牛产业带，以平凉为核心的红牛产业带，以临夏、甘南为核心的农牧交错繁育一体肉牛产业带；建成百万只肉羊大县 9 个，形成了以临夏为核心的农牧交错肉羊产业带，以环县、靖远、会宁为核心的陇中陇东肉羊产业带，以凉州、民勤、金塔为核心的河西肉羊产业带；培育了5个播种面积超过30万亩的蔬菜产业大县，形成了河西走廊、陇东南、中部沿黄灌区三大优势产区；培育了百万亩苹果大县1个，30万亩苹果大县8个，形成了平凉、庆阳富士苹果产业带和天水花牛苹果产业带；培育了2个百万亩马铃薯产业大县，带动周边种植30万亩以上的产业大县8个，打造了一批集中连片、技术集成的万亩以上绿色标准化产业带；建成30万亩以上中药材产业大县4个，形成了以陇西、岷县、宕昌、渭源为核心的中药材产业带。

三是扶贫产业组织化程度明显提高。构建了"市场牵龙头、龙头带合作社、合作社联农户建基地"的生产组织体系。农民合作社带动能力明显增强，全省贫困村3.31万个合作社，建设规模种养基地2.35万个（处），带动农户近200万户，其中建档立卡贫困户近59万户。涌现出了政府主导组建国有农发公司带动合作社发展的"庄浪模式"，合作社联合控股，民营、国有企业参股组建富民公司，带动村办合作社联合发展的"宕昌模式"，党建引领合作社发展的"舟曲模式"等运行和带贫效果好的合作社发展模式做法。龙头企业迅速发展壮大，全省贫困县2946家龙头企业，带动1.4万个合作社从生产到加工再到销售，全过程、全链条深度参与，带动标准化生产、规模化种养、产业化经营，总产值超过千亿元，农产品加工转化率达到54.5%，极大改变了过去农户单打独斗的"小农经济"。创出了订单种植、保底价收购、贷款支持的马铃薯产业"蓝天模式"，带动农户小群体、大规模发展肉羊产业的"中盛、中天模式"，用现代技术现代装备大规模发展苹果、蛋鸡产业的"海升模式"和"德青源模式"等带贫模式。此外，2018年全省贫困村集体经济"空壳村"全部消除，2020年全省贫困村集体经济总收入达到5.53亿元，村均达到7.62万元。

四是"甘味"品牌建设取得较大突破。通过实施"甘味"农产品品牌营销战略，建起了"省级'甘味'公用品牌+市县区域公用品牌+企业商标品牌"的品牌营销体系。2020年6月，举办了"甘味"农产品品牌发布会暨消费扶贫宣传推介活动，向社会各界发布了《"甘味"农产品品牌目录》，包含了"牛羊菜果薯药"六大特色产业、地方优势特色产品的 50 个区域公用品牌和 150 个企业商标品牌。在"甘味"品牌战略带动下,"陇南油橄榄""平凉红牛""静宁苹果""庆阳苹果""东乡手抓羊肉""定西马铃薯""兰州高原夏菜""岷县当归""陇西黄芪"等一批特色农产品区域公用品牌已经享誉全国。携手新华社"民族品牌工程"共同打造"甘味"品牌,"甘味"亮相美国纽约时代广场和国内大城市繁华地段大屏幕、机场、高铁站等,"甘味"品牌网络日点击量超过 100 万。

精准政策组合拳打到了产业发展的"难点""痛点"上,让我省产业扶贫呈现出奋起直追、后发赶超的态势。产业扶贫取得实质性突破,为脱贫攻坚提供了关键产业支撑,农业农村发展保持了持续向好向优态势,总体呈现出政策好、人努力、天帮忙、市场旺、收入增、百姓喜的良好局面,有力拉动了贫困地区产业发展和农民增收,为全省经济社会发展大局提供了强有力的支撑,发挥了"压舱石"和"稳定器"的作用。实践证明,我省产业扶贫政策措施,践行了习近平总书记精准扶贫精准脱贫方略,落实了党中央国务院脱贫攻坚决策部署,完全符合我省贫困地区和贫困群众产业发展实际,全省贫困地区的产业发展逐步从"星星之火"变成"燎原之势"。甘肃,依靠产业脱贫打了一个漂亮的"翻身仗"。经过多年的艰辛探索和不懈奋斗,特别是近年来大力推进产业扶贫和乡村产业发展,甘肃农业发生了翻天覆地的变化,正在走上一条"现代"方向引领、"丝路"时空定位、"寒旱"内在特质、"甘味"品牌标识的现代丝路寒旱农业发展路子。

回望过去三年多的全省产业扶贫工作,成绩有目共睹,历程让人难忘。甘肃产业扶贫在短短三年多时间里能够取得历史性成就,通过了产业扶贫这场大考,并加速由传统农业向特色现代农业转变,我认为,主要是得益于习近平总书记扶贫工作重要论述的指引,得益于党中央国务院的高度重视和大力支持,得益于省委省政府的坚强领导和精准部署,得益于省农业农村部门和市县乡一道的通力协作和真抓实干。2021 年 2 月 25 日,凭借在产业扶贫中的切实行动与积极成效这一出色的脱贫攻坚"成绩单",甘肃省农业农村厅荣获全国脱贫攻坚先进集体称号。当时,我去北京人民大会堂参加了全国脱贫攻坚总结表彰大会,现场聆听了习近平总书记的重要讲话，领取了全国脱贫攻坚先进集体奖牌。这份荣誉，是对甘肃农业农村系统干部职工莫大的鼓舞和鞭策，是对我们敢死拼命抓产业扶贫让乡亲们一户不落如期脱贫工作的认可，让我倍受鼓舞、倍感振奋、倍增干劲。

作为一名甘肃"三农"工作的老兵，我从读书到工作就一直和"农"字打交道，经历和参与了改革开放以来甘肃农业农村发展的各个阶段，也见证了甘肃农业农村工作取得的辉煌成就，与农业、农村、农民有着难以割舍的情缘，对农业、农村、农民有着极为深厚的情怀。脱贫攻坚，是"百年目标、全党使命"。在 2018 年省农业农村厅领导班子任职宣布大会上，我曾表态发言："将认真贯彻落实省委省政府重大决策部署，不负使命，锐意进取，埋头苦干，坚决打赢打好产业扶贫攻坚战，全面深入实施乡村振兴战略，积极推进循环农业发展，全力推动农业全面升级、农村全面进步、农民全面发展，用忠诚和汗水书写农业农村工作新篇章。"在省委省政府的坚强领导下，在脱贫攻坚战这场硬仗中，我又能参与其中、做过工作、付出努力，亲身感受、亲自经历、亲眼见证通过产业扶贫让广大农民的生产生活条件发生的翻天覆地变化，彻底结束了"一方水土养活不了一方人"的历史，向全省人民交上了一份亮丽的脱贫攻坚答卷，这对我而言是一件莫大的幸事。

成绩值得倍加珍惜，征途不容丝毫懈怠。脱贫摘帽不是终点，而是新生活、新奋斗的起点。未来我将立足新阶段新任务，不忘初心、牢记使命，认真贯彻落实党中央精神，按照省委省政府的安排部署，大力弘扬脱贫攻坚精神，当好推进乡村振兴战略尖兵，带领厅系统广大干部职工，着力发展现代丝路寒旱农业，持续构建现代农业产业体系，加速推动农业农村现代化，把我们甘肃的农业搞成有奔头的产业，把农民变成有吸引力的职业，把农村建成美丽的家园。

（赵记军　整理）

精准施策补短板　住房安全有保障

苏海明

　　我叫苏海明，甘肃榆中县人，2018年3月任省住建厅党组书记、厅长。适逢脱贫攻坚进入全面攻坚阶段，住建系统承担的住房安全保障工作面临着冲刺清零的艰巨挑战，我深感责任重大、使命光荣。2019年3月，我参加十三届全国人大二次会议时，近距离、面对面聆听了习近平总书记在甘肃代表团参加审议时的重要讲话："行百里者半九十。实现脱贫攻坚目标，越到关键时候越要响鼓重锤。不要搞'大跃进''浮夸风'，不要搞急功近利、虚假政绩的东西。对这类问题现在就要敲打，防患未然，防微杜渐"。总书记的每一句话言犹在耳，仔细回想，倍感压力。当时在距离2020年完成脱贫攻坚目标任务不到两年时间，在脱贫攻坚最关键、最吃劲的时候，习近平总书记的重要指示使我们进一步认清了甘肃脱贫攻坚的重点难点，总书记提出的"坚定信心不动摇、咬定目标不放松、整治问题不手软、落实责任不松劲"的指示要求，再次为甘肃打赢打好脱贫攻坚战指明了方向、提供了遵循，极大提振了全省上下砥砺前行、攻克最后堡垒的斗志和干劲。遵循习近平总书记关于扶贫工作的重要论述和对甘肃重要讲话和重要指示批示精神，按照党中央国务院和省委省政府的决策部署，我们深化思想认识，提高政治站位，把打赢打好住房安全保障攻坚战作为压倒一切的首要任务，以善作善成的工作状态和敢死拼命的奋斗姿态，强化政策支持，加强过程管控，提升工作质量，为实现甘肃省农村危房改造冲刺清零和贫困户住房安全保障作出了突出贡献。

住房安全有保障，是"两不愁三保障"的核心内容，是贫困人口实现脱贫的基本要求，是坚决打赢脱贫攻坚战的底线任务。农村危房改造工作成效事关广大农民群众切身利益，事关党的惠民政策贯彻落实，事关全面建成小康社会全局。2009年以来，全省累计投入中央和省级补助资金187.76亿元，支持175万户农村群众实施危房改造，解决了近700万人住房安全问题。其中，"十三五"时期，累计实施农村危房改造36.61万户，其中，四类重点对象27.85万户（含建档立卡贫困户19.04万户），其他农户8.76万户。至2019年底，全省实现现有存量危房改造全面冲刺清零。但我们始终坚持目标不变、力度不减、咬紧牙关、使足力气，2020年，继续紧盯住房安全保障任务不松劲，全力做好新增危房动态监测，每月对14个市州进行全覆盖调度，对2020年计划脱贫摘帽的8个县开展督战，深入核查住房安全保障情况，全年改造完成动态新增危房149户，全力打赢脱贫攻坚住房安全保障歼灭战。在全省住建系统共同努力下，经住建部、财政部对年度农村危房改造工作进行综合评价，甘肃省农村危房改造工作2018年、2019年连续两年受到国务院激励。2021年5月，我厅村镇建设处、帮扶办获得甘肃省脱贫攻坚先进集体表彰，五名干部获得甘肃省脱贫攻坚先进个人表彰。

2020年6月，经过对全省2013年以来136.3万户建档立卡贫困户住房安全情况进行逐户核验，所有贫困户住房安全均得到了保障，全省数百万贫困农户住进了安全房。住房安全的全面提升促使贫困群众精神面貌发生显著变化，有效提升了贫困群众的获得感和幸福感，提振了贫困群众致富奔小康的信心，促进了党群、干群关系融洽，社会和谐稳定，为全省打赢打好脱贫攻坚战奠定了坚实的基础。这些都在于习近平新时代中国特色社会主义思想的光辉指引，在于我们踏踏实实沿着习近平总书记指引的方向前进，在于全省上下以及各级住建系统遵照习近平总书记的重要指示和要求矢志奋斗。

回顾甘肃省这12年的农村危房改造过程，可谓是历尽艰辛。这是我在全省各地走访时听到参与农村危房改造工作广大干部最普遍的心声。甘肃作为一个内陆欠发达省份，自然地理条件恶劣，经济基础薄弱，基础设施和社会事业发展滞后，自然灾害频发，贫困人口占比和贫困发生率高，人均可支配收入低，贫困程度深，贫困面大。全省86个县区中，有58个县区分属六盘山区、秦巴山区、藏区3个集中连片特困地区，加上17个插花县区，贫困地区几乎覆盖了所有市州。2013年，我省共识别认定建档立卡贫困人口552万人、贫困发生率26.5%，识别建档立卡贫困村6220个，占全省的40%。到2016年底，我省贫困人口数量排在全国第八位，贫困发生率排在全国第四位。2017年，我省甘南州、临夏州和天祝县共17个县被整体列入国家重点支持的"三区三州"范围，省上又确定了18个深度贫困县，这些地方大多山大沟深、交通不便，社会保障滞后，产业体系薄弱。脱贫任务重、脱贫难度大，在全国都是典型的，"全国脱贫看西部，西部脱贫看甘肃"是我省的基本省情。

党的十八大以来，习近平总书记始终牵挂着甘肃的脱贫攻坚工作，两次来到甘肃视察，亲切看望干部群众。总书记在主持召开中央扶贫开发工作会议、中央政治局集体学习，在延安主持召开陕甘宁革命老区脱贫致富座谈会，在太原主持召开深度贫困地区脱贫攻坚座谈会，在重庆主持召开解决"两不愁三保障"突出问题座谈会等工作时，总会提及甘肃。总书记对甘肃的重要政治嘱托，科学指明了我省在全国发展大局中的战略定位，为我省指明了努力方向、实践路径，确定了着力重点、奋斗目标，为做好脱贫攻坚工作提供了根本遵循。沿着习近平总书记重要指示精神指引的方向，省委省政府对标中央要求，统筹推进"五位一体"总体布局，协调推进"四个全面"战略布局，深入实施精准扶贫精准脱贫基本方略，坚持把脱贫攻坚作为"一号工程"，采取超常规办法，大力开展精细精确精微的"绣花"式扶贫。全省住建系统认真贯彻落实党中央和省委省政府决策部署，积极投身于脱贫攻坚战场，以高度政治自觉、思想自觉和行动自觉，变压力为动力，把农村危房改造作为首要政治任务、头等大事狠抓落实、全力冲刺。

提高政治站位，践行"两个维护"，解决思想认识不到位的问题

　　"着力推进扶贫开发，尽快改变贫困地区面貌"，这是习近平同志当选党的总书记之后第一个春节到甘肃视察时作出的"八个着力"重要指示之一，希望甘肃努力同全国一道全面建成小康社会，加快建设经济发展、山川秀美、民族团结、社会和谐的幸福美好新甘肃。2019年3月，习近平总书记参加十三届全国人大二次会议甘肃代表团审议时再次强调"必须坚持不懈做好工作，不获全胜、决不收兵"。同年8月，习近平总书记在甘肃考察调研时对甘肃又作出重要指示："要深化脱贫攻坚，坚持靶心不偏、焦点不散、标准不变，在普遍实现'两不愁'的基础上，重点攻克'三保障'方面的突出问题，把脱贫攻坚重心向深度贫困地区聚焦，以'两州一县'和18个省定深度贫困县为重点，逐村逐户、逐人逐项去解决问题，坚决攻克最后的贫困堡垒。"近年来，我省新一届省委省政府认真学习贯彻习近平总书记关于扶贫工作的重要论述，全面贯彻落实习近平总书记视察甘肃重要讲话和"八个着力"重要指示精神，以及在参加全国两会甘肃代表团审议、解决"两不愁三保障"突出问题座谈会上的重要讲话精神，把精力和心思聚焦到脱贫攻坚大决战上，把深度贫困地区脱贫攻坚摆上重要位置，改进和加强全省脱贫攻坚工作，层层传导压力，强力压茬推进。

　　2009年我省就启动农村危房改造工作，但是全省农村贫困户危房较多，相当一部分群众自筹资金能力弱，我省农村危房改造工作面临的形势十分严峻，任务十分艰巨，脱贫攻坚越到最后，越是难啃的硬骨头。而且，由于过去对危改工作的重要性、复杂性和紧迫性认识不够深刻，危房改造目标导向把握不准，造成在农村危房改造工作安排上不到位，责任落实上不到位，督促管理上不到位，没有拿出切实可行的落实办法，在执行标准、加强管控方面做得还不够完善，对发现的问题，没

有以坚决态度、过硬措施去较真整改，对违规行为没有形成有力震慑，在各类监督检查中，质量管控不严格、面积管控不到位、资金管控不细致、建新不拆危，档案信息不规范等问题逐渐暴露出来，导致全省危改工作一度陷入了落后被动的局面。

按照习近平总书记 2015 年 11 月 27 日在中央扶贫开发工作会议上作出的"脱贫攻坚已经到了啃硬骨头、攻坚拔寨的冲刺阶段，所面对的都是贫中之贫、困中之困，采用常规思路和办法、按部就班推进难以完成任务，必须以更大的决心、更明确的思路、更精准的举措、超常规的力度，众志成城实现脱贫攻坚目标"指示精神。近几年，我们深刻反思，坚持问题导向，咬定目标标准，坚决克服和纠正形式主义、官僚主义，以全面查找问题、深入分析问题、扎实整改问题为主线，聚焦住房安全有保障突出难点问题，提出了"摸清底数、专业鉴定、建立台账、稳步推进"的农村危房改造总体要求，以"完善顶层设计、强化指导服务、持续传导压力、确保脱贫实效"为工作思路，以"消除存量、拾遗补缺、冲刺清零"为工作目标，聚焦深度贫困、聚焦建档立卡贫困户等重点对象，用过程控制保证危改结果，用工作质量保证危改成效，用政策扶持提供坚实保障，用扎实作风求得最实成果，做到了全省住建系统上下目标一致、步调一致、同频共振，农村危房改造进度明显加快、住房安全有保障成效明显提高。

坚持问题导向找差距，完善顶层设计补短板，确保靶心不偏、焦点不散、标准不变

近年来，我省为规范农村危房改造工作，相继出台了《甘肃省农村危房改造精准扶贫实施意见》《加快推进全省农村 D 级危房改造工作的意见》，制定了《甘肃省农村居住建筑 C 级危房加固技术导则（试行）》《彩钢板农房安全性评定技术指导意见（试行）》。尤其是 2018 年以来，省委省政府多次研究，认真分析梳理全省脱贫攻坚工作中住房安全保障

工作形势、任务和困难，针对各地在执行危改政策中存在的问题，出台了《甘肃省农村危房改造三年攻坚实施方案（2018—2020年）》，新的实施方案将过去几年来中央和我省有关农村危房改造所有政策文件精神进行梳理归纳，针对农村危房改造实际工作中遇到的问题作了修订和补充说明，对原有政策进行再完善、再明确。特别是四类对象认定到位、危房精准鉴定到位、建设标准执行到位、资金效益发挥到位、档案管理规范到位等"五个到位"要求，是对工作中容易产生偏差的环节做了进一步明确，使政策更加明晰，便于基层执行。

一是对象更加明确。坚持四类对象为重点，同步将其他农户纳入省级财政补助范围实施危房改造。在摸清存量危房底数并锁定台账的基础上，实行四类重点对象认定和危房改造联动管理，要求各地基本做到居住危房的四类重点对象有安全住房前身份固定。并明确其他农户中"有财政供养人员、购买商品房、有消费性汽车、登记为个体工商户或私营企业主"的"四有人员"不得纳入补助范围。

二是程序更加规范。明确了"申请、评议、审核、审批、验收、发放、标识"七步工作程序，对每一项程序做了详细的说明和要求。如，以往的政策采取农户建完房验收合格后一次性发放补助资金，新方案要求各地结合工作实际，参照批准开工后拨付30%、施工过程中检查无问题再拨付30%、竣工验收达标后再拨付剩余40%的比例，分阶段拨付补助资金，解决了部分农户无资金购买建材的实际困难，在操作中具有一定的指导性。

三是标准更加明晰。在建设标准方面，界定了"拆除重建、加固改造、政府统建、置换租赁"四种改造方式的适用情形和建设方式，再次重申了质量安全标准和新建住房面积标准。在补助标准方面，从2016年的户均1.15万元，增加到2020年的户均2.5万元，特别是2018年以来，进一步加大对深度贫困地区和"两州一县"的支持力度，四类重点对象户均补助提高了25%，有效减轻贫困户建房负担。同时保留了未来改善居住条件、加盖楼层的可能性，充分调动了群众实施危房改造的积极性，得到了群众的普遍理解和广泛支持。

记得2019年我去通渭县走访时，通渭县榜罗镇岔口村的村民崔克荣是分散供养特困人员，原住房是土坯房，由于年久失修，被鉴定为 C 级危房。他一心想着盖一座新房，但是心有余而力不足。2019 年，依托国家危房改造补助的好政策，政府兜底解决为其统建了 40 多平方米的农村危改房，告别了"风来墙晃、雨来屋湿"的危房时代，66 岁的他做梦也没有想到能住上这么好的新房子，说这是党的关怀和照顾，感谢党。这是全省上百万危房改造受益者的缩影。

因为补助标准进一步提高，各地统筹整合力度进一步加大，解决了往年一些农户不愿改、改不了的问题，进一步提高了农户的积极性，加之将四类重点对象以外边缘人口纳入改造范围，更多群众通过危房改造及时住进了安全住房，同时，不断加大对"两州一县"的资金支持力度，临夏州 11 年累计实施危改 22.35 万户，占全州 30 万农户的 74.5%，甘南州累计实施危改 10.42 万户，占全州 13 万农牧户的 80%。在 2019 年夏河 5.7 级地震和 2021 年玛曲 4.4 级地震中，无倒塌住房，无人员伤亡，改造重建的农房成了安全房、保命房，经受住了大灾考验。针对自筹资金不足和不具备投工投料能力的深度贫困农户，根据农户贫困程度、房屋危险程度等制定分类分级补助标准，通过盘活利用集体公房、发动亲属帮扶、政府兜底解决等多种方式，让特殊困难群众住上了"安心房""暖心房"，圆了"安居梦"。

四是要求更加严格。针对国扶办考核指出的超面积建房、大额举债建房等问题，提出了"五个不补助"的规定，即严重超过规定建筑面积的不补助、借贷资金超过五万元的不补助、工期超期六个月的不补助、房屋质量不达标的不补助、原危房不拆除仍用于居住的不补助；针对无建房意愿的农户，明确了对于连续两年每年外出八个月以上、且无建房意愿的，自愿放弃政府补助不愿建房的，子女分户拆户拒不履行赡养义务、且子女有安全住房能满足居住需求的，明确规定可不纳入危房改造补助范围，但要进行造册登记，实行特例备案制度。

我省农村危房改造实行省级统一领导、部门密切配合、市州协调推进、县为责任主体、党政一把手负总责的领导体制和工作责任制。明确省住建厅、财政厅、扶贫办、民政厅、残联等部门按照职责分工，指导各地做好危房改造对象精准识别、危房精准鉴定、技术指导、质量安全、资金筹措等工作。市州政府负责补助对象核准、资金监管、进度监测、监督检查、绩效考核等工作；县级政府是农村危房改造的责任主体，负责到村到户实施方案制定、危房鉴定、补助对象审定、技术指导、竣工验收、资金拨付、档案台账建立等工作；乡（镇）主要负责政策宣传、群众发动、补助对象筛选审查、组织实施、检查验收、基础资料收集等工作。

2018年以来，我们积极落实省级监督指导责任，建立了"厅长协调抓总，其他厅领导包片抓市州、处级干部包抓县区"的工作机制，成立了省住建厅精准脱贫农村危房改造攻坚领导小组，全厅5名厅领导、54名处级干部分市州、分县区包抓指导危房改造工作，每月召开危房改造专题会议研究解决突出问题。2018年7月，报请省委、省政府同意，由省委组织部从全省建设系统选派40名专业工程技术人员赴危改任务较重的33个深度贫困县挂职，其中7人挂职任县政府副县长，33人挂职任县住建局副局长，专职负责危房改造工作。2019年，通过购买第三方服务，依托省土木学会从18家省级勘察设计企业组织487名专业技术人员，组建了农村危房改造技术服务专家组，围绕农村危房改造工作重点环节进行实地指导服务。在我们的带动下，全省各市州、县区住建局全面行动，选专人包抓到乡到村，全省住建系统构建起了省市县乡村五级一起抓危改，层层落实责任制的工作格局，形成了上下联动、系统作战的良好工作局面。

坚持攻坚克难出实效，强化精准施策强弱项，确保真扶贫、扶真贫、真脱贫

2015年6月18日，习近平总书记在部分省区市扶贫攻坚与"十三五"时期经济社会发展座谈会上强调："扶贫开发贵在精准，重在精准，成败之举在于精准。搞大水漫灌、走马观花、大而化之、手榴弹炸跳蚤不行。要做到六个精准，即扶持对象精准、项目安排精准、资金

使用精准、措施到户精准、因村派人（第一书记）精准、脱贫成效精准。各地都要在这几个精准上想办法、出实招、见真效。""关键的关键是要把扶贫对象摸清搞准，把家底盘清"。2018 年 2 月，按照习近平总书记在打好精准脱贫攻坚战座谈会上关于"要扎实做好产业扶贫、易地扶贫搬迁、就业扶贫、危房改造、教育扶贫、健康扶贫、生态扶贫等精准扶贫重点工作"的指示要求，我省采取"摸底数、抓鉴定，严责任、强监管，利当前、管长远"等一系列的工作举措，制定工作方案，健全工作机制，强化政策保障，压实工作责任，狠抓整改落实，坚持靠前指挥、下沉指导、立查立改，举全力推进农村危房改造工作。

一是做好筛查鉴定工作，把底数摸清楚。

以往受时间和人力限制，农村危房排查往往由镇村干部主观判定，县级住建部门抽样复核，逐级上报，加之低保户等贫困户身份频繁调整变化，造成农村危房存量底数不清、鉴定不准，一次一个数、每次不一样。按照习近平总书记在解决"两不愁三保障"突出问题座谈会上做出"要加大工作力度，聚焦突出问题，逐村逐户逐项查漏补缺、补齐短板"的指示。我省在脱贫攻坚攻城拔寨的冲刺阶段，重点做好存量危房排查这一基础性工作。

首先，坚持专业的人干专业的事。2018 年，为解决以往危房鉴定工作粗糙、乡镇村干部随意性大的问题，我厅严格选择 15 家鉴定机构搭建平台，并由各单位签署《农村危房鉴定诚信承诺书》，承诺严格依据标准、独立开展工作、禁止伪造数据、规范服务行为。要求各地根据自身实际需要，从平台中委托机构，开展排查鉴定。

其次，坚持"以房找人"不留死角。有句俗语讲"跑得了和尚跑不了庙"，就字面意思来说，房子是不可移动，一院一院可查清的。2018年，我们组织各地开展了农村危房"拉网式"排查鉴定，基本锁定了全省 10.59 万户存量危房台账。2019 年，按照习近平总书记在解决"两不愁三保障"突出问题座谈会上关于"解决'三保障'突出问题，要坚持中央统筹、省负总责、市县抓落实的体制机制。扶贫领导小组要加强统筹协调和督促指导，及时调度情况。教育部、住房城乡建设部、水利部、国家卫生健康委、国家医保局既是扶贫领导小组组成部门，也是

'三保障'工作的主管部门，主要负责同志要亲自抓，分管同志具体抓。要根据部门职能，明确工作标准和支持政策，指导各地进行筛查解决。相关省区市要组织基层进行核查，摸清基本情况，统筹组织资源，制定实施方案，研究提出针对性措施。市县具体组织实施，逐项逐户对账销号，确保不留死角"的指示要求，我省部署开展了"3+3"冲刺清零行动，我厅反复研究制定了《甘肃省农村危房全面筛查工作方案》《甘肃省农村危房改造冲刺清零工作方案》，对全省农村住房进行了逐村逐户过筛子排查，横到边、纵到底、全覆盖。在县级组织人员全面认定的基础上（重点是土坯房、老房、旧房），委托第三方机构对疑似危房进行鉴定，做到了县不漏乡、乡不漏村、村不漏户、户不漏人，通过县级自查、县际互查、市级复查、省级核查，筛查出因灾新增、自然新增及一些返乡定居农户的危房9730户，及时纳入了改造任务。查清住房安全状况后，再与扶贫、民政、残联等部门进行四类重点对象信息比对，与相关部门排查"四有人员"，通过"以房找人"精准锁定危房改造对象。

再次，坚持亲自上手传导压力。2018年，省住建厅就组织7个工作组99人协同9家专业鉴定单位451名专业技术人员，对59个县（区）2017年底上报的存量危房，按照每县2个村、全村逐户过，此外再按上报数量5%的比例进行抽查，共抽查3.44万户。2019年，按省委省政府冲刺清零筛查要求，我厅再次组织专家组按照每县抽查2个村开展全覆盖核查，对75个县、150个村的34598户进行了实地入户核查。通过省级复核查错报、查漏报、查虚报，打消了个别地方乘机搭车的想法，纠正了虚报漏报的行为，有效压实了存量危房底数。

最后，坚持边排查边整改。农村危房鉴定技术标准严、专业性强，但由于鉴定工作量大、面广、农村住房分散和工作时间紧的实际困难，鉴定工作中难免出现信息结论不准、程序不规范等问题。2019年上半年，我厅要求参与鉴定的各机构对已发放的鉴定报告进行全面"回头看"，对个别工作不力的鉴定机构进行了约谈，对存在问题的报告，通过实地复核、完善信息、重新鉴定等方式，全部进行了整改。同时，在农村危房全面筛查过程中，发现部分农户自建住房采用彩钢夹芯板材料，无法判断危险程度，为保障该类住房的安全使用，委托甘肃省建筑设计研究院对具有代表性的"彩钢板农房"进行了入户调查，信息收集、市场调研、优缺点对比，编制了《彩钢板农房安全性评定技术指导意见（试行）》，填补了农村危房鉴定标准的空白。

我们锁定目标、靶向治疗，夯实工作基础，解决了习近平总书记指出的"一些地方农房没有进行危房鉴定，或者鉴定不准"的错和漏的问题，切实做到底数清、情况明、数据准，确保危房不住人、住人不危房。

二是做好技术指导工作，把力量沉下去。

包抓干部督导。包抓督办指导，是对我省农村危房改造工作实施以来的一次全面监督指导，工作任务重、覆盖范围广、参与部门多、时间跨度长、督办力度大。各包抓干部以高度的责任感和扎实的行动认真践行着习近平总书记"脱贫攻坚时间紧、任务重、必须真抓实干、埋头苦干"的指示精神，主动钻研农村危房改造政策，熟悉包抓县区情况，结合各县工作实际，围绕存量危房清单，了解察看计划任务推进情况，围绕政策要求清单，了解察看执行落实情况，围绕问题整改清单，了解察看规范管理情况。坚持边推进边总结，边整改边完善，帮助基层吃透政策、理清思路、找出方法、推动工作。各分片厅领导对所辖各县的工作指导和技术服务做到一月一安排、一月一汇总、一月一分析、一月一督促。三年来，全厅5名厅领导、54名处级干部认真落实包抓责任，不发通知、不定路线、不分时间分赴各包抓市州、县市区，动真情、动真格，真抓实干、埋头苦干，严格把握政策，层层传导压力，通过走访入户，掌握第一手资料，第一时间一线指挥、第一时间现场督办、第一时间督促落实、第一时间狠抓整改，持续督导农村危房改造问题整改，确保各项问题整改落到实处，为全面完成全省农村危房改造冲刺清零任务奠定了坚实的基础。2020年，我们始终坚持目标不变、力度不减，咬紧牙关、使足力气，继续紧盯住房安全保障任务不松劲，全力做好新增危房动态监测，每月对14个市州进行全覆盖调度，对2020年计划脱贫摘帽的8个县开展督战，深入核查住房安全保障情况，全年改造完成动态新增危房149户，全力打赢脱贫攻坚住房安全保障歼灭战。2020年8

月，甘肃多地发生严重洪涝和泥石流地质灾害，给甘肃省脱贫攻坚住房安全保障带来了严峻挑战。面对突如其来的灾情，我们派出精兵强将，积极配合应急等部门开展应急抢险和灾后重建工作，建立农房受损情况核查统计日报制度，制定《甘肃省关于陇南等地暴雨洪涝灾害灾后恢复重建规划农户住房专项实施方案》，明确了灾后重建及住房过渡安置措施和要求，全力保障受灾农户住房安全。

挂职干部指导。在选派挂职干部时，为充分发挥挂职干部作用，我们要求各单位选派具有副高以上职称的年轻业务骨干，7个重点县每县派两名，分别挂职副县长和建设局副局长，其他26个县挂职建设局副局长，要求挂职干部专门协助分管危房改造工作，不得安排其他工作。由挂职干部对各县进行危房改造实施、建筑工匠培训、安全质量检查、档案资料管理等方面的技术支持和业务指导。挂职干部每周向县区和省住建厅反馈实地检查中发现的问题，我厅通过周报告，将个性问题和共性问题归纳整理、研判分析，掌握各地工作情况，通过与各地月报对比发现问题，提出切实可行的整改建议，并对存在突出问题县区进行实地调研。同时，由厅人事处每月对挂职干部履职情况进行打分，通报表扬前十名，以激励督促挂职干部履行工作职责。通过选派挂职干部，弥补了县区缺乏危房改造方面专业技术人员的不足，切实将农村危房改造落实到政策措施上、落实在施工现场中、落实在严格监管下。

专家团队辅导。全省农村危房改造技术服务专家组重点围绕存量危房排查鉴定、危房改造质量安全、档案台账建立、问题整改等工作，进行实地指导服务，现场培训、现场指导、现场反馈、现场督促整改，帮助基层解决实际问题。专家组技术指导工作，不同于其他督查检查，我们的初衷不是为了发现问题，而是要解决问题，不把问题带回来，而是手把手教政策、教方法，就地解决整改。一方面，专家组针对有些住房鉴定不准确、有些住房未鉴定等"错"和"漏"的问题，改造过程中质量安全措施不到位、实体工程进度缓慢的问题，以及档案资料填写不准确、不规范、发放不到位的问题，现场给出具体的整改建议措施，并对县乡村基层干部开展政策业务培训。另一方面，我厅把39个县（2019年原尚未摘帽退出的贫困县）作为重点，这39个县绝大部分是贫困程度最深、贫困面最大、脱贫难度最大的深度贫困县，面临专业人员不足、管理粗放、工作难到位的问题，专家组把专业技术、专业知识带到基层，解决各级住建部门监管力量不足，管理有死角的困难。

2019年3月至9月，专家组通过五轮指导，对9个市州、39个尚未摘帽贫困县的所有755个乡镇全覆盖开展了技术指导服务，对1564个村的54647户农户进行了入户指导，足迹遍布全省"两州一县"和18个深度贫困县的乡镇、村庄，把习近平总书记关于住房安全保障方面的重要指示、把省委省政府的具体安排部署及时传递到基层一线，帮助基层解决具体的政策和技术方面的问题。专家组专业性、连续性、稳定性、高效性的工作方式以及不畏困难、较真碰硬的认真态度，确保了我们真实及时准确地掌握全省工作进度和政策落实情况，同时也带动和感染了各级干部更加尽职尽责地做好本职工作，确保了农村危房改造政策精准落实到位。

树立样板引导。2019年初，省住建厅提出了"明确任务、样板带动、冲刺清零"的工作办法，指导60个县树立危房改造样板村，把危房鉴定、台账建立、质量管理、指导服务、档案资料、标识标牌等工作要求具体化、样板化，统一制作了甘肃省农村危房改造农户标识牌、住房安全鉴定标识牌，对所有农户发放住房安全认定（鉴定）报告或危房改造竣工验收报告。总结推广灵台县工作经验，建立了村级住房四个台账，分别是危房改造住房台账、易地搬迁住房台账、原有住房安全台账和不需要改造危房台账，要求乡镇、村对所有农房情况做到"一口清"，对实施危改的看有没有档案资料、对住房安全的看鉴定到不到位、对易地搬迁的看有没有发改部门验收结果、对不需改造的危房看有没有佐证资料并依法有序实施拆除或喷绘标识。样板村树立后，其他各乡镇村"描红"式学习样板村工作模式，确保了危改工作高质量推进。

三是做好培训宣传工作，把政策讲清楚。

发放宣传材料。编制了《甘肃省农村危房改造政策口袋书》《甘肃省农村危房改造工作指导手册》《甘肃省农村危房改造政策明白卡》和《甘肃省农房建筑风貌图集》，对国家危改方面的政策要求、管理措施、质量安全、档案管理等内容，通过通俗简明的文字、直观易懂的图表形式进行了解读，免费向全省村镇干部、危改农户发放，累计发放十万余册。

多种媒体宣传。在《甘肃建设报》设置了农村危房改造专栏，对农村危房改造政策、工作成效进行实时宣传报道。同时，2019年5月上线运行了"甘肃农村危房"微信公众号，设置了政策规范、工作动态、通知公告、问题反馈等栏目，利用微信用户范围广、信息传播快、操作程序简易的优势，组织搭建政府与农户关于农村危房改造政策宣传、咨询、投诉监督的互动平台，将农户与各级危房改造管理部门纵向连接起来，及时高效地向农户传递农村危房改造相关政策和动态，提高了农村危房改造政策的知晓率、支持率和群众满意度。

层层组织培训。省住建厅近三年累计四次对市州住建局负责同志、村镇科长，县区政府分管领导、住建局负责同志、业务主办进行专题辅导培训，并培训各县的农村危房改造专职培训人员，累计培训住建系统干部和师资力量400多人次，专家组实地培训镇村干部1.5万人次。同时，我省各市州每年至少组织一次乡镇管理干部政策培训工作，各县每年至少组织两次建筑工匠培训，切实提升了各级干部业务水平和建筑工匠从业素质。

坚持转变作风不懈怠，严肃整治问题不手软，确保工作务实、过程扎实、结果真实

一是落实"两个责任"，协同高效推进。

省住建厅按照省纪委工作安排，进一步推进全省住建系统党风廉政建设"两个责任"落实到位，持续推进全面从严治党向基层延伸、层层传导压力。一是驻厅纪检组主动服务于脱贫攻坚大局，强化民生监督工作，传达好中央纪委、省纪委关于曝光农村危房改造等民生领域典型案例，扩大震慑效应，加大行业监管力度。二是强化监督执纪问责，重点

围绕各包抓干部、挂职干部是否认真履职、工作是否精准到位等方面开展监督执纪问责，督促全厅干部认真履行职责。三是对各级各类监督检查、厅暗访督查发现的不作为、慢作为、乱作为问题，移交驻厅纪检组调查办理，对违规违纪的人员，交由纪检部门依法依规进行处理，对排查不彻底、整改不到位、未按期完成的，由省纪委监委进行严肃问责。

2018年以来，省住建厅组织开展了农村危房改造领域作风问题专项治理、农村危房改造补助资金"一卡通"管理问题专项治理和"不忘初心、牢记使命"主题教育中保障贫困户基本住房安全方面漠视侵害群众利益问题专项整治，明确专项治理的范围、对象、内容，确定了专项治理措施及实施步骤，聚焦危房改造领域腐败和作风问题、惠民惠农政策资金落实不到位等问题，开展了县区自查、市州复查和省级核实，将发现的有关问题逐条逐项梳理，分门别类归纳，督促各地限期进行整改。

2019年5月，住建部相关负责人专程赴我省调研深度贫困地区农村危房改造工作，给予了我们具体的业务指导，对我们转变工作作风、加大工作力度提出了具体要求，督促我们做到检查全覆盖，问题无遗漏，整改重实效。

二是开展作风整治，提高工作效率。

开展农村危房改造月督查评比。2018年，省住建厅建立了"周报告、月评比、季督查、年考核"危房改造工作监管机制，变事后监督为事前事中事后全程监督，变事后被动整改为主动查找问题、事中及时解决。各包抓干部每月依据农村危房改造绩效评价指标对各市县进行量化评价，对工作进展情况和月评比结果进行通报，反馈到各县党委政府督促整改。2018年至2019年，定期开展了七批次农村危房改造月督查评比、八次专项督导和两次年终绩效评价，覆盖了所有危改任务的县区，对工作进度滞后、月评比排名靠后、问题较多的市县进行了四次集体约谈，个别约谈近70人次，有力推动了农村危房改造工作。

开展农村危房改造暗访督导。2019年7月，省政府对脱贫攻坚暗访工作做了安排部署，省住建厅成立了九个工作组，依托农村危房改造技术专家服务组，采取"四不两直"（不发通知、不打招呼、不听汇报、不用陪同接待、直奔基层、直插现场）的方式，随机入村入户，开展农村危房改造暗访督导工作。共开展了十批次暗访，对全省 8 个市州的 60 个县（区）、148 个乡（镇）、198 个村进行了暗访，走访了 1142 户群众，查看了 193 个村委会台账资料，累计发现问题 218 条，全部完成整改。随着暗访工作推进，问题数量明显下降，营造了良好的全力攻坚工作氛围。

畅通群众咨询投诉渠道。2019 年以来，省住建厅在厅网站开设网民留言专栏，并向社会公布了村镇建设处办公电话，在"甘肃农村危房"微信公众号开设问题反馈专栏，同时，省纪委监委通过甘肃省广播电视台新闻频道公布危房改造问题受理热线和电子邮箱，随时受理群众咨询和投诉，对投诉的问题逐一核实调查，督促县区及时跟踪整改。各地住建部门也按要求设立投诉举报电话、邮箱等，强化了危房改造工作监管，及时发现和纠正了扶贫领域违规违纪问题，加强了社会和公众监督。2018 年以来，共受理政策咨询 1000 多次，受理群众投诉 283 件，解决 12317 转办事项 193 件，做到了对群众诉求事事有回应、件件有着落。

切实减轻基层负担。在加强协调调度的同时，更加注重改进工作作风，组织对困扰基层的脱贫攻坚危房改造领域形式主义问题进行大摸排、大起底、大整治。建立农村危房改造农户档案信息检索系统，规范统计口径，实行网上直填直报，切实减少发文数量，修订简化《甘肃省农村危房改造农户档案管理细则》，加大督查检查考核综合统筹，发文数量较往年减少 71.2%，督查考核减少 52.5%。会议少了、制度严了、文件少了、含金量高了、督查检查考核少了、暗访服务帮助多了，真正让基层干部把更多时间和精力用在研究工作、解决问题、推动落实上。

三是抓好问题整改，巩固脱贫成效。

针对中央脱贫攻坚专项巡视、国家扶贫考核、国务院扶贫巡查等监督检查发现的问题，我们深刻吸取教训，制定了整改方案，本着与问题"对着干"的态度，举一反三查摆问题，研判分析问题根源，逐一列出责任人、责任单位、完成时间，明确整改措施、工作要求，对照清单列任务，对照质量抓进度，对照责任抓监督，全力以赴抓好整改落实，进一步提升了农村危房改造工作质量。

同时，在脱贫攻坚战场上，对口帮扶工作也写下了浓墨重彩的一笔。省住建厅是定西市通渭县的帮扶组长单位，牵头协调兰石集团、省中医院、兰州铁路监管局、省有色冶金设计院等单位开展帮扶工作，同时具体帮扶榜罗镇和马营镇共八个村。通过这些年的持续帮扶，通渭县于2020年如期实现摘帽，我们帮扶的几个村变化喜人且产生一定示范带动效应。以榜罗镇先锋村为例，近几年我们集中开展了以"设施提标行动、产业提质行动、消费扶贫行动、人居改善行动、点亮村庄行动、启智明志行动"为主要内容的"六大帮扶行动"，帮助村上建设农特产品加工车间、硬化社内巷道、安装太阳能路灯、建设公共厕所、打造村庄小景、积极开展消费扶贫，创建"党员先锋示范园地"、订立《村规民约》、绘制乡风文明墙等，村上设施水平大幅提升，产业发展提质增效，村容村貌显著改善，基层治理明显增强，老百姓纷纷用"翻天覆地"来形容村庄的变化。金杯银杯不如老百姓的口碑，经过这些年的帮扶，我们每每到村庄调研，总能听到群众说"党的政策好""帮扶单位好""帮扶干部好"，这充分说明脱贫攻坚驻村帮扶工作进一步拉近了党同群众的血肉联系，既有效落实了党的扶贫政策，也锤炼磨砺了干部，换来了老百姓的获得感、幸福感、安全感，更换来了老百姓对党的爱戴。近年来，我厅向对口帮扶村共投入帮扶资金2811.6万元，派驻驻村帮扶干部33人次，在脱贫攻坚这座无声的战场上，留下了永恒的帮扶印记。

2021年2月，习近平总书记在全国脱贫攻坚总结表彰大会上庄严宣告，经过全党全国各族人民共同努力，在迎来中国共产党成立100周年的重要时刻，我国脱贫攻坚战取得了全面胜利。我们完成了消除绝对贫困的艰巨任务，创造了又一个彪炳史册的人间奇迹。我们要大力弘扬脱贫攻坚精神，逐步实现由集中资源支持脱贫攻坚向全面推进乡村振兴平稳过渡，推动"三农"工作重心历史性转移，为全面建设社会主义现代化国家开好局、起好步，团结带领人民创造更加美好的生活。

"使命需要担当，实干成就未来。"站在新的历史起点上，在以习近平同志为核心的党中央坚强领导下，我们将始终牢记嘱托，不辱使命，坚决把习近平总书记重要讲话和重要指示批示精神作为各项工作的统揽和主线，大力弘扬脱贫攻坚精神，以"功成不必在我"的精神境界和"功成必定有我"的历史担当，脚踏实地、久久为功，一张蓝图绘到底，一茬接着一茬干，持续保障人民群众住房安全，让广大人民群众获得感、幸福感、安全感更加充实、更有保障、更可持续，努力谱写加快建设幸福美好新甘肃、不断开创富民兴陇新局面的时代篇章。

（马筵栋　杨仲泰　整理）

基本医疗有保障　医保扶贫见成效

金中杰

　　甘肃是全国脱贫攻坚任务最重的省份，为保障建档立卡贫困人口"病有所医"，2019年以前我省陆续出台了一系列提高建档立卡贫困人口医保待遇的政策，期望以此消除贫困人口"有病不敢医"的思想顾虑。但由于政策叠加、多环节自付封顶，造成贫困人口看病不花钱的印象，对基金以收定支、医疗费用合理分担等医疗保险内在运行机制形成较大冲击。甘肃省医疗保障局于2018年11月挂牌成立。2019年初，中央脱贫攻坚专项巡视指出我省医疗保障存在脱离现阶段发展实际的问题，必须切实整改到位。由此，医疗保障扶贫整改的重任落在了刚刚组建的甘肃省医疗保障局肩上。

　　当时，省医保局首批转隶的干部只有39名，熟悉政策和业务的人员更是凤毛麟角，而且当时办公条件尚不到位，甚至连一些必要的办公设备都不具备，信息系统基础也十分薄弱。面对中央脱贫攻坚专项巡视反馈意见的整改任务，以及打击欺诈骗保工作面临的严峻形势，全局干部都感到压力巨大，我作为党组书记更是深感责任重大，寝食难安。

坚持问题导向，优化政策体系

一般来讲，政策待遇由低往高调整会比较顺利，由高往低调整则困难重重。但我们还是顶住各方面的压力，在省委省政府的坚强领导下，在国家医保局的正确指导下，从医保事业和医保基金安全可持续发展的大局出发，坚决整改中央脱贫攻坚反馈问题，从规范待遇标准、提高统筹层次、强化工作落实三个方面入手，坚决治理过度保障，努力实现基金收支平衡。

一是严格对照国家标准，及时调整规范待遇政策。针对我省医保扶贫政策脱离现阶段发展实际的问题，我们即知即改，在认真开展基金运行分析的基础上，严格对标国家医保局、财政部、国务院扶贫办《医疗保障扶贫三年行动实施方案（2018—2020年）》，立即对基本医保、医疗救助、大病保险政策进行调整。

在基本医保段，停止执行"非贫困户搭车提高基本医疗报销比例五个百分点"的政策规定，除由省财政资金提高建档立卡贫困人口住院报销比例五个百分点的政策外，全体城乡居民参保人员享受同等基本医保待遇政策。

在大病保险段，停止执行建档立卡贫困人口"大病保险起付线降低60%"和"72%—90%分段报销"政策，将建档立卡贫困人口大病保险起付线统一调整为2500元，比普通群众（5000元）降低50%；分段报销比例调整为65%—85%、比普通群众提高五个百分点，不设封顶线。

在医疗救助段，停止执行"3000元兜底"政策，对农村贫困人口政策范围内住院医疗费用经基本医保、大病保险报销后的个人自付部分，按照年度救助限额内不低于70%的标准进行医疗救助，"两州一县"及省定18个深度贫困县救助比例为75%。

二是推行市级统筹，提升基金共济能力。我们将全面实现城乡居民基本医保市级统筹作为问题整改的重要举措，2019年5月，会同省财政厅、省税务局印发了《甘肃省城乡居民基本医疗保险市级统筹实施意见》。截至 2020 年 1 月,全省 14 个市州全面实现市级统筹,同步规范了门诊慢特病认定、报销管理,明确了政策范围内医疗费用,强化各市州基金收支平衡主体责任,有效解决了原来政策碎片化和基金共济能力弱的问题。特别是恢复建档立卡贫困人口住院医疗费用起付标准、明确政策范围内医疗费用等措施的推行,有效强化了贫困人口对医疗费用的责任意识和自我约束意识,从源头上减少了低标准住院和小病大养对医保基金造成的压力。

三是强化工作措施,确保整改任务落实到位。在厘清并完善政策体系后,关键就是要抓好落实。一方面,注重对基层的帮助和指导。我们对各市州整改方案和重要政策文件进行逐一审核把关,指导基层对照国家标准进行整改,并先后两次组织第三方评估组,对基层整改情况进行评估,帮助发现问题,指导解决问题。另一方面,强化明察暗访工作。2019 年 6 月,举全局之力对 42 个县市区、110 个乡镇、220 个行政村、932 家农户、220 家医疗机构医保政策落实情况进行"拉网式"排查。7 月底,又采取"四不两直"(不发通知、不打招呼、不听汇报、不用陪同接待、直奔基层、直插现场)方式,对 151 户建档立卡贫困户、30 家村卫生室进行了实地暗访,严防形式主义和弄虚作假,确保整改任务全面落实。同时,我们注重强化跟踪问效,建立重点工作通报和约谈制度,对各地市级统筹、基金收支平衡、住院增长率、专项治理成果等重点指标定期通报,并抄送当地党委政府,对问题突出的地区和单位进行约谈。2019 年,我们共对 7 个市州、26 个县区医保局、9 家省级医院和承办大病保险的 3 家商业保险公司进行了约谈,推进工作效能提升。

经过奋斗,全省医保扶贫整改工作取得显著成效,全省城乡居民基本医疗保险基金收不抵支问题得到改善,2018 年当期赤字 2.8 亿元,2019 年当期结余 5.9 亿元,2020 年当期结余 24.9 亿元。

2019 年 11 月,国家医保局对甘肃情况全面分析后,总结了甘肃治理过度保障的三点启示:"过度保障要下决心立改""治理过度保障要坚持标准""治理过度保障要综合、精准施策"。同时指出,"甘肃省的治理工作取得了明显成效,提供了可供借鉴的经验"。中央脱贫攻坚专项巡视"回头看"和国家扶贫开发成效考核反馈意见也充分肯定了我省在化解基金风险方面取得的成绩，指出我省基金穿底等问题已经整改到位。

聚焦硬指标，攻坚硬任务

"基本医疗有保障"作为脱贫攻坚"两不愁三保障"的重要内容，既承载着长期以来的民生希冀和群众期盼，又诠释着共产党人百年拼搏奋斗的初心和使命。在"基本医疗有保障"任务中，医保扶贫的每一个环节都直接面对全省近 2500 万参保人员，特别是 574.95 万建档立卡贫困人口。

为确保医保扶贫工作既不拔高标准、吊高胃口，又能守住底线、保证质量，我们对医保扶贫指标反复梳理，将建档立卡贫困人口参保全覆盖、资助全落实、待遇全享受、"一站式"结算四个指标确定为医保扶贫的四项硬任务，并对此开展了冲刺清零后续行动、挂牌督战、脱贫攻坚普查、脱贫攻坚问题检视清零五项专项行动。

一是参保全覆盖。参保是最基础的，只有参保了，才能享受国家的好政策。甘肃省贫困面积大，贫困程度深，全省共有 574.95 万贫困人口，人员身份动态变化大，具体情况非常复杂，"全参保"实现起来非常困难。

为确保"不落一村、不落一户、不落一人"，一方面，我们把信息系统的数据比对作为常项工作来抓。利用大数据平台信息化优势，逐一校验全省 2600 多万基本医疗保险参保人员身份证号码。每周精准比对全省基本医保信息系统数据与省扶贫办建档立卡贫困人口数据、税务部门缴费数据，全面掌握全省建档立卡贫困人口参保底数和实时状态，准确核实各县区未参保和动态新增贫困人口信息。另一方面，我们注重数据比对结果的应用，对于数据信息显示疑似未参保的人员，第一时间反馈各市县，要求第一时间进行核实，确实未参保的立即动员参保，属于信息错误的立即校正。在此期间，我们进行日调度、周通报，直至完成清零。

在整个过程中，为了不影响正常业务工作，提取数据必须得在晚上进行，且需要随时进行人工核查。我们的干部常常是一直加班到凌晨四五点，后来干脆买了简易折叠床，在办公室对付着休息几小时，第二天早上起来接着工作。

二是资助全落实。参保全覆盖实现后，资助全落实实现起来就顺畅多了。对于已参保人员，我们按照"当月参保、次月资助"的要求，实施精准分类资助，对城乡特困供养人员（含孤儿）、农村一类低保对象、城市低保全额保障对象，参加基本医疗保险的个人缴费部分，由国家全额资助、全部代缴；对建档立卡贫困人口、农村二三四类低保对象、城市低保差额保障对象，参加基本医疗保险的个人缴费部分，国家按照每人不低于50元的标准给予定额资助。通过资助政策的落实，一方面减轻了贫困人口参保缴费的负担，另一方面也调动了他们参保的积极性。

三是待遇全享受。这项工作我们重点从两个方面入手，保障贫困人口医保待遇应享尽享。一方面，抓好贫困人口医疗费用报销情况的核查工作。广泛动员驻村干部、乡村医务人员等基层干部，逐户查看医疗费用原始票据，对应报未报的医疗费用逐人建立台账，及时帮助办理报销手续。另一方面，抓好门诊慢特病及门诊"两病"用药保障政策落实。对于符合条件的人员，及时办理慢病卡，纳入保障范围；对于已经纳入保障范围的，加强政策宣传解读。通过努力，我省门诊慢特病和"两病"政策的覆盖面大幅度扩展，更多困难群众享受到了政策红利。2020年，全省城乡居民门诊慢特病保障病种达到50种，享受"两病"门诊用药保障待遇16.99万人次，政策范围内报销比例达到50.3%。

四是"一站式"结报。在机构改革前，贫困人口住院医疗费用报销基本医保段由人社部门负责，大病保险段由商业保险公司负责，医疗救助段由民政部门负责，不同的部门、不同的报销系统，存在数据不能实时共享，看病报销"跑腿多、垫资大、周期长"的问题，这也是造成群众医疗费用不能及时报销，甚至漏报的主要原因。

甘肃省医疗保障局成立后，针对这一"痛"点问题，我们努力克服现有信息系统分散、涉及部门多、共享性差、功能落后等困难，在加快建设全省统一医保信息平台的同时，积极对接相关部门，最大程度升级改造旧系统，下大力气予以解决，全面实现了建档立卡贫困人口在定点医疗机构住院基本医保、大病保险、医疗救助"一站式"结算。

首先是加大协调力度，消除数据壁垒。积极对接扶贫部门，将城乡居民医保信息系统与扶贫大数据平台联通，实现建档立卡贫困人口身份信息在医保信息系统中的精准识别；将城乡居民医保信息系统与大病保险信息系统、医疗救助信息系统进行对接，实现数据实时共享；对全省具备住院条件的医疗机构进行 His 系统接口升级改造，使定点医疗机构能即时接收基本医保、大病保险、医疗救助报销数据，建档立卡贫困患者出院时在医院窗口一次性办理结算手续，确保建档立卡贫困患者出院结算时准确享受到基本医保、大病保险、医疗救助三重保障。

其次是加大异地就医备案力度。拓展异地就医备案渠道，在甘肃省医保局官网、微信公众号、手机 App 增加异地就医备案渠道，加大医保电子凭证推广应用，统一、归并备案资料，简化审核程序，提高备案通过率，提高了异地长期生活居住人员、外出务工人员等群体和建档立卡贫困人口异地就医的便捷性。

最后是强化检查调度。实行定点医疗机构"一站式"结算工作"周调度""月通报"制度，每周将全省定点医疗机构实现"一站式"结算的情况反馈市州，要求做好政策调整、信息系统功能完善工作。每月对各市州、各县定点医疗机构实现"一站式"结算进展情况通报，对进展缓慢的进行约谈并限期整改。截至 2020 年底，全省实现"一站式"结算的定点医疗机构达 3000 多家。

通过全系统的奋战，我们保质保量完成了医保扶贫的各项硬指标、硬要求。2020 年底，全省 574.95 万建档立卡贫困人口实现了参保全覆盖、资助全落实，全面实现"一站式"结算，建档立卡贫困人口政策范围内住院报销比例达到 89.14%，我省医保电子凭证推广应用工作被省政府列为 2020 年全省深化"放管服"改革优化营商环境十大亮点之一，甘肃省所有贫困县、贫困村、贫困户医保扶贫指标全部达到退出验收标准，顺利通过国家脱贫攻坚普查和成效考核。

凝聚工作合力，打出防止返贫致贫"组合拳"

甘肃经济欠发达，医疗保障基础薄弱，在防范化解因病致贫、返贫过程中，医保扶贫成效的巩固提高任务还非常艰巨。在完成中央脱贫攻坚专项巡视整改以及四项"硬任务"的基础之上，我们结合工作实际，围绕解决群众最关心、最直接、最现实的医疗保障问题，多点发力、综合施策，合力攻坚因病致贫、因病返贫问题。

一是强化基金监管，严防"跑冒滴漏"。医保基金是人民群众的"救命钱"，也是"两定"机构获得收益的最大"蛋糕"，基金监管一旦松懈，就会给非正当手段谋取利益的行为可乘之机，从而影响基金安全和人民的切身利益。

习近平总书记就打击欺诈骗保、维护基金安全多次作出重要批示，党中央、国务院专门就加强基金监管工作作出安排部署。因此，我们医保部门始终把守护好群众的"救命钱"作为首要的政治任务，持之以恒抓好落实。

我们坚持标本兼治。一方面，立足当下，在治标上做文章。联合省纪委监委和派驻纪检组等多部门持续开展打击欺诈骗保专项行动。两年来，我们累计查处定点医药机构 6693 家，解除协议 211 家，追回、扣减医保基金和罚款 3.15 亿元，有效遏制了欺诈骗保势头。另一方面，立足长远，在治本上下功夫。印发《推进医疗保障基金监管制度体系改革的实施意见》，建立了打击欺诈骗保部门联席会议、重点指标分析监测、社会监督员和举报奖励等多项制度，创新开展第三方监管，规范和强化协议管理，初步构建起了维护基金安全的长效机制。

二是加快推进集中带量采购，降低药品和医药耗材价格。国家组织药品集中带量采购是一项重大决策，不仅在降低药品价格、提高用药质量方面发挥了重要作用，还为医保减负增效创造了条件。我们坚持把这项工作作为有效减轻包括贫困人口在内的患者看病负担的重要抓手，认真推进落实前四批 157 个中选药品、10 个冠脉支架中选产品、48 个省际联盟冠脉扩张球囊中选产品以及 46 个省际联盟人工晶体中选产品在我省落地执行，大幅度减轻了群众负担。其中，中选药品价格平均降幅 53%，冠脉支架价格平均降幅 93%，冠脉扩张球囊价格平均降幅 89.8%，人工晶体平均降幅 53.26%。按集采前后价格相比，2020 年，我省国家集中带量采购药品和高值医用耗材节约医保资金超过 12 亿元。

三是推进药品目录调整，做好谈判药的用药保障。首先，配合国家医保局开展历史上最大规模的医保药品目录调整工作，将更多救命救急的好药纳入目录，将有地方标准的中药饮片和民族药品调整纳入医保支付范围，有效优化药品结构，提升重大疾病保障能力。

其次，聚焦患者使用需求，助推抗癌药纳入谈判药落地。及时出台谈判药品支付政策，实行两定机构"双通道"管理和使用谈判药品"绿色通道"，打通患者用药渠道，保障群众尽快用上谈判药品。2020 年，全省使用谈判药品共 16.1 万人次，医保基金报销 4.1 亿元，人均报销 66% 以上。

同时，继续推行按人头、按病种、总额预付等相结合的复合式付费方式，推进 DRG 付费国家试点和省级试点，充分发挥医保支付约束引导作用，以改革医保支付方式规范诊疗行为，努力实现节约医保基金和规范诊疗行为的双重目标。

四是强化医保政策宣传服务。我们把宣传服务作为保障医保政策落实和群众及时享受政策的重要抓手，重点围绕"参保如何办、有病怎么看、费用报多少、报销怎么办"等群众关心的问题，制作印发内容管用、形式多样、喜闻乐见、易于传播的医保扶贫政策宣传视频、音频、快板、折页、展板、海报、标语等宣传材料，充分利用广播电视、报纸刊物、网站，以及微信、抖音等各类新媒体，及时广泛发布医保扶贫领域重要措施、权威政策解读，切实提升医保扶贫政策宣传实效。

同时，开展"医保政策百日播报"活动，创建抖音话题"甘肃医保扶贫政策 25 问"，发动全省医保系统通过微信群、朋友圈每日定时发布政策宣传信息，连续坚持 100 天；通过手机公益短信每周两条、连续五个月向全省所有群众推送医保扶贫政策和打击欺诈骗保宣传信息；利用公共场所的户外电子显示屏以及出租车、公交车等各类广告宣传载体，广泛开展政策宣传，有效扩大医保政策宣传覆盖面。另外，我们还开展了"我身边的医保扶贫故事"典型案例征集活动，遴选具有代表性的典型案例进行广泛宣传，着力推动形成良好的工作氛围。

五是紧抓疫情防控保障工作不放松。2020年，新冠肺炎疫情发生以后，我们迅速出台了一系列政策措施，明确了医保费用报销政策，紧急拨付医保专项预付金2.3亿多元，紧急开通了药品采购绿色通道和疫情防控物资应急采购通道，优化了医保经办服务，确保患者不因费用问题影响就医，确保收治医院不因支付政策影响救治，在应对重大公共卫生事件中切实发挥了重要作用。同时，积极响应国家"助力企业复工复产"的号召，为全省37168家企业减征城镇职工医疗保险费12.36亿元；为316家企业缓征城镇职工医疗保险费6389.59万元，在有效保障疫情防控不影响脱贫攻坚大局方面贡献了医保力量。

完成脱贫攻坚不是终点，而是新生活、新奋斗的起点。在第二个百年奋斗目标的新征程上，我们将以习近平新时代中国特色社会主义思想为指导，不忘初心、牢记使命，全面贯彻党中央国务院决策部署和习近平总书记对甘肃和医保工作的重要讲话和重要指示批示精神，认真落实《中共中央、国务院关于深化医疗保障制度改革的意见》和省委、省政府《关于深化医疗保障制度改革的实施意见》，结合甘肃实际，有效衔接脱贫攻坚和乡村振兴战略，不断深化医疗保障制度改革，奋力开创全省医疗保障事业发展新格局，不断为实现第二个百年奋斗目标贡献医保力量。

（敬国雷　整理）

探索健康扶贫　助推富民兴陇

郭玉芬

　　健康扶贫是脱贫攻坚"两不愁三保障"的重要内容之一，事关健康甘肃建设进程和如期全面建成小康社会的实现，影响着脱贫成色和群众获得感。党中央、国务院先后出台了《关于打赢脱贫攻坚战的决定》《关于打赢脱贫攻坚战三年行动的指导意见》一系列重要决策，都对健康扶贫作出重要部署。国家将基本医疗有保障目标明确为贫困人口看病有地方、有医生，确保贫困人口常见病、慢性病能够在县乡村三级医疗机构获得及时诊治。省卫生健康委始终把脱贫攻坚作为最大的底线、最大的政治、最大的大局，作为重要的历史使命和践行为人民服务的历史机遇，健全机制机构，制定路线图、时间表，以时不我待的紧迫感和慎终如始的敬业精神，组织动员全省卫生健康行业尽锐出战、迎难而上、不懈努力、攻坚克难，取得了健康扶贫攻坚战的决定性胜利，交出了令党和人民满意的甘肃健康扶贫答卷。

　　2016年、2017年、2018年国家卫生健康委先后四次通报表扬我省健康扶贫工作。省委省政府脱贫攻坚目标责任落实和东西部扶贫协作工作考核，我委多次取得较好成绩受到通报表扬。"电子健康卡"打通老百姓看病就医的最后一公里工作，受到国务院办公厅和省政府办公厅通报表扬。医疗大数据支撑健康扶贫工作的做法，被《人民日报》评为

2018 年度互联网＋医疗卫生创新应用十大优秀案例之一。2020 年，我省信息化助力新冠肺炎疫情防控被《人民日报》"科技战疫——2020 中国数字化转型成功案例"评选活动评选为十大医疗健康类数字化转型成功案例。2021 年 2 月，在全国脱贫攻坚总结表彰大会上，我委健康扶贫处被中共中央、国务院表彰为全国脱贫攻坚先进集体。这一系列的表彰荣誉都代表了各级党委政府对我们全省健康扶贫工作的充分认可和肯定。

我有幸经历了健康扶贫攻坚战的全过程，践行了"上下同心、尽锐出战、精准务实、开拓创新、攻坚克难、不负人民"的脱贫攻坚精神，参与了这一彪炳史册的人间奇迹。

建章立制，举全系统之力狠抓健康扶贫

打赢脱贫攻坚战，是全面建成小康社会的标志性指标，是我们党向人民作出的庄严承诺，是必须完成的使命。健康扶贫的主要任务是解决农村贫困人口因病致贫、因病返贫问题。要彻底解决这一问题，就是要聚焦突出重点地区、重点人群、重点病种，采取有效措施提升农村贫困人口医疗保障水平和贫困地区医疗卫生服务能力，全面提高农村贫困人口健康水平，为农村贫困人口与全国人民一道迈入全面小康社会提供健康保障。我省有 75 个贫困县，其中 58 个是国家集中连片贫困县（含"三区三州"深度贫困县 17 个），17 个是插花贫困县，它们受经济社会发展、地理地域等因素的影响，贫困面广、贫困程度深。脱贫攻坚伊始，我省贫困县普遍存在基层医疗基础薄弱、医疗设施建设标准低、医疗设备陈旧落后、基层医务人员缺乏、结构不合理等突出问题。2019 年初排查摸底时，75 个贫困县仍有 4200 多个行政村卫生室、370 多个乡镇卫生院达不到基本医疗有保障标准要求，占到贫困县应建设卫生室、卫生院的三分之一。全省合格村医的缺口有 1100 多名，并且当时的村医年龄、学历等结构不平衡。同时，疾病是致贫返贫的因素之一，

低收入群体罹患重大疾病的可能性大于高收入群体，贫困人口即使脱贫了也可能面临患病风险，导致再次返贫。非贫困户也面临因病致贫而成为新贫困户的风险。贫困与疾病通过许多联结相互影响，反复循环，只有将这一恶性循环中的某一联结切断才能打破贫困与疾病的相互作用。

2017年3月，习近平总书记在两会期间回应全国政协委员的发言时指出，因病致贫、因病返贫是扶贫"硬骨头"的主攻方向，健康扶贫是一项长期的艰巨任务，要采取"靶向治疗"措施，建立长效保障机制，解决因病致贫返贫问题。作为卫生健康行业部门的主要负责人，我深感责任重大，使命光荣，我们班子深知健康扶贫攻坚战没有捷径、更没有退路，只有勇挑重担、尽锐出战、攻坚克难。大家一致认为打赢打好健康扶贫这场硬仗，关键在于建立良性工作机制，抓好脱贫攻坚责任落实、政策落实、工作落实。

成立专设机构推动工作。甘肃是全国脱贫攻坚任务最重的省份，省卫生健康委充分研判全省健康扶贫面临的严峻形势和艰巨任务，及时加强工作力量，在原有机关处室职数不变的情况下，调整内部机构处室，专门成立健康扶贫处，省卫健委主要领导亲自抓健康扶贫工作，并抽调精干力量专职承担健康扶贫工作。

深入推进干部包抓责任制。我们采取委领导包抓市州、处级干部包抓县区，以实地督促、现场办公等方式，点对点衔接、面对面指导，全面推进健康扶贫工作，同时，包抓干部可以通过"健康甘肃"手机App软件，直接查到建档立卡贫困人口联系方式，随时电话掌握包抓县区健康扶贫政策落实、贫困人口大病救治和慢病随访、群众对健康扶贫工作的满意度等第一手资料，对贫困群众反映的困难和问题，在第一时间督促当地卫生健康部门核实整改，举一反三，查漏补缺。各市县卫生健康部门也参照省上的方式，逐级落实健康扶贫包抓责任制，各负其责，包抓到村、到户、到人，确保健康扶贫政策落地，让群众受益。同时，我们还建立专人督战制度，每个厅级领导负责一个未脱贫县或一项基本医疗突出问题，对工作难度大、任务重的贫困县和基本医疗薄弱点、难点问题由委领导专人负责，挂牌督战、全力攻坚，确保任务按期完成，贫困县如期摘帽。

加大暗访督导。为确保全省健康扶贫各项任务按期保质保量完成，我委采取"四不两直"（不发通知、不打招呼、不听汇报、不用陪同接待，直奔基层、直插现场）的方式，组织专人对贫困县进行了暗访督导，既不干扰基层正常工作，又掌握最真实的健康扶贫情况和群众的困难需求，对发现的问题边反馈、边整改、边落实，确保健康扶贫工作落到实处、取得实效。

紧盯目标，全面完成健康扶贫攻坚任务

脱贫攻坚以来，我委认真落实习近平总书记有关扶贫工作的重要论述和在太原深度贫困地区脱贫攻坚座谈会、重庆解决贫困人口"两不愁三保障"突出问题座谈会、北京决战决胜脱贫攻坚座谈会等一系列脱贫攻坚重要会议上的讲话精神，全面落实省委省政府部署，每年与政府签订责任书，制定年度工作计划，紧盯基本医疗有保障任务，有序推进，不断加大健康扶贫政策落实力度，通过采取过硬举措和办法，确保了健康扶贫政策落地见效。

紧盯标准消除基本医疗有保障"空白点"。在国家解决贫困人口基本医疗有保障突出问题工作方案下发后，我们结合我省实际，按照国家要求，在能够解决实际问题、贫困人口普遍认可，并且可量化、可实现、可考核的原则，认真研究制定印发了甘肃省解决贫困人口基本医疗有保障实施方案和工作标准，按照国家和甘肃省委省政府脱贫攻坚"3+1"冲刺清零工作部署，全省卫生健康系统迅速行动，举全系统之力，逐县逐乡、逐村逐项全面排查，建立了总账、分账和明细台账，采取倒排工期、分类建设、达标销号等手段推进工作，实现了贫困人口有地方看病、有合格医生看病的工作目标。2016—2018年三年间，先后新建、改扩建2930个村卫生室、103所乡镇卫生院，为7560个村卫生室配备健康一体机（3720个深度贫困村全覆盖）。2019年，按照现行基本医疗有保障标准，通过腾挪、新建、改建、扩建等方式再次分类建设

1801 个村卫生室、配备 1154 名合格村医、完善 247 个乡镇卫生院科室设置等。目前，75 个贫困县按照现行基本医疗有保障标准，实现应分类建设的 13995 个卫生室、1151 个卫生院和 75 家县级医疗机构均达到分类建设标准并配备合格医生，实现了贫困人口看病有地方、有医生的目标。

综合施策补齐基层医疗人才短板。近几年来，我们从体制机制、薪酬待遇、人才配备引进和培训提升等多方面综合施策，打出了一套"组合拳"、啃下了一些"硬骨头"，基层医疗队伍建设取得了显著成效。一是配齐合格村医，通过"四个一批"，累计考试选拔 7610 名、社会招聘 349 名、卫生院派驻 972 名、县域调剂 46 名合格村医。依托国家"农村订单定向免费医学生"项目，累计招录农村订单定向医学生 5833 名。依托农村免费医疗人才专项（专科）定向培养项目累计招录村医定向医学生 1440 名，极大地缓解了我省村医队伍人员短缺、结构不合理等问题。同时，我们实行乡村一体化管理，将村卫生室全部转为乡镇卫生院的派出机构，乡镇卫生院与村医签订聘用劳动合同，使村医身份由个体转变为乡镇卫生院临聘职工，实现了行政、业务、人员、药械、财务、绩效考核"六统一"管理；推行绩效考核、落实养老政策，提升村医待遇收入，稳定村医队伍。目前，我省 94.75% 的在岗村医购买了养老保险，对 100% 的离岗村医发放了养老补助，98.96% 的基层医疗卫生机构实行了绩效工资制度。与 2015 年相比较，我省乡村医生队伍中，执业（助理）医师比例提高了 20 个百分点，大专以上学历提高了 13 个百分点，高中及以下学历下降了 16 个百分点，60 岁以上年龄下降了 20 个百分点，乡村医生队伍村医年龄、学历、执业等结构发生较大变化，归属感、获得感明显增强。二是加快人才引进，省委组织部、省委编办、省人社厅及我省卫生健康委等部门联合印发了《关于加强和改进全省卫生健康人才引进工作的通知》，将包括基层在内的医疗卫生机构人才引进编制使用由事前审批调整为事后备案，扩大了医疗机构用人自主权，开通了用人绿色通道，有效破除了机构编制管理方面长期存在的政策障碍，先后引进 5200 多名急需紧缺医疗卫生专业技术人才。自 2013 年以来，农村订单定向医学生免费培养累计招录 5024 名（其中"十三五"期间招录 3740 名）、全科医生转岗培训 4260 人，我省现有执证全科医生 4575 人。同时，我们依托国家"特岗全科医生"项目，为全省 58 个贫困县招聘具有助理医师以上执业资格的"特岗全科医生"，实行"县管乡用"，2018 年、2019 年已落实 300 名，2020 年增加至 180 名并实现了全省 58 个国家集中连片贫困县全覆盖。三是加大培训力度，我们全面整合了各类培训项目，对县乡村三级医务人员进行分层次、分年度、有计划、有步骤培训。依托医学类院校连续五年对全省在岗乡村医生分批进行脱产培训，目前已有 1.35 万人次参加了培训。同时，依托县乡医疗卫生机构开展岗位培训，乡村医生每周一天或每月四天到乡镇卫生院开展临床实践，每三至五年免费到县级医疗卫生机构或有条件的中心卫生院脱产进修，进修时间原则上不少于一个月。借助国家基层卫生人才能力提升培训项目，累计培训了 1.79 万人次。利用省级远程培训系统，分临床医师、护理、检验、超声、放射、心电图、药学、乡村医生等八个专业，培训 5.68 万人次。2016 年至 2018 年期间，我们共选派 3510 名省市县三级医师支援乡镇卫生院，发挥支农队员的"传、帮、带"作用，帮助受援单位开展新学科、培训新技术、创建新科室，加强对农村常见病、多发病、疑难杂症诊断服务能力，有效提高了基层医疗服务水平。2019 年，省卫生健康委专门印发了《甘肃省县级医院医务人员业务培训工作方案》，由省级质控中心对全省 86 个县医院进行远程培训、现场指导及考核，已经通过甘肃省远程医学信息平台完成了 30 个急救病种的远程培训，正在按照工作计划赴各县区开展现场培训工作。

积极推进疾病精准救治管理工作。我们把疾病救治工作作为健康扶贫攻坚战的重要组成部分，精准化推进救治、精细化健康管理，实现了贫困人口大病患者应治尽治，慢病患者应管尽管。一是大病专项救治方面，按照国家贫困人口大病专项救治工作的要求，我省将大病专项救治病种从最早的 9 种逐步扩大到目前的 30 种，并向全省公布了省市县级定点救治医院，按照"四定两加强"规定要求实施救治，救治覆盖率 99.78%，实现"应治尽治"。同时，2018 年启动了"光明扶贫工程"，共救治健康立卡白内障患者 10591 人次。2019 年启动 58 个国家级贫困县贫困人口中重度强直性脊柱炎救治工作，共救治 61 人。实施贫困听障儿童救治项目，统计开展免费人工耳蜗植入手术 1370 例，我省新生儿听力筛查率从 2016 年的 93.69% 提高到了 98.1%。二是慢性病签约管理方面，我们全面推进慢性病防、治、管"三位一体"工作机制建设，积极开展慢性"四病"质控工作，在省、市级均成立了慢性"四病"质控中心（专家组），建立集筛查监测、诊断救治、健康管理为一体的医防融合管理模式，提升基层慢性病防治管理水平。我们组织省市、县、乡、村 4.5 万多名医疗专家和医务人员，为贫困人口精准制定"一人一策""一病一方"健康帮扶措施，并通过"健康甘肃"手机 App 动态监测工作进展、监管措施落实、评估签约帮扶质量。突出做好高血压、糖尿病、结核病、重性精神病四种慢性病为主的慢性病签约管理工作，统一规范签约原则、服务方法等内容，加强绩效考核和绩效分配，强化省级专家对基层签约医生的业务帮扶和质量管控，为贫困人口提供个性化的健康指导、慢性病管理和疾病随访服务，四种慢性病签约管理率 98.86%，实现"应签尽签"。三是做好其他疾病防治。我们积极推进艾滋病防治，建成较为完善的全省艾滋病实验室检测网络，开设戒毒药物维持治疗门诊 27 家，覆盖全省 13 个市（州）的 24 个县（区），持续扩大艾滋病免费抗病毒治疗覆盖面，治疗 5734 人，治疗覆盖率达到了 80.77%。推动和落实临夏州结核病防治工作，临夏州肺结核发病率等七项指标均达到了《"十三五"甘肃省结核病防治规划》目标要求。同时，推进《甘肃藏区包虫病防治健康扶贫实施方案》落实，涉藏地区包虫病主要效果指标持续下降，2019 年与 2013 年对比，人群患病率由 0.14% 下降至 0.06%，犬感染率由 4.27% 下降至 0.98%，家畜患病率由 1.71% 下降至 1.44%。积极推进妇幼健康项目，自 2018 年将农村妇女"两癌"免费检查纳入省委省政府为民办实事工程以来，我们分年度对全省 393.36 万名 35—64 岁农村妇女进行了"两癌"检查，项目覆盖全省 14 个市州和兰州新区，贫困县区覆盖率为 100%。2014 年以来，我们逐步将贫困地区儿童营养改善项目覆盖至全省 10 个市州的 58 个贫困县，接受营养干预的婴幼儿营养健康状况得到明显改善，婴幼儿缺铁性贫血发生率由

40.8% 下降至 31.57%、发育迟缓率由 7.1% 下降至 6.97%。2016 年至 2020 年，国家免费孕前优生健康检查项目已为全省 128.66 万名计划怀孕夫妇进行了孕前优生健康检查。农村妇女孕前和孕早期增补叶酸项目，共有近 94 万目标人群进行叶酸服用，服用率在 90% 以上。四是健康教育方面，我们成立了科普专家库，广泛开展"四个一"（一家一张"明白纸"、一家一个"明白人"、一家一份实用工具、一人一份"健康教育处方"）活动和健康科普"五进"（进机关、进企业、进学校、进社区、进家庭）巡讲活动，围绕居民健康素养、疾病防控、慢性病防治、健康生活方式、烟草控制、心理健康、中医药健康素养、家庭意外伤害预防等内容，开展健康科普，倡导健康科学文明生活行为方式。健康素养水平不断提升，从 2016 年的 6.4%，到 2017 年 8.89%，2018 年 13.8%，2019 年 15.1%，2020 年达到 19%。

提质增效，全面提升贫困地区医疗服务能力

这几年，我们坚持"做强县区、搞活乡社、做实村组"，通过优化体系链条和服务链条解决医疗卫生发展不平衡不充分的问题，通过招聘、培训等多种手段积极补齐基层医疗卫生人才短板，通过信息化手段弥补基层服务能力短板，切实攻克我省贫困县区山大沟深、服务半径大、优质医疗资源不足、基层能力弱等短板，有效解决了影响我省基本医疗有保障实现的瓶颈性问题，县乡村硬件达标建设、县乡村能力提升、信息化手段补齐短板等方面实现弯道超车，高质量打赢健康扶贫攻坚战取得显著成效。

贫困地区医疗服务保障能力显著提升。"十三五"期间，我省各级投入资金主要用于贫困地区公共卫生服务、重大传染病防控、县级医院服务能力提升和薄弱学科、重点专科、区域医学中心、急危重症救治中心建设，以及乡镇卫生院 DR 影像机等四项关键设备和村卫生室健康一体机等设备配备，极大地改善了基层设备设施条件，提升了医疗服务能

力。村卫生室新建、改造和维护，确保了应建卫生室全部达到分类建设标准。乡镇卫生院配备 DR 影像机、心电图机、生化分析仪和彩超（B超）等四项具备联通远程诊疗系统功能的关键医疗设备，目前 75 个贫困县万人以上乡镇卫生院 DR 影像机配备 89.92%，其他三种设备已全部配齐。建设了 150 个重点专科，实现 75 个贫困县医院重点专科全覆盖。建设 206 个薄弱学科，实现 35 个深度贫困县薄弱学科全覆盖。推动县域心电、检验、病理、影像、消毒供应 5 个医学中心建设，我省已有 69 个县建成了 5 个县域医学中心。推动县域卒中、胸痛、创伤、危重孕产妇救治和危重儿童／新生儿救治 5 个急危重症救治中心建设，全省 86 个县市区已建成胸痛中心 17 个、卒中中心 45 个、创伤中心 27个、危重孕产妇救治中心 78 个、危重新生儿救治中心 80 个。为村卫生室配备健康一体机 7560 台，覆盖 3720 个深度贫困村卫生室。为每个贫困县中医医院各投入 150 万元，支持贫困地区县级中医医院开展标准化建设。"十三五"期间我们共争取中央预算内投资 54.22 亿元，主要用于妇幼保健机构、血液中心、重大疾病防控机构和县级医院住院楼、业务楼、门急诊和医技综合楼等建设，贫困县医疗服务能力普遍大幅提升。"十三五"期间，我省每千人口床位数、执业（助理）医师数和注册护士数分别达到 6.52、2.38 和 3。

"组团式"扶贫和东西部协作成效明显。2018 年，省委组织部和省卫生健康委启动深度贫困县"组团式"健康扶贫工作，省级 9 家和兰州、天水市等 12 家市级医院，采取设立分院、加挂牌子的模式整体托管，一对一帮扶贫困县医院。2019 年，进一步扩大对口帮扶范围和规模，全省 32 家三级医院、天津市 26 家三级医院及其他省外和军队 5 家三级医院对口帮扶全省 58 个贫困县的 63 家县级医院，先后选派 810 人次对口帮扶贫困县县级医院。采用全面整体托管，以分院标准援建和"院包科"等方式帮助受援医院建设重点专科、薄弱学科、区域医学中心，指导受援医院加强人才培养、提高医院管理水平，受援地区医疗卫生服务能力得到快速提升，受援医院普遍完成区域医学中心建设，能够开展 5 至 10 项新技术、新业务，县域内常见病、多发病的诊疗病种每年新增 20 至 50 种。仅 2019 和 2020 年，天津、福州、厦门和青岛四市先后派出 1394 名专业技术人员到我省 10 个市州及 58 个县区医疗卫生机构开展蹲点帮扶和巡回诊疗，我省派往天津等支援省份进修的医疗护理、妇幼保健、疾病控制、卫生管理等技术骨干 1183 人。实现贫困县医院从"输血"向"造血"的支援转变，大幅提升了我省贫困县县级服务能力，使 90% 的常见病、多发病和部分大病在县域内得到诊治，大大缓解老百姓看病难、贵、远的问题。同时，我们加强贫困县县级中医医院对口帮扶工作，组织天津、山东、福建以及省内三级中医医院帮扶我省 54 家深度贫困县中医医院，实现深度贫困县中医医院对口帮扶全覆盖，支援医院已经帮助受援医院完善科室建设 72 个，开展新技术、新业务 175 项，安排进修 167 人次。

信息化助推健康扶贫提质增效。我们加大"互联网＋医疗健康"应用服务，着力解决优质医疗资源短缺、基层医疗服务能力不足等问题。将我省全民健康信息平台与全省扶贫大数据库等平台对接，开发了甘肃省健康扶贫大数据平台，实现了健康扶贫数据综合分析、疾病分类统计分析、贫困地区医疗机构监测、贫困人口大病慢病救治管理监管、远程诊疗系统应用和健康扶贫重点工作跟踪监测等功能，医疗机构、医务人员和贫困人口就医精准化监测、精细化管理，各级管理人员可随时查看工作进度、实时情况，全面、动态地掌握工作进度，通过信息化手段减少基层工作量，保证信息准确性和及时性。同时，我们还整合现有各类远程会诊信息系统资源，搭建全省统一调度、互联互通、信息共享的市县乡村四级医疗机构的远程医学信息平台，优先配置覆盖到 35 个深度贫困县区，75 个贫困县中，已接入的县级以上医疗机构 233 家，妇幼机构 96 家，乡镇卫生院（社区卫生服务中心）1549 家，远程医学信息平台接入率 99.8%，推动了优质医疗资源跨区域、跨机构享用，促进医疗资源服务重心下移，实现"县带乡"提升乡镇卫生院服务能力。

2020 年底脱贫攻坚取得全胜后，我们持续落实"四个不摘"要求，五年过渡期内保持健康扶贫政策总体稳定，工作对象从原来的贫困人口逐步转到所有农村居民，从原来的贫困县逐步过渡到所有农村地区。聚焦重点地区、重点人群、重点疾病，通过开展三级医院对口帮扶行动、深化县域综合医改行动、农村低收入人口健康帮扶行动、重点地区重大疾病综合防控行动、重点人群健康改善行动五项行动，逐步完善全生命周期健康服务。我们通过建立动态监测长效机制，确保群众有地方看病、有合格医生看病，合格医生有能力看病；建立提升基层医疗服务能力和公共卫生服务能力长效机制，进一步完善县乡村三级医疗卫生服务体系；建立重点人群健康"有人管"长效机制，做好老年人、孕产妇、儿童、重大疾病、慢性四病等重点人群健康管理；建立健康促进长效机制，引导群众养成健康生活习惯；建立爱国卫生运动长效机制，改善城乡卫生环境；建立家庭应急自救互救长效机制，普及十种突发疾病应急自救方法六个长效机制，推进巩固拓展健康扶贫成果同乡村振兴有效衔接。

（张军莉　整理）

扶贫扶智多举措　教育脱贫固成效

王海燕

　　甘肃省贫困面积大、贫困人口多、贫困程度深，长期都在同贫困作斗争，是全国脱贫攻坚任务最重的省份。党的十八大以来，甘肃省坚定不移贯彻落实习近平总书记关于扶贫工作的重要论述和对甘肃重要讲话和重要指示批示精神，坚持把教育作为阻断贫困代际传递的治本之策，在教育部的大力支持和兄弟省份的全面帮扶下，坚持打好底色、打足成色、打成特色、打出亮色，以全国唯一的教育精准扶贫国家级示范区建设工作为引领，聚焦"义务教育有保障"目标，聚焦深度贫困地区和重点人群，统筹推进发展教育脱贫一批任务，通过建立健全从学前教育到高等教育全学段教育精准扶贫政策体系，实施义务教育"兜底保障"工程、职业教育"技能脱贫"工程、乡村教师"配优提质"工程等"九大精准工程"，探索形成"166"教育扶贫模式（紧盯 1 条底线：建档立卡贫困家庭义务教育阶段适龄儿童少年无因贫失学辍学；强化 6 项保障：就学不辍学、硬件能达标、资助全覆盖、资源可共享、队伍有保障、推普促质量；拓展 6 项内容：学前教育、职业教育、专项招生、学生就业、高校帮扶、东西协作）。

　　从总体看，全省教育脱贫攻坚各项重点任务全面完成，义务教育有保障突出问题基本解决，教育脱贫攻坚取得显著成效。截至 2020 年底，全省九年义务教育巩固率 96.6%（较 2015 年提高 3.6 个百分点），高于全国平均水平 1.8 个百分点；义务教育阶段在校生达到 282.31 万人（较 2015 年增加 11.15 万人）。全省累计劝返复学 25688 人，实现建档立卡贫困家庭失辍学学生动态清零。各地义务教育学校达到国家"20 条底线"要求。全省小学专任教师合格率为 99.98%，幼儿园专任教师合格率为 99.47%，初中和高中阶段专任教师合格率为 96.93%。学生资助政策全面落地，牢牢构筑起了阻止因学致贫、因学返贫的"防火墙"。教育扶贫领域的热点难点问题得到了有效解决，群众对教育脱贫攻坚成效的满意度不断提高、获得感不断增强。甘肃省有关教育脱贫攻坚的探索和做法，走出一条西部贫困地区教育扶贫、扶志、扶智一体联动的有效路径。我作为省委教育工委书记，省教育厅党组书记、厅长，深感肩负重任，参与了一系列制度的制定和教育脱贫攻坚的全过程。在这个过程中，我们首先狠抓关键环节、紧盯重点人群，总体实现控辍保学动态清零。根据全面落实省委省政府关于义务教育有保障冲刺清零行动要求，把控辍保学作为打赢教育脱贫攻坚战的重中之重，全力以赴狠抓控辍保学特别是深度贫困地区控辍保学工作。实行"政府主导、部门联动、齐抓共管"的联控联保机制，采取"一对一、人盯人"的办法抓劝返，层层传导压力、逐级压实责任，全面排查工作盲点，逐个堵住工作"漏洞"，失学辍学这一我省教育脱贫攻坚的痛点难点问题得到根本性解决。

回顾过往工作，我主要将四个方面作为工作抓手，重点突击、一个不漏。一是着眼"发力准"，细化抓机制。精准制定政策，印发《义务教育有保障冲刺清零工作方案》《关于进一步加强控辍保学提高义务教育巩固水平的通知》《甘肃省重点地区控辍保学攻坚实施方案》等系列文件，明确各级政府、相关职能部门以及监护人的责任，提出依法教育惩戒、奖补激励、提升教育质量、加强动态监测、督导考核、责任追究等控辍措施，为各地各校开展控辍保学工作提供政策支持。规范制度执行，印发《甘肃省教育厅关于进一步规范控辍保学有关工作的通知》，督促各地全力做好疑似失学儿童情况核查和劝返复学，抓紧推进乡村小规模学校和乡镇寄宿制学校建设，严格保证教育教学质量，健全完善工作机制，确保实现义务教育有保障目标。健全激励措施，按照《甘肃省重点地区控辍保学攻坚实施方案》，自 2018 年开始，由省财政专项筹措资金 120 万元，对在不通校车学校就读的建档立卡贫困家庭义务教育阶段寄宿学生和农村学校走教教师适当发放交通补助，通过建立激励奖补机制的形式，有效提升各地控辍保学工作积极性和主动性，助力民族重点地区啃下失辍学这块"硬骨头"。二是着眼"强落实"，挂牌抓督战。建立强化部、省、市各级领导包抓督战机制，实地督促各地各校强化担当、正视问题、找准差距、狠抓落实，推动解决地方控辍保学和教育脱贫攻坚中的问题困难。部领导高频次深入定点帮扶县，现场调研指导控辍保学和教育脱贫存在问题。省政府分管领导带头战斗一线，严格落实"周调度、旬督促、月报告"工作要求，高频次指导推动控辍保学和教育扶贫工作。印发《义务教育有保障冲刺清零后续行动方案》和《甘肃省教育脱贫攻坚挂牌督战实施方案》，指导各市州实行挂牌督战与包抓责任机制，切实巩固提升控辍保学成效，努力把因疫情影响的时间抢回来、工作补上去。省教育厅把"督战"变为"参战""实战"，组建 11 个工作组紧盯义务教育控辍保学问题，对全省各市州开展全覆盖驻点指导，细找问题、力促整改、挖掘亮点。三是着眼"劝得回"，跟踪抓控辍。建立以县为主的教育、公安、扶贫等部门组成的联合比对机制，对学籍信息、户籍信息、建档立卡贫困户信息进行比对，定期排查和核实失辍学学生。省市县乡校五级联动、"一对一、人盯人"冲刺清零抓劝返，累计劝返复学 25688 人。依法实施教育惩戒，将每年的 2 月和 8 月确定为全省"义务教育法治宣传月"，在"甘肃教育"微信公众号设立"控辍保学"专栏，宣传相关政策 4.1 万次，增强了广大群众的法律意识和送孩子入学的主动性。建立控辍保学动态监测信息管理系统，面向全省开展义务教育有保障"挑刺"行动和满意度测评，参与群众不满意率仅占 0.41%，群众对教育脱贫攻坚成效的满意度、获得感不断增强。聘请 1568 名义务监督员实时监督，组建各类工作组对重点地区进行抽查暗访，义务教育巩固率达到 96.6%。四是着眼"坐得稳"，分类抓保学。印发《甘肃省教育厅关于进一步提高义务教育质量的通知》，提出规范办学行为、完善招生入学管理、优化办学环境、做好课后服务、提高课堂教学质量、改进学生评价方式、完善质量监测体系，加强家庭教育、德育、体育美育、劳动教育，加强教师队伍建设等16项措施，指导各地切实提高义务教育教学质量。针对学生辍学时间、学习能力、年龄大小等实际情况精准分类，随班就读、单独编班、职普融合多形式多途径保学施教，专门编制辅助教材，探索形成了劝返复学和教育质量"双提升"的有效模式，打牢复学学生升学基础和就业能力。开通心理咨询热线和网络心理辅导平台，指导各地各校对义务教育学生（特别是复学学生）及时开展心理健康教育，帮助学生及时消除疫情期间恐慌、学习焦虑等情绪，防止学生因心理问题而辍学。完善残疾儿童接受义务教育制度，完善"一人一案"建立送教上门工作手册，印发《义务教育阶段适龄残疾儿童少年入学鉴定评估工作指导意见》，确定适合残疾儿童身心特点的教育安置方式，提升残疾儿童教育质量。建立在校留守儿童学习生活、文体活动等方面的关爱和教育机制，对进城务工人员随迁子女，畅通随迁子女入学渠道，保障他们平等接受义务教育的权利。

其次是瞄准一个不少、一个不落，全面夯实义务教育有保障基础。我们紧紧围绕"义务教育有保障"靶心任务，针对我省农村办学条件差、师资队伍总体弱、家庭经济困难学生多等突出短板问题，建立由省教育厅牵头、省发改委、省财政厅为成员单位的全省教育扶贫专责工作组机制，集中人力财力物力夯基础、补短板，在设计各类政策项目时，各部门密切配合、高效沟通，优先在项目安排审批、资金保障等方面大力倾斜支持，做到项目安排审批到位，资金保障下达到位。目前，全省义务教育有保障基础全面夯实。这里也有三个方面：一是聚焦补齐短板，改善贫困地区办学条件。按照"保基本、补短板、兜底线"原则，加快改善贫困地区办学条件，保障农村义务教育学生稳定上学、就近入学。瞄准最薄弱地区、最薄弱学校、最薄弱环节，圆满完成"全面改薄"规划任务，2014—2018年，累计投入"全面改薄"资金238.62亿元，完成规划总投入任务的102.21%，有效改善12132所、占比全省95%的义务教育学校办学条件，惠及义务教育学生260万名、占比全省义务教育学生数的96%。据教育部通报，我省全面改薄项目进度并列全国第一位，各地义务教育学校达到国家"20条底线"要求。积极实施义务教育薄弱环节改善与能力提升项目，项目资金按在校生数120%—140%的比例持续向深度贫困地区倾斜，2019年以来，累计投入资金96.97亿元，改善4186所义务教育学校条件，惠及学生171.6万名。立足部分群众居住分散、学生上学距离较远的实际，2019—2020年，多渠道筹措资金21.28亿元，建设"两类学校"2029所（乡镇寄宿制学校633所、乡村小规模学校1396所）并已全部投入使用，保障了每一名农村学生稳定就近入学。重点加强甘南州、临夏州和天祝县等民族地区基本办学条件提升，积极推进教育部"三区三州"教育脱贫攻坚中央专项资金项目建设，2018年以来，累计投入建设资金8亿元，有效改善了"两州一县"义务教育学校办学条件，兼顾提升薄弱高中、中等职业学校办学能力，进一步深化了民族地区教育改革，提高了教育教学质量，有效促进了教育公平。大力实施"深度贫困县农村边远地区温暖工程"和"农村教师周转宿舍建设工程"省列民生实事项目，2018年以来，累计投入建设资金12.8亿元，有效解决了23个深度贫困县48万名师生采暖和6.6万名教师住宿问题。大力推进信息化建设，深入开展学校联网攻坚行动，全省中小学（含教学点）互联网接入率达到100%，生机比已达到10.06∶1；全省义务教育学校全面实现"班班通"，数字教育资源实现全覆盖。二是聚焦师资保障，加强乡村教师队伍建设。着眼"下得去"完善补充机制。全面推进"县管校聘"落实，优先满足乡村学校、村小和教学点的教师配备需求，确保乡村学校、村小和教学点的教师优化调整到位。加强东西教育协作和轮岗交流，针对乡村学校特别是小规模学校和教学点各学科师资缺口，采取东西部教育扶贫协作支教、安排城区教师轮岗等方式加强交流，2019年以来，通过各种形式交流轮岗教师达1.8万人次。全面推进"特岗计划"实施，落实省级统筹、按需设岗、按岗招聘、统一选拔的乡村教师补充机制，2016年以来，通过"特岗计划"累计为贫困地区补充教师2.3万余人。创新乡村教师补充办法，联合省人社厅下发《关于做好2021年中小学幼儿园教师公开招聘工作的通知》，要求各市（州）在坚持公开招聘基本制度的基础上，适当放宽国家乡村振兴重点帮扶县的乡村中小学、幼儿园招聘条件。着眼"留得住"提高待遇保障。率先在全国出台乡村教师支持计划，保证乡村教师平均工资收入水平不低于当地公务员平均工资收入水平，严格落实人均月补助不低于 400 元、部分偏远乡村学校教师月补助不低于 1000 元标准，2016 年以来，累计下达乡村教师生补助中央和省级奖补资金 13.57 亿元，近 20 万乡村教师受益。为乡村教师提供良好的生活保障，在 23 个深度贫困县建设教师周转宿舍 1300 余套，解决近 2200 名乡村教师生活住宿问题。适当放宽乡村教师职称评审条件，指导各市州将中小学职称评审名额向乡村教师倾斜，提升广大乡村教师教育教学积极性。着眼"教得好"加强专业培训。完善责任明确、分工合理、分层递进的省、市、县、学区、学校五级教师培训联动机制，不断优化服务乡村教师的"用得上、下得去"的培训团队，重点提升乡村教师专业能力建设，2016 年以来，通过各项目累计培训乡村教师 42 万人次。因地制宜开展线上培训，聚焦在线教育教学和相关实践应用，加强疫情期间教师在线教学方法和信息技术应用研修。疫情防控条件允许后，统筹实施"国培计划"、省级教师培训和市县教师培训项目，通过选派乡村教师赴东部地区交流培训、送教下乡、在线培训等多种方式分层分类设计教师培训项目，不断提升农村教师的知识水平和教育教学能力，通过线上和线下模式计划培训乡村教师 17.4 万人次，基本解决教师专业结构和知识结构不合理的问题。三是聚焦兜牢底线，健全学生资助保障体系。按照政府投入为主、学校社会广泛参与原则，完善从学前教育到高等教育全学段资助体系，筑牢阻止因学致贫、因学返贫的"防火墙"。2016 年以来，累计发放各类勤、免、奖、助资金及生源地信用助学贷款资金 200.5 亿元，受益学生 1373 万人次。加强学前幼儿教育资助，对省内公办幼儿园和普惠性民办幼儿园中具有甘肃户籍在园幼儿按每生每年 1000 元的标准减免保教费，对 58 个集中连片贫困县建档立卡户贫困家庭在园幼儿每生每年再减免 1000 元。2016 年以来，累计下达学前教育减免保教费资金 49.6 亿元，730.7 万幼儿受益。建立城乡统一、重在农村的义务教育经费保障机制，落地落实义务教育"两免一补"政策和农村义务教育学生营养改善计划，并从 2019 年秋季学期起对四类贫困家庭非寄宿制学生（即建档立卡学生、家庭经济困难残疾学生、农村低保家庭学生、农村特困救助供养学生），按家庭经济困难寄宿生 50% 的标准补助生活费。2016 年以来，全省累计下达城乡义务教育"两免一补"资金 168.23 亿元，1452 万人次学生受益；累计下达农村义务教育学生营养改善计划资金 63.63 亿元，854.6 万人次学生受益。加强普通高中（中等职业学校）学生资助，提高国家助学金标准至每生每年 2000 元，对具有正式学籍的建档立卡等家庭经济困难学生（含非建档立卡的家庭经济困难残疾学生、农村最低生活保障家庭学生、农村特困救助供养学生）免除学杂费，2019 年起，对特别优秀的中职学生发放国家奖学金。2016 年以来，累计下达普通高中（中等职业学校）学生资助资金 70.1 亿元，285.3 万学生受益。完善高等教育学生资助，制定甘肃省高职（专科）院校建档立卡贫困家庭学生减免学费和书本费政策，从 2015 年秋季学期起，对具有省内高职（专科）院校正式注册学籍且正常在校就读的 58 个集中连片贫困县和 17 个插花型贫困县中建档立卡贫困家庭学生减免学费和书本费，每生每年 5000 元。2016 年以来，累计下达高职教育减免学费和书本费资金 10.1 亿元，19.4 万学生受益。

第三点是瞄准扶志扶智、治贫治愚，凸显发展教育脱贫攻坚成效。我省坚持以建好全国唯一的教育精准扶贫国家级示范区为抓手，着眼发挥各级各类教育在脱贫攻坚中的作用，提出实施涵盖学前到高等教育各学段的"九大精准工程"（义务教育、学前教育、职业教育、教师队伍建设、民族教育、考试招生、高等教育、创业就业、协作帮扶），努力为全国探索贫困地区教育扶贫、扶志、扶智一体联动的经验和模式。实践中，我省着眼构建"教育有保障、升学有能力、就业有技能、人人有出路"的教育脱贫体系，推动贫困人口由"因学致贫"向"以学脱贫"转变，由"发展教育脱贫一批"向"发展教育致富一批"转变，成效凸显。这里边也有五个方面的具体做法，一是聚焦"幼有所育"，解放农村家庭劳动力。聚焦教育起点公平，加快建设"广覆盖、保基本、有质量"的学前教育公共服务体系。投入学前教育专项资金近 35 亿元，在 75 个贫困县新建、改扩建 4821 所行政村幼儿园，实现了乡镇中心幼儿园和贫困地区、民族地区、革命老区有需求的行政村幼儿园全覆盖。制定印发《甘肃省农村幼儿园基本办园标准》《甘肃省幼儿园办园行为规范》等文件，规范幼儿园办园行为，有效提升学前教育教学质量。在贫困地区开展《3—6 岁儿童学习与发展指南》实验区工作，建立城乡幼儿园结对帮扶、教研巡回指导等制度，构建科学保教长效机制，推进学前教育从规模发展向质量提升转变。2020 年底，全省学前三年毛入园率达到 93%，有效满足了贫困地区适龄幼儿入园需求，极大地解放了农村贫困家庭劳动力。二是聚焦"技能脱贫"，提高贫困家庭致富能力。紧盯建档立卡贫困户中有职业教育和技能培训需求的人口，构建起"培养培训一人、脱贫致富一户"的技能扶贫模式，出台《甘肃省职业教育助推脱贫攻坚实施方案》，建立完善甘肃省职业教育脱贫攻坚"3+1"帮扶机制（1 所省外对口帮扶职业院校 +1 所省内高职院校 +1 个职教集团对口帮扶 1 个深度贫困县中等职业学校），2017 年以来，东部四市职业院校累计招收我省建档立卡家庭学生 1.8 万人，累计推荐 1.3 万人在东部就业。在各市（州）建设 1 个市级精准扶贫职业技能培训平台，将县级职教中心打造成综合型精准脱贫职业技能培训阵地。通过"职业院校 + 培训基地 + 线上平台"等方式，每年面向农村招收近 10 万名初、高中毕业生免费接受职业教育，每年培训新型职业农民和富余劳动力 35 万人次、建档立卡贫困人口 8 万多人次，实现建档立卡贫困户有技能需求人口接受职业教育全覆盖。2020 年 5 月，国务院办公厅通报表彰我省职业教育改革发展成效，教育部也将我省纳入职业教育改革、产教融合建设试点，部省合作整省推进职业教育发展打造"技能甘肃"正式启动。同时通过中等职业教育免学费和发放助学金、省内高职院校就读的建档立卡贫困家庭学生免除学费和书本费等资助政策，落实精准培养确保贫困家庭接受中、高等职业教育的学生进得来、学得好、能就业。三是聚焦"高教优势"，创建全方位帮扶模式。落实贫困专项招生政策。实施国家"贫困地区专项计划"等各类招生计划，推动招生政策红利向贫困地区、革命老区、民族地区持续倾斜。2016 年以来累计录取学生 5.8 万名，拓宽了"三区"学生升学渠道，加快了"三区"紧缺人才培养。指导全省高校与深度贫困县建立一对一帮扶关系，深入实施教育扶贫"五大行动"（"万名大学生进农村"社会实践扶贫行动、"千名师范生进村小"实习支教扶贫行动、"千名教师进基层"科技支撑扶贫行动、"百名专家进企业"产学研合作扶贫行动、"百名研究生进农家"蹲点调研扶贫行动），利用专家、教授和院校专业优势，加快贫困地区经济社会发展，2018 年以来，累计参与师生近 20 万人次。发挥高校专业和人才优势，依托兰州大学、西北师范大学等高校，建立了精准扶贫与区域发展研究中心、特色农业产业扶贫开发研究中心等五个智库，帮助贫困地区加强精准扶贫与乡村振兴战略研究，通过参与规划设计、战略咨询、干部培训等方式，积极助力贫困地区美丽乡村建设。省委教育工委归口管理各高校积极发挥自身特长，通过选派驻村干部帮扶、打造特色品牌农产品、开展党建和文化活动等多种方式，建立起全方位帮扶脱贫新模式。与教育部规划建设中心启动共建的"农校对接精准扶贫"试验区，发挥高校市场资源优势助力贫困地区产业发展，两年来已有价值 700 余万元的贫困地区农产品直供高校食堂，搭建起农产品与高校食堂之间的直供直销平台。四是聚焦"协作互动"，助力我省教育均衡发展。充分利用东部地区协作支持我省贫困地区教育发展红利，完善"统筹资源、精准衔接、结对互联"的帮扶机制，与天津、青岛、厦门、福州等地教育部门和社会各界积极对接，重点在人才培养、教师培训、基础设施建设等方面不断加大帮扶力度。2017 年以来，我省与东部地区互相选派一万余名教师开展互访交流、支教送教、专题培训；东部四市累计投入和捐助近 4 亿元支持我省深度贫困地区改善教育基础设施条件；我省 3000 余个中小学与东部对口帮扶地区中小学签订帮扶协议，有力促进了我省办学内涵的发展和教育教学质量的提升。积极支持中组部定点帮扶舟曲县，制定《舟曲县教育质量提升工作方案》，争取专项资金，从整合办学资源、提升职业教育水平助力舟曲县教育扶贫和教育发展。加快培黎职业学院建设进度，教育部通过职教集团帮建、派遣名校长、倾斜重点项目等方式支持，指导学院坚持优良传统，突出办学特色，紧跟"一带一路"、新一轮西部大开发战略和区域经济发展，开展国际化合作办学。五是聚焦"精准就业"，提升贫困家庭学生就业能力。认真落实国家贫困专项招生计划，实施地方农村贫困专项、精准扶贫专项和少数民族专项招生，2017 年以来专项录取考生 6 万余人，2457 名少数民族紧缺人才进入重点院校深造学习，大幅提升了贫困家庭学生上大学的机会，为"三区三州"地区经济社会发展提供了人才保障和智力支持。对贫困家庭大学生实行"一生一策""不就业不脱手"制度，适时完善与更新数据，在生活资助、职业生涯规划、就业指导与帮扶方面加大力度，为每名毕业生提供三个以上就业岗位供选择。2020 年我省高校毕业生 14.56 万人，增幅 8.1%，面对疫情冲击和毕业人数增加等多重严峻就业压力，我省扎实推进"百日冲刺"十大专项行动，实施支持灵活就业、扩大基层就业等 31 条措施，以"互联网＋就业"对冲疫情影响，以"扶贫＋就业"帮扶重点人群，2020 届建档立卡贫困家庭大学毕业生初次就业率 80.5%，高出全省平均就业率 5.5 个百分点。

第四点是瞄准巩固增效、谋划长远，提质赋能助力乡村振兴实施。下一步，我省将紧密结合教育"十四五"发展规划和《甘肃教育现代化 2035 规划纲要》，以《教育部等四部门关于实现巩固拓展教育脱贫攻坚成果同乡村振兴有效衔接的意见》为指导，以全面推进乡村振兴战略、促进"十四五"期间教育高质量发展为出发点，从建立健全巩固拓展义务教育有保障成果长效机制、建立健全农村低收入人口教育帮扶机制、做好巩固拓展教育高质量发展助力乡村振兴重点工作和延续完善对口帮扶工作机制四个方面，不断巩固提高、丰富发展教育脱贫攻坚成效，科学设计、搭建教育高质量发展的政策和制度体系，用改革的办法破解制约教育发展的瓶颈问题，实现教育提质增效发展，推动教育扶贫由"结果型"向"质量型"转变，让人民群众享有更加公平、更有质量的教育，重点做好以下几项工作。一是坚决守牢底线，巩固教育脱贫攻坚成果。紧紧守住"义务教育有保障"的底线，坚持标准不降、力度不减，确保适龄儿童按期入学，确保在校学生"零辍学"，确保在校学生能接受良好的教育。保持倾斜支持政策的稳定性和连续性，巩固扩大教育脱贫攻坚成果。总结凝练教育脱贫攻坚的典型经验，以教育部委托课题《贫困地区巩固教育扶贫成果面临的问题及对策研究》成果为基础，推广形成制度性、机制性的模式。强化统筹教育扶贫和教育发展，将教育脱贫成果和经验模式有效转换为推动教育高质量发展的动力。二是深化兴职助农，提升乡村致富能力。积极适应新时代、新形势、新任务要求，集部省合作之力，强化优质资源配置，把"技能甘肃"打造成为精品工程，办强办优职业院校，深化校企、产教融合，建好职业教育技术技能培训的主阵地，紧贴贫困家庭、区域产业和市场需求，把建档立卡贫困人口和城乡富余劳动力转化为技术技能型人才，实现人人有技能、个个有专长，促进贫困家庭脱贫致富，把我省打造成新时代职业教育高质量发展的新高地。创新人才培养模式，深化校企、产教融合，建好职业教育技术技能培训的主阵地，在人人有技能的基础上，培养覆盖面更广、实操能力更强、综合素质更高的技术技能型人才，以技能提升助力贫困户就业。三是坚持双轮驱动，不断赋能乡村振兴。坚持振兴乡村教育和教育振兴乡村"双轮驱动"，坚持教育扶贫、教育发展与乡村振兴、富民兴陇融合推进，系统谋划振兴乡村教育、教育振兴乡村的工作目标、思路和重点举措，下大力气解决乡村教育优质资源不足、教育质量亟待提高等群众普遍关注的问题，着力改变乡村教育不平衡不充分的发展现状，推动城乡教育一体化发展。实施乡村振兴战略进课堂、进学堂，开展乡村振兴研究，制定乡村振兴计划等方式，助力提升乡村人口的人力资本质量，用优质教育为乡村振兴注入更多发展动能。

（李登兴　整理）

初心如磐践使命　奋楫笃行保供水

朱建海

甘肃水资源短缺，地形条件复杂，资源型、工程型和水质型缺水并存，历史上农村群众吃水非常困难，长期以来，为水所困的祖祖辈辈们想水、盼水、找水的愿望历历在目。解决好陇原大地人民群众的吃水问题，一直都是历届省委省政府倾力推动的重要任务，更是我们水利行业主管部门的头等大事！

回顾甘肃农村饮水安全解决历程，就是一部先辈们战天斗地、找水、引水的奋斗史。从最初的政府引导群众自力更生找水吃，到饮水解困、到饮水安全、再到饮水安全巩固提升，从没水到有水，从苦咸到甘甜……特别是 2015 年党中央召开扶贫开发工作会议以来，以习近平同志为核心的党中央发出坚决打赢脱贫攻坚战的总攻令，随着"两不愁三保障"重要评价指标的细化明确，农村饮水安全再一次大发展、大提升。五年时间里，从国家到省市县，利好政策接踵出台、规划方案梯次推进、各类资金倾斜支持，全省农村饮水安全发生了历史性改变，目前，分布在陇原大地上的 9000 多处农村饮水安全集中供水工程和 20 多万处分散供水工程，在持续改善农村群众用水状况的同时，也为陇原儿女脱贫致富、打赢脱贫攻坚战提供了坚强的水利保障。

到 2020 年底，按照现行标准，全省 58 个国家级片区贫困县和 17

个省级插花型贫困县脱贫攻坚农村饮水安全全部"达标"，顺利通过各级脱贫退出验收，农村饮水安全取得了丰硕成果，全省农村群众吃水问题得到了历史性解决。

这一切丰硕成果的背后，最根本的在于我们始终坚持以习近平新时代中国特色社会主义思想为指导，坚决落实省委省政府决策部署，与各相关部门精诚配合、加强沟通，也得益于市县党委政府的强化责任、积极作为，更得益于全省水利系统勠力同心、砥砺奋进。

提高站位，认真落实"省负总责"政治责任

2015年以来，省委省政府认真贯彻落实习近平总书记和党中央关于脱贫攻坚系列决策部署，科学谋划、凝聚力量向全省绝对贫困地区发起总攻。我省水利厅始终以高度的思想自觉和行动自觉，夯实"省负总责"的政治责任，坚持把农村饮水安全作为水利行业重要政治任务来抓，在精力、人力、财力、物力上重点保障。脱贫攻坚以来，厅党组对涉及脱贫攻坚农村饮水安全的重要规划、重大项目和重点工作方案进行专题研究审定，厅主要负责同志定期听取有关工作情况汇报，适时研判分析形势，安排部署推进措施，分管负责同志全程抓工作落实、抓质量成效。我任职省水利厅党组书记后，就多次召开专题会议进行研究安排，并多次到全省脱贫攻坚任务较重、问题较多的会宁、东乡、环县等县区进行调研指导工作，与当地干部群众一起研究解决农村饮水安全方面的问题；厅领导班子成员、各相关处室和单位每赴基层调研检查，都把饮水安全作为必查内容，看工程、入村户、商举措，指导市县查隐患、堵漏洞、提质量。脱贫攻坚进入关键期后，为了进一步加大工作力度，我厅先后组织成立了脱贫攻坚农村饮水安全冲刺清零工作领导小组、农村饮水安全专责工作组等，安排部署举全厅系统之力加快推动各项工作。2018年，厅里面组建技术指导组，深入各市县开展农村饮水安全技术指导和帮扶工作。2019年，又建立厅领导联系市州、

处室（单位）包抓县区责任制，对75个贫困县区实现全覆盖，共抽调117人组成39个工作指导组，采取"四不两直"方式，"一对一"常驻未脱贫县区帮扶指导。2020年，按照省委省政府脱贫攻坚挂牌督战总体安排，厅党组深入分析研判，安排我们8名厅级领导分别督战8个未脱贫县农村饮水安全工作，优化组建19个工作指导组对8个未脱贫县和67个已脱贫县区开展巡回指导，我自己更是主动负责任务较重的几个县。

压茬推动，加快完成饮水安全脱贫任务

决战决胜脱贫攻坚，确保2020年同全国一道迈入小康社会，是省委省政府向党中央、习近平总书记立下的"军令状"，也是向全省人民群众作出的庄严承诺。五年来，省水利厅按照省委省政府打赢打好脱贫攻坚战的战略部署和全面建成小康社会目标要求，统筹谋划、科学决策，科学编制《"十三五"农村饮水巩固提升规划》《甘肃省农村饮水安全脱贫攻坚实施方案》《饮水安全有保障冲刺清零实施方案》《饮水安全有保障冲刺清零后续行动方案》，上下一心，以前所未有的高度、力度和速度，攻城拔寨，全力推进，坚决攻克最后的堡垒。

2015年，按照党的十八大提出的2020年全面建成小康社会的奋斗目标，以及省委省政府《关于扎实推进精准扶贫工作的意见》，省水利厅组织开展全省农村饮水工程现状与需求调查工作，在此基础上编制形成《甘肃省农村饮水安全巩固提升工程"十三五"规划报告》，并报请省政府印发实施，在规划中我们提出在"十三五"期间投资50.86亿元，综合采取配套、改造、升级、联网等方式，辅以新建措施，重点解决贫困地区的饮水不安全问题，工程受益人口约736万，其中贫困人口约169.33万。《规划》的印发，为我省农村饮水安全工作勾画了蓝图，明确了发展方向，更是标志着水利行业脱贫攻坚征程的全面开启。

2016 年，省政府将解决 1225 个行政村、26.7 万户、118 万人的饮水安全不稳定问题纳入《政府工作报告》，作为重点任务强力推进。省水利厅为加快实施省政府精准扶贫农村饮水安全支持计划，将 2016 至 2017 年两年目标任务调整为一年完成，全年累计投入资金 13.04 亿元，共建成集中供水工程 445 处、分散供水工程 2.5 万处，解决了 118 万农村人口（其中，贫困人口 40.6 万人）饮水不稳定问题，全省农村集中供水率达到 89%，自来水普及率达到 85%。在着力加快工程建设的同时，我们坚持"建管并重，以建促管"原则，督促指导市县大力宣传贯彻《甘肃省农村饮用水供水管理条例》，深化运行管理体制改革。到年底，全省 86 个县区全部建立了县级农村饮水安全专管机构，出台了农村供水工程运行管理办法，建立了县级维修养护基金，供水保障能力明显提升。

2017 年，为认真贯彻落实习近平总书记在深度贫困地区脱贫攻坚座谈会上的重要讲话精神，按照省委省政府总体安排，在"十三五"规划的基础上，我们结合脱贫攻坚现实需求，编制了《甘肃省脱贫攻坚农村饮水安全实施方案（2018—2020 年）》，指导市县将未来三年建设任务一次安排设计，分两年实施完成，当年就完成投资 15.72 亿元，超额完成水利部确定投资任务的一倍多，巩固提升集中供水工程 617 处、分散供水工程 6855 处，受益人口达 49 万户、208 万人（其中，贫困人口8.95 万户、36.77 万人），超额完成水利部明确任务的近七成，获得了水利部的充分肯定。同时，为确保脱贫攻坚农村饮水安全各类政策落地落实、建设任务按期高标准完成，我们还研究制定印发了《脱贫攻坚农村饮水安全技术指导和督促检查工作方案》，从全厅系统抽调 58 名技术骨干人员，组成 7 个工作组，对 23 个深度贫困县开展技术指导和工作督导，全力加快脱贫攻坚农村饮水安全任务进程。

2018 年，结合全省脱贫攻坚农村饮水安全三年实施方案，我们深入研究起草了《关于加强脱贫攻坚农村饮水安全工程建设及运行管理的意见》，并报请省政府办公厅印发，《意见》从思路目标、资金筹措、建设管理、运行管理和保障措施五个方面对打赢农村饮水安全脱贫攻坚战提出具体要求。全年共完成投资 28 亿元，超省政府确定的年度建设任务的 30 个百分点，共巩固提升集中供水工程 839 处、分散供水工程 9026 处，受益人口达 90 万户 382 万人（其中，建档立卡贫困人口 14 万户 58 万人）。同时，根据国家和我省脱贫攻坚退出验收相关要求，结合中国水利学会颁布的《农村饮水安全评价准则》，在广泛调研论证研究的基础上，制定印发《甘肃省脱贫攻坚农村饮水安全验收实施细则》，为全省脱贫攻坚农村饮水安全退出验收确定了标准，2017 年申请退出的皋兰县、正宁县等 6 个片区贫困县（区）和民勤县、西峰区 12 个插花县（区），以及 2018 年申请退出的迭部、夏河等 14 个片区贫困县（区）和崇信、平川等 4 个插花县（区）全部通过农村饮水安全脱贫退出验收。

2019 年全国两会期间，习近平总书记参加甘肃代表团审议时强调，"今后两年脱贫攻坚任务仍然艰巨繁重，剩下的都是贫中之贫、困中之困，都是难啃的硬骨头。脱贫攻坚越到紧要关头，越要坚定必胜的信心，越要有一鼓作气的决心，尽锐出战、迎难而上，真抓实干、精准施策，确保脱贫攻坚任务如期完成"。

4 月 16 日，在解决"两不愁三保障"突出问题座谈会上，习近平总书记再次对脱贫攻坚工作作出重要指示，"我国总体上已基本实现了全面建成小康社会的目标，但还有一些短板，最大的短板是脱贫攻坚。现在，脱贫攻坚战进入决胜的关键阶段，打法要同初期的全面部署、中期的全面推进有所区别，最要紧的是防止松懈、防止滑坡。各地区各部门务必一鼓作气、顽强作战，不获全胜决不收兵"。

按照党中央、习近平总书记的指示要求，省委省政府闻令而动，针对脱贫攻坚关键决胜阶段的特殊性和全省脱贫攻坚任务完成情况，组织实施了冲刺清零行动，通过明标准、建工程、强管理，2019 年申请退出的积石山、张家川等 30 个片区贫困县（区）全部通过农村饮水安全脱贫退出验收。

我们从思想根源抓起，坚定信心不动摇。结合"不忘初心、牢记使命"主题教育，站在树牢"四个意识"、坚定"四个自信"、坚决做到"两个维护"的政治高度，深入学习习近平总书记系列重要讲话精神，深刻领会习近平总书记"脱贫攻坚越到紧要关头，越要坚定必胜的信心，越要有一鼓作气的决心，尽锐出战、迎难而上，真抓实干、精准施策，确保脱贫攻坚任务如期完成"的重要讲话精神，坚定信心不动摇。严格按照省委省政府确定的目标任务，坚持农村饮水安全工作的普惠性，聚焦重点难点，确保完成脱贫攻坚农村饮水安全冲刺清零目标任务，达到贫困退出现行标准。

我们进一步细化目标，咬定目标不放松。聚焦脱贫攻坚农村饮水安全贫困退出目标，进一步细化目标任务，创造性提出"4851"工作思路，即坚持水质、水量、用水方便程度、供水保证率"四大标准"，坚持水源、水质、水厂、水管、水窖、水表、水价、水费"八水齐抓"，坚决落实"三个责任""三项制度""三个到位""三项机制""三类信息"的"五种制度"，坚决完成脱贫攻坚农村饮水安全达标"一个目标"，全面指导全省脱贫攻坚农村饮水安全工作。一是咬定饮水安全评价标准。严格按照《农村饮水安全评价准则》《甘肃省脱贫攻坚农村饮水安全验收实施细则》和精准脱贫验收标准及认定程序，严把贫困退出验收和考核关。报请省脱贫攻坚领导小组办公室印发了《脱贫攻坚农村饮水安全验收评价标准》，进一步明确水量、水质、用水方便程度、供水保证率等指标。确保既不拔高标准、吊高胃口，也不降低标准、影响成色，如期实现脱贫攻坚农村饮水安全工作目标。二是咬定冲刺清零目标任务。按照省委省政府统一部署，指导市县以自然村和供水工程为单元，组织开展了三轮摸底筛查，报省委办公厅、省政府办公厅印发了《饮水安全有保障冲刺清零工作方案》，建立了1046处工程、5692个村的冲刺清零任务台账。采取改造、配套、升级、联网、新建等工程措施，提升农村饮水安全保障水平。通过对现有水厂扩容改造和管网延伸，提高集中供水程度；对部分规模较小、设施简陋的单村供水工程进行配套改造，推进联村并网集中供水；对人口相对分散的区域，开展小型和分散式工程标准化建设，试验推广安装水窖水净化设备。三是咬定目标任务时间节点。明确脱贫攻坚农村饮水安全巩固提升工作完成时限，实行旬统计、月通报和会商调度工作机制。市级水务部门对工程建设和运行管理任务落实情况开展跟踪督办，定期上报进展情况。县级水务部门紧盯节点目标，倒排工作计划，配强力量，挂图作战。全面完成冲刺清零方案确定的建设任务，巩固提升了 1413 处集中供水工程和 4430 处分散工程，改造冬季冻管 4888 公里。

我们整治问题不手软，难点堵点问题有效解决。对各渠道反馈的问题，认真梳理，建立台账，分类施策，跟踪督促落实整改。一是研究制定整改方案，对存在的问题，分类查找根源，先后制定了《甘肃省水利厅领导班子 2019 年中央脱贫攻坚专项巡视反馈意见整改专题民主生活会查摆问题整改方案》《中央脱贫攻坚专项巡视反馈农村饮水安全问题整改工作实施方案》《中央脱贫攻坚专项巡视反馈农村饮水安全问题专项整改方案》等，逐条细化整改措施，靠实整改责任。二是严格督促指导整改，坚持问题不整改不放过，整改不到位不放过，督促市县落实整改措施，及时上报整改进展情况。对已完成整改的问题，省水利厅工作组采取"四不两直"方式进行暗访抽查，对账销号，确保问题整改"闭环"。三是举一反三标本兼治，全面梳理各类问题，分析成因，举一反三。对工程方面存在的供水不稳定、冬季冻管等问题，通过巩固提升补齐短板予以解决；对于管理方面存在的制度不健全、技术力量薄弱等问题，逐步建立健全制度，加强培训，强化监督管理。

我们落实责任不松劲，建立农村饮水安全监督管理责任体系。按照"省负总责、市县抓落实"的工作机制，层层夯实责任。一是签订责任书。省水利厅与市州水务局签订《脱贫攻坚农村饮水安全责任书》，落实了目标任务和责任。二是建立包抓制度。成立了省水利厅脱贫攻坚农村饮水安全冲刺清零工作领导小组，负责统筹推进整改和冲刺清零工作。建立了厅领导联系市州、处室（单位）包抓县区责任制，对 75 个贫困县区全覆盖；聚焦深度贫困地区，抽调 117 人组成 39 个工作指导组"一对一"常驻未脱贫县区帮扶指导。三是强化管理责任。报请省政府办公厅印发了《关于加强脱贫攻坚农村饮水安全工程建设及运行管理的意见》，认真落实水利部《关于建立农村饮水安全管理责任体系的通知》，督促市县落实地方政府主体责任、水行政主管部门行业监管责任、供水单位运行管理责任等"三个责任"；健全完善县级运行管理机构、运行管理办法和运行管理经费等"三项制度"。目前，全省 86 个县区"三个责任""三项制度"已建立。

我们转变作风不含糊，确保脱贫攻坚农村饮水安全质量。结合"不忘初心、牢记使命"主题教育和作风年建设，大力改进工作作风。一是厅领导班子成员采取"四不两直"方式21次开展"解剖麻雀"式调研，通过现场办公、分片召开调度推进会议等，协调解决问题。二是建立了自上而下的暗访工作机制和自下而上的监督举报机制，将农村饮水安全管理人员信息向社会公示，发放"用水户明白卡"，开设两部24小时投诉电话和"甘肃农村饮水"微信公众号问题反映"直通车"，对反映的问题跟踪督促整改。三是建立了分析研判、后进调度、协调推进工作机制，对于进度滞后、工作落实不力的县区，以约谈会商、致信等方式督促落实。四是持续开展《脱贫攻坚农村饮水安全验收评价标准》宣传，编印了《甘肃省脱贫攻坚农村饮水安全手册》，拍摄了专题片，制作了微视频，在省、市、县媒体播放宣传；制作了动漫宣传画分发各地张贴宣传。

2020年，脱贫攻坚要按期收官，农村饮水安全攻坚战还要确保质量和成色。但2020年又极不平凡、历尽艰辛，面对前所未有的疫情和暴洪灾情的影响，省委省政府提出农村饮水安全"三保三重点"目标任务，厅党组深入学习贯彻落实习近平总书记在决战决胜脱贫攻坚座谈会上的重要讲话精神，按照省委省政府部署，聚焦高质量打赢脱贫攻坚战，坚持靶心不散、标准不降、时间不变，以高度的政治责任感和历史使命感，扎实推动饮水安全扫尾工作，东乡、宕昌等8个贫困县区农村饮水安全顺利通过各级验收考核和普查。至此，全省58个片区贫困县（区）和17个插花型贫困县（区）农村饮水安全全部通过贫困退出验收。

一是采取超常措施，坚决有力应对新冠疫情。新冠肺炎疫情暴发后，面对脱贫攻坚路上疫情"加试题"，厅党组认真贯彻落实党中央和省委省政府"六稳六保"要求，立即采取非常措施、制定非常政策，发挥水利在稳投资、保就业、保基本民生方面作用，力求将疫情损失降至最低，力保脱贫攻坚不受影响。督促指导市县进一步落实新冠肺炎疫情防控期间农村供水工程水源巡查、水厂管理、应急预案建立、值班值守、宣传引导等工作，切实保障群众生活用水安全。

二是全面细致摸排，压茬推进冲刺清零后续行动。2020年初，组织市县重点对水源不稳定、冬季冻管、调蓄能力不足等影响工程运行的隐患，以"过筛子"的方式再次摸排，研究制定《饮水安全有保障冲刺清零后续行动方案》。通过旬报、调度、督导等机制，共完成投资17.89亿元，改造水源283处、冬季冻管3393公里，新增及维修调蓄水池966座，新建及改造老旧管网和附属建筑物8316公里，进一步提升了550处集中供水工程保障水平。积极争取6.89亿元苦咸水改水中央资金，并且压茬推进补短板项目建设，指导各地开展了两轮"苦咸水"问题筛查，明确建设任务，复核各县区实施方案，牵头对进度缓慢的市州，专项督导，扎实推进，按期完成建设任务。

三是果断及时处置，尽力减小突发暴洪灾损。针对2020年8月陇南、天水等地遭受的暴洪灾害，第一时间印发《紧急通知》，督导各地启动供水应急预案，想方设法保障群众生活用水。厅主要领导、分管领导及时赶赴文县、舟曲等受灾严重县，指导抢险救灾和供水保障工作。成立六个技术指导组赴灾情较重的宕昌、岷县等六县区，对农村饮水安全工程应急抢修和重建工作开展现场技术指导。积极协调省水投公司、省水电工程局等单位，组建专业抢修突击队赴文县、舟曲开展应急抢险救灾。通过积极有力的抢修保供，灾区群众生活用水在最短时间内得到保障。灾情稳定后，又从厅属单位抽调220多名业务干部，组建75个工作指导组，"一对一"核查75个贫困县区灾损情况，为编制修复重建规划和争取国家资金支持提供了可靠的数据支撑。

四是紧盯冻管隐患，多措并举多点发力。针对特大暴洪灾害可能带来的冻管风险，水利厅防患于未然，多次专题研究部署，督促指导各地再次"拉网式"摸排隐患点，分类采取有效措施妥善解决。2020年10月中旬，在入冬前夕召开全省农村饮水安全重点工作推进会，认真总结防治冻管经验做法，会商工作对策。派出厅级领导带队的专项调研组督促指导防治工作。向全省86个县区党政主要领导致信，提醒督促做好冬季稳定供水。向全省广大用水户致信，提醒农户做好入户设施防冻保温措施。并安排专项资金用于防冻改造，全力消除冻管隐患。

甘肃脱贫攻坚农村饮水安全走过了一段极不平凡的历程。在大战大考面前，我们坚定不移以习近平新时代中国特色社会主义思想为指引，沿着习近平总书记给甘肃指明的方向，按照省委省政府的安排部署，全省水利系统团结一致奋斗，无畏风雨、砥砺奋进。我们铆足干劲决战脱贫攻坚，我们齐心协力打好疫情灾情战，我们用心用情增进人民群众福祉，农村饮水"急难愁盼"问题得到有效解决，高质量打赢了这场载入史册的脱贫战役，人民群众有了更多更实在的获得感、幸福感、安全感。

接续奋斗，全面擘画"十四五"发展蓝图

"十三五"圆满收官，"十四五"奋力启航。习近平总书记讲，脱贫摘帽不是终点，而是新生活、新奋斗的起点。

我们水利部门将按照党中央、国务院、水利部和省委省政府关于实现巩固拓展脱贫攻坚成果与乡村振兴战略有效衔接的总体工作部署，坚持以习近平新时代中国特色社会主义思想为指导，持续夯实靠牢行业职责，将巩固拓展水利扶贫成果放在突出位置，强化组织领导、层层落实责任，并结合实施《甘肃省"十四五"水利发展规划》《甘肃省黄河流域生态环境保护和高质量发展水利规划》《甘肃省"十四五"农村供水保障规划》，以及目前正在制定完善的《甘肃省"十四五"巩固拓展水利扶贫成果同乡村振兴水利保障有效衔接规划》等，进一步加大资金、项目、人才、技术等倾斜支持力度，推进新阶段水利高质量发展，努力实现全省农村地区，特别是脱贫地区农村水利基础设施网络进一步完善、水资源保障能力明显增强、水旱灾害防御能力明显提升、农村河湖面貌明显改善、农村水利现代化取得新进展的目标，切实为乡村振兴战略实施提供更加有力、更加广泛的水利支撑和保障。

"十四五"农村供水方面，主要是在全面巩固水利扶贫成果、统

筹推进乡村振兴水利保障大框架下，充分结合脱贫攻坚期间取得的农村饮水安全成果，按照"城乡一体化、工程规模化、供水现代化、管理智慧化"的总体思路，以"抓两头带中间"为方针、以推进管护机制创新为先导、以规模化发展为重点，以提升规模效应为核心进行总体布局，认真谋划推进更高保障能力、更优服务水平的农村供水发展，努力实现水源可靠、供水高效、服务智能、保障有力的农村供水新格局。

2021年是"十四五"开局之年，也是国家巩固拓展脱贫攻坚成果同乡村振兴战略有效衔接重大决策部署全面实施的开局之年。"开局决定全局、起势决定胜势"，年初以来，省委省政府全面谋划部署开局之年的重点工作，省水利厅坚决贯彻落实国家和我省出台的有关政策要求，严格执行"四个不摘"，对照职责任务，主动开展工作。在年初的全省水利工作会、农村水利工作专题会、重大水利工程建设现场推进会上，都对巩固拓展脱贫攻坚成果水利重点工作进行再安排、再部署、再推进。

一是召开了全省水利工作会议和农村水利工作会议，对2021年农村水源保障工程、建立完善因水返贫动态监测和整改机制，以及其他巩固拓展脱贫攻坚成果水利重点工作进行再安排、再部署、再推进，督促市县靠实责任、落实工作，坚决守牢脱贫成果。

二是把省政府为民办实事100处水源保障工程建设作为巩固拓展脱贫攻坚成果的"稳定器"和推进乡村振兴的"先手棋"，成立为民办实事领导小组和农村水利工作专责组，协调推进工作落实。建立厅领导联系市州、厅属单位包抓督导、12个工作指导组现场督导的工作机制，全力加快工程进度，确保年底前完成建设任务并发挥效益。

三是严格落实"四个不摘"要求，倾斜安排已脱贫县中央农村饮水安全维修养护资金1.31亿元（占中央安排总资金1.36亿元的96%），全力支持做好工程维修养护，提高工程运行稳定程度。

四是研究制定《农村饮水安全防止返贫动态监测和帮扶工作方案》，明确工作目标、监测对象、监测指标等，待省上方案出台后，将进一步修改完善，印发市县水务部门，督促指导各地建立好防止因水返贫的动态监测和帮扶机制，发现问题隐患，动态整改清零。同时，组织专班，结合日常工作，分区域、有重点对各地饮水安全状况进行体检会诊、综合施策、强化管理，确保水源稳定，水管畅通，水质达标，不断提升群众对饮水安全的获得感、幸福感和认同感。

五是印发《关于切实做好 2021 年农村供水保障工作的通知》，督促指导各地紧盯脱贫县、脱贫村、偏远山区、供水末端、脱贫人口等特殊区域和群体以及 2020 年遭受暴洪灾害的县区，时时监测饮水状况，发现问题隐患，立即整改解决。针对去年极寒天气，督促市县持续开展"冻管"隐患排摸整改，确保冬季群众用水正常。

六是督促省水利厅各包抓督导单位、配合处室及工作组开展暗访督导调研，及时发现问题隐患，督促市县及时动态整改清零。同时，充分利用"用水户明白卡"和省市县农村供水监督服务电话、微信公众号等平台，认真受理解决群众反映的用水问题，督促市县核实并迅速整改。

七是会同省卫健委编印《甘肃省农村供水工程县级水质检测中心规范化管理指导手册》，督促指导各地加强农村供水水质检测、监测。近期将联合卫健委培训 200 余名农村供水水质检测人员，提高业务能力，提升水质保障能力。

八是制定印发《关于开展 2021 年度星级水厂创建评选工作的通知》，组织全省创建评选 50 个农村供水星级水厂，以此带动其他供水工程规范化运行、标准化管理，进而提升供水保障水平。

通过以上一套"组合拳"，我相信，我省的农村饮水安全脱贫攻坚成果能够守牢、守好，同时，也将会为乡村振兴战略在陇原大地全面实施提供更加坚强的农村水利支撑。

脱贫攻坚不是终点，而是新征程的起点。我将和全体水利干部职工一道，进一步坚定信心决心，以永不懈怠的精神状态、一往无前的奋斗姿态，秉承脱贫攻坚形成的好经验、好方法，发扬孺子牛、拓荒牛、老黄牛的"三牛"精神，巩固拓展来之不易的脱贫攻坚农村饮水安全成果与乡村振兴有效衔接，不断提高供水保障能力，为民办事、为民造福，筑牢脱贫基础，让乡村更美丽、乡亲更富足。我们已经书写了脱贫攻坚农村饮水安全的辉煌篇章，也必将书写农村供水高质量发展的更加壮美成就！

（陈玉波　整理）

构建产业扶贫体系　筑牢精准脱贫之本

刘荣

余峡林：近年来，定西市在打赢脱贫攻坚战中，把发展产业作为实现贫困户稳定脱贫的根本之策，采取了一系列行之有效的措施，取得了明显成效，为如期实现脱贫摘帽奠定了坚实基础，请你谈一谈我市在产业扶贫工作中采取了哪些有效措施？

刘荣：近年来，我市始终坚持把发展产业作为实现贫困户稳定脱贫的根本之策，出台了一系列支持产业扶贫的政策文件和扶持措施，总结推广出了适合定西实际的"551"产业扶贫模式，进一步健全完善生产组织、投入保障、产销对接、风险防范"四大体系"，持续构建以"牛羊薯药果菜种"为主的"7+X"产业覆盖体系和以八个扶贫小微业态为补充的产业扶贫格局。2014 年以来，全市共有 63.87 万建档立卡贫困人口通过发展"种养产业＋劳务"实现了稳定脱贫、占全市建档立卡脱贫人口的 75.82%，为全市如期实现脱贫摘帽和实现乡村振兴打下了坚实基础。

第一，选准脱贫主导产业，解决了靠什么脱贫的问题。2018 年以来，我市坚持特色产业资源禀赋，紧盯"村有扶贫产业、户有增收渠道"目标，深入对接落实"一户一策"精准脱贫计划，确定了产业扶贫的主攻方向是大力培育以"牛、羊、薯、药、果、菜、现代种业"七大特色产业和金银花、中蜂、食用菌、小杂粮、百合等区域性富民产业为补充的"7+X"脱贫主导产业，同时坚持抓大不放小，适当突出短平快，因地制宜扶持贫困户发展扶贫车间、乡村公益性岗位、"五小"（小买卖、小摊点、小作坊、小手工、小手艺）产业、光伏扶贫、旅游扶贫、电商扶贫、"互联网+"社会扶贫和新疆移民等八个扶贫新业态，进一步拓宽农民增收渠道，确保每个贫困村至少培育一个主导产业，每个贫困户有一个脱贫主业，有效解决了贫困乡村和贫困农户"靠什么脱贫"的问题。

第二，坚持精准滴灌到户，彻底解决没钱发展产业的难题。坚持政府投入的主体和主导作用，不断加大财政投入和涉农资金整合力度，2014—2020年，全市共落实到户产业扶持资金54.09亿元，为17.47万户、65.67万建档立卡贫困人口人均落实8200元以上，采取以奖代补、多干多补、劳务补助、入股分红等措施，精准支持贫困户发展"7+X"脱贫主导产业和"五小"产业，实现了产业扶持资金从"大水漫灌"向"精准滴灌"的转变，彻底解决了贫困户没钱发展产业的难题，贫困户种养结构发生明显变化，高效特色种养业规模逐渐扩大，初步实现了村有主导产业、户有增收渠道，贫困户通过户资金扶持户均获得收益一万元以上。

第三，培育新型经营主体，增强带农联农助农增收能力。一是引进培育龙头企业，打造强劲产业扶贫"引擎"。一方面加强龙头企业"外引"力度，先后引进建成渭源"德青源"金鸡、陇西一方药业、甘肃天士力中天药业等一批国内知名的扶贫带贫龙头企业，在全产业链上实现带贫增收、脱贫致富。另一方面加强龙头企业"自建"力度，加大技术改造、发展精深加工、壮大企业规模，不断提高龙头企业实力。全市累计培育龙头企业236家，采取"龙头企业+合作社+农户"方式，带动6000多家农民合作社、18.83万户农户（其中贫困户9.23万户）参与产业扶贫，户均增收2800元以上，实现了企业做大、合作社做强、农民增收的多重效应。二是提升农民合作社能力，推动合作社做大做强。全力实施农民合作社能力提升工程，按照"大社带小社、强社带弱社、联社带分社"的思路,进一步规范提升农民合作社,破解了农民合作社作用发挥"好不好"的问题。全市培育农民专业合作社 1.23 万个,其中省级以上示范社 325 个、市级以上示范社 533 个、联合社 163 个,家庭农场 608 个,通过入股、合作等方式与农户建立利益联结机制,带动 37.3 万农户发展种养产业、抱团闯市场,增强抵御市场风险能力,实现贫困户市场有效对接、提升种养产业效益。

第四,强化产销对接,着力破解农产品"卖难"问题。一是完善农产品市场体系建设。先后建成并投入运营了定西国家马铃薯批发市场和"丝绸之路"中国甘肃中医药博览园、陇西首阳中药材交易中心现代仓储物流智能云仓等,开展农产品线上线下交易,推动全市建成各类营销市场 261 个,其中产地市场 129 个、农贸市场 80 个、外销市场 52 个,形成了以农产品专业市场为龙头、农贸市场为骨干、乡村收购网点为依托、线上销售为辐射的四级营销网络体系。二是积极搭建产销对接平台。积极组织龙头企业和农民合作社加入甘肃省农业扶贫产销协会和薯、菜、果、牛、药、洋葱六大产业分会,组建了定西农产品产销联盟和各县区农产品产销协会,有效打通农产品生产销售链条。每年举办中国(甘肃)中医药产业博览会和中国定西马铃薯大会,积极组织市内龙头企业和农特产品参加兰洽会、薯博会、海交会、甘肃农特色农产品贸易洽谈会、"三区三州"农产品产销对接会等省内外农产品产销对接活动,在上海、广州等地建立高原夏菜销售基地,努力扩大定西农特产品销售渠道,实现定西农特产品应销尽销。三是加强农产品品牌建设。加大绿色食品、有机农产品、地理标志农产品及无公害农产品等"三品一标"建设,积极推行农产品质量标准,制定申颁甘肃地方标准 55 项,全面推广应用以农产品合格证、产地准出证、生产全过程追溯标识管理为主的"两证一标识"制度,建立从地头生产到市场销售全过程的农产品质量安全检测和追溯体系,全力打造绿色、生态、安全、健康的定西"甘味"农产品品牌。全市累计认证绿色食品 107 个、有机食品认证 10 个、农产品地理标志认证产品 10 个,"三品一标"认证规模占农作物播种面积的 51.2%;全市有"甘味"区域公用农产品品牌 5 个、"甘味"企业商标品牌 15 个,有 5 个农产品被认定为中国驰名商标,18 个农产品被评为甘肃名牌产品。四是加强农产品贮藏体系建设。为有效解决鲜活农产品集中收获上市造成的价贱伤农、产后损失严重等问题，在国家和省上扶持政策的支持下，加大对乡村农产品冷链、仓储、物流等设施建设投入力度，全市马铃薯贮藏窖贮藏能力达到360万吨、中药材静态仓储能力达到80万吨、果蔬静态贮藏能力达27万吨，有效打通了农产品贮藏"最初一公里"，从而实现蔬菜、苹果、马铃薯等鲜活农产品反季节销售和常年均衡供给，稳定农产品价格，延长产业链条。

第五，完善风险防控，不断提升农业保险保障水平。为有效增强农民抵御灾害的能力，我市进一步健全农业风险防范机制，全面落实农业保险"增品、扩面、提标、降费、垫底"政策，设立了自然灾害和目标价格"双保险"，设计开发了贫困户种养产业综合保险，开发市级补贴险种8类39个，形成"中央品种＋省级品种＋市县品种"互为补充的农业保险产品体系，完善了农业保险工作推进监督机制和测产定损机制，建立健全适应产业扶贫特点的多层次、广覆盖的农业保险体系，为农民应对灾害撑起一把强有力的"保护伞"，最大限度降低农民发展产业风险，实现了农业保险对建档立卡贫困户所有种养产业全覆盖。

2021年，市农业农村局被党中央、国务院授予全国脱贫攻坚先进集体荣誉称号，这份至高无上的荣誉不只属于我们，更属于全市广大干部群众，属于为定西产业扶贫工作给予关心、支持和帮助的各级和社会各界人士。脱贫摘帽不是终点，而是新生活新奋斗的起点。

余峡林：脱贫攻坚任务完成之后，党中央把"三农"工作的重心转移到巩固拓展脱贫攻坚成果和实施乡村振兴战略方面，产业振兴是实施乡村振兴的重中之重，请谈一谈"十四五"期间我市在产业振兴方面的思路和打算？

刘荣："十四五"期间，我市将深刻理解和准确把握党中央对农业农村工作的决策部署，把产业兴旺作为巩固脱贫攻坚成果和推动乡村振兴的重要抓手，认真贯彻落实市委市政府出台的《全市进一步健全完善农业特色产业体系的实施意见》精神，坚持园区化、工业化、产业化、信息化方向，持续健全完善特色产业体系，力争中医药、马铃薯、草牧三大优势特色产业总产值分别达到 500 亿元、260 亿元、300 亿元，着力推动农户持续稳定增收、农村经济持续高质量发展，在新的征程上努力作出更大的贡献。

一是坚持产业化引领，着力健全特色产业覆盖体系。以"牛羊菜果薯药种"七大优势产业和金银花、食用菌、百合、小杂粮等区域性特色农产品为重点，大力实施现代丝路寒旱农业三年倍增行动计划，持续推广"551"产业发展模式，巩固提升药和薯、迅速壮大牛羊猪、打开种业新局面、稳步推进蔬与果，统筹一二三产业融合发展，推动优势特色产业集群发展，建设特色农业产业强镇和"一村一品"示范村镇，加快构建"7+X"特色产业全产业链覆盖体系，努力打造千亿元产业、百亿元园区、十亿元企业，加快形成"一县多业""多县一业""一县一园""一县多园""连乡成片""跨县成带""集群成链"的现代农业发展新格局，实现特色产业质量稳步提升、规模适度扩大、效益实现倍增，全力推动农业大市向农业强市跨越。

二是坚持园区化方向，着力推动特色产业聚集发展。把现代农业产业园建设作为推动特色产业聚集发展和加快现代农业的重要抓手，按照"政府推动、企业主体、市场运作、多元投入"的发展思路和"分步走、齐手抓"的总体安排，完善提升安定区和临洮县国家现代农业产业园功能，加快推进省级现代农业产业园建设进程，启动开展市、县级现代农业产业园创建，力争在"十四五"末创建涵盖"牛羊菜果薯药种"及地方特色产业的省级现代农业产业园十个以上，国家级现代农业产业园三个，实现所有县区省级现代农业产业园全覆盖。

三是坚持龙头化带动，着力提升特色产业带动能力。采取外引和自建相结合的方式，培育壮大龙头企业规模，开展国家、省、市、县四级龙头企业培育认定，加快组建农业产业化联合体，培育引进产值超10 亿元的大型龙头企业三至五家，不断壮大龙头企业实力，推广"龙头企业＋合作社＋农户＋基地"模式，完善利益联结机制，提升带动产业发展能力。扎实推进安定区国家级和岷县、渭源县省级合作社质量提升整县试点，到 2022 年实现所有县区合作社质量提升整县推进，加快县级以上合作社示范社、合作社联合社、家庭农场培育认定，按照"五有"标准办实合作社，培育提升合作社6000家，新认定家庭农场500家。

四是坚持工业化思维，着力补强特色产业发展链条。积极推进农产品加工向优势产区聚集，加快发展农产品保鲜、储藏等初级加工，大力培育中医药、马铃薯等特色优势农产品加工企业，支持开展先进加工设备和工艺集成应用，发展农产品精深加工，补齐加工业短板、补强产业发展链条。支持龙头企业与科研院所深度合作，开展技术创新和模式创新，开发生产科技含量和附加值高的精深加工及主食加工产品，推动全市主要农产品加工转化率达到65%以上。

五是坚持信息化进程，着力促进特色产业服务集成。全力实施安定区"数字农业"试点县建设项目，示范推动各县区加快"数字农业"发展进程。完善农产品质量追溯体系建设，推广"两证一标识"管理和食用农产品合格证制度，实现大宗农产品全产业链质量安全追溯体系和大型农产品批发市场质量追溯信息平台"两个全覆盖"；加快"三品一标"认定认证，高质量办好中国（甘肃）中医药产业博览会、中国·定西马铃薯大会和中国草业大会三个省部级大会，加大特色农产品宣传推介，努力打造定西"甘味"知名品牌。加大现有农产品批发交易市场标准化、信息化改造升级，扶持建设农产品冷链仓储设施，不断提升错峰销售、持续批量供货能力，推动我市农产品实现应销尽销。

（余峡林　整理）

听，那是百姓幸福的笑声

郝广平

2019 年 6 月 24 日，是我终生难忘的日子。这一天，带着组织的殷切期望，我踏上了扶贫之路，从此与临潭县上川村结下了不解之缘。作为一名国网人，能够投身到这项伟大事业中，对我来说是无上的光荣，同时深切地感受到自己身上肩负的沉甸甸的责任。

乡下的生产生活条件是艰苦的，生活中没有一开水龙头就有的热水，没有下班后做好饭的食堂，没有水冲式的马桶，"白加黑""5+2"是常态。脱贫之路艰巨而又富有挑战，前行的路上需要攻克一个又一个的难关。群众的工作缺少村规民约，村民缺少内生动力，帮扶工作都是一些琐碎而细致的工作，需要有坚韧的耐心、强烈的责任心和一心为民的情怀。这些工作，说起来简单，做起来真的很不容易。

帮扶工作要做好，前提是要做到真蹲实驻，用心用脚丈量贫困，让自己快速地融入村民，变成一个真正的农民，才能走进群众心中，才能了解他们的真正需求。我是从贫困山区走出来的孩子，走村入户摸底调查时深深理解贫穷给群众带来的无奈。如何用好政策让群众摆脱贫困是我必须面对的问题。驻村期间，我把上川当成家，把群众当成亲人，进村入户，与每一位群众谈心交流，问需问难问计，做到底数清、问题清、对策清，为建档立卡户量身定制"1+N"脱贫真办法、实举措。

积极和当地政府联系沟通，结合群众实际为他们精准推动落实应该享受的惠农政策，特困救助、大病医疗、低保五保、危房改造、厕改全覆盖、困难职工慰问、孩子上学转学，等等，尽心竭力办好每一件事，暖在了群众的心窝上。村里群众脸上的笑容，就是我奋斗奔跑的不竭动力。

发挥行业优势，我组织开展电工技能培训，让贫困户掌握电工技能，取得了电工（初级）国家职业资格证书，为贫困村民外出务工提供了一张沉甸甸的"就业证"。争取项目资金修建扶贫车间榨油坊，带动贫困户就业同时解决群众在外榨油带来的长途跋涉和经济负担。修建产业致富路让农用车开进了田间地头。真心实意开展消费扶贫，让贫困户产出的蜂蜜变成了真金白银。结合当地土地优势，调整单一的种植结构，带领群众种植胡萝卜让亩产增收。争取政策支持修建村级幼儿园，为外出务工家庭幼儿舒心"出门进园"消除了后顾之忧。

农村富不富，关键看支部；支部强不强，全靠领头雁。我作为上川村第一书记，建强党支部，我深感使命光荣，责任重大。在国网甘南供电公司结对共建下，我将国网公司系统先进的党建工作经验有效引入村级党组织，全力做好支部标准化建设，把支部建在产业链上、把党员聚在产业链上、群众富在产业链上，协同联动画出脱贫攻坚"同心圆"，把党支部打造成村民脱贫致富的"主心骨"，把党员锤炼成村民奔小康的"贴心人"。上川村党支部 2020 年被临潭县委授予先进基层党组织和党建标杆村荣誉称号。

回望扶贫之路，所做的诸多工作得到了政府和上级单位的肯定，得到了群众的认可和好评，上川村村民脱贫的淳朴笑声犹在耳畔。看着自己的辛勤努力换来的成绩，心里面真的很美，很甜！

铁路帮扶的脱贫故事

史隆

帮扶工作是一份非常有温度、有意思、有意义的工作，看着帮扶村乡亲们的日子一天比一天好，我的心里是温暖的，这也是我从事帮扶工作最大的心愿。

从事扶贫工作三年多来，我先后担任陇西县东梁村驻村第一书记、帮扶工作队队长，兰州局集团公司扶贫办主任，我始终以"老牛自知黄昏晚，不用扬鞭自奋蹄"的精神自勉，以实际行动展示新时代铁路扶贫干部的责任担当，用真心真情书写脱贫攻坚的奋斗篇章。

2018年，我被选派到陇西县文峰镇东梁村担任第一书记、帮扶工作队队长。东梁村地处海拔 2200 米的山梁上，气候阴冷，有 8 个村民小组 216 户 998 人，人均耕地 2.6 亩，共有建档立卡贫困户 125 户 553 人，年人均纯收入不足 2300 元，贫困率达 53.2%，是远近闻名的深度贫困村，可以说是"花钱靠救济、吃饭靠天收"。面对这样的情况，说实话压力非常大，但我想：自己是带着铁路扶贫的使命责任、带着集团公司党委的殷切期望来的，必须全力以赴。

要拔掉"穷根子"，必须开对"药方子"。我认真研读《习近平扶贫论述摘编》《摆脱贫困》《之江新语》等著作，以及《扶贫工作政策汇编》，记录了十万字左右的学习笔记，深刻感悟习近平总书记的为民情怀,吃透中央扶贫政策。我设计了《东梁村民情民意和村集体经济发展调查表》,用三个月的时间,把每个家庭摸了个遍,撰写了《从"零"起步,努力发展壮大村集体经济》的调研报告,做到了政策措施一手精,村情民意一口清,脱贫方案一本账。

帮助乡亲们解难题,是我们扶贫干部的责任。东梁村最大的难题是出行难、吃水难,以及危房多、村集体经济为零。记得到村里报到的那天,山上大雾弥漫,汽车行驶在三米宽、平均坡度 50 度左右的村道上,旁边都是悬崖,让人心惊胆战。在驻村工作队的共同努力下,上山的村路、主干路通了砂化路、水泥路,也协调解决了饮水、危房改造等"两不愁三保障"的难题。就这样,乡亲们告别了苦咸水,喝上了清洁水,告别了危房,住上了宽敞明亮的砖瓦房。

要想富,就得发展经济。但东梁村集体经济为零,可以说是一穷二白。于是我制定了《东梁村规模化肉牛养殖场建设方案》,集团公司主要领导听取汇报后,给予了大力支持,当年投资 51 万元,完成了基础设施建设。当得知陇西县计划建设 10 个百头肉牛养殖场的消息后,我立即找到分管县领导,又争取到 89 万元资金,实施了东梁村肉牛养殖场扩建工程。两年来,养殖场实现利润 35 万元,累计为 78 户贫困户分红 7.3 万元,并在全村形成了牧草种植、肉牛养殖、饮料种植的产业链,带动了 60 多户贫困户脱贫增收。乡亲们的腰包开始鼓了,见我就说党的政策好、兰州局集团公司好、铁路扶贫干部好。

扶贫先扶志,扶贫必扶智。我始终牢记习近平总书记"送钱送物,不如建个好支部"的嘱托,组织改选村委会班子、全面加强村委会建设、规范"三会一课"制度,组织帮扶队员、村"两委"班子先后 5 次外出观摩学习、13 次上门请教专家、9 次开展市场考察,有效提升了村党支部工作水平和引领脱贫攻坚的能力。我还积极协调社会力量开展帮扶,组织兰州碧桂园国际学校等社会团体助学助教、助困扶贫。2019年 5 月 16 日,碧桂园学校的 150 名师生徒步 7 公里山路,到东梁村小学开展共学同建活动,为山里孩子送上了心爱的礼物、捐赠了 6 万元的文体用品,两名外教老师为东梁村的孩子讲授了生动的英语课,孩子们对知识渴望的眼神,让我永生难忘。兰州戏曲剧院的艺术家还为父老乡亲献上了秦腔大戏，乡亲们高兴得如同过年一样。时至今日，这样的助学助教爱心活动仍然在延续。

2019年，东梁村顺利实现脱贫摘帽。我调任集团公司扶贫办主任。虽然离开了情同第二故乡的东梁村，但工作的范围扩展到了三个县区，肩上的责任和担子更重。我迅速适应角色转变，根据集团公司领导要求，组织制定了《扶贫项目和资金管理办法》《消费扶贫工作实施方案》《扶贫干部三支队伍建设管理办法》等，明确了"打基础、抓重点、显亮点"的工作思路。一年多的时间，乘车三万多公里，奔波在帮扶村的黄土地上，翻山越岭调研项目、内联外调对接工作、走村入户调查详情、严格盯控帮扶成效，用真情实干助力脱贫攻坚。

回顾三年的扶贫路，忘不了吃饭不方便，啃干馒头时的艰苦；忘不了上山下沟入户走访，累得直不起腰的辛苦；忘不了驻村期间父亲去世，没能见到最后一面的遗憾；更忘不了离开东梁村时，全村人握着我的手依依惜别的不舍。在脱贫攻坚的伟大事业中，我付出了参与者的辛劳，更收获了奋斗者的荣耀。2021年是巩固拓展脱贫成果、接续推进乡村振兴战略的重要一年，我将用一名共产党员的初心和使命，在脱贫攻坚和乡村振兴的征程中谱写"铁干部"的新篇章。

向建设美丽和谐寨子继续前进

周宁

我是中央定点帮扶单位全国台联选派第一书记周宁，2019年9月到任，2020年6月调整到榆中县寨子村工作。作为中央和国家机关选派第一书记，这两年我体会最深的就是，"第一"是组织给予的重任，是群众寄予的厚望，是在任何急难险重的工作面前责无旁贷的第一人。全国台联是榆中县定点帮扶单位，作为台联干部我跟榆中的感情很深，到寨子村重点落实三方面工作。

投入最多精力，持续抓好基层党建

脱贫攻坚，需要组织有活力、党员起作用。作为最基层党组织的第一书记，中央的要求很明确，"抓党建促脱贫攻坚"。我们从机关选派到农村任职，需要花时间精力适应工作环境变化，党建工作是一个很好的抓手和切入点。我坚持把建强村"两委"班子，带强村支部书记，做强基层党建，作为主责主业，这也使我们这些外派干部很快建立了支部、党员和群众沟通交流的平台，最快速度投入到工作中，最大限度融入村里各项活动中，为脱贫攻坚提供坚强组织保障。全国台联作为党旗高高飘扬的政治机关，向来重视党建工作，我2020年6月底到寨子村，8月全国台联党组领导就带队到村调研，转交了机关党委划拨党费两万元，用于加强基层党建促进脱贫攻坚工作。村党支部利用这笔钱加强活动阵地建设，新建社会主义核心价值观文化院墙、党建宣传栏，开展春节走访慰问，2021年筹备了庆祝建党百年主题宣传和党史学习教育等工作。此外，在基层党建工作方面，我参与筹备村"两委"换届工作，完成了支部书记和村委会主任一肩挑，组织一系列学习教育活动，深化"不忘初心、牢记使命"主题教育成果，着力提升农村党员干部文化素质、思想意识。严肃党内政治生活，落实"三会一课"制度、谈心谈话制度，开展主题党日活动，举办脱贫攻坚专题培训，邀请村里老干部、致富能手就如何加强村班子建设、如何带领群众致富进行座谈，切实提高了村"两委"班子分析问题解决问题的能力。发挥村支部的堡垒作用，坚持"四议两公开"，所有事务和所有决策都保持高度的透明度，确保了村"两委"成员及村民互相支持、配合，形成合力，推动驻村各项工作的有序开展，也有利于及时化解矛盾、防范风险。

付出最大努力，巩固拓展脱贫攻坚成果

我到寨子村工作之后，首先就面临全国脱贫攻坚普查关键节点。我和工作队的同志紧盯2020年脱贫目标，结合村情实际，合理评估疫情影响，逐项对照帮扶计划，入户对接，了解贫困户急需解决的困难和问题，算好时间账、经济账，开展脱贫攻坚"回头看"，针对上级督查反馈问题，研究制订整改方案，厘清工作清单，逐项逐条完成整改任务。重点协助做好"3+3"（"住房、教育、医疗"+"安全饮水、产业扶贫、易地搬迁"）冲刺清零行动和"5+1"（产业扶贫、就业扶贫、村组道路建设、东西部扶贫协作和中央定点帮扶、兜底保障）专项提升行动，9月底全国台联领导专程来榆，向我村捐赠产业帮扶资金五万元，助力巩

固脱贫攻坚成果。我们稳定脱贫成果的基本思路是壮大发展优势产业，促进高原夏菜保质增量生产；扶助发展新兴产业，试点中草药种植增收；稳定发展猪牛羊养殖，提升合作社运营效率；多样发展作物种植，除标准化种植双垄沟玉米，实现洋芋、小麦、胡麻、豆类、燕麦、百合增种增收。同时，我们紧跟热点，先后两次组织参加电商培训、农特产品直播销售培训，参与策划、组织了"榆中蝶变记"厦门卫视电视新闻专访、"山海榆共　有扶共享"榆中农特产品直播带货活动、"东部台商西部行　公益帮扶进榆中"公益捐赠活动等一系列品牌活动，助力定点帮扶工作上了新台阶。另外，工作队对标"一户一策"帮扶措施落实情况，推进农村人居环境整治工作，落实"六改三清"工作，带动本地帮扶单位帮扶干部入户慰问贫困户246人次，争取各类慰问物资折合资金五万余元。

激发最强合力，统一乡村振兴思想行动

2020年12月，党中央国务院提出关于实现巩固拓展脱贫攻坚成果同乡村振兴有效衔接的意见，明确了工作原则，即坚持党的全面领导、坚持有序调整平稳过渡、坚持群众主体激发内生动力、坚持政府推动引导社会市场协同发力。我想这也是我们开展当前工作的根本遵循。过渡期内严格落实"四个不摘"要求，2021年3月底全国台联负责人来榆对接巩固脱贫攻坚成果同乡村振兴有效衔接工作，也明确表示继续强化帮扶资金保障、继续扩大产销对接活动、继续落实帮扶计划，落实好中央定点帮扶责任。今年，在镇党委政府和县农业农村局的大力支持下，我们的山地提灌工程即将竣工，解决1000多亩山地农业灌溉问题。争取标准化农田建设项目于秋收后动工，预计改善和增加种植农业面积2000余亩。4月20日，建设高原夏菜寨子村标准化示范基地举行启动仪式，高原夏菜联盟成员单位康源蔬菜公司向我村捐赠地膜9吨、58个育苗棚，举办了标准化种植技术培训班，我村2021年实现高原夏

菜种植面积翻一番，凝聚农业发展动力，提振乡村振兴信心。创建甘肃省美丽乡村是我村发展的中远期目标，2021年我们在发展农业生产的同时，坚持"两个文明"一起抓，植树造林改善生态，治理环境改善村貌，学习党史培树乡风，利用台联捐助共建生态振兴林，大力整治生产生活垃圾，制作了庆祝建党百年主题宣传喷绘，乡村面貌得到整体提升。作为驻村帮扶工作队，我们由衷地为寨子村发展前景和发展潜力感到高兴，与此同时，我们将按照中央文件精神，持续巩固"两不愁三保障"成果，探索健全防止返贫动态监测和帮扶机制。对脱贫不稳定户、边缘易致贫户，以及因病因灾因意外事故等刚性支出较大或收入大幅缩减导致基本生活出现严重困难户，开展定期检查、动态管理，重点监测其收入支出状况、"两不愁三保障"及饮水安全状况，合理确定监测标准。在过渡阶段，建立健全易返贫致贫人口快速发现和响应机制，分层分类及时纳入帮扶政策范围，实行动态清零。

脚下沾有多少泥土，心中就沉淀多少真情，全国台联定点帮扶榆中县23年，紧盯榆中县脱贫攻坚中的重点难点问题，充分发挥自身优势与县委县政府精诚协作，立足实际，不断健全工作机制，不断开拓帮扶思路，不断创新帮扶举措，着力提升扶贫成效，在产业开发、基础设施建设、人才支援、资金支持、交流学习方面做了大量务实有效的工作。我在榆中农村工作时间很短，在驻村工作中还存在很多不足，由衷感谢组织给予的机会，很珍惜在寨子村工作的时光，很荣幸加入这样一个积极奋进的集体，很骄傲跟大家一起努力实现了脱贫攻坚的目标，也很期待见证寨子建成更加美丽富饶的新农村。

立足一线谋发展 为民担当敢作为

包永勤

2013 年维新镇开始精准扶贫工作的时候，全镇建档立卡贫困人口总计 2078 户 8222 人，贫困发生率为 46.76%，是深度贫困乡镇。全镇地处大山深处，面对老百姓吃水难、行路难、种地难的现状，看着全镇基础条件差，产业发展靠天吃饭的处境，我一方面认真落实中央和省市县精准扶贫精准脱贫的一系列决策部署，另一方面同全镇干部一道，以爬坡过坎滚石上坡的毅力和咬定青山不放松的决心奋力攻坚，带领全镇父老乡亲，艰苦奋战八年。到 2020 年底，全镇"一超过两不愁三保障"全部达标，贫困发生率下降至零，贫困村全部退出。

八年来，我没有安心地过好一个周末、没有完整地过上一个假日，更没有睡过一个好觉，就是因为肩上那份沉甸甸的责任，让我不待扬鞭自奋蹄，始终以高亢的精神状态投入到工作中去。今年 2 月 25 日，当听到习近平总书记庄严宣告我国脱贫攻坚取得全面胜利之后，我的内心无比激动，心想总算卸下了这份沉甸甸的担子。

党建引领，筑牢战斗堡垒

在维新镇工作的十年里，我一直坚持把抓党建作为工作的重点，以提升基层党组织组织力为工作的核心，通过充分发挥党组织核心引领作用，来更好地服务群众。一是党委统揽。无论是在正常的党委例会上，还是每周的干部工作大会上，我都会聚焦脱贫攻坚，构建出"包片抓村压责、民评群测明责、日提周调督责、跟踪问效尽责"为主要内容的"四责一体"模式，有力推动了基层干部作风在一线改进、问题在一线解决、任务在一线落实、成效在一线显现。脱贫工作紧盯 2078 户 8222 人脱贫任务，按照先难后易、先急后缓原则，实行脱贫攻坚年计划、月调度、周安排制度，并建立信息共享、扶贫协作、项目示范、党建保障四项脱贫机制。将全镇 24 个行政村划分为 13 个责任片区，每个片区确定一名片长和二至六名驻村干部，由我抓片带村保落实、各包片干部抓村带组保落实的"双抓双保"责任机制，有力推动了全镇各项重点工作的推进落实。过去工作中的创新机制和好经验好做法也先后被岷县党建网、人民网、中组部党建研究网等刊登报道。二是做好支部引领。对于支部建设，我从未松懈。维新镇通过各村建立村级党员志愿服务队伍，打造家门口的养老新模式，以池滩村为试点，依托村党群服务中心建立"爱心食堂"，为特困供养等兜底保障人员免费提供午餐服务。依托新时代文明实践站、"巾帼家美积分超市"、"红黑榜"评定，以创建"最美家庭""最美庭院"等活动为抓手，不断提升广大农民素质，传承传统文化，培育文明乡风，推动形成了新时代文明新风尚。同时，严格落实"四议两公开"工作法和党务、村务公开制度，全面构建以村党组织为核心、村民自治和村务监督组织为基础，坚持"一领三治"，通过党建引领，自治、法治、德治相结合的村民共治共建共享体系，有力发挥了基层党组织的政治引领和服务群众的能力水平。

精准施策，补齐设施短板

精准扶贫工作开展以来，全镇从解决制约发展的水、电、路、房、网、田等短板入手，严格落实扶贫政策，全镇面貌发生了翻天覆地的变化。一是补齐了基础设施短板。过去八年，全镇先后硬化道路 157 公里（通村硬化率 100%，通自然村硬化率 90%，巷道硬化率 80%），砂化道路 30 公里，并为全镇 23 个村安装太阳能路灯 1156 盏，解决了群众出行难的问题，方便了群众生产生活；新建拦沙坝 29 处，挡墙 32处，护坡 26 处，河堤 8 处，有效预防泥石流、滑坡等自然灾害对群众生产生活的影响，改善了群众出行条件，保障了群众出行安全；新建便民桥 3 座，复合式过水路面 12 处，进一步解决了群众出行难的问题。二是人居环境村容村貌干净整洁。镇党委会议多次专题研究人居环境整治工作，并成立了 4 个专责组，组建了 24 支脱贫攻坚党员突击队，下发了农村人居环境整治工作实施方案。各村充分利用群众会议、微信群、广播、公告栏、悬挂横幅等方式，进行了环境卫生整治的宣传发动，做到了家喻户晓、人人参与。结合"巾帼家美积分超市"兑换活动和公益性岗位，实行村妇联主席包户，公益性岗位网格化包巷道的卫生保洁制度，并利用"红黑榜"，对卫生标兵户进行表彰，对卫生脏乱户进行教育，引导群众树立正确的思想观念，利用"流动卫生红黄旗"对卫生先进村授予红旗，对卫生脏乱户授予黄旗，广泛调动各村的积极性。共拆除危旧房屋 2.8 万多间、残垣断壁 10655 米、草棚圈舍 665 座、烂厕所 409 座、烂大门 193 座；维修墙面 236 平方米；清理乱搭乱建 135 处；退耕还林 8300 亩；完成土地平整 845 亩；建设山背防护林 500 亩；荒山造林 750 亩；面山绿化 1500 亩；新建晾晒场 1653 个；新建储藏棚 1159 个，改造厕所 1016 个，改造圈舍 160个，整治住房环境（黑房子）1060 户，使村容村貌得到极大改善，现在的维新镇环境卫生干净整洁，家家户户窗明几净，群众一片安居祥和。三是易地扶贫搬迁工作圆满完成。通过积极号召广大党员、干部开展各种形式的帮建，有力推进了项目的建设步伐。针对本地劳动力丰富，建筑技术人员多的特点，鼓励动员搬迁群众采取"亲友帮建"的方式进行建设，有效节约了建设成本；针对搬迁工作量大面宽的特点，采取分批分次实施的方案，成熟一批，开工一批；针对贫困户建房资金短缺的问题，加快补助资金拨付进度，有力解决了贫困户资金短缺的困难；针对项目建设工期紧张的问题，按照"一个项目、一名领导、一套方案、一抓到底"的要求，认真落实"日调度、日汇报、日研判"和"科级领导包村、党支部书记包户、党员干部帮建"的工作机制，制定了"倒排工期、挂图作战、交叉施工、全面开花"的推进方式，积极协调解决施工过程中出现的各类问题，使住宅附属工程和基础设施工程交叉同步推进。通过采取以上有力措施，建成了占地面积172.88亩、总搬迁规模达272户1236人的大型集中安置点——维新镇柳林村安置点，并配套建设道路工程、村级幼儿园、村级综合服务中心、村级敬老院、基础设施及饮水工程6个单项工程。为实现"搬得出、稳得住、能致富"的目标，建立占地172亩产业园区1个，发展生态农业，建设日光温室11座，主要种植富硒韭菜等蔬菜；栽植黑果腺肋花楸94150株，带动272户搬迁户每户入股2000元，户均年分红160元以上，同时吸纳周边贫困人口40多人务工。搬迁户户均配股17221元发展光伏发电项目，年分红约2000元。投资80.1万元，为易地搬迁户采购切片机266台，搓黄芪机1台，延伸中药材产业链；投资262.84万元，配备微耕机，实施储藏棚、中药材加工培训、"五小"产业等产业项目扶持易地搬迁户发展后续产业。同时，积极开展劳务输转、劳务技能培训，大力协调促进易地扶贫搬迁贫困群众就近就地就业，累计动员输转务工人员225人次，开发护林、护路、绿化、卫生监督等公益性岗位36个，并开通绿色通道，落实低保兜底政策39户106人。

创新模式，调优产业结构

结合全镇实际，镇党委政府坚持抓产业扶贫、就业扶贫、扎实推进"3+1+2"冲刺清零后续行动，走出了一条崭新的脱贫之路。一是强力推进产业扶贫。始终把产业扶贫作为贫困群众实现稳定脱贫的主要抓手，全面落实人均5000元、户均2万元最多不超过3万元的产业扶持政策。依托现有资源优势，按照"党支部+合作社+贫困户"的模式，成立合作社23个，田蜜蜜现代农业企业1个，实现了贫困户人均一亩中药材、人均一箱蜂。开展中药材绿色标准化种植及中蜂养殖培训85场9600人次；规范提升西沟、扎哈、卓坪、下中寨4个村电子商务服务点；由15个合作社代管代养中蜂2956箱，建成蜂蜜加工扶贫车间1个；2020年全镇种植马铃薯达到3400亩，当归11157亩，党参12425亩，黄芪13814亩，粮食作物5304亩，养殖育肥猪8120头，羊5681只，中蜂1.2万箱。二是持续强化就业扶贫。加大宣传动员，通过村社一级微信、QQ群务工信息的推送及能人带动，2020年全镇输转劳动力4350人（含建档立卡人口2713人），累计组织技能培训140人，开发公益性岗位649名，落实劳务奖补1529人518.19万元。继续开展新疆转移就业安置工作，落实"两见面一畅谈"（岷县在兵团稳定就业原贫困村民与参观考察的贫困村民见面、考察归来的村民代表与未参与考察的村民见面，畅谈脱贫攻坚利好政策），抓示范带动，帮助群众算好"三笔账"（收入账、搬迁账、后辈儿孙账），让老百姓吃透政策、掌握政策，从而转变思想观念，以"三变"（平房变楼房、农民变市民、村民变职工）帮助群众树立发展信心。同时，鼓励未就业大中专毕业生，赴新疆参加上岗考试，以就业带动群众主动转移。近几年，累计新疆转移就业安置516户2073人，其中建档立卡户有191户795人；靖远移民986户4510人。三是扎实推进"3+1+2"冲刺清零后续行动。义务教育有保障方面，适龄学生2457名全部接受九年义务教育，并享受"两免一补"和营养餐资助政策。近年来衔接省级帮扶单位省自然资源厅投入捐资助学资金93万元，开展了"行走的课堂"科普教育、金秋助学、贫困学生暖冬等系列活动，减轻了贫困家庭经济负担，开阔了学生的知识视野。另外，近三年，全镇大专院校录取451人，本科以上院校录取260人，其中：清华大学1人，北京大学1人，复旦大学1人，华中科技大学1人。基本医疗有保障方面，全镇城乡居民医疗保险参合率99.56%，养老保险参保率98.63%，贫困人口参合参保率均达到100%，实现了建档立卡贫困人口基本医保"全覆盖"。住房安全有保障方面，做好住房安全动态监测，对全镇1432户土木结构主房和1370户土木结构偏房建立台账，并由省建科院和省土木工程院进行鉴定；累计重建1277户，维修2700户；危房改造378户，避险搬迁65户。安全饮水有保障方面，通过巩固提升和冲刺清零项目，全镇现有安全饮水户4702户，饮水安全率100%。易地扶贫搬迁方面，柳林易地安置点安置272户1236人，已全部搬迁入住，基础配套设施全面完成并投入使用。兜底保障方面，全镇纳入农村低保对象622户1721人，低保保障面9.79%，其中一类88户149人，二类392户1043人，分散供养130户145人，兜底保障面7.60%。

扶志扶智，增强内生动力

在实际工作中，当面对一些贫困群众存在的等靠要思想、内生动力不足的时候，全镇想方设法，通过开展结对帮扶、鞭策鼓励、文化引领等措施，不断增强群众主动脱贫致富的内生动力。一是开展结对帮扶。组织全镇18名科级领导、14名村第一书记、28名驻村帮扶队员、756名帮扶责任人和103名镇村干部、25名致富带头人联系帮扶2078户，让"头羊"为贫困村、贫困户提供资金、物资、就业岗位等支持；专技人员为贫困户传授种植养殖实用技术，增强贫困户的致富本领；生产一线骨干在发展绿色中药材种植、创办合作社方面发挥积极引领作用，带领贫困户共同致富；镇村干部积极帮助贫困村、贫困户争取资金和项目；致富带头人与贫困户结成帮扶对子，采取"能人＋基地＋专业合作社＋贫困户"生产发展模式，运用产业扶贫、项目扶贫、社会扶贫、金融扶贫、企业扶贫等方式，不断拓宽群众增收渠道，使贫困户掌握一项实用技术，拥有一项增收项目。二是鼓励鞭策。镇上和各村利用"七一"、春节等重大节日，对全镇涌现出来的365名脱贫先进个人、美丽庭院户、好婆婆好媳妇、优秀共产党员等先进典型进行集中表彰奖励，并开展走访慰问活动，同时组织广大群众进行参观学习，坚持用身边的人和事教育引导身边的人。三是文化引领。在集镇和各村利用文化广场、墙体、公共设施等载体，广泛张贴悬挂和绘制反映家风家训、乡风文明、勤劳致富、孝敬爱亲等理念和思想的宣传标语和宣传画，使一草一木一墙一景都会"说话"。同时，镇上和各村定期利用宣传车、小喇叭、微信群、QQ群等传播手段，广泛宣传勤劳致富的政策和典型事迹，并通过帮扶队举办"扶贫扶志扶智"农民夜校，宣传政策、培训劳动技能和文化知识，使广大群众牢固树立"谁积极、谁主动、谁有发展意愿就优先资助谁、支持谁"的思想，坚决杜绝养"懒汉"，使其他群众特别是贫困户通过对比算账，倒逼转化，树立起了"好日子是干出来的"理念。让广大干部群众干有方向、干有目标、干有本领、干有精神，助力打赢打好脱贫攻坚战。

2011年，而立之年的我面对维新百废待兴，心中百感交集；2021年，不惑之年的我再次面对维新事业红火，心中充满欣慰。十年韶华，稍纵即逝。2021年2月25日，当我在北京人民大会堂参加全国脱贫攻坚总结表彰大会的时候，当维新镇荣获全国脱贫攻坚先进集体荣誉称号的时候，回首过往，我心潮澎湃。

脱贫摘帽不是终点，而是新生活、新奋斗的起点。在今后的工作中，我会继续发扬在维新锻就的"领导苦抓、部门苦帮、干部群众苦干"的"三苦"精神，弘扬"敦厚、包容、坚韧、自强"的传统精神，面对新职能、新任务、新使命，我将坚持以习近平新时代中国特色社会主义思想为指导，深入学习贯彻习近平总书记重要讲话精神，全面落实县委、县政府决策部署，推动巩固拓展脱贫攻坚成果同乡村振兴有效衔接精彩开局，迈好第一步，创造新气象！

用畜牧科技为农户趟出养殖产业致富新路子

李秉诚

我叫李秉诚，1983年7月参加工作以来，一直从事畜牧技术推广工作，尤其在肉羊新品种和新技术示范推广方面具有丰富的工作经验和知识积累。工作30多载，先后主持和参加国家级、省级科研及技术推广项目14项，获农业部农牧渔业丰收奖4次、甘肃省科学技术进步奖2次、甘肃省农牧厅科技进步奖7次；发表论文40余篇，其中3篇入选国家优秀论文集；主编出版专著5部，制定甘肃省地方标准3个；作为主要完成人5次参与编制甘肃省畜牧产业发展规划，并指导多个县市编制畜牧产业发展规划；4次获甘肃省农业农村厅畜牧科技先进工作者称号，2次获甘肃省"12316"优秀专家称号。近年来，作为全国畜牧技术推广专家、甘肃省农民专业合作社培训专家、中国农业银行金融培训专家、甘肃省助推产业扶贫村干部培训省级教师，为我省40多个县市举办养殖技术培训班70多期，特别是开展精准扶贫以来，应我省市县60多个单位邀请，为精准扶贫县乡帮扶人员、乡村干部及养殖户讲授养殖技术50多场，累计培训各类技术人员和养殖户1.5万余人次。

推广畜牧科技　致力畜牧产业

　　1983年7月，在经历了三年的畜牧兽医专业学习后，我步入了工作岗位，先后在甘南藏族自治州碌曲县畜牧兽医工作站、甘肃省畜牧技术推广总站从事畜牧科技推广工作37年。在碌曲县工作期间，我常年深入牧场、了解实情、开展研究、推广技术，和牧民打成一片。针对藏区牛羊养殖的特点，提出了利用杂交改良提高牛羊养殖的技术方案，通过改良畜种、牧草等一系列技术措施，既改良了退化严重的草场生态环境，又提高了牧民的收入。37年弹指一挥间，当时在牧区拌着糌粑，喝着奶茶的情景，仍然历历在目，回味无穷。每次下乡路过曾经工作过的村子都要停下来去看看当年的牧民朋友，共忆过去的艰苦岁月和深厚友情。1986年初，因工作需要，我调入甘肃省畜牧技术推广总站工作，为了适应全省的畜牧技术推广工作，我刻苦学习畜牧养殖技术，不断加强自身修养，时常放弃周末和节假日，跑遍甘肃的山山水水，钻羊圈、下牛棚、入鸡舍、冒雨雪、踏泥泞。朋友开玩笑地说："你远看像个要饭的，近看像个卖炭的，一问是个搞畜牧的"，自此我也成了一名真正的畜牧人。37年坚守，没有怨言只有努力，只为做好畜牧养殖这件事；没有牢骚只有奋斗，创新了许多畜牧养殖先进实用技术，为促进甘肃畜牧业发展尽了自己最大的努力。

　　鱼离不开水，瓜离不开秧，畜牧技术的推广离不开广大的养殖户。面对甘肃"苦瘠甲天下"的自然条件，为了提高畜牧养殖效益，我多年来奋战在农业第一线，把工作中心放在基层，把项目实施放在千家万户，把技术落实到养殖棚舍。面对快速发展的现代畜牧科技，根据各地不同生产模式，点上试验示范，加强新品种引进、新技术研发，分类施策，因地制宜组织实施重大推广项目，加快科技成果转化，为甘肃畜牧技术推广再上台阶奠定了基础。近年来，累计在全省组织开展了"肉羊杂交利用及标准化生产集成技术推广""肉羊引进及杂交改良技术研究与应用"等五个项目，推广肉羊杂交改良技术 370 余万只，新增产优质羊肉 2.22 万吨，受益农户达到 18.5 万户，户均收益增加 7200 元，新增经济效益 13.32 亿元，取得了显著的增产和经济社会效益，为甘肃贫困地区产业脱贫作出了应有努力。

发挥专业特长　投身精准扶贫

我注定与扶贫有缘。1990 年至 1994 年，根据组织安排，我与同事在积石山县中咀岭乡开展"畜牧科技扶贫承包"工作，几年来走遍了中咀岭乡的每一个贫困户，通过广泛调查研究，应用自己所学的专业知识，结合当地的地理环境和保安族、撒拉族、东乡族等民族特点，制定了行之有效的畜牧产业扶贫方案，并与团队一道深入到畜舍圈棚，手把手、面对面传授贫困户科学养殖畜禽技术，被贫困户亲切地称为"羊爸爸"。经过三年畜牧科技扶贫承包，中咀岭乡 985 户养殖户在 1994 年如期达到或超过脱贫承包指标，畜牧业收入占到了总收入的 70% 以上。

2012 年，中国共产党拉开了新时代脱贫攻坚的序幕，次年党中央提出精准扶贫理念，创新扶贫工作机制，我积极响应党的号召，除了做好畜牧技术推广工作以外，更是以满腔热情投入到精准帮扶工作中去。通过几年多的帮扶，我深深地感受到与农民的距离越来越近，关系越来越亲。时常利用到农村指导养殖技术的机会，宣讲党的好政策，走村入户了解养殖户的冷暖，急群众所急，想群众所想，千方百计为群众办实事好事，拿真心换真情。记得在 2017 年 7 月，应临洮县农牧局的邀请，为全县的专业技术人员和养殖户授课，在高烧 39 度的情况下，为了不影响培训工作，仍然带病坚持上课，返兰因高烧昏迷被送进医院，并且发了病危通知，最终在医务人员的全力抢救下挽回了生命。2019 年，我带领团队成员，深入交通不便、寒冷贫瘠的礼县草坪乡草坪村开展帮扶工作，与贫困户同吃住，了解他们的所需所求、所急所难，确立养殖和种植并举，并想方设法争项目、筹资金，扶持该村畜牧业发展，想方设法帮助他们脱贫奔小康。为了帮扶的礼县草坪村通过养殖南江黄羊提高贫困户收入，我三下四川南江县调运种羊，当时正值雨季，又遇到了百年不遇的灾害性天气，我与同事冒着山洪、泥石流、道路随时塌方的危险，行走近百里，深入大山深处极为分散的养殖场舍详细调查了解、挑选优秀种羊，为使种羊早日发挥效益，冒着暴雨连夜将种羊调运到帮扶村，保证了生产的正常运行。岷县是2020年度甘肃最后未脱贫的八个贫困县之一。我作为省农业农村厅帮扶工作组和省委驻岷县脱贫攻坚挂牌督战组成员，先后140多天深入岷县，走遍了岷县的山山水水，走访了每个贫困村，调查民情、了解民意、掌握产业发展现状、提出农民增收措施。在扶贫的同时不忘扶智，我多次组织培训会，讲述牛羊养殖知识和饲草料生产加工调制技术。为了改变视觉贫困，改善岷县人居环境，改变农民圈舍不分的居住习惯，连续60多天进村入户宣传扶持政策，进圈入舍落实棚圈建设项目，指导全县农户建设了2000多个棚圈，为岷县消除视觉贫困，和全国一道如期脱贫奠定了基础。

为了能早日帮助贫困乡村摆脱贫困，自2018年起，我先后在广河、积石山等县建立肉羊养殖精准扶贫试验示范点20个，从圈舍的建造、种畜的引进、饲草料加工、标准化饲养管理等方面入手，以当地多胎肉羊品种为母本，引进专门化肉羊品种为父本，利用生物工程技术建立适合当地生产实际的良种繁育体系，点面结合推广杂交改良和早期断奶、环境控制、粪污资源化利用等高效养殖技术，探索总结出了一整套在贫困地区可大面积推广应用的产业扶贫模式，养殖收入大幅提高，为当地贫困户通过养殖产业脱贫致富趟出了一条新路子。

感怀党的伟绩　赓续服务"三农"

2021年2月25日，全国脱贫攻坚总结表彰大会在北京召开，我被党中央、国务院授予全国脱贫攻坚先进个人，在人民大会堂现场见证了习近平总书记庄严宣告"我国脱贫攻坚战取得了全面胜利"的伟大历史性时刻。作为一名普通的畜牧科技推广工作者，能发挥自身优势为促进贫困人口长效脱贫贡献绵薄之力，获得这么崇高的荣誉，我的内心无比激动和骄傲，深感无上光荣和自豪。脱贫攻坚这场重大胜利，背后闪动着无数负重前行的身影，脱贫攻坚的路上有千千万万的人，而我只是其中一个小小的石子，有幸一路参与、一路实践、一路见证，目睹了贫困地区整体面貌发生历史性巨变，目睹了脱贫户的精神风貌焕然一新，目睹了脱贫户通过勤劳的双手创造幸福生活的笑脸，走到最后，走到今天，虽苦犹甜。这份荣誉虽然授予了我个人，但我深深地知道，这是社会各界特别是脱贫攻坚一线的同志们和贫困群众共同进取创造的佳绩、共同奋斗取得的硕果，凝结着大家的智慧和汗水。"一生一次，一次一生。"当我走出人民大会堂的那刻，这八个字一直涌现在我的脑海中。作为一名普通的科技工作者，这份荣誉来之不易、弥足珍贵，一生可能只会有一次，实属是人生之大幸。这份荣誉和肯定，将会永远激励我厚植人民情怀，紧跟时代步伐，锤炼过硬本领，锻造务实作风，更好服务人民。

八年时间我国脱贫攻坚战取得了全面胜利，现行标准下9899万农村贫困人口全部脱贫，832个贫困县全部摘帽，12.8万个贫困村全部出列，区域性整体贫困得到解决，完成了消除绝对贫困的艰巨任务，实现了一个民族不能少、一个人不落的宏伟目标，创造出了又一个彪炳史册的人间奇迹！脱贫攻坚这场伟大实践，给农村带来了一场深层次、宽领域、系统性的深刻变革，空前改变了贫穷落后面貌，空前改善了基础设施条件，空前奠定了产业发展基础。在脱贫攻坚这场攻坚战中，广大党员、干部心怀对人民的赤子之心，吃苦耐劳、不怕牺牲，书写了一个个感人的脱贫故事，涌现出一位位迎难而上的平凡英雄，充分体现出了共产党人的使命担当和牺牲奉献精神，这些都深深地触动了我，我深切地感受到，脱贫攻坚取得举世瞩目的成就，归功于以习近平同志为核心的党中央坚强领导，事实也充分证明，中国共产党具有无比坚强的领导力、组织力、执行力，是团结带领人民攻坚克难、开拓前进最可靠的领导力量；归功于我国社会主义制度集中力量办大事的优越性，党中央坚持以人民为中心，把脱贫攻坚摆在治国理政的突出位置，把脱贫攻坚作为全面建成小康社会的底线任务，全面调动社会各个方面的积极性、主动性、创造性，组织开展了声势浩大的脱贫攻坚人民战争；归功于全国上下一条心、各行各业总动员，开展结对帮扶、定点扶贫，源源不断的人才、资金、技术流向深度贫困地区，为如期打赢脱贫攻坚战奠定了坚实基础；归功于广大的贫困群众，他们是取得这场攻坚战全面胜利的真正英雄，只有贫困人口咬定奋斗目标、发扬斗争精神、敢于攻坚克难，心热起来、行动起来、苦干实干，无论多穷都能干成事，也能干得很精彩，甚至能闯出一片新天地，绘就出山乡巨变、山河锦绣的时代画卷。

习近平总书记强调："脱贫摘帽不是终点，而是新生活、新奋斗的起点。"获得荣誉既是对过去的认可，但更多的是新征程的新起点，我将乘势而上、再接再厉、接续奋斗，大力弘扬伟大脱贫攻坚精神，持续汇聚拼搏奋进磅礴力量，立足职能职责，甘当"为民服务孺子牛、创新发展拓荒牛、艰苦奋斗老黄牛"，全力以赴做好本职工作，在推动巩固拓展脱贫攻坚成果同乡村振兴有效衔接中继续发光发热，为服务"三农"事业特别是现代畜牧业高质量发展作出更大贡献。

攻坚克难跟党走　感恩奋进再出发

姚明东

2021 年 2 月 25 日，我以全国脱贫攻坚先进个人身份参加全国脱贫攻坚总结表彰大会，现场聆听了习近平总书记重要讲话，有幸亲历总书记宣告脱贫攻坚战取得全面胜利的庄严时刻，感到无比激动、无比感动、无比振奋、无比自豪。

山河日月刻初心，八载春秋写华章。经过全党全国的不懈努力，脱贫攻坚战取得了全面胜利，现行标准下农村贫困人口全部脱贫，贫困县全部摘帽，贫困村全部出列，成功解决了困扰中华民族几千年的绝对贫困问题，创造了彪炳史册的人间奇迹。作为一名生活和工作在深度贫困地区的党员干部，作为一名见证和参与"三西"建设以来扶贫开发全过程的"扶贫人"，作为一名全国和全省脱贫攻坚主战场的扶贫办主任，更能切身感受到习近平总书记念兹在兹、亲力亲为的意志之强大、情怀之伟大；更能切身感受到我们党为中国人民谋幸福、为中华民族谋复兴的初心之坚定、使命之光荣；更能切身感受到中国特色社会主义集中力量办大事的制度之优越、行动之坚决；更能切身感受到党中央国务院和省委省政府关怀之亲切、支持之强劲；更能切身感受到市委市政府团结带领广大干部群众攻坚克难的过程之艰辛、成就之显著。

时光不负奋斗者，岁月砥砺追梦人。在脱贫攻坚伟大实践中，广大扶贫干部用心、用情，甚至用生命谱写了波澜壮阔的历史画卷，用实际行动生动诠释了"上下同心、尽锐出战、精准务实、开拓创新、攻坚克难、不负人民"的脱贫攻坚精神，汇聚起接续奋斗、勇立新功的强大精神动力。跟着总书记在讲话中回顾奋斗的历程，和同志们一起坚守、一起奋进、一起战斗的经历一幕幕重现，让人感慨万千、回味无穷。

回望来时的路，有过勇挑重担、敢打硬仗的担当。我们恪守"功成不必在我"的精神境界和"功成必定有我"的历史担当，充分履行定西市脱贫攻坚领导小组办公室、市东西部扶贫协作领导小组办公室、市脱贫攻坚帮扶工作协调领导小组办公室、市扶贫办四个办公室工作职能，牵头完善全市脱贫攻坚顶层设计，走遍了全市所有山川村社、角角落落，积极汇报呼吁在全省率先成立了副科级建制的乡镇扶贫工作站，率先出台了"1+N"政策文件，率先建立了"12345"动态管理机制，率先健全了扶贫资金和资产监督管理机制，创新完善了"一户一策"精准化研判具体化落实动态化管理机制，有力保障了全市脱贫攻坚闯关夺隘、行稳致远。

回望来时的路，有过日夜鏖战、宵衣旰食的奉献。我们积极发扬"5+2""白＋黑"精神，全体干部主动放弃年休假，常年加班加点、连续作战。攻坚期内牵头制定全市性脱贫攻坚政策文件200多份，承办全省、全市重要会议90多次，组织和配合脱贫攻坚各类调研、督查、考核、验收、评估100余次，办理来文来电1.3万多份，对全市84.24万贫困人口开展核查、回退、剔除30余次，比对、更新、录入全国扶贫开发信息系统数据4亿多条，指导完成了1829个行政村和20万户脱贫户档案资料整理工作。在数据录入任务最吃紧的时候，网吧、机关单位、中小学校的电脑全部都被征用，5400多名业务专干需要不分昼夜连续奋战30多天。

回望来时的路，有过忍辱负重、逆风前行的困惑。我们考察学习"闽宁"协作模式，积极到兄弟市州借鉴取经，主动协商制定了福州定西"456"东西协作框架协议，先后十次组团赴福州市对接工作，亲历了两市从"联姻"到深层次、多领域结对帮扶的全过程，见证了16亿元帮扶资金项目洽谈谋划、落地生根、开花结果，促成了市、县、乡村、企业、学校、医院深厚结对帮扶关系，实现了帮扶机制从行政推动到市场运作、长期协作的拓展升华；先后 12 次到七家中央定点扶贫单位衔接汇报工作，推动 3.3 亿元帮扶资金落地见效，协调选派 18 名干部到中央单位挂职锻炼，收到了增长才干、开阔眼界、更新理念的多重效应；抓好"中国社会扶贫网 +"行动，分九批推荐全市 216 家供应商、786 个扶贫产品；先后五次调整加强全市帮扶力量，协调建立 8 名省级领导、35 名市级领导联县包乡抓村机制，为 983 个单位和 4.3 万名干部精准确定了帮扶村、帮扶户；配合完成 1101 支驻村帮扶工作队选派、培训和管理工作，开展明察暗访 50 余轮次、电话抽查 2.4 万多人次。每年在贫困退出验收期间，仅市级层面就要一次性抽调 200 多人持续工作数周时间，全覆盖检视清零和脱贫攻坚普查期间更是组织数千人同步进村入户开展工作。在上下左右衔接协调和各类考核督导中，遇到过质疑、怨言甚至指责，遇到过不理解、配合不顺畅，有过磕磕碰碰，但我们还是一一化解了矛盾，理顺了关系，解除了困惑。

回望来时的路，有过执着坚守、精益求精的追求。我们在全市范围内先后组织开展"3+1+2 冲刺清零"、"六查六清四提升"行动、"7+9"挂牌督战等十余轮次"歼灭战役"，分区域、分阶段、分梯次推动任务落实。总结推广了"四跟进"和"551"产业扶贫、"四方联合"菜单式贫困劳动力精准培训、农村 C 级危房维修加固、"龙头企业 +"模式、互助资金改革等经验做法，在全省乃至全国推介。田园牧歌养殖专业合作社带贫益贫模式等四个案例被评为全球减贫案例。

回望来时的路，有过弥足珍贵、浓墨重彩的收获。"三西"扶贫开发现场会、全国建档立卡现场会、首届中国扶贫论坛、全省深度贫困地区脱贫攻坚现场会等会议相继在我市召开或观摩，来自全国的 20 多个考察团来我市考察学习工作经验，在中国扶贫经验和"十三五"脱贫政策研讨会上我市作了交流发言，我市及安定区、渭源县、临洮县被国务院扶贫办确定为首批中国扶贫交流基地，全市脱贫攻坚工作得到各级各界充分认可。六年来，市扶贫办先后被授予全省脱贫攻坚先进集体、市级文明单位、全市改革工作先进单位等 30 多个荣誉称号，机关干部 20 多人（次）受到国家、省、市层面的表彰奖励。

　　脱贫摘帽不是终点，而是新生活、新奋斗的起点。如今，我们如期打赢了脱贫攻坚战，胜利完成了"一超过两不愁三保障"底线任务。但实事求是地讲，整体发展水平仍然较低，对照高质量发展要求，层次不高、差距较大的问题还很明显，巩固拓展脱贫攻坚成果的任务依然艰巨繁重。市、县扶贫办即将整建制重组为乡村振兴局，面对新职能、新任务、新使命，我们将坚持以习近平新时代中国特色社会主义思想为指导，全面落实市委、市政府决策部署，积极向脱贫攻坚楷模和先进学习，大力弘扬脱贫攻坚精神，以健全完善防止返贫动态监测和帮扶机制为重点，加强政策衔接、工作衔接、力量衔接，推动巩固拓展脱贫攻坚成果同乡村振兴有效衔接精彩开局！

强化责任担当　补住房安全短板

刘倡清

习近平总书记明确指出，住房安全有保障主要是让贫困人口不住危房。可以说，这是"两不愁三保障"中最具有标志性的指标和任务，完成质量直接决定着脱贫攻坚的成色，甚至关系到脱贫攻坚的成败。实施农村危房改造是帮助住房最危险、经济最贫困农户解决最基本的安全住房问题、实现贫困农民住有所居的重要民生工程。从2009年6月开始，按照党中央和甘肃省推行农村危房改造试点工作要求，住房和城乡建设局高度重视，下足"绣花"功夫，将危房改造作为打赢脱贫攻坚战的底线指标和重点任务，守初心、担使命、找差距、抓落实、强弱项、补短板，以群众满意为第一标准，强化措施，狠抓落实，于2019年底实现了存量危房全部清零，2020年开展了全面巩固提升，"危房不住人、住人无危房"的住房安全有保障目标全面达标。12年来，定西市有21.36万户通过实施农村危房改造住上了安全房，极大地改善了农村建档立卡贫困户、低保户、分散供养特困人员及贫困残疾人等重点人员的居住条件，实现了农村困难群众的安居梦。

历尽艰辛　夯实农村贫困群众住房根基

回顾定西市这 12 年来的农村危房改造过程，可谓历尽艰辛。这是参与农村危房改造工作的广大干部群众普遍的心声。定西市农村山大沟深、地广人稀，有的村庄农户居住特别分散，这给危房改造工作带来很大难度。比如说，渭源县秦祁乡，地形地貌是典型的黄土梁峁与河谷交错地形，山大沟深，有的村子几十户人家分布在各个山梁间。排查鉴定农村危房的干部从一户到另一户，经常要穿过几道沟绕过几道山梁，步行一两个小时才能到达。

为了顺利完成农村危房改造任务，我们制定印发了《定西市农村危房改造三年攻坚实施方案（2018—2020 年）》《定西市农村危房改造领域排查问题整改方案》《决战决胜脱贫攻坚　巩固农村危房改造冲刺清零成效后续行动方案》《全市农村危房改造挂牌督战工作方案》和《定西市住房安全有保障和人居环境整洁脱贫退出验收标准和程序》等指导性文件，提出了三年危房改造任务时序目标，制定了差异化补助标准，明确了危房鉴定、改造、管理、档案、资金、责任等各环节工作要求，提供技术指导，保障危房改造任务落实到位。

我们按照省住建厅"3+1"冲刺清零行动部署，又对遗漏、新增危房进行了全面筛查，以逐户"过筛子"的办法，精准确定目标、因户施策、消除隐患。各县区通过组织专业人员认定和委托第三方机构对疑似危房进行鉴定，全面排查存量危房底数，在县级自查的基础上，市级进行了抽查。2019 年，我市对 13132 户符合危改政策的农户危房全部进行了改造（其中：建档立卡贫困户 7408 户、非建档立卡贫困户 3437 户、其他农户 2287 户），对实施危房改造农户按"一户一档"建立档案资料，对其他情况留存了佐证材料，实现了存量危房全部"清零"。2020 年，在完成全市 78 户新增危房改造任务的同时，围绕"所有农户不住危房"这一底线，利用 4 月、5 月两个月时间扎实开展了农村"四有人员"户危房集中整治活动，共排查出"四有人员"户住危房5840户，通过拆除、加固维修等措施全部完成了整治，有效解决了农村"四有人员"户危房住人问题和观感较差农房带来的"视觉贫困"问题，消除了住房安全保障"空白点"。

精准识别　聚焦建档立卡贫困户

精准扶贫、精准脱贫是我国打赢脱贫攻坚战的基本方略，为了使党的危房改造政策发挥最大作用、取得最好成效，我们始终坚持把宝贵的危房改造资金用在"刀刃"上，帮助住房最危险、经济最贫困农户解决最基本的住房安全问题，努力做到"精准滴灌"而不是"大水漫灌"。

为精准认定改造对象，我们紧紧围绕实现贫困户住房安全有保障的目标要求，按照中央和省上关于加强建档立卡贫困户等重点对象危房改造工作的指导意见等系列文件精神，强化部门协作，由扶贫部门提供建档立卡贫困户身份信息，住房和城乡建设部门对建档立卡贫困户的住房逐一进行核查评定，根据房屋的安全性能分为四级：A级是安全的，B级是基本安全的，C级是局部危险的，D级是整体危险的。组织各地对评定为C级和D级的房屋实施危房改造，原则上整体危险的原址拆除重建，局部危险的根据实际修缮加固或拆除重建。

"不漏一户，不落一人。"无论时间多么紧迫，任务多么繁重，我们都严格认定补助对象，明确农村危房改造补助对象范围，组织各县区严格实行"农户自愿申请、村级初审并公示、乡级审核、县级审批"的程序严格确定危改对象，并实施村内和乡镇两级公示，确保了政策公开，全方位接受社会监督，有效杜绝了虚报假报现象发生。同时，配合自然资源部门做好防灾减灾工作，重点监测建设年代较久的老旧土木结构住房、地质灾害易发隐患区域住房，确保群众住房和生命财产安全。

严格标准　全力确保质量安全

农村危房改造工程质量不仅关系到群众的切身利益，也关系到党和政府的形象，在农户建房中，我局严格按照《农村危房改造基本安全技术导则》标准要求，对地基基础、承重结构、抗震构造措施等施工质量安全关键环节，加大现场巡查与指导力度，严把竣工验收关，对不合格的立即进行整改，全力做好质量安全工作。2016 年，我们和西安建筑科技大学等单位共同研究，采取加固改造的方式，率先在临洮县开展 C 级危房加固改造试点，全市先后对 1560 户无抗震措施的土木、砖木等危房进行加固改造，达到了安全性、经济性和可操作性的有机统一。这一改造模式具有工艺简单、改造成本低、施工周期短和改善人居环境等特点，得到群众的普遍欢迎，也受到中央领导同志的充分肯定。住建部在甘肃省组织召开了全国农村危房改造质量安全管理电视电话会议暨农村危房加固改造（甘肃）现场会，省政府在我市临洮县召开了全省农村危房改造工作推进会暨农村 C 级危房加固改造现场会，大力推广"临洮模式"这一 C 级危房改造新技术，为全市加快农村危房改造步伐、用好用活补助资金、提高危改成效探索出了新路子。

"危房不住人，住人不危房。"我们高度重视农村危房改造的质量安全过程监管，按照省住建厅关于加强农村危房改造质量安全管理工作的通知、农村危房改造基本安全技术导则等政策文件，组织各县区把保障贫困户住房安全作为工作的首要任务，切实提高质量安全水平。建立了农村危房改造技术服务指导队伍，抽调 21 名业务能力强、经验丰富的专业技术人员，组成技术指导组分别深入各县区基层一线开展技术指导、培训等服务。先后开展农村危房改造政策业务知识专题培训 20 余次 2000 余人，建房技术安全和建筑工匠培训 34 场次 6600 余人，大大提高了基层干部和人民群众危改业务技能，为提升危改质量打下了坚实的基础。

从 2018 年起，我们按照分级负责的原则，建立县区、乡镇、村社一级抓一级，层层抓落实的安全质量巡查制度，采取包片、包段、包村、包社、包户的办法，对各乡镇范围内的所有危改户逐一登记，定期不定期地深入现场检查指导，准确掌握危改户建房的开工、规模、进度、质量、验收等相关信息，认真排查房屋建设中的质量和施工安全隐患，发现问题，及时整改，把质量和安全隐患消灭在萌芽状态。在日常检查工作中，对工作程序、工程进度、工程质量、整改措施等进行准确记载，并实行县区、乡镇、村社有关干部层层签字确认责任制，并整理归档。在竣工验收中，健全档案管理，危改户建房工程完工后，由县区住建部门全面进行验收，验收率达到 100%。在资金使用管理中，严格按照《中央财政农村危房改造补助资金管理办法》要求，督促各县区住建部门健全资金使用管理制度，落实资金管理办法，严把资金拨付程序，提高危改补助资金使用效率，确保资金使用规范、安全。

督战帮扶　　提升住房安全水平

2020 年春，一场突如其来的新冠肺炎疫情给脱贫攻坚工作带来新的困难和挑战，危房改造任务更加艰巨复杂。为了统筹推进疫情防控和脱贫攻坚农村危房改造扫尾工程任务，我局按照国家和省、市开展"一对一"督战帮扶要求，立即抽调人员组成七个挂牌督战工作组，分别到各县区指导和帮助解决实际困难，确保如期完成脱贫攻坚农村危房改造扫尾任务。

"督""战"结合，第一时间我们抽调人员组成七个挂牌督战工作组，在各县区全面开展挂牌督战，实行市局督战县区机制和县区督战村、户机制，由主要领导和分管领导重点督战未摘帽的通渭县和岷县，其他县级领导带队组成督战组督战已摘帽县区特别是未退出贫困村、贫困人口住房安全保障工作，督战组围绕改造质量不高、系统录入不精准、纸质档案不规范、问题整改不到位等突出问题，既较真碰硬"督"，更凝心聚力"战"，先后到各县区开展督战工作44次，通过进村进社、入户走访实地核查等方式，对119个乡镇507个行政村的3652户农户进行了实地入户走访，现场给予政策指导和技术帮扶，帮助基层解决实际困难，对督战中发现的问题采取当场发现当场交办当场整改的办法，指导各县区扎实做好脱贫攻坚农村危房改造各项工作，持续巩固和拓展脱贫攻坚成果。同时，通过建立挂牌督战机制、包抓县区工作责任制、"日报告、周评比、半月调度"机制、危改工作微信群调度机制、时间任务倒逼工作机制等，有效推进全市农村危房改造"清零"，实现所有农户住房安全有保障目标，不断提升农村住房安全水平。

虽然定西"贫困户不住危房"的底线保障任务已经完成，但还存在一些困难需要通过较长时间予以解决。定西漳县、岷县位于地震易发区域，且属于湿陷性黄土地区，各类自然灾害频发，新增危房可能性较大，动态做好因灾新增和自然新增危房监测及改造工作依然艰巨。下一步，我们将重点指导各县区做好动态监测，及时排查鉴定农村因灾新增和自然新增危房，统筹安排资金补助，及时进行改造，确保"不落一户、不漏一人"。

核验全覆盖　筑牢住房安全底线

2020年，根据《住房和城乡建设部　国务院扶贫办开展建档立卡贫困户住房安全有保障核验工作的通知》要求，我们积极组织全面开展了建档立卡贫困户住房安全有保障核验工作，按照"鉴定安全""改造安全""保障安全"三种分类，逐村逐户、不留死角地对209232户建档立卡贫困户住房安全有保障情况进行现场核验。

看似寻常最奇崛，成如容易却艰辛。这是党中央交给的住房安全有保障任务，没有任何退路和弹性。核验量之巨大，任务之繁杂，时间之紧迫均前所未有，核验工作能否高质量完成，关键在人。我们组织县、乡、村"三级书记抓核验"，广大干部跋山涉水，逐户上门利用手机 App 核验过程中，为了拍照取得住房安全照片，因有的农户锁门不在家，干部们克服种种困难，有的爬梯子、翻墙、上树，还有的"搭人梯"，等等，按时完成了建档立卡贫困户住房安全有保障核验工作。现在，打开手机 App，输入贫困户的身份信息，该户住房安全等级、改造时间、享受补助资金、住房现状照片等情况一目了然。

2020 年 6 月 30 日，随着最后一户建档立卡贫困户的住房安全情况通过核验，全国核验工作全面完成，全国所有建档立卡贫困户均已实现住房安全有保障。从核验结果看，我市 209232 户建档立卡贫困户中，有 94100 户建档立卡贫困户原住房基本安全，占 44.97%；有 114840 户建档立卡贫困户通过实施农村危房改造、易地扶贫搬迁、农村集体公租房等多种形式保障了住房安全，占 55.03%；死亡销户 292 户。我们的村镇干部时时刻刻都在盯着核验系统数据，当全国最后一户建档立卡贫困户的住房安全情况通过核验的消息传来，"全国农村危房改造"微信工作群里一片欢腾，许多人在微信群里表示，自己激动地流下了热泪。

是啊，道阻且长，行则将至。为了确保农村危房改造"不漏一户"，多少人跋山涉水，昼夜奋战，奔波在危房改造工作一线，以"人一之我十之、人十之我百之"的精神，拿出了背水一战、舍我其谁的决心，"越是艰险越向前"。

实现建档立卡贫困户住房安全有保障，既是大战，也是大考。在这场持续多年的攻坚战中，我们党组切实担负起高质量打赢脱贫攻坚战的政治责任和使命担当，笃行致远，锲而不舍。全系统干部职工众志成城，在脱贫攻坚农村危房改造的主战场上，攻城拔寨，完胜收官，交出了一份让党中央放心、让人民群众满意的时代答卷。无数危房改造人用汗水和智慧共同写就中国脱贫攻坚史册上农村贫困人口危房改造的辉煌篇章。危房改造实施 12 年来，直接帮助 21.36 万建档立卡贫困户告别了原来破旧的土坯房等危房，住上了安全住房，圆了安居梦，为定西市一举撕掉贫困标签作出了重要贡献，这是一个重要的"里程碑"。我们住建系统将以此为新的起点，牢记习近平总书记关于"人民对美好生活的向往就是我们的奋斗目标"，继续把提升住房安全保障水平作为践行初心使命的主战场，以饱满的精神状态迈入乡村振兴的新征程。

感恩奋进创辉煌　无须扬鞭自奋蹄

张卓

2021 年 2 月 25 日，必将是历史铭记的一天，必将是人民铭记的一天，必将是世界铭记的一天。

这一天，习近平总书记庄严宣告：经过全党全国各族人民共同努力，在迎来中国共产党成立一百周年的重要时刻，我国脱贫攻坚战取得了全面胜利，现行标准下 9899 万农村贫困人口全部脱贫，832 个贫困县全部摘帽，12.8 万个贫困村全部出列，区域性整体贫困得到解决，完成了消除绝对贫困的艰巨任务，创造了又一个彪炳史册的人间奇迹！一组组亮眼暖心的数字，一幕幕催人奋进的故事，一个个可歌可泣的名字，无不绘就了中国人民的伟大光荣，绘就了中国共产党的伟大光荣，绘就了中华民族的伟大光荣。

这一天，我们怀着无比激动的心情，同全国 3000 多名脱贫攻坚授奖代表一道，在北京人民大会堂参加全国脱贫攻坚总结表彰大会。这次会议是共和国减贫史上空前绝后的伟大盛会，现场聆听习近平总书记重要讲话，亲身感受总书记的为民情怀、人民至上的大国领袖风采，规格之高、规模之大令人万分激动、心潮澎湃、热泪盈眶。

这一天，千年梦想，圆在今朝！这一彪炳史册、光耀全球的丰功伟绩，辉映百年大党的初心使命，在中华民族减贫史上、人类发展史上写下浓墨重彩的一笔。作为脱贫攻坚的亲历者、参与者、见证者，有幸成为一名授奖代表，进入人民大会堂受到习近平总书记等党和国家领导人的亲切接见，倍感振奋、无比自豪、无上光荣，也深深体会到荣誉背后的艰辛和拼搏，更能体会到这份荣誉的确来之不易。

获得的这份荣誉，不仅是对我工作的肯定，更是对全州奋战在一线扶贫人工作的肯定；取得的这份成就，不仅是扶贫系统的工作成效，更是全州脱贫攻坚事业取得的辉煌成就；发自内心的这份自豪，不仅是我们一个团队的荣光，更是全州各级扶贫集体的荣光；收获的这份感动，不仅是我个人对党对人民的感恩，也是全州240多万各族干部群众对党中央和总书记至深至诚的感恩。

在全州脱贫攻坚人民战争的伟大历程中，州委州政府团结带领全州各族群众，以脱贫攻坚统揽经济社会发展全局，以超常规力度夺取了脱贫攻坚战全面胜利、兑现了"全面实现小康，一个民族不能少"的庄严承诺。在脱贫攻坚和疫情防控双线作战的严峻形势下，辉煌成绩的取得，离不开各级领导的身先士卒、率先垂范，离不开广大扶贫干部，特别是奋战在扶贫一线基层干部的敢死拼命、顽强拼搏，离不开宗教企业等社会各界人力量的鼎力相助、无私奉献，也离不开每一个临夏人的关注关心、倾情参与。

我们每一位共产党员，用高度的思想觉悟、强烈的责任担当和空前的团结精神，坚决响应党委政府号召，带头宣传党的政策主张，带头激发群众内生动力，用心、用情、用智汇聚起强大的"战贫力量"，把"心中有民、一切为民、无愧人民"的为民情怀实践在这场伟大的脱贫攻坚战中，以实际行动诠释了"团结奋进创一流，爱党爱国爱家乡"的新时代临夏精神，谱写了共产党人战天斗地，攻克贫中之贫、坚中之坚的壮丽赞歌。

习近平总书记指出，一部中国史，就是一部中华民族同贫困作斗争的历史。我们始终站在全国脱贫看甘肃、甘肃脱贫看临夏的高度，紧盯"两不愁三保障"目标，聚焦"六个精准"方略，落实"五个一批"路径，以敢教日月换新天的魄力、咬定青山不放松的意志、不破楼兰终不还的拼劲，在临夏大地掀起了一场艰苦卓绝、气壮山河的脱贫攻坚人民战争，彻底扭转了脱贫攻坚工作从 2018 年之前在全省连续 11 年倒数第一的被动局面，一跃走在全省前列，实现了脱贫攻坚工作的弯道超车，为共和国减贫史书写了波澜壮阔、生动鲜活的临夏篇章。

习近平总书记讲："小康不小康，关键看老乡，关键在贫困的老乡能不能脱贫。"作为"三区三州"深度贫困地区，广大干部群众牢记嘱托、感恩奋进，滚石上山、攻坚拔寨，发扬钉钉子精神，敢于啃硬骨头，攻克了一个又一个贫中之贫、坚中之坚，各族群众过上了幸福美好的生活，自发地在家中挂起了习近平总书记的照片，在院子中立起了"吃水不忘总书记、永远感恩共产党"的石碑。我们兑现了"决不能落下一个贫困地区、一个贫困群众"的庄严承诺，向党中央和全州人民交出了一份合格的答卷。

习近平总书记指出，脱贫攻坚的阳光照耀到了每一个角落，无数人的命运因此而改变，无数人的梦想因此而实现，无数人的幸福因此而成就！我们坚持抓教育挖穷根，把学校建成了农村最漂亮的建筑，让生活在大山深沟里的"虫草儿童""拉面儿童"走进了美丽的校园，迈出了改变人生命运的第一步；我们坚持加大投入，自来水入户率达到99%，让世世代代吃苦咸水，甚至没水吃的群众吃上了干净安全的自来水，实现了千年的"吃水梦"；我们坚持对农村危旧房进行动态清零，使昔日的"塌塌房"变成了安全漂亮的砖瓦房；我们坚持强基础抓保障，宽敞平坦的水泥路修到了农民的家门口，"晴天一身土、雨天两脚泥"的状况已成为过去；每个村都有了标准化卫生室，群众"小病扛、大病拖"的现象一去不复返，农村面貌发生了翻天覆地的变化，贫困群众获得感、幸福感空前提升。

时代造就英雄，伟大来自平凡。在脱贫攻坚的征程中，全州各级党员干部闻令而动，以热血赴使命、以行动践诺言，全身心投入到脱贫攻坚主战场，与群众一起苦、一起干，把群众的事当作自己的事、天大的事，到最偏远的村、入最困难的户，在田间地头、农家院落把实事办实、把好事办好，用干部的辛苦指数换取老百姓的幸福指数。特别是基层干部、驻村干部在最吃劲、最艰苦的一线摸爬滚打、挥洒汗水，有的同志身体健康屡屡亮起"红灯"；有的昼夜加班，年幼的孩子深夜依然蜷缩在单位办公室的沙发上；有的忙于工作，耽误了孩子的学业，留下深深的遗憾和亏欠；有的同志"三高"超过警戒线，积劳成疾；有的同志甚至牺牲了宝贵的生命，留下年迈的父母和幼小的孩子……我是谁？为了谁？广大基层干部用无怨无悔的青春年华和最宝贵的人生书写了脱贫攻坚的伟大实践。在我们的身边，有董吉恩、赵亮、马瑞林等15名同志献出了宝贵生命，用青春和生命诠释了共产党人的初心使命和为民情怀，他们的光辉事迹已载入史册，必将激励我们奋勇前行。

习近平总书记指出，千千万万的扶贫善举彰显了社会大爱，汇聚起排山倒海的磅礴力量。临夏的脱贫攻坚不是一场"独角戏"，而是来自各个方面、社会各界共同演绎的"交响乐"。远在海边的厦门以极强的政治责任感，派来了干部，带来了资金、送来了项目、传递了新的观念，为临夏决战决胜脱贫攻坚注入了"厦门力量"、增添了"厦门色彩"、汇聚了"厦门精神"，厦临两地结下了深厚的山海情谊，成为临夏人民宝贵的物质财富和精神动力。中央统战部、国家医保局、中石化、中国建筑等八家中央定点扶贫单位，发挥部门优势资源助力临夏脱贫攻坚，打开了临夏扶贫产品的线上线下"大通道"。方大集团、碧桂园集团、恒兴集团、百益集团等695个社会组织，主动履行社会责任，积极参与企地协作，助力临夏产业上档升级、做大做强。州内民营企业和宗教界等社会各界人士主动投身脱贫攻坚主战场，捐款捐物、奉献爱心，展现出了空前的团结精神和深厚的家国情怀。

习近平总书记教导我们，人民是真正的英雄，激励人民群众自力更生、艰苦奋斗的内生动力，对人民群众创造自己的美好生活至关重要。我们始终坚持扶贫与扶志扶智相结合，充分尊重群众的主体地位和首创精神，把人民群众对美好生活的向往转化为脱贫攻坚的强大动能，探索形成了"两户"见面会、"三说三抓"、"以德扶贫"等有效做法；让脱贫群众现身说法，用身边生动鲜活的事教育身边的人，形成了干部带着干、能人做示范、群众拼着干的良好氛围；在基层干部中开展"数家珍、说变化、话未来"活动，在群众中开展"说变化、感党恩、爱家乡"活动，树立自力更生、勤劳致富的信心，激发感恩奋进、摆脱贫困的斗志，"我要脱贫""脱贫光荣"成为农村新风尚，"幸福是奋斗出来的"在干部群众心灵深处生根发芽，听党话、感党恩、跟党走已成为全州人民的思想自觉、政治自觉、行动自觉。

习近平总书记指出，乡村振兴是实现中华民族伟大复兴的一项重大任务。在全州各级干部的共同努力拼搏下，老百姓吃饭穿衣、住房教育、医疗兜底已不是问题，困扰河州大地千百年来的绝对贫困问题得到历史性解决，我们备感振奋、自豪万分。下一步，我们将把巩固拓展脱贫攻坚成果摆在突出位置，接续推进脱贫地区发展和群众生产生活改善，全力推进乡村振兴。实现乡村振兴，产业兴旺是基石。发展富民产业是让老百姓钱袋子鼓起来的根本措施，之前的精准扶贫，更多是利用国家政策和资金的扶持，依据现有的扶贫项目，大力推进产业扶贫。而乡村振兴，更需要我们自力更生、自我造血，实现农村产业的自我发展。我们州的乡村产业大部分集中在种养业，因此在巩固其生产功能的基础上，需要因地制宜，结合农业特点，深入挖掘乡村人文景观、历史文化、乡土特色、自然资源等内容，大力发展能够带动乡村可持续发展的乡村旅游、休闲康养、电子商务等新产业新业态。聚力产业链延伸和产业功能拓展、融合，让产业生产、销售、餐饮、休闲和服务业有机结合在一起，实现产业资源相互渗透、协调发展提高农业产业现代化水平，拓展农民就业增收空间。实现乡村振兴，生态宜居是保证。习近平总书记强调，绿水青山就是金山银山。良好的生态环境是大自然赋予人类最宝贵的财富，乡村发展离不开良好的生态支撑。因此，我们要下大力气强化生态宜居乡村建设，纵深推进农村厕所、垃圾、风貌"三大革命"，实施村庄道路、农村供水安全、新一轮农村电网升级改造、乡村物流体系建设、农村住房质量提升等一批工程项目，加大农村改院、改房、改炕、改暖、改圈、改厨、改气等"六改"工作，治理农村污水和生活垃圾，持续开展排危拆旧，大力实施路边、山边、水边、林边绿化美化亮化工程，不断提升乡村人居环境质量和农民生活品质，注重保护传统村落和乡村特色风貌，真正让农村成为望得见山、看得见水、记得住乡愁的美好家园。实现乡村振兴，乡风文明是灵魂。乡风文明的源头在于乡村文化，乡村振兴需要努力传承文化基因，弘扬传统美德，我们要把脱贫攻坚引导和树立的淳朴民风和文明家风变成激发乡村振兴的内生动力，持续激发社会正能量，让乡村群众都能做社会主义核心价值观的践行者，做遵纪守法，精神丰富，文化自信的传播者。实现乡村振兴，治理有效是核心。围绕建立健全党委领导、政府负责、社会协同、公众参与、法治保障的现代乡村社会治理体制，进一步健全自治、法治、德治相结合的乡村治理体系，为乡村振兴注入强大动力。实现乡村振兴，生活富裕是目标。让农村群众富起来，让农村群众过上和城市居民一样设施完善、干净便捷、服务到位的幸福美好生活，让农村群众共享乡村振兴成果，让广大农民群众和全国人民一道进入全面小康社会，是我们不懈奋斗的目标。

习近平总书记强调，脱贫摘帽不是终点，而是新生活、新奋斗的起点。辉煌成就已载入史册，成绩已成为历史，日历将一天天翻新。站在新的起点上，我们要把脱贫攻坚形成的"上下同心、尽锐出战、精准务实、开拓创新、攻坚克难、不负人民"的伟大精神力量转化为巩固拓展脱贫攻坚成果同乡村振兴有效衔接的强大内生动力，以永不懈怠的精神状态、一往无前的奋斗姿态，全力打造脱贫攻坚与乡村振兴有效衔接的样板区，打好农业产业结构调整、补齐基础设施短板、文旅产业深度开发、职业技能培训"四个攻坚战"，在乡村振兴战略的伟大实践中谱写新的辉煌篇章。

一是迅速转换工作角色，全面投入到乡村振兴工作中。2021年2月25日下午，国家乡村振兴局正式挂牌，下一步我们将平稳有序做好扶贫系统机构职能转换，进一步调整优化乡村振兴领导小组和各专责工作组职责，将工作重心从打赢脱贫攻坚战向巩固拓展脱贫攻坚成果转变，把工作任务向推进乡村振兴转变，把握新形势、完成新任务、创造新业绩、展现新作为。

二是健全防止返贫动态监测和帮扶机制。采取人盯人监测、"一户一策"帮扶、大数据对比分析等多种方式，对"两类人口"进行常态化监测，持续跟踪易致贫返贫人口收入变化和"两不愁三保障"巩固情况，做到早发现、早干预、早帮扶，坚决防止发生规模性返贫的问题。

三是持续巩固拓展脱贫攻坚成果。过渡期内，我们将巩固拓展脱贫攻坚成果作为推进乡村振兴的首要任务，严格落实"四个不摘"要求，抓好政策"窗口期"，用活用好各类扶持政策，做好易地扶贫搬迁后续扶持，补齐基础设施短板，持续巩固拓展"两不愁三保障"成果，不断提升脱贫攻坚质量。

四是持续发展壮大特色产业。科学编制乡村振兴规划，全力打造乡村振兴示范村；全力打好产业结构调整攻坚战，加速推进农业机械化革命，推进特色民宿及农家乐建设，打响叫亮"临夏牛肉面"品牌，挖掘县市农业品牌资源，大力实施河州品牌振兴战略计划，加快消费帮扶"三专"建设，用三至四年时间把全州所有农村劳动力培训一遍，年度外出务工人员保持在 55 万人左右，确保农村家庭收入逐年增长。

五是持续深化对口帮扶协作。继续强化东西部协作、中央单位定点帮扶，积极主动与新确定的山东省济南市的联系对接，开展深层次广领域的合作；与厦门市对接签订友好城市协议，保持对厦门援临企业、帮扶项目稳定扶持的政策，持续加大扶贫车间扶持政策落实力度，推动扶贫车间转型升级，留住"厦门之根"，放大"厦门元素"。

六是强化生态宜居乡村建设。纵深推进农村厕所、垃圾、风貌"三大革命"，全面实施农村人居环境整治提升五年行动，加大农村改院、改房、改炕、改暖、改圈、改厨、改气等"六改"工作，治理农村污水，持续开展排危拆旧，大力实施路边、山边、水边、林边绿化美化亮化工程，不断提升乡村人居环境质量和农民生活品质，注重保护传统村落和乡村特色风貌，真正让农村成为望得见山、看得见水、记得住乡愁的美好家园，为把临夏建设成为"经济发展、社会进步、民族团结、山川秀美"的幸福乐园而不懈奋斗！

巩固拓展脱贫成果　有效衔接乡村振兴

段学魁

　　我叫段学魁，现任临夏市扶贫开发办公室主任。作为扶贫战线的一名工作者，我很自豪见证了临夏市率先脱贫摘帽的全过程，全程参与了省级贫困县退出核查验收和第三方评估、国家第三方检查评估验收、2020 年脱贫攻坚普查、2020 年甘肃省脱贫攻坚成效考核等历次"大考"。今年 2 月，我有幸被评为全国脱贫攻坚先进个人，到北京人民大会堂参加了隆重的全国脱贫攻坚总结表彰大会。在总结表彰大会上我认真聆听了习近平总书记的重要讲话，深深体会到这项至高荣誉的获得，是在以习近平同志为核心的党中央的坚强领导下，在省、州、市各级党委政府周密安排部署下，通过发扬"上下同心、尽锐出战、精准务实、开拓创新、攻坚克难、不负人民"的脱贫攻坚精神，全市干部群众同舟共济、艰苦奋斗的结果，而我只是这众多奋战在脱贫攻坚一线干部的平凡一员。

　　我结合个人的工作经验，谈一谈对巩固拓展脱贫成果有效衔接乡村振兴的一些浅见。

摆脱命运，解决历史性贫困是中国共产党人的初心使命

贫困问题是个世界性难题，反贫困是人类共同面临的一项历史任务。让中华民族摆脱贫困落后，实现从站起来、富起来到强起来的历史性飞跃，是一代代中国共产党人矢志不渝的奋斗目标。一部中国史，就是一部中华民族同贫困作斗争的历史。中国共产党从成立之日起，团结带领中国人民为创造自己的美好生活进行了长期艰苦奋斗。党的十八大以来，以习近平同志为核心的党中央把脱贫攻坚摆到治国理政突出位置，提出精准扶贫方略，全面打响了脱贫攻坚战，组织开展了声势浩大的脱贫攻坚人民战争。脱贫攻坚战打响以来，习近平总书记去得最多的是贫困地区，牵挂最深的是贫困群众。他亲自挂帅，以非凡的意志和智慧带领全党全国各族人民谱写了脱贫攻坚的新篇章。时至今日，我国脱贫攻坚战取得了决定性胜利，区域性整体贫困得到解决，完成了消除绝对贫困的艰巨任务，为实现中华民族伟大复兴的中国梦打下了更加坚实的基础，脱贫攻坚取得历史性成就，脱贫攻坚战足以彪炳史册。归根结底，脱贫攻坚取得伟大成就，充分彰显了中国共产党为中国人民谋幸福、为中华民族谋复兴的初心使命。

日新月异，脱贫攻坚战役历史性根治贫困问题

2013年底建档立卡初期，临夏市农村耕地资源十分匮乏，基础设施还很薄弱，农民人均收入相对偏低，全市有近2.5万人还生活在贫困线以下，贫困发生率27.99%。当时有贫困村20个，占全市行政村的57%。临夏市虽然农村人口少，但贫困程度还是很深，脱贫攻坚时间非

常紧，任务非常重。脱贫攻坚的八年历程，对临夏市扶贫工作来说，是极不平凡的八年，工作成效令人振奋，工作历程令人难忘。对临夏市2.54万户脱贫群众来说，实现了千百年来祖祖辈辈脱贫致富的梦想；对投入到全市扶贫工作的我们来说，挥洒了汗水、付出了努力。我们很荣幸，能投入到这场伟大的实践活动，亲历见证了临夏市全体干部群众齐心协力、主动作为，实现了区域整体脱贫摘帽，为全州树立了"经济发展、社会进步、民族团结、山川秀美"的新时代临夏形象。2018年7月，我市接受通过省级脱贫摘帽验收和第三方评估后，市上脱贫攻坚工作进入了迎接国检评估的冲刺阶段。市上通过实行每周调度会制度，进一步夯实了全市脱贫攻坚组织领导工作基础，层层传导工作压力，及时解决了脱贫攻坚工作中存在的突出问题，推进脱贫攻坚各项工作任务落实。由于有了强有力地组织保障，在八年时间里，全市农村发生了历史性的变化。如今，我市村社道路硬化率达到100%，所有行政村修建了标准化村卫生室、村级文化广场、综合文化站、农家书屋、老年人日间照料中心和健身中心，动力电、宽带网络、电视信号、通信信号覆盖率实现100%，所有农户都吃上了安全放心自来水。如今，相继建成了第三中学、第三实验小学，有需求的农村实现了幼儿园全覆盖。如今，全市落实了健康扶贫措施，制定了市、镇、村、人四级"一保四有标准"，落实了"先诊疗后付费"制度和"一站式结算"服务，家庭医生签约服务，免费办理慢病卡全覆盖。如今，C级、D级危房全部清零，所有的农村家庭住上了安全住房。

总结经验，持续发扬脱贫攻坚精神接续做好乡村振兴

八年来，市委市政府始终坚持以习近平新时代中国特色社会主义思想为指导，按照全省脱贫攻坚工作总体部署，在州委州政府的坚强领导下，精准聚焦"两不愁三保障"，下足"绣花"功夫，农村面貌焕然一新、农民生产生活显著改善，为实施乡村振兴战略奠定了坚实基础，创

造了脱贫攻坚的"临夏成就"，积累了乡村振兴的宝贵经验，锻造了农村工作的中坚力量。

第一，党的领导提供组织保障。习近平总书记强调："脱贫攻坚越到最后越要加强和改善党的领导"。临夏市在全州率先实行市委书记、市长双组长责任制，切实履行脱贫攻坚第一责任人职责。坚持由党政主要负责人主持召开的脱贫攻坚领导小组会议及调度会制度，实行一周一调度，安排部署重点工作，研究解决发现问题，将全市各级党组织的行动统一到脱贫攻坚任务上来。率先在全州实行"四级帮扶"，为全面落实市委市政府决策部署，用"一竿子插到底"的做法，制定了"市、镇、村、户"四级网格化帮扶管理体系，市委市政府制定完善了市委书记、人大常委会主任、市长、政协主席分别包四个镇，市委各常委、人大各副主任、市政府各副市长和市政协各副主席等30名县级领导干部分别包村，各镇科级干部分别包社，全市3402名干部职工全覆盖包户，层层落实帮扶政策和措施。同时16个市直涉农部门具体负责各自政策解读、业务指导、措施落实等工作，助推了贫困户脱贫增收，赢得了群众的普遍认可。

第二，靠实脱贫攻坚政治责任。习近平总书记指出，"'出水才见两腿泥'。扶贫工作必须务实，脱贫过程必须扎实，扶真贫、真扶贫，脱贫结果必须真实，让脱贫成效真正获得群众认可、经得起实践和历史检验，决不搞花拳绣腿，绝不摆花架子"。历年来，市委市政府为了压实责任、传导压力，与各镇、各行业部门、各包村县级领导分别签订了《临夏市脱贫攻坚目标责任书》，目标责任书是"军令状"、是对党中央的承诺、是"不获全胜、绝不收兵"的号令，通过签订脱贫攻坚目标责任书，层层靠实脱贫攻坚政治责任，持续将责任压力传导至"末梢神经"。全市各级书记带头开展"三级书记"遍访贫困对象行动，此举有效带动了各级帮扶干部、驻村工作队"心往一处想，劲往一处使"的工作格局，及时解决了脱贫攻坚工作中存在的突出问题，推进了脱贫攻坚各项工作任务落实。

第三，精准方略确保脱贫质量。习近平总书记指出，"扶贫开发推进到今天这样的程度，贵在精准、重在精准，成败之举在于精准"。市委市政府在"六个精准"上想办法、出实招、见真效，以抓重点、补短板、强弱项、防风险的要求，聚焦重点群体，因村、因户、因人精准施策。以"3+1+1"清零行动和"5+1"提升专项行动，着力解决贫困群众"两不愁三保障"问题，辅之"一户一策"精准帮扶计划，在帮扶措施落实上下功夫，通过产业扶贫、就业扶贫、教育扶贫、生态扶贫、社会兜底保障、健康扶贫等举措，以每个"一户一策"对应的具体帮扶措施为需求清单，以市上综合统计结果为对接清单，全面对接落实政策和项目，由帮扶责任人作为具体落实人和记录人，落实一件、标注一件，办好一个、销号一个。

第四，社会参与形成脱贫合力。习近平总书记指出，"扶贫开发是全党全社会的共同责任，要动员和凝聚全社会力量广泛参与。"打赢脱贫攻坚战，就是要从贫困户最缺、亟需、短板处给力，精准高效引导各方资源，变政府"独角戏"为政府、行业、社会"大合唱"，积极构建专项扶贫、行业扶贫、社会扶贫"三位一体"的大扶贫格局。市委市政府紧紧围绕党的领导，高度重视动员和鼓励社会各方面力量参与脱贫攻坚，抓实抓好东西协作、社会扶贫等工作，不断拓展社会力量参与扶贫开发的广度、深度和力度，凝聚形成了强大的脱贫攻坚整体合力，厦门市思明区和临夏市围绕"六大任务"，形成了全方位、多层次、宽领域的扶贫协作新格局，历年来，厦临双方召开党政联席会议12次，争取落实帮扶资金7407.53万元，实施了八大类136个项目，大力开展消费扶贫、干部挂职、人才交流、转移就业、企业帮扶、爱心捐赠等结对帮扶措施，为临夏市脱贫攻坚增添了"厦门色彩"、注入了"厦门力量"、汇聚了"厦门精神"。

第五，以德扶贫激发内生动力。习近平总书记指出，"贫穷不是不可改变的宿命。人穷志不能短，扶贫必先扶志。没有比人更高的山，没有比脚更长的路"。临夏市在脱贫攻坚的决胜时期，显现出一部分家庭因"失德"陷入了贫困，经市委市政府科学分析，梳理归纳了失德致贫的13种表象，提出了"以德扶贫"理念，量身定制了帮扶方案。全市3402名帮扶干部，认真落实以德扶贫方案，进村入户，一对一、面对面开展联系帮扶，着力从"立志""树志""强志"入手，激发内生动力。在帮扶带动中，切实改变简单给钱、给物、给牛羊的做法，采用生产奖补、劳务补助等机制，不大包大揽，不包办代替，积极教育和引导广大群众用自己的辛勤劳动实现脱贫致富。临夏市通过打开一道心结，建立一种责任，树立一种信心，指出一条门路的"四个一"为载体的以德扶贫模式，达到了立志立德的目的，不仅为我市脱贫攻坚蹚出了新路，更为全州乃至全省创出了脱贫攻坚的经验。

平稳过渡，提升脱贫质量和成色

习近平总书记指出，"全面实施乡村振兴战略的深度、广度、难度都不亚于脱贫攻坚"。全市各级党组织要进一步提高思想认识，把乡村振兴作为新时代"三农"工作的总抓手。习近平总书记高度重视"三农"工作，特别是党的十九大以来，对实施乡村振兴战略作出许多重要指示，科学回答了为什么要振兴乡村、怎样振兴乡村等一系列重大认识问题和实践问题。

习近平总书记和党中央未雨绸缪，为我们描绘了宏伟蓝图，党中央出台的《中共中央　国务院关于全面推进乡村振兴加快农业农村现代化的意见》明确指出："对摆脱贫困的县，从脱贫之日起设立5年过渡期，做到扶上马送一程。过渡期内保持现有主要帮扶政策总体稳定，并逐项分类优化调整，合理把握节奏、力度和时限，逐步实现由集中资源支持脱贫攻坚向全面推进乡村振兴平稳过渡，推动'三农'工作重心历史性转移"。做好巩固拓展脱贫成果同乡村振兴有效衔接，首先，政策不能变，务必坚持过渡期内"摘帽不摘责任、摘帽不摘政策、摘帽不摘帮扶、摘帽不摘监管"，充分利用好"5年过渡期"的政策红利，切实做到不改政策、不变方向，不减力度。乡村振兴的前提就是要进一步提高脱贫的质量和成色，坚决守住不发生规模性返贫的底线，持续对建档立卡户动态监测，重点关注"两类户"、特殊困难群体、遭受大灾、罹患大病的农户，继续完善防止返贫监测和帮扶机制，通过探索建立"防贫"保险,对所有建档立卡户和边缘户筑牢返（致）贫的"防护堤",进一步增强易（返）贫人口的抗风险能力。同时坚持驻村帮扶队伍不撤、力量不减,继续保持好帮扶责任人与贫困户结对帮扶关系,靠实帮扶责任人责任,帮扶责任人至少一月一次入户了解户情实际,发现问题,解决问题,限时逐一对账销号,持之以恒抓好结对帮扶工作,进一步巩固提升脱贫质量。

重心转移,向着乡村"五大振兴"不断奋进

当前,我国正处在脱贫攻坚与乡村振兴两大战略的政策叠加期、历史交汇期,二者互为支撑、有机融合的局面日渐形成。脱贫攻坚的全面胜利为乡村振兴奠定了坚实的基础,积累了宝贵的经验。《周易》中有句话:"引而伸之,触类而长之,天下之能事毕矣。"怎样保持临夏市取得的脱贫攻坚成果、怎样提高脱贫攻坚质量成色、怎样用脱贫智慧"武装"乡村振兴,在乡村振兴战略的实践中应当怎样干、干什么就成了重点。

立足"产业兴旺"这个根本,让产业优起来。产业兴旺,是解决农村一切问题的前提。乡村振兴的根本在于乡村产业的兴旺,而产业兴旺则源自乡村现有资源利用和产业结构调整。乡村产业做大做强不仅要顺应产业发展规律,因地制宜、因村施策,深入挖掘地方优势特色产业,形成品牌、规模效应,让农业成为有奔头的产业,让农民成为有吸引力的职业,让农村成为安居乐业的美丽家园,促使农业现代化水平全面提升,农业产业链条不断延伸,农业的功能和价值得到拓展和掘深。产业是发展的根基,产业兴旺,农民收入才能稳定增长,临夏市充分利用自身优势,立足实际,大力开展产业结构调整,不断推广"玉米改花、改菜"、高原西瓜种植等,打造集赏景游乐美食为一体的休闲农业等,结合特色村寨保护、旅游景点打造,发展以高品质星级农家乐为主的乡村游,以特色村寨为主的民俗游,以采摘农业、农耕体验、鱼池垂钓等为

主的农业生态体验游和商企观光游等旅游新业态，探索培育了妥家金色草滩、杨家杏花岭、魅力折桥湾、慈王农庄、王坪牡丹等文化旅游项目和品牌，发展了特色农家乐茶园371家，带动了周边近4000名群众增收致富。巩固拓展脱贫成果有效衔接乡村振兴的实践探索中，市委市政府积极谋划，依托临夏市独特的牡丹文化和民俗文化，大力发展节会经济，成功举办河州牡丹文化月、临博会等盛大节会活动，建成一批依托美丽乡村、"旅游＋扶贫＋乡村振兴"为模式的特色乡村旅游景区，促进旅游产业和富民产业融合发展，推进折桥镇、南龙镇农业生态休闲观光产业，成功培育牛乐园、羊博园、河州小镇、金色花海等文化旅游项目，结合《全市乡村旅游发展规划》编制，着力打造升级12个旅游重点村、20个乡村振兴示范村，有效带动周边贫困群众致富增收。在金色草滩基础上全力建设"龙凤山生态旅游景区"，打造为"一个城市形象的展示窗口、一个文化艺术的传承载体、一个引领城市未来的活力区域、一个人与自然共融的生态空间"。在枹罕镇倾力打造5000亩牡丹文化产业园，配套观光栈道、观光车等旅游设施，打造成集育苗、生产、科技研发、品种保护、旅游、销售为一体的现代农业全产业链基地，就如名画《富春山居图》展示的景色一样，真正把"龙凤山生态旅游景区"建设成"花儿之乡、牡丹之乡、彩陶之乡"，打造现代版"富春山居图"，通过发展农业产业推动旅游扶贫，有效带动农户增收、农村变美、生态宜居、环境优美的新风貌、新格局。

夯实"生态宜居"这个基础，让生态美起来。习近平总书记强调："建设好生态宜居的美丽乡村，让广大农民在乡村振兴中有更多获得感、幸福感。"生态兴则文明兴，生态衰则文明衰。促使乡村生态宜居要着力在打基础、利长远的事情上下功夫，发扬钉钉子精神，一茬接着一茬干，一张蓝图绘到底，实现让村民"望得见山，看得见水，记得住乡愁"。要分类有序推进农村厕所革命，因地制宜建设污水处理设施，健全农村生活垃圾收运处置体系，让农村更宜居、更宜人。实现生态宜居这个目标，要进一步健全完善农村垃圾"户收集、镇清运、市处理"的长效管理模式，推进行政村垃圾分类投放、集中收集的全域覆盖。加强村容村貌管理，集中整治农村环境乱象，彻底拆除残垣断壁，坚决消除"视觉贫困",实现村容风貌整洁有序,农户庭院洁净美观,卫生厕所合理配建,垃圾污水有效处理,面源污染得到治理,文化遗迹合理保护,村庄建设与产业发展协调推进,创建一批高质量景区村庄,落实"绿水青山就是金山银山"理念。

抓住"乡风文明"这个关键,让文化兴起来。习近平总书记指出:"要推动乡村文化振兴,加强农村思想道德建设和公共文化建设,以社会主义核心价值观为引领,深入挖掘优秀传统农耕文化蕴含的思想观念、人文精神、道德规范,培育挖掘乡土文化人才,弘扬主旋律和社会正气,培育文明乡风、良好家风、淳朴民风,改善农民精神风貌,提高乡村社会文明程度,焕发乡村文明新气象。"文化是一个国家、一个民族的灵魂。乡风文明程度的高低是判断农村现代化的重要因素之一,是乡村振兴的灵魂所在,乡村文化建设是乡村发展的短板,创建"有品质"的乡村、创建"有风骨"的乡村、创建"有活力"的乡村成为当务之急。加强新时代乡风文明建设,既要"塑形",也要"铸魂",要通过采取符合农村特点,农民群众喜闻乐见的有效方式,做到寓教于理、寓教于情,不断滋润人心、德化人心、凝聚人心,深入开展习近平新时代中国特色社会主义思想学习教育,拓展新时代文明实践中心建设,深化群众性精神文明创建活动。建强用好市级融媒体中心、镇村"两微一端"新媒介,在乡村深入开展"听党话、感党恩、跟党走"宣讲活动。深入挖掘、继承创新优秀传统乡土文化,把保护传承和开发利用结合起来,赋予中华农耕文明新的时代内涵,持续推进农村移风易俗,推广积分制、道德评议会、红白理事会等做法,加大高价彩礼、人情攀比、厚葬薄养、铺张浪费、封建迷信等不良风气治理,让文明乡风、良好家风、淳朴民风入脑入心,为乡村振兴注入文化自信,提振精气神、增强凝聚力。继续扩大脱贫成果宣传力度,不断深化"以德扶贫"工作,持续坚持物质扶贫与精神扶贫双管齐下,不断推动农村精神文明建设取得新成效。让村民知政治情、政策情、成效情和个人情,群众对政策的知晓度、参与度和支持度明显提升。让思想僵化、观念陈旧、不思进取的贫困群众稳固脱贫,在各村树立脱贫先进典型,大力宣传致富经验,用干部真情开化其思想,用典型经验激励其信心。

强化"治理有效"这个保障，让人才聚起来。习近平总书记指出："要组织和动员有志于为党和人民建功立业、做一番作为的干部到西部地区来"。为政之要，惟在得人，人才作为乡村治理中最活跃的因素，是乡村有效治理的核心所在。破解人才引得来、干得好、留得住是乡村振兴战略能够顺利实施的前提保障，破解这个难题就要实行更加积极有效的人才政策，以识才的慧眼、爱才的诚意、用才的胆识、容才的雅量，选好人才、育好人才、用好人才、留好人才，为乡村振兴提供坚实的人才支撑。在产业振兴的过程中，离不开人才保障，尤其需要巩固扶智、扶志成果，继续发挥产业人才、技术人才、致富带头人、脱贫示范户的带动作用。另外，要注重基层治理干部队伍的培养。让基层懂政治、有激情、愿干事、能干事的人才持续发挥作用，在巩固脱贫攻坚成果和乡村振兴的衔接中，淬炼造就更多优秀人才，激活基层人才选拔的"一池春水"，培养造就一支懂农业、爱农村、爱农民的"三农"工作队伍，为乡村注入新鲜"血液"。在持续引进农业农村工作专业人才、引进高新科学技术的基础上，要进一步加强培训教育，打造一支素质优良的"领头雁"队伍。

　　着眼"生活富裕"这个目标，让组织强起来。习近平总书记指出："在接续推进乡村振兴中，要继续选派驻村第一书记，加强基层党组织建设，提高基层党组织的政治素质和战斗力。"火车跑得快，全靠车头带，基层党组织，是实施乡村振兴战略的"主心骨"，农村基层党组织强不强，基层党组织书记行不行，直接关系乡村振兴战略的实施效果好不好。要以村"两委"换届为契机，抓住支部书记这个关键，突出政治标准选优配强村"两委"队伍，持续开展支部标准化、规范化建设，坚持党建引领，不断提升基层党组织服务群众能力，确保每一个支部都硬起来、强起来。建设好村党支部作为基层治理体系的重要阵地，完善充实好服务事项，提高为民服务水平，增强为民服务的精准性和实效性。在接续推进乡村振兴中，要继续选派驻村第一书记，加强基层党组织建设，提高基层党组织的政治素质和战斗力，充分发挥农村基层党组织领导作用，持续抓党建促乡村振兴。选优配强领导班子、村"两委"成员特别是村党组织书记，加大在优秀农村青年中发展党员力度，加强对农村基层干部激励关怀，提高工资补助待遇，改善工作生活条件，切实帮助解决实际困难，不断推动基层党组织"战斗堡垒"作用。

实现乡村振兴战略，非一日之功、非一春之暖，还要拿出踏石留印、抓铁有痕的劲头，持续发扬钉钉子精神，锲而不舍、驰而不息的共同努力下去，走过千山万水，还需跋山涉水。展望未来，我们没有任何理由骄傲自满、松劲歇脚，必须乘势而上、再接再厉、接续奋斗。民族要复兴，乡村必振兴。当前，全面推进乡村振兴的蓝图已经绘就，我们要有"过了一山再登一峰"的魄力，以更加有力的举措、更加强大的力量持续推进，才能够绘就壮美的乡村振兴画卷，让老百姓的日子越过越红火。

奋力绘就高原藏乡高质量脱贫的时代画卷

李鹏

2020 年 2 月 28 日，经甘肃省政府批准，天祝藏族自治县退出贫困县序列。这个由周恩来总理亲自命名的全国第一个少数民族自治县，历史性地告别了绝对贫困。

在全国脱贫攻坚战取得全面胜利之际，能够得到党中央、国务院的表彰奖励，荣获全国脱贫攻坚先进个人称号，我感到十分荣幸和非常自豪。这既是一份崇高的荣誉，也是一种充分的肯定；既是一层亲切的关怀，更是一番适时的激励。我深深地知道，这份荣誉是天祝 23 万各族干部群众共同进取创造的佳绩、共同奋斗取得的硕果。

步入大会堂，我们深情回顾气吞山河的壮阔行进，由衷赞叹彪炳史册的人间奇迹

2021 年 2 月 25 日，全国脱贫攻坚总结表彰大会在北京隆重举行。习近平总书记在大会上发表重要讲话，站在党和国家事业发展全局的战略高度，充分肯定了脱贫攻坚取得的伟大成绩，深刻总结了脱贫攻坚的

光辉历程和宝贵经验，深刻阐述了脱贫攻坚伟大斗争锻造形成的脱贫攻坚精神，对巩固拓展脱贫攻坚成果、走中国特色社会主义乡村振兴道路、促进全体人民共同富裕提出了明确要求，极大振奋了中华儿女追梦圆梦的决心和信心，极大激发了亿万人民接续奋斗的士气和干劲。

历史一定会记住这一天。因为这是千百年来人人都盼望的日子，是和雪域高原、戈壁沙漠、悬崖绝壁、大石山区的乡亲们，都息息相关的日子。960多万平方公里大地上，每个人都是这场伟大史诗的参与者、见证者、书写者。

一生一次，一次一生。

当天，我在北京人民大会堂参加了这次表彰大会，并荣获全国脱贫攻坚先进个人荣誉称号，感到十分荣幸和自豪。

一大早，在北京和煦的春风里，我和来自全国脱贫攻坚各条战线的代表们走进人民大会堂，心情非常激动。

10时30分，大会开始。解放军军乐团奏响了《义勇军进行曲》，全场起立高唱国歌。从那一刻起，许多人的眼眶就已经湿润了。

在经过了宣读有关决定和颁奖环节后，习近平总书记在全场热烈的掌声中发表了重要讲话。

"一部中国史，就是一部中华民族同贫困作斗争的历史。"大会上，随着总书记的讲述，很多人当场流下了眼泪。只有亲身经历过，才能真正知道脱贫攻坚的艰难，老百姓以前的那些"穷窝子""苦日子"好像就在我们眼前。

"没有农村的小康特别是没有贫困地区的小康，就没有全面建成小康社会"，"贫穷不是社会主义"……当习近平总书记在大会上重温这些大家早已记在心里的话时，我们在静静聆听的同时，也有着同样的感慨、同样的共鸣。习近平总书记坚定地说：

"脱贫攻坚的阳光照耀到了每一个角落，无数人的命运因此而改变，无数人的梦想因此而实现，无数人的幸福因此而成就！"

"脱贫地区处处呈现山乡巨变、山河锦绣的时代画卷！"

话音还没有落下，潮水般的掌声就在会场回响起来。

12点的钟声敲响，会场内的我们仍然在感悟着、思索着、共鸣着、振奋着。

"征途漫漫，惟有奋斗。全党全国各族人民要更加紧密地团结在党中央周围，坚定信心决心，以永不懈怠的精神状态、一往无前的奋斗姿态，真抓实干、埋头苦干，向着实现第二个百年奋斗目标奋勇前进！"

在长时间的热烈掌声中，习近平总书记站起身，面向会场内外的亿万人民，深深鞠了一躬。

走出庄严的人民大会堂，我心潮澎湃，久久难以平静，由衷地感到，这的的确确是波澜壮阔的征程，这真真正正是奋发有为的时代！在激动和振奋的同时，我深切地感受到：

（一）党的全面领导是取得这场攻坚战全面胜利的坚强核心。八年时间近一亿人口脱贫，实现了一个民族不能少、一个人不落的宏伟目标，这是在党中央集中统一领导下，全党全社会齐心协力攻坚克难的结果，充分彰显了坚持中国共产党领导的最大政治优势、组织优势。天祝各族人民永远感恩共产党、始终紧跟总书记。

（二）集中力量办大事是取得这场攻坚战全面胜利的制度优势。全国上下一条心、各行各业总动员，开展结对帮扶、定点扶贫，源源不断的人才、资金、技术流向我们深度贫困地区。有了各方面的强大支援，全县干部群众更有底气、更有信心同贫困展开殊死较量。

（三）人民群众是取得这场攻坚战全面胜利的真正英雄。通过反复深入的宣传动员，让贫困人口的心热起来、行动起来，激励广大群众艰苦奋斗、苦干实干，最终依靠千千万万人的勤劳和智慧，绘就了高原藏乡山乡巨变、山河锦绣的时代画卷。我们更加坚信，人民的力量一旦被激发出来，就有着改天换地的伟力。

（四）获得最高荣誉既是激励更是鞭策。在人民大会堂聆听习近平总书记重要讲话，获得全国脱贫攻坚先进个人至高荣誉，十分感慨而自豪，更加坚定了我们永远跟党走的思想自觉和行动自觉。我一定倍加珍惜组织的信任、人民的重托，大力弘扬脱贫攻坚精神，在推动巩固拓展脱贫攻坚成果同乡村振兴有效衔接中创造无愧于党和人民的新业绩。

回望来时路，我们协力书写振奋人心的脱贫答卷，扎实走过追梦圆梦的精彩历程

脱贫摘帽，是写在天祝藏族自治县发展历程中浓墨重彩的一笔。

国定"三区三州"、省定"两州一县"深度贫困县——这曾是属于天祝县的贫困标签。

2018年11月，在天祝脱贫攻坚最吃劲的时候，组织上派我到天祝这个美丽的高原藏乡担任县委书记，担起了带领全县23万各族群众摆脱贫困的历史重任。

刚一上任，我就和常委一班人把脱贫攻坚确定为首要政治任务、头等大事和第一民生工程，把习近平总书记关于扶贫工作的重要论述和中央、省委、市委决策部署，与天祝贫困实际紧密结合起来，精心谋划完善抓落实的组织体系，细化实化方法措施，在"开药方"上深入思考、在"拔穷根"上下大苦功、在"补短板"上出招支招。

通过不懈努力，全县贫困人口全部脱贫，86个贫困村全部退出，贫困发生率由33.8%下降至零，向全县人民交出了一份满意的答卷。在决战决胜脱贫攻坚工作中，主要做了以下几方面的工作。

（一）"十个体系"织网络

天祝县有好多乡镇乱石如麻，石头与石头缝隙里，除了泥巴，还夹杂着苍凉与无奈。脱贫攻坚已到紧要关头，把19个乡镇跑一遍，面对面落实工作，成为我心中坚定的信念。2019年12月16日晚，我谋划着第二天去一趟东坪。

其实，牵挂东坪的脱贫工作已经不是一天两天了，四个月前，我就在贾金秀家喝茶聊教育，干净的院落、满墙的奖状和祖孙俩清贫却努力生活的样子让我非常难忘。

第二天早晨 6 点，推开窗户一看，天空中飘落着雪花。扶贫工作开展得怎么样了？群众的冬天温暖吗？去东坪的心情突然更加迫切了，天还没亮，我就向着东坪出发了。

定规划、跑项目、办实事、解难题……两年来，仅仅在东坪这样脱贫任务重的乡镇，我就调研走访了 20 多次，易地扶贫搬迁的重点乡镇之一的松山镇更是高达 80 多次。

乡镇党委负责人每次遇到难啃的"硬骨头"时，我都会点对点、面对面地与他们沟通、交流，提出意见建议，好让他们有"主心骨"、推进工作有抓手。

按照"五级书记一起抓"的责任体系和市县抓落实的工作机制，我和常委一班人扎根基层、对症下药，组织构建下沉一级的指挥体系、科学管用的施工体系、逐级背书的责任体系、盯户抓村的主责体系、行行达标的专责体系、联户帮村的帮扶体系、进脑入心的宣传体系、从严从实的质量体系、真抓实干的作风体系、失职追责的督导体系"十个体系"，把攻坚责任靠实到每一个单位、每一个岗位、每一名干部，织密了横向到边、纵向到底、精准调度、高效协同的脱贫攻坚责任网络。

为了全面夯实整县脱贫摘帽的基础，我当好"一线总指挥"，安排县级领导干部担任县脱贫攻坚领导小组 12 个专责组组长，部署开展"乡镇吹哨、部门报到"脱贫攻坚解难题专项行动，逐村逐户逐人逐项"过筛子"，切实补齐"两不愁三保障"短板弱项。

（二）"八大产业"夯基础

经历过苦日子的人都说："贫有百样，困有千种。"贫困地区只有通过发展产业，才能实现永久脱贫。发展产业是打赢脱贫攻坚战的根本之策，也是乡村振兴的长远之计。

面对天祝县海拔高、气候冷凉、自然灾害多发的难题，我和常委一班人深入天祝县每一个角落，提出了"扬长避短、特色发展，体系支撑、主体集群，量化赋能、品牌提升，差别扶持、能人引领"的发展思路，培育壮大"独一份"的白牦牛产业、毛肉兼用的高山细毛羊产业、全产业链的金鸡产业、"特别特"的岔口驿马产业、绿色有机高原夏菜产业、"错峰头"的食用菌产业、健康美丽的藜麦产业、高原净土中药材产业"八大产业"和高原百合、菜用蚕豆、藏地雪鸡、蕨麻土猪、野生山菌"五小产业"。同时，我们主导推广"订单＋保单"的"两单"模式，以"订单"保销售，以"保单"抗风险，让农牧民放心大胆地抓产业促增收。

安远镇乌鞘岭村村民关俊文种了20亩高原夏菜，还养了100多只羊，2020年收入20多万元，当年9月添置了家里的第一辆小汽车，再也不用出外打工了。松山镇鞍子山村村民赵富德注册成立家庭农场，规模化、标准化、集约化养羊，2020年收入了30多万元。哈溪镇古城村村民陈钰凤在镇上的食用菌产业园包棚种香菇，2020年5个棚进账9.7万多元。打柴沟镇打柴沟村村民沈霞，仅种高原夏菜红笋的收入就超过了20万元，平均每亩收入过万元。石门镇石板湾村村民李怀智养马贩马，每年收入近30万。大家都说："县上扶持发展产业的政策很暖心，就像阳光一样，照耀和温暖着我们每一个普普通通的奋斗者。"

近年来，全县引进培育农业产业化龙头企业31家，吸纳入股资金1.67亿元，累计分红1300余万元，规范提升农民专业合作社1055家，培育发展家庭农场1728家，全县特色农作物种植面积达64万亩，重点畜禽饲养量达293万头只，为农牧民群众脱贫增收提供了有力支撑。天祝县成功誉名中国高原藜麦之都、中国高原食用菌之乡、中国高原夏菜之乡、中国走马之乡，天祝白牦牛、天祝藜麦入选"甘味"知名农产品目录。

（三）"五种办法"补短板

石门镇宽沟村石板湾组年仅八岁的刘永晶因为身患疾病行动不便，不能到学校去上课，宽沟教学点就坚持每周利用平板电脑送教上门，孩子的爷爷感激地说："娃娃没法在学校里念书，但老师们不仅给娃娃发了平板电脑，还每周来家里上课，这就让我们的娃娃也能接受良好教育，和其他娃娃站在同一条起跑线上了。"

"送教上门，一个都不能少。"正是把准了教育扶贫短板弱项脉搏，才有效打通了教育扶贫"最后一公里"。

在脱贫攻坚冲刺清零、决战决胜的关键阶段，我和常委一班人死死地盯住义务教育、基本医疗、住房安全、安全饮水、兜底保障五个方面的核心问题，在全面吃透政策体系、短板弱项和验收指标的前提下，努力让思路更活一些、举措再新一些，从而让政策落到地上、见到实实在在的成效。

围绕教育扶贫有学上、在上学、上好学三个重点，我们探索推行控辍保学、送教上门两个难点问题和落实"两免一补"、营养改善计划、助学贷款三项惠民政策"2+3"问题标准并联落实法，实行县、乡镇、村、村民行政线和教育主管部门、乡镇教育辅导站、学校、教师教育线"双线"并进，教科局党组成员包片、机关干部包站、辅导站长包校、校长包教师、教师包学生"五包"齐抓的"双线五包"工作责任制，保障适龄儿童少年全部接受教育。紧扣健康扶贫有地方看病、有合格医生看病、有制度保障三个重点，健全健康扶贫包保工作机制，实现了医疗卫生机构、医疗技术人员、医疗服务能力和医疗保障制度全覆盖。

同时，我和常委一班人主导实施了农村住房安全保障工程，推行"一门进、功能全、可提升、分步走"住房改造模式，改造农户住房4831户。健全"冻了管、有人管、能管好、群众满意"的饮水安全保障机制，有效解决了冻阻不通畅、季节性断水等问题。推行公建民营医养结合、公立机构兜底保障、幸福大院就近照护"三种模式"，"以政策'组合拳'筑牢残疾人社会保障网"入选全国第一批农村公共服务典型案例。

（四）"七项举措"生动力

面积达610平方公里的毛藏乡在祁连山的深处，只居住着1300人，地广人稀，最远的一户牧民群众距离乡政府80公里，出门办事非常不容易。一次调研时，我在毛藏徒步行走了10公里，亲身感受到了这些分散居住的农牧民出门办事的难处。怎么办？我提出建个"流动惠民服务大厅"上门服务，从此一举解决了长期困扰 400 多户居住分散牧民出行、采购、办事等的"心头病"和"头疼事"。

脚下沾有多少泥土，心中就沉淀多少真情。贫困群众是脱贫攻坚的对象，更是脱贫致富的主体。为消除贫困户"干部干，群众看""揣着手等，背着手看""靠着墙根晒太阳，等着别人送小康"等错误思想，我和常委一班人提出实施"精神扶贫工程"，采取宣传引导、项目扶持、资金监督、结对帮扶、以小带大、社会动员、典型引领"七项举措"，让贫困群众的心热起来、志立起来、手动起来，激发出了内生动力。

西大滩镇群众杨有拉坚强面对妻子患肺包虫病花光积蓄治疗、儿子遭遇车祸三年卧床不起的困难，苦干实干发展养殖业，带着全家人走出困境，他相信只要心不穷，日子总会好。东大滩乡马生才、马生禄两兄弟身残志不短，主动向村委会、乡政府递交退出低保的申请，将一个家庭战胜贫穷的志气写在了薄薄的一页纸上。天堂镇残疾老人李洪录用一个小本子详尽记录了 14 年来享受低保金的情况，上面写着"感恩清单"四个大字，他说："不能一直靠低保金维持家庭生活，有了政府帮助搭建的温室大棚，一定要用双手改善自己的生活。"

与此同时，我们还创新设立乡镇"道德储蓄所"，对道德行为进行量化积分，实行积分兑换实物的关爱回馈机制，把社会主义核心价值观变成群众看得见、做得到、可量化的评价体系，努力推动"人人养成好习惯，村村形成好风气"；推行道德"红黑榜"，引领时代新风尚，为决战决胜脱贫攻坚，推进乡村振兴战略提供持久动力。

（五）"一套机制"筑堤坝

"一天工资 100 多，'就业超市'实打实为我们解决了就业问题……"2020 年 5 月 6 日，天祝县首家就业创业服务超市刚刚开张，56 岁的华藏寺镇栗家庄村村民王福国就找到了心仪的工作。

华藏寺镇周家窑村村民赵江玲 2020 年 3 月被查出脑部患有肿瘤，治疗花去 8 万多元，基本医保和大病保险报销后，自付 5000 多元。作为家里主要的劳动力，赵江玲病倒就意味着家里失去了收入来源，一家人都犯了愁。2020年10月25日，她申请的1.2万元"防贫保"理赔款，也是天祝县首笔理赔的"防贫保"到账了，赵江玲的女儿董玲玉感激地说："这笔救助金解决了我们的燃眉之急，感觉就像一股暖流。"

经过不懈努力，天祝县摘掉了贫困县的"帽子"，脱贫攻坚取得决定性进展，但我们没有停下前进的脚步，而是在健全完善防返贫机制上再下功夫。以义务教育、基本医疗、稳定就业、兜底保障为重点，采取常态化监测、实时化预警、精准化帮扶、一体化落实、清单化作战，全面巩固提升脱贫成果。建立健全巩固脱贫成果防止返贫监测和帮扶机制及防返贫保险、村集体经济收益扶持兜底保障户、产业培育小额贴息贷款扶持、创业就业综合服务和贫困人口参与项目建设的"1+5"防返贫工作机制，通过办保险、贴利息、兴产业、稳就业、促创业政策"组合拳"，托住收入底线，提升脱贫质量。同时，组织各级干部深入开展以"回头看、补短板，打基础、奔小康"为主题的"一个也不能少"的关爱行动，不断地查隐患、补短板、强弱项，筑牢了防贫堤坝，巩固了来之不易的脱贫成果。

奋进新征程，我们念兹在兹谨怀一颗感恩之心，矢志不忘奋斗征程的雄心壮志

党的十八大以来，党中央把脱贫攻坚摆在治国理政的突出位置，习近平总书记亲自挂帅、亲自出征、亲自督战，强化中央统筹、省负总责、市县抓落实的工作机制，构建了五级书记抓脱贫、全党动员促攻坚的局面。聚焦深度贫困地区，尤其是少数民族集中聚居的"三区三州"，中央主导制定了三年脱贫攻坚实施方案，新增脱贫攻坚资金、项目，建立适应少数民族地区脱贫攻坚需要的支撑保障体系，为我们打赢打好脱贫攻坚战提供了思想指引、行动指南和政策支持。

省委、省政府鲜明树立不获全胜决不收兵的攻坚制胜导向，统筹强化精准帮扶、产业扶贫、基层队伍等方面制度供给，砸锅卖铁扶持发展扶贫产业，敢死拼命推进"3+1"冲刺清零专项行动及后续行动，圆满实现"两不愁三保障"清零达标。聚焦深度贫困，将政策、资金、项目、力量等集中倾斜摆布到"两州一县"，省级领导亲自督战，推进扶贫产业培育、基础设施建设、公共服务提升、社会事业发展，有力支持我们攻克深度贫困堡垒。

市委、市政府集中主要精力抓脱贫攻坚，指引生态优先、绿色发展之路，完善市县抓落实的管理体制，组织实施易地扶贫搬迁等重点工程，聚力打造"三大特色产业带"，发展壮大"8+N"主导产业。2017年以来，市委书记先后42次到天祝调研督导脱贫攻坚工作，帮助引进培育藜麦特色产业，全方位指导推进"两不愁三保障"任务落实。时任市长先后40次深入到我县贫困村、产业园区、龙头企业等，指导发展食用菌产业，现场调度具体工作。市人大、市政协大力关心支持天祝脱贫攻坚，组织人大代表、政协委员开展调研、视察等活动，提出富有价值的意见建议。市直部门、单位投入大量人力、物力、财力，支持实施易地扶贫搬迁、扶贫产业培育等一大批脱贫攻坚项目，扶持建设了南阳山移民安置区、南阳山移民安置区供水工程等大型民生工程，推进德青源金鸡产业园、藜麦科技扶贫产业园等项目落地实施，结出了很多丰硕成果。2019年底，天祝县如期实现整县脱贫摘帽，向党中央、国务院和省委省政府、市委市政府交上了一份满意的答卷。

天祝脱贫攻坚取得的成就，从基层一线、少数民族地区、高原藏乡生态功能保护这几个层面生动反映了我们党领导人民向贫困宣战的宏伟实践，充分彰显了中国共产党领导和中国特色社会主义制度的显著优势。习近平总书记对甘肃亲切关怀，中央和省、市给予我们大力支持，脱贫攻坚的阳光照耀着华锐大地，为我们战胜深度贫困提供了不竭动力。

这一路走来，有欣喜，也有劳累；有收获，也有付出，但我们走得深刻而坚定，这是人民事业的重要一段，也是我个人成长的关键一程。

就像我刚开始时说的："一生一次，一次一生。"这八个字是我走出人民大会堂时，在脑海中突然冒出的，也反映了我的心路历程。获得这么高的荣誉，对我一个基层干部来讲，一生可能只能有一次，也是万幸之幸，但这份荣誉和肯定，将会永远激励我厚植人民情怀，紧跟时代步伐，锤炼过硬本领，锻造务实作风，更好不负人民、服务人民。

征途漫漫，唯有奋斗。脱贫攻坚是旷世伟业，为了兑现党对亿万人民许下的庄严承诺，为了创造更美好的生活，数百万扶贫干部倾力奉献、苦干实干，贫困群众自立自强、自力更生，全社会同心同向、合力攻坚，我只是其中的一员。坚决打赢脱贫攻坚战、实现全面小康是政治责任，是职责所在，是民生誓言。我将倍加珍惜组织的信任、人民的重托，大力弘扬"上下同心、尽锐出战、精准务实、开拓创新、攻坚克难、不负人民"的脱贫攻坚精神，以更加昂扬的精神状态、更加扎实的工作作风与全县干部群众共同努力打造乡村振兴的天祝样板！

巾帼不让须眉　奉献点亮青春

郭小玲

　　我叫郭小玲，2000年8月参加工作，2013年5月从乡镇调到县扶贫办工作，现任甘肃省康乐县扶贫开发综合服务中心主任。

　　自脱贫攻坚工作开展以来，我始终将脱贫攻坚作为最大的政治任务，狠下一条心，敢啃硬骨头，紧紧围绕"两不愁三保障"总体目标，大胆探索，勇于创新，以"白天黑夜连轴转、周六周日正常干"的拼命精神，为全县脱贫攻坚工作贡献了自己的力量。

刻苦钻研　增长才干

　　参加工作以来，我不管工作再忙，时间再紧，始终牢记使命担当，坚持学习习近平总书记关于扶贫工作的重要论述，深入学习中央、省州脱贫攻坚各项理论成果和部署要求，熟悉和掌握了精准扶贫、精准脱贫有关政策要求、指示精神、基础理论和基本知识，努力掌握马克思主义的立场、观点、方法，掌握党的基本理论的科学体系和精神实质。作为县级脱贫攻坚领导小组办公室年度项目计划编制和项目库建设管理人员，坚持学习精准扶贫精准脱贫业务知识，特别是"三区三州"和"两州一县"相关业务知识，先后创新实践总结出项目资金和项目库管理"43334"（"四个结合"：与三年规划相结合、与脱贫攻坚目标任务相结合、与贫困群众需求相结合、与"一户一策"帮扶计划相结合；"三级审定"：村申报、乡审核、县审定；"三个一批"：成熟一批、入库一批、实施一批；"三个不列入"："负面清单"项目不列入、对项目库中没有的项目不列入、对不符合脱贫攻坚目标要求的项目不列入；"三个不能变"：项目实施周期不能变、涉农账户资金滞留周期不能变、验收报账程序不能变；"四项保障"：建立工作推进机制、建立项目绩效评价机制、建立公示公告公开机制、建立跟踪审计监督机制）工作法，确保项目资金发挥最大最优效益。

心系群众　扎根基层

我出生在一个偏僻的小山村，小时候经历过吃不饱穿不暖的艰苦生活。上学要往返十多里路，经常含着眼泪看着自己冻得发红的手和红肿的脚，和伙伴们一起前行。在万分痛苦的煎熬中，从来没有放弃过读书的念头，"唯有上学才能改变自己的命运"成为我始终坚持的信念。

2000 年 8 月中专毕业后，我成为一名乡镇干部。我深深地知道自己的"根"就在这片田野上，就在每家每户的炕头和饭桌之间，在他们无数次的欢颜和怒骂的情绪里，我一次次走在乡间走进村户，看着那些贫困群众艰辛的生活，每一次在不停地安慰过后就是向乡上申请解决他们面临的困难。而我觉得自己做得很不够，还没有真正帮助他们解决生产生活中存在的难题、改善家庭的贫困面貌。在领导和同事们的传、帮、带下，我边学边做，尽快厘清了工作思路，适应了工作环境，并迅速成长为一名脚踏实地、敢于吃苦、甘于奉献的工作标兵。日常的生活和工作中，我认真履职、作风严谨，同广大群众谈心思、听诉求、想办法，为全乡广大群众脱贫致富和经济社会持续发展倾注了全部心血和真情。

2013 年 5 月，我调到康乐县扶贫开发办公室工作。在扶贫路上，我牢记习近平总书记"小康不小康，关键看老乡"的谆谆教诲，把群众的温饱、疾苦记在心间，经常帮助解决生活中的困难。脱贫攻坚的标准就是稳定实现贫困人口的"两不愁三保障"，安全住房都保障不了，怎么脱贫？工作中，我负责项目前期的规划和扶贫资金的计划编制，我深深知道，脱贫攻坚是让群众改变命运和过上幸福美好生活的唯一途径。我时刻想着通过努力帮助他们摆脱贫困，尽快使他们过上更好的生活。长期以来，我认真研究学习上级的文件和承担的每项工作任务，总是想方设法地把扶贫政策理解精准，对无法理解的知识总是多方面查找资料和打电话询问省州业务部门的同人，寻求他们的帮助和指导，使自己将工作谋划地更好更精确，从而能把最好的工作思路建议给单位决策，希望尽一切可能帮助那些还在贫困生活中的群众早日解决遇到的困难。

牢记使命　勇于担当

脱贫攻坚战，是一场输不起、等不得、没有退路的背水之战。作为一名基层扶贫干部，我始终树牢"四个意识"，坚定"四个自信"，做到"两个维护"。思路决定出路，始终牢固树立全心全意服务农村、为人民服务的宗旨，充分发挥所学之长，以顽强的精神和坚忍的意志艰苦奋斗，努力做到不辜负组织和领导的信任，得到了乡、村干部和村民们的认可。在充分了解村情、社情、民意的基础上，主动与省州政策对接，紧紧围绕"两不愁三保障"目标，制定年度项目计划和三年规划，全面推进脱贫攻坚工作。

2015 年 11 月，我怀着身孕。可当时正是全县脱贫攻坚最吃紧最艰难的时候，县委书记和县长带领所有帮扶干部在精准扶贫指挥部加班加点核查建档立卡数据信息。连续一个月的攻坚作战里，我感觉自己实在坚持不住了，家里的父母和丈夫也对我多有埋怨，多次让我请假休息。

可是当我看到废寝忘食的领导和同事们伏案修改帮扶计划，时时和行业部门商定帮扶措施时的忙碌身影时，好几次我都将写好的请假条悄悄撕毁。当时的县委副书记问我，为啥不请假，我说："我真的不好意思开口，我不能拖大家的后腿。"最终，我和大家一同完成建档立卡贫困信息数据核对和贫困人口帮扶计划制定的工作任务。

特别是在 2017 年 9 月，在负责编制"三区三州"三年实施方案过程中，我深知党中央和国务院对深度贫困地区群众的特殊关怀和重大的扶贫开发工作政策机遇及历史性的发展时机，责任重大、使命光荣。但是，当方案制定的时候，才发现工作的难度远远超出了大家的想象。因为，三年时间涉及的部门和项目的种类以及资金的预算都是空前复杂的数字。需要不停地和行业部门对上报的项目和资金统计进行汇总，反复地进行对比修改。对发现的问题不断地在乡镇村社和贫困户之间聚焦再聚焦，使帮扶措施精准地对应到每个人贫困人口的身上，确保精准精细。前前后后 50 多天的加班加点，在我的坚持下终于全面完成了三年实施方案的审定工作。有同事问我，你是怎么坚持下来的，我说："现在，看着一个个完成的项目和脱贫攻坚取得的成效，看着富起来的老百姓，我是无比的激动和欣慰。回想起那些走过的历程，我不由地想了一起经历了这次攻坚战的同事和家人。那些连续加班中渴了就喝一点矿泉水、饿了就吃一口馍馍，困了就在沙发打个盹的战友和对家人无数次电话里的歉意和默默的应答，还有女儿在电话里喊着：'妈妈我想你了，什么时候回家'的期盼。我是脆弱的也是坚强的，因为我知道，我不能那样离开，千千万万个和我一样坚守在脱贫攻坚一线的扶贫工作者，正向战胜最后的贫困发起总攻。"

我的脱贫攻坚故事只是一个缩影。体现了我对党的无限忠诚和对扶贫事业的追求，也是一个困难孩子对美好幸福生活的渴望。作为千万扶贫干部中的一名代表，我有幸参加了在北京人民大会堂举行的全国脱贫攻坚总结表彰大会，现场聆听了习近平总书记的重要讲话，习近平总书记庄严宣告："脱贫攻坚战取得全面胜利，区域性整体贫困得到解决，完成了消除绝对贫困的艰巨任务，创造了又一个彪炳史册的人间奇迹！"习近平总书记用"上下同心、尽锐出战、精准务实、开拓创新、攻坚克难、不负人民"这 24 个字，高度概括了脱贫攻坚精神。回顾亲身参与、经历、见证的这场人类减贫史上波澜壮阔的伟大实践，我心潮澎湃、激动不已。

获得全国脱贫攻坚先进个人称号，这份荣誉不仅属于我，更应该属于大家，脱贫摘帽不是终点，而是新生活、新奋斗的起点，我将以饱满的热情、昂扬的斗志，全身心投入到乡村振兴工作中，为广大群众过上好日子作出更大的贡献。

誓与脱贫攻坚共进退

马占山

2021 年 2 月 25 日是一个值得全国人民终生难忘，特别是值得我们扶贫人永远铭记在心的伟大日子，这一天，全国脱贫攻坚总结表彰大会在人民大会堂隆重召开，习近平总书记庄严宣告：经过全党全国各族人民共同努力，在迎来中国共产党成立一百周年的重要时刻，我国脱贫攻坚战取得了全面胜利，现行标准下 9899 万农村贫困人口全部脱贫，832 个贫困县全部摘帽，12.8 万个贫困村全部出列，区域性整体贫困得到解决，完成了消除绝对贫困的艰巨任务，创造了又一个彪炳史册的人间奇迹！

我作为全国脱贫攻坚先进个人代表，有幸在人民大会堂参加了全国脱贫攻坚总结表彰大会，现场聆听了习近平总书记在大会上发表的重要讲话，亲身经历并见证了脱贫攻坚战取得全面胜利的伟大历史时刻，感到无比地激动、自豪和振奋。这次能够获得全国脱贫攻坚先进个人这份崇高荣誉，不仅是对我个人的最大褒奖，也是对积石山县扶贫干部的最大褒奖，更是对积石山县脱贫攻坚工作的充分肯定。这份崇高荣誉的背后，是习近平总书记和党中央对我们民族贫困地区的亲切关怀，是党中央、省委、州委、县委"一级带着一级干"的历史担当，是国家、省、州、县、乡、村各级干部"不脱贫誓不罢休"的铮铮誓言。涓涓细流，汇聚成河，正因为有无数个"小我"，才实现了脱贫攻坚的伟大使命，创造了彪炳史册的人间奇迹。

习近平总书记指出，只要我们坚持精准的科学方法、落实精准的工作要求，坚持用发展的办法解决发展不平衡不充分问题，就一定能够为经济社会发展和民生改善提供科学路径和持久动力！

作为积石山县扶贫办主任，新时期的扶贫开发工作怎么干、怎么才能干好？一直是萦绕在我心头不断思考的问题。在充分调研论证的基础上，立足县情实际，我不断创新工作思路和方式方法，在全面打赢脱贫攻坚歼灭战的关键时刻，提出县乡村三级干部"6723"工作法（"6"即县委县政府主要领导实施一周一调度、一月一分析、一月一通报、一季一小结、半年一总结、全年一终结工作机制；"7"即乡镇党委政府主要负责人实施一天一调度、一周一分析、一月一计划、一季一小结、半年一总结、一村一户一销号、全年一终结工作机制；"2"即部门主要负责人、班子成员实施一天一调度、一周一分析工作机制；"3"即村党支部书记、村主任、文书、驻村工作队队长和队员实施一天一调度、一天一日志、一月一回访工作机制），层层靠实了工作责任，构建了纵向到底、横向到边的脱贫责任体系，推动各项工作做规范、做到位，有效提高了脱贫攻坚工作质量。聚焦"县摘帽、村退出、户脱贫"各项指标，坚持从最薄弱、最不托底的地方和条件最差的村抓起，以"看房子、查孩子、摸底子、验单子、拧管子、整院子、美庄子"为内容的"七子"行动为抓手，全面摸排安全住房、义务教育、医疗保障、安全饮水、产业发展、人居环境等方面存在的短板弱项，对症下药，及时对查摆出的问题进行对账销号，确保了户脱贫、村退出、县摘帽各项指标全面完成，为高质量夺取脱贫攻坚战全面胜利奠定了坚实的基础。

为了全面巩固拓展脱贫攻坚成果，防止出现大规模返贫，我们在全省率先建立了"村有监测员、乡有复查员、县有审核员"的防贫监测体系和"户申请、村申报、乡复查、县审核"的工作机制，明确了县、乡、村三级的工作任务、监测帮扶责任、程序要求，形成了监测帮扶的工作闭环，"发现一户、监测一户、帮扶一户、动态清零一户"，做到了"早发现、早干预、早帮扶"，有效防范了脱贫人口返贫、边缘人口致贫，确保了脱贫基础更加稳固、成效更可持续。

经过五年多的坚守和努力，当看到贫困群众思想转变、扶贫产业从无到有、破旧危房焕然一新、看病就医不再困难、失辍学生重归校园、饮水安全充分保障、基础设施全面提升，当看到 10.1 万贫困人口全部脱贫、90 个贫困村全部出列、整县脱贫摘帽的历史性成就，我感到无比地欣慰和自豪。

习近平总书记指出，脱贫攻坚的阳光照耀到了每一个角落，无数人的命运因此而改变，无数人的梦想因此而实现，无数人的幸福因此而成就！

在全县脱贫攻坚的伟大进程中，我们通过教育扶贫，把学校建成了农村最漂亮的建筑；我们通过危房改造，让农村危房问题得到了历史性解决，村容村貌得到了显著改善，群众住得更安全、更美观、更舒心，实现了"安得广厦千万间，大庇天下寒士俱欢颜"的千年夙愿；我们通过健康扶贫，让县乡村三级医疗服务体系健全完善、医疗服务水平大幅提升，建档立卡贫困人口医疗保险参保率稳定达到100%，群众"小病扛、大病拖"的现象一去不复返。我们通过饮水安全提升改造，全县自来水入户率达到99.8%，水质达标率达到100%，群众吃上了安全干净的自来水。我们通过村社道路硬化，一条条宽敞平坦的水泥路修到了家家户户的家门口，彻底让"晴天一身土、雨天一身泥"的状况成为了历史。积石大地上一幅山乡巨变的壮美画卷正在徐徐展开，贫困群众获得感、幸福感有了前所未有的提升。

习近平总书记指出，坚持调动广大贫困群众积极性、主动性、创造性，激发脱贫内生动力。"志之难也，不在胜人，在自胜。"脱贫必须摆脱思想意识上的贫困。

在全县脱贫攻坚伟大进程中，我始终把扶志扶智作为一项重大课题来研究，把扶贫先扶志作为脱贫路上群众必须破解的思想难关来攻克，着眼部分贫困群众等靠要思想严重和"干部干、群众看"的现状，坚持政策扶贫与精神扶贫"两手抓、不松手"，不断创新方法思路，丰富精神扶贫活动载体，先后在全县创造性开展了"村民知情大会"、"两户"见面会、"三说三抓"活动，充分激发了干部群众的内生动力，实现了贫困群众"要我脱贫"到"我要脱贫"的重大思想转变。我县的"两户"见面会做法，被中央领导同志予以肯定。2018 年 7 月，全省的精神扶贫现场会在我县成功召开。2016—2017 年，我县连续两年取得了"零信访"的好成绩。

习近平总书记指出，广大扶贫干部舍小家为大家，同贫困群众结对子、认亲戚。

作为一名帮扶干部，贫困户马胡赛尼家中的变化让我深有体会：他家中无劳力，房屋破旧，存在很大的安全隐患，又无自建能力，除政府补助的两万元外，家里一分钱也拿不出来，而且连个操心的人都没有，乡上多次安排了危旧房改造项目都没有建成。面对这种现状，我通过向社会募捐筹措五万元，帮助解决了自筹资金，并协调联系施工人员帮助修建房屋。在房屋开工的那一天，马胡赛尼的老父亲紧紧握住我的手发自内心地说："共产党的干部就是好啊"！作为一名帮扶责任人，我只是尽自己所能帮助马胡赛尼一家修了一下房子，但从老人的话语中，我深深地体会到党同群众的血肉联系，深深体会到扶贫工作的极端重要性和必要性。只要我们情系困难群众，办实事、办好事，一定会得到群众的认可。

习近平总书记指出，广大扶贫干部常年加班加点、任劳任怨，困难面前豁得出，关键时候顶得上，把心血和汗水洒遍千山万水、千家万户。爬过最高的山，走过最险的路，哪里有需要，他们就战斗在哪里。

这使我想起了从精准识别到精准帮扶，再到精准退出的整个攻坚过程，历历在目，恍如隔日。回顾这几年的脱贫攻坚工作，我们有过工作推动缓慢、任务异常繁重时的焦虑和不安，也有过工作取得阶段性成效时的高兴和安慰；有过基层的扶贫干部因过度加班积劳成疾甚至牺牲时的愧疚和惭愧，也有过大家精诚团结、相互协作、昼夜奋战的感动和激励；有过从未顾及家庭、远离亲人的不舍和难过，也有看到贫困群众脱贫致富的喜悦和自豪。广大扶贫战线的同志们几乎没有双休日，没有节假日，加班加点，废寝忘食，有的长期超负荷运转，有的干部身体透支亮红灯，有的长年累月奔波在贫困乡村，有的长达四年驻在帮扶村，克服各种困难，吃苦在前，享受在后，任劳任怨，不计个人得失，一心只为脱贫攻坚。五年来，我和许许多多的扶贫干部一样，常常是"5+2""白＋黑""晴加雨"的工作模式，主动放弃节假日，加班加点开展工作。即使生了病，也是坚持边治疗边带病工作，没有因私事请过一天假，耽误过一件工作。取得这样的好成绩，与家人的理解和支持是分不开的，没有他们在背后默默支持，就没有我们扶贫干部的全天候工作和24小时在线。我亲眼看到身边一些年轻的扶贫干部，两鬓一天天出现白发，脸上布满了沧桑，身体渐渐亮起红灯，我的心中充满了不忍、心疼，他们将自己的汗水和辛劳留在了脱贫攻坚这片热土上。他们用默默的付出和辛勤的工作，以"功成不必在我"的精神境界和"功成必定有我"的历史担当，践行着一心为民的初心，完美地诠释了"上下同心、尽锐出战、精准务实、开拓创新、攻坚克难、不负人民"的脱贫攻坚精神。

习近平总书记指出，"胜非其难也，持之者其难也"。脱贫摘帽不是终点，而是新生活、新奋斗的起点。

辉煌成就已载入史册，累累硕果已成为历史。我们翻过了一座高山，还要翻更高的山。站在新的历史起点上，我将认真贯彻落实习近平总书记在全国脱贫攻坚总结表彰大会上的重要讲话精神，全面落实中央和省州关于巩固拓展脱贫攻坚成果同乡村振兴有效衔接的部署要求，发扬"上下同心、尽锐出战、精准务实、开拓创新、攻坚克难、不负人民"的脱贫攻坚精神，重整行装再出发，迅速转换角色，继续描绘乡村振兴的壮美画卷，将工作重心从打赢脱贫攻坚战向巩固拓展脱贫攻坚成果转变，以更加有力的举措、更加强大的动力，在乡村振兴新征程上再立新功，为促进特色产业高质高效、乡村宜居宜业、农民富裕富足作出新的更大的贡献！

求真务实勇于担当　倾力打赢脱贫攻坚战

马永忠

我叫马永忠，1994年9月参加工作。2010年2月至2019年5月，历任广河县庄窠集镇党委书记，县民族宗教事务局局长、统计局局长。经组织选派，2019年5月31日担任广河县扶贫开发办公室党组书记、主任。自从事脱贫攻坚工作以来，自己始终以高度的政治责任感，紧紧围绕脱贫攻坚目标任务，牢记扶贫办是全县脱贫攻坚的综合协调机构的职能，勇当脱贫攻坚排头兵，我所做的工作，得到广大干部、群众的一致好评。2020年，广河县扶贫办被州委、州政府授予全州脱贫攻坚先进集体称号；2021年2月我个人被中共中央、国务院授予全国脱贫攻坚先进个人称号。

首先，我想谈一下参加全国脱贫攻坚总结表彰大会的一些感受。

2021年2月25日上午，我有幸到人民大会堂参加全国脱贫攻坚总结表彰大会，我的心情是无比的激动，内心有无限的感激。

激动的是，作为一名基层党员干部能够到人民大会堂参会，与3000多名参会人员一起起立高唱国歌，现场聆听习近平总书记讲话，受到习近平总书记等党和国家领导人的亲切接见，并合影留念，这是我一生当中至高的荣誉。

当我在会场听到习近平总书记庄严宣告我国脱贫攻坚战取得了全

面胜利时，心情无比激动。回想起八年中，参与到临夏州脱贫攻坚战中的各级领导、各级干部、社会力量和人民群众，坚决响应党中央号召，以热血赴使命、以行动践诺言，在脱贫攻坚这个没有硝烟的战场上呕心沥血、建功立业。广大扶贫干部舍小家为大家，春夏秋冬，日复一日，进村入户，同贫困群众结对子、认亲戚，常年加班加点、任劳任怨，攻坚克难，大家朝夕相处，并肩战斗，困难面前豁得出，关键时候顶得上，把心血和汗水洒遍千家万户，甚至像马瑞林同志般将生命永远定格在脱贫攻坚的征程上。各级干部以自己的"辛苦指数"换来了群众的"幸福指数"，将最美的年华无私奉献给了脱贫事业。广大脱贫群众激发了奋发向上的精神，自强自立努力用自己的双手创造幸福生活。经过全州上下的倾力奉献、苦干实干，我州八县市于2020年全部摘帽，全面消除了绝对贫困，以高质量打赢了这场旷日持久的脱贫攻坚战，这份成绩的取得来之不易，让人心潮澎湃，久久难平。

感激的是，以习近平同志为核心的党中央把脱贫攻坚作为全面建成小康社会的底线任务，全面安排部署，组织开展了声势浩大的脱贫攻坚人民战争。习近平总书记亲自指挥、亲自部署、亲自督战，作出一系列重要指示批示，为脱贫攻坚提供了根本遵循和科学指引。习近平总书记在讲话中说道，通过八年持续奋斗，"贫困人口收入水平显著提高，全部实现'两不愁三保障'，脱贫群众不愁吃、不愁穿，义务教育、基本医疗、住房安全有保障，饮水安全也都有了保障"。"贫困地区发展步伐显著加快，经济实力不断增强，基础设施建设突飞猛进，社会事业长足进步，行路难、吃水难、用电难、通信难、上学难、就医难等问题得到历史性解决。"讲话中提到的这些内容正是我们以及参与到临夏州脱贫攻坚工作中的所有人，发扬钉钉子精神，敢于啃硬骨头，攻克了一个又一个贫中之贫、坚中之坚，才给贫困群众带来了翻天覆地的变化，摆脱了贫困的标签。

感激的是，八年来在州委、州政府的安排部署下，在县委、县政府的坚强领导下，在州扶贫办的精心指导下，在全州各级干部的不断努力下，以强有力举措和抓手，紧扣"两不愁三保障"的总体目标，按照

"六个精准"的要求，通过"五个一批"的途径，扎实开展工作，坚决落实各项惠民政策，通过实施易地搬迁、产业奖补、就业帮扶、牛羊奖补、兜底保障等扶贫措施使全州的村容村貌焕然一新，基础设施明显改善，百姓收入显著增长，生产生活质量不断提高。使我们基层干部在工作中没有后顾之忧，做到了靶心不变，不走偏路，取得了脱贫攻坚战的胜利。

感激的是，组织上给我个人提供了这个平台，使我能够有幸参与到脱贫攻坚战的最前沿，做排头兵，这是我人生的升华，是人生的机遇，是人生的幸福，是我一辈子都难以抹去的美好永恒的记忆。感激各级领导的关心和同志们的支持，使我获得如此崇高的荣誉，这个荣誉不单单属于我个人，更属于各级干部，也体现了党中央、国务院对我州脱贫攻坚工作的充分肯定和褒奖。

在分享全国脱贫攻坚总结表彰大会喜悦的同时，谈一谈我在脱贫攻坚方面所做的一点点工作。

不怕困难，勇于担当

（一）带头学习，提升业务能力

扶贫办是党委政府打赢脱贫攻坚战的参谋助手、冲锋陷阵的排头兵、业务的指导员。当好扶贫办主任，我深知自己首先要学深学透习近平总书记关于扶贫工作的重要论述，吃透中央、省州县文件精神，在单位带头学习，明确提出"要求别人做到的我要首先做到"。全县脱贫攻坚全局性和阶段性的工作安排部署培训中，我带头授课，一年多来，个人共计讲解培训各级干部十期，培训人数达 2.6 万多人次。在我的带动下，扶贫办整体业务能力得到很大提升，有力地指导了全县脱贫攻坚工作。广河县各级干部在遇到扶贫工作方面的问题时，总会习惯性地向我咨询，都觉得我解答得"靠谱、不会错"。

（二）重调研建机制，为全县脱贫攻坚打基础

我刚担任扶贫办党组书记、主任时，正是广河县脱贫攻坚整县摘帽的关键时刻。面对沉重的压力、艰巨繁重的任务，我迎难而上，带领班子成员，紧紧围绕"贫困县摘帽、贫困村退出、贫困户脱贫"指标要求，结合县情，以各种扶贫政策项目资金"到村到户落实印证资料"为主，制定了广河县村、户资料清单，在全县形成了"核查到村到户政策项目资金落实倒逼各级工作责任落实推动脱贫攻坚各项任务完成"的工作机制。以工作机制为载体，层层压实责任，逐村逐户逐人解决问题，为广河县顺利摘帽和打赢脱贫攻坚战奠定了坚实的基础。

（三）充分发挥专责组职能，全面推动冲刺清零

扶贫办作为综合协调专责组组长单位，如何发挥好作用，协调推动其他专责组工作责任的落实，是打赢脱贫攻坚战的关键。我紧盯"3+1+1"冲刺清零和"5+1"专项提升行动，时时主动与各专责部门和乡镇对接。完成任务有什么困难？还有哪些短板弱项未完成？需要多少项目资金？需要我做什么协调？等等，这是我与各专责组各乡镇负责人问得最多、关注得最多、跟进抓落实最多的事。紧紧依托县脱贫攻坚领导小组和县脱贫攻坚领导小组办公室，一项一项解决存在的困难问题，全面推动调度各专责单位的职责落实。各专责部门和乡镇习惯了"有困难先找主任"，工作形成了合力，有力推动了脱贫攻坚任务的顺利完成。

（四）重保障，激发工作活力

政治路线确定后，干部就是决定因素。驻村帮扶工作队是助推脱贫攻坚任务落实的一线"战斗队"，是打赢脱贫攻坚战的"生力军"，工作辛苦，任务重。如何保障好他们工作生活所需，解决好存在的困难，

是扶贫办主任的一项职责。面对各派出单位在保障驻村工作队工作方面存在的不足，我主动向县上主要领导汇报，多次与相关部门协调，及时足额落实了驻村帮扶工作队和队员的各项待遇，解除了驻村工作队的后顾之忧，有力地激发了他们的工作热情和积极性，为打赢脱贫攻坚战的队伍注入了活力。

真抓实干，务求实效

（一）以业务指导为抓手，全力推动脱贫攻坚工作

未脱贫户和"两类户"是困中之困，难中之难，围绕如何及早谋划、确保消除这些户的问题，我与班子成员认真研究制定了《广河县脱贫攻坚挂牌作战工作手册和任务台账》，安排各乡镇按制定的台账，明确工作责任，细化措施清单，逐人逐户制定"一户一策"，汇总形成政策项目资金需求，在资金方面优先足额安排，为攻克脱贫攻坚最后堡垒提供了实实在在的保障。2020 年内，未脱贫户和"两类户"共落实增收措施 3284 项，户均达到 2 项以上，全县剩余的 505 户 2592 名未脱贫人口全部达到脱贫标准，532 户 2690 名边缘易致贫人口和 287 户 1563 名脱贫不稳定人口全部消除致贫和返贫风险。在脱贫攻坚普查中，广河县顺利通过脱贫攻坚普查。

（二）以数据质量为抓手，提升脱贫攻坚成效

数据质量是检验全县脱贫攻坚成效最直观的载体，我推动全县形成"以数据质量推动脱贫攻坚任务落实"的工作机制，牢牢掌握数据修正的主动权，不等不靠，依托大数据平台，时时自检自修，自查问题，通过问题反馈给各专责部门和乡镇进行核实解决，从而推动各专责部门和乡镇及时查漏补缺、堵塞漏洞，全县数据质量不断提升。我充分调动各

级扶贫干部的积极性，凝聚县、乡两级扶贫系统的力量，使指导和安排的工作得到快速贯彻落实，定期不定期到村到户督促核查，采取"四人盯系统、九人盯乡镇、各部门时时横向纵向比对"的措施，使发现、反馈、修正、抓落实四个环节有人盯、有人管、有人抓落实，形成了县、乡、村联动的大数据监管机制。

（三）以资金精准安排为抓手，发挥扶贫资金效益

各类扶贫资金是打赢脱贫攻坚战最根本的保障，如何将有限的资金用在最需要的地方，并真正监管落实好，这是扶贫部门的一个重要职责，作为部门负责人，我对资金项目的安排亲力亲为，在提出资金使用计划前，紧紧围绕脱贫攻坚短板弱项，突出问题导向，始终与各乡镇各部门主动对接、衔接、讨论、评估，并及时对存在的问题协调解决。各种扶贫资金的精准安排、高质量使用，让扶贫资金真正发挥了效益，确保了全县脱贫攻坚各项目标任务的顺利完成。

（四）以电话接办为抓手，强化扶贫信访工作

自向社会公布了全县各级领导干部联系方式后，作为扶贫办主任，接听群众反映、咨询方面的电话最多的时候一天在 20 个以上，平均每天接听电话也在 3 个以上。我总是耐心细致地解答，讲政策、摆事实、说道理，让群众深切感受到党和政府的温暖，赢得了群众的信任，推动解决了他们的困难问题。

心系百姓、倾力帮扶

县扶贫办的联系村是庄窠集镇宋家山村，是深度贫困村。我始终坚信以解决实际问题为抓手，才能有效做好联系村帮扶工作。我带头

抓"一户一策"帮扶计划的制订和落实，与宋家山村党支部结对共建"五联"活动和"不忘初心、牢记使命"主题教育活动，帮助建强村党支部。2019 年宋家山村顺利通过贫困村退出验收，2020 年剩余贫困人口全部脱贫。

自担任扶贫办主任以来，我始终牢记党的宗旨，始终牢记初心使命，工作中不怕困难、兢兢业业，凡事亲力亲为，"5+2、白加黑"是工作的一种常态。我和妻子都是公职人员，家里母亲已 90 岁了，因工作原因，很少陪伴家人，都是妻子忙里忙外照顾年迈的母亲。面对家庭，总有一些亏欠。但是，看到以前的贫困村发生了翻天覆地的变化，贫困群众生活富裕了，觉得自己付出得值，无怨无悔。

习近平总书记在全国脱贫攻坚总结表彰大会报告中指出："脱贫摘帽不是终点，而是新生活、新奋斗的起点"。"全面实施乡村振兴战略的深度、广度、难度都不亚于脱贫攻坚"。作为一名有幸获得全国脱贫攻坚先进个人称号的基层党员干部，"先进个人"既是一种荣誉，更是一种压力和责任，我感到肩上的担子更重了，压力更大了，要求更严了，工作力度更强了。接下来我将继续发扬"上下同心、尽锐出战、精准务实、开拓创新、攻坚克难、不负人民"的脱贫攻坚精神，认真领会贯彻习近平总书记在全国脱贫攻坚总结表彰大会上的讲话精神，按照州委县委的安排部署，以永不懈怠的精神状态、一往无前的奋斗姿态，真抓实干、埋头苦干，奋力谱写巩固拓展脱贫攻坚成果，全面推进乡村振兴的新篇章，为建设幸福美好新临夏贡献自己的一份力量。

群众冷暖放心间

邵海云

2019 年，我被组织安排到天水市麦积区民政局担任党组书记、局长，当时正值全区脱贫摘帽的关键之期，随着脱贫攻坚工作的深入推进，大多数农户都已实现脱贫，余下的都是贫中之贫、困中之困，这让我感觉到肩上的担子非常重，压力很大。如何发挥社会救助兜底保障作用，帮助困难群众如期脱贫，成了摆在我面前的第一个难题。

到任之初，我积极主动学习关于社会救助的法律法规和政策文件，深入深度贫困村和困难群众家中开展调研，全面掌握兜底保障政策落实情况。我知道，社会救助工作量大面宽，涉及困难群众切身利益，仅靠区、镇两级社会救助工作人员是远远不够的，必须让所有参与扶贫的人员和广大群众都熟悉政策、掌握政策，才能让兜底保障政策落实落细。两年来，在区委、区政府的大力支持下，我们充分利用驻村帮扶工作队和村党支部书记、村主任培训等机会开展社会救助兜底保障政策专题培训 30 余期，深入各乡镇开展培训 20 次，做到所有扶贫干部培训全覆盖。同时，印制社会救助政策宣传资料 18 万余份，通过媒体公布、公示栏张贴、入户发放等方式，广泛开展宣传，有效提升了群众对救助政策的知晓度。

百姓过得幸不幸福，"吃不愁、穿不愁"是底线。区委、区政府始终高度重视社会救助兜底保障工作，在准确分析研判的基础上，提出了"数据比对、精准认定"的办法，由民政部门牵头，每月将农村低保、特困供养等数据与扶贫、残联、医保等部门进行全方位比对，对疑似困难家庭跟踪核实，符合救助条件的积极主动开展救助。同时，将农村三四类低保家庭中的困难残疾人生活补贴，听力、语言一、二级和肢体、视力二级重度残疾人护理补贴，分别由每人每月 60 元、50 元提高到 100 元，对因病、因残、因学等原因存在返贫风险的困难家庭及时落实临时救助，让兜底保障政策更多、更好地惠及困难群众。

为了切实提升基层服务能力，区委、区政府作出了积极推行政府购买服务、加强基层社会救助经办服务能力的决策部署。我们通过政府购买服务的方式，招聘工作人员 84 名，以劳务派遣的方式，充实到区低保服务中心、镇（街道）民政办和养老服务机构，专职从事社会救助服务和照料服务。同时，引入第三方服务机构，为分散供养特困人员和经济困难老年人开展照料护理服务，使特困人员的生活质量和精神面貌得到明显改善。针对一些农村一类低保对象生活质量差的状况，区委、区政府积极筹措资金 280 万元，为农村一类低保家庭中完全丧失劳动能力的开展照料护理服务，从根本上解决了农村一类低保家庭生活环境脏乱差的问题。

为了让特困人员住得安心、生活得舒心，我们认真调研，大胆创新，积极推行"资金 + 物资 + 服务"模式，在及时足额发放供养金的基础上，积极筹措资金每年分两次为特困人员购买生活必需品，对有集中供养意愿的特困人员根据生活自理能力及残疾状况开展分类供养。同时，对两所敬老院实施了提升改造工程，与两所卫生服务机构签订照料护理协议，每月为敬老院特困人员开展个性化医疗护理服务，定期组织志愿者到敬老院开展文艺演出、义诊、慰问、包饺子等活动，有效提高了特困人员生活质量。

在帮扶村调研过程中，我们发现许多村里的老人坐在路边打扑克、下棋，没有固定的娱乐场所，我立即协调为帮扶村建设老年活动中心。两年来，我们麦积区民政局帮扶的四个村全部建成了设施设备齐全的老年活动中心，为老年人提供了舒适的活动场所。为了有效整合社会帮扶资源，我们坚持把慈善捐助作为社会救助体系的有力补充，积极发动企业家开展慈善捐助，两年来共筹集善款200余万元，全部用于资助贫困大学生上学、解决困难群众就医等问题。

两年多来，在区委、区政府的坚强领导下，通过民政系统上下一致的辛勤努力，截至2020年底，全区农村低保对象占农业人口的比例达到6.72%，兜底保障对象占农业人口的比例达到4.03%，实现了应保尽保，应兜尽兜。现在，每当看到困难群众得到救助、孤寡老人有所依托的时候，我就觉得再苦再累也值得，自己的人生价值也在这平凡的工作中得到充分体现和升华。

勤恳敬业奋力书写易地扶贫搬迁答卷

张昌波

本人作为全省发展改革系统奋战在脱贫攻坚一线，尤其是易地扶贫搬迁战线的一名普通干部，有幸被评为全国脱贫攻坚先进个人，感到莫大的荣幸。这不仅是对我参与脱贫攻坚辛勤努力工作的一个肯定，也是对全省奋战在脱贫攻坚，特别是易地扶贫搬迁一线发改系统广大干部工作成绩的肯定。

2021年2月25日上午，有幸在人民大会堂出席全国脱贫攻坚总结表彰大会，聆听习近平总书记向全世界庄严宣告：我国脱贫攻坚战取得了全面胜利，区域性整体贫困得到解决，完成了消除绝对贫困的艰巨任务，创造了又一个彪炳史册的人间奇迹！这时的我，内心感到无比的激动和自豪。当听到总书记说："累计建成集中安置区3.5万个、安置住房266万套，960多万人'挪穷窝'，摆脱了闭塞和落后，搬入了新家园"，我的内心更是欢欣鼓舞。因为，总书记所肯定的，正是我所从事的"十三五"易地扶贫搬迁工作取得的成绩。在全国960多万搬迁群众中，凝聚了我省49.9万群众的喜悦与收获，更凝聚了无数奋战在易地扶贫搬迁一线党员干部的心血与汗水。能够亲身经历并投入这场波澜壮阔的脱贫攻坚进程当中，这是无数搬迁人的幸运；能够亲眼看到绘制的搬迁梦想蓝图成为现实，这是全体搬迁人的荣耀。

易地扶贫搬迁作为精准扶贫"五个一批"重要举措，不单是帮助贫困群众搬下山，修房子，通公路，建学校，盖医院，还是通过产业、就业、培训、教育、社会保障等一系列帮扶措施，让贫困群众从根子上摆脱贫困状况、实现稳定脱贫的综合性扶贫措施，是破解"一方水土养不好一方人"，生存环境恶劣、地区贫困难题的治本之策。易地搬迁不仅是贫困群众居住地理位置的迁移，也是群众生产生活方式、精神状态的跨越提升，还是贫困地区城乡格局的重构和社会关系的重塑，更是党和政府集中力量帮助搬迁群众摆脱贫困、走向富裕的真实写照。

"十三五"时期，我省易地扶贫搬迁涉及 12 个市州、70 个县（市、区），共搬迁 49.9 万贫困群众，修建集中安置点多达 1700 多个。面对繁重的脱贫攻坚任务，省发展改革委及时调整完善机构，成立脱贫攻坚指挥部，完善脱贫攻坚领导小组，选派多名干部充实到脱贫攻坚一线。我作为其中的一员，2017 年初，来到省以工代赈易地搬迁办公室，同办里的领导和同事一起，组成一个特别能吃苦、特别能战斗、特别能攻坚的坚强集体。为了早日让全省 49.9 万建档立卡搬迁贫困群众住上新房子、过上好日子、摘掉穷帽子，大家心往一处想，劲往一处用，拧成一股绳，斗严寒，战酷暑，争分夺秒与时间赛跑，千方百计完成攻坚任务，实现 2020 年底与全国一道迈入小康社会的目标。大家围绕"搬迁哪些人、搬到哪里去、房屋如何建、资金如何筹、生计怎么办、搬后如何管"等关键性问题，进行系统、全面的规划，在贯彻好国家各项政策的同时，结合我省实际，配套制定了一系列更加细化精准、切实可行的政策，打出一套"组合拳"。在实施过程中，同大家一起开展调研，来到项目施工现场，来到搬迁群众家里，看一看房屋建设进度怎么样？质量达不达标？群众上学看病方不方便？产业扶持措施跟没跟上？务工就业困不困难？老百姓满意不满意？有时，一下去就是大半个月，像过筛子一样，一个一个安置点走，一户一户群众访，直到将工作落实到位为止。

2020 年新冠肺炎疫情暴发以后，为了降低疫情对贫困地区特色产品生产销售的不利影响，按照省脱贫攻坚领导小组安排部署，省发展改革委牵头制定克服疫情影响，加大消费扶贫工作的实施办法。以工代赈办具体承担了这项工作。我和处室的领导一起坐下来研究，学习政策、收集资料、征求相关部门意见，充分发挥消费扶贫在发展特色扶贫产业、扩大产品销售规模等方面的积极作用，为贫困地区农产品卖得好、贫困群众增产增收贡献了一份力量。

脱贫攻坚以来，所有奋战在脱贫攻坚一线的发改干部都在加班加点，夙夜为公，再急再难也会顶上，再苦再累从不抱怨，都是值得点赞的。我的这份荣誉不是属于个人的，应当是属于全体搬迁人，全体发改人的。可以说，扶贫路上，有苦也有甜，回想起来，还是甜多。每当下乡时，在路边看到一栋栋安置住房拔地而起，一户户群众搬到新家后，露出真诚满意的笑脸，全省49.9万建档立卡群众如期实现了住上好房子的愿望，看到孩子们不用再跋山涉水，走几步路就能坐在宽敞明亮的教室，看到老人不用颠簸出行，出门就能享受便捷医疗条件，听到群众发自肺腑的拥护和感激：感恩党，感恩总书记，感恩易地扶贫搬迁好政策时，顿时觉得再大的辛苦、再多的付出都是值得的。

习近平总书记讲："征途漫漫，惟有奋斗。""脱贫摘帽不是终点，而是新生活、新奋斗的起点。"我们要更加牢记习近平总书记谆谆教嘱，在乡村振兴的征程中更加奋发有为，将重心转向做好易地扶贫搬迁后续扶持工作上来，继续抓实群众产业就业帮扶，巩固来之不易的搬迁成果。

科学养牛提效益　带动发展助脱贫

姚军福

我叫姚军福，是灵台县上良镇北张村党支部书记，灵台县盛丰农牧业综合开发有限责任公司负责人。2018年荣获全省抓党建促脱贫攻坚致富带头人称号，2021年获全国脱贫攻坚先进个人称号。

我所在的北张村在灵台县上良镇的最北面，作为灵台县79个贫困村之一，交通不便，自然条件差，建档立卡时全村145户460人中就有贫困户65户236人。基础差、贫困面大，面对这样的局面，我和村"两委"十分着急，怎样才能改变村上的面貌，让群众富起来？经过不断的探索实践，逐步确定了以牛果种养为主的产业结构。为了更好地带动全村群众发展牛产业，打消群众在养牛这条道路上的顾虑，我决定自己先把牛养起来。2013年全县"发展牛果产业富民"这个重大决策感召了我，也鞭策了我，我通过和家人商量，决定建场养牛。想起来容易干起来难，要建养牛场摆在面前的困难和问题数不胜数，无地可用、资金短缺、没有经验，等等。经过四处联系汇报，赢得了镇村和县上领导的信赖和支持，我更加有了信心，向银行贷款、亲戚朋友借款50万元，立马租地规划选址，动工建场，花了两个多月的时间，就建成饲养设施齐全的养殖场，第三个月就开始买肉牛、雇工人，走上了"养牛路"。"建场易经营难，养张口的动物赚钱难上加难"这是农民群众常说的一句话。一开始我不懂饲养知识，就虚心向书本学习，时常请教乡村兽医。经过两年多的学习和摸索，我学会了给牛打针、输液、接生，一些常见病不请兽医自己也能看，慢慢地，我也从一个养牛门外汉变成了养牛"土专家"。现在我的牛场已有 7 座牛棚，占地 50 亩，常年牛存栏 500 头以上。

作为一名农村党支部"当家人"，自己富了不算富。如何让更多的村民富裕起来，如何让村子的面貌变化地更好，是我一直以来的夙愿和追求。在发展壮大企业的同时，我也多方面考虑，带动周边群众发展养牛，增加他们的收入。一是创新运营模式。我们以贫困户增收、合作社得利、村集体经济发展为目标，探索形成了"党组织 + 国有公司 + 龙头企业 + 专业合作社 + 贫困户"的发展模式，按照入股配股的形式对村集体、合作社、贫困户进行分红。同时，我将农户分散养殖的肉牛按高于市场价 10% 的价格进行回收，育肥后再外销。对有养殖意愿但缺乏资金的农户，由合作社其他成员担保，对农户免费提供基础母牛，公司负责配种，产犊后由公司按高于市场价 10% 的价格进行收购，确保分散养殖户的利益不受损失，实现了互惠双赢。二是带动农民增收。大量吸收本地富余劳动力，参与牛场各类劳动，公司常年雇佣劳动力 12 人，其中贫困户 9 人，饲草种植、青贮等农忙季节用工 120 人以上，全年累计支付劳务费 40 万元。同时，对周边群众生产的玉米以高于市场价收购，增加了农民收入。牛场所产牛粪全部免费投放给我村上的所有果农，有效降低了农户发展果产业的投资成本，促进了果产业向有机化发展，实现了牛果产业互支互促、融合发展。三是助推脱贫攻坚。我创办的盛丰农牧业综合开发有限责任公司是灵台县首批挂牌的精准扶贫精准脱贫劳动力培训基地，配套建设有专门的培训教室。在县乡党委、政府的高度重视支持下，我紧紧依托现有的培训基地和北张挂果园示范区，通过邀请牛果产业专业技术人员、"土专家"，采取理论培训、现场讲解、基地实训等方式为全镇年培训贫困户劳动力 300 多人（次），帮助贫困户掌握致富技能，实现稳定脱贫。在村党支部的引领和公司的辐射带动下，全村 145 个农户就有 75 户养牛 284 头，其中贫困户 32 户 156 人，户均养牛收入都在 5000 元以上。

群众收入增加了，村子的面貌也发生了巨大变化。全村实现了主干道路全硬化、生产道路全沙化，小康屋也建起来了，太阳能路灯也通到了家门口，自来水都接到了农户的厨房，还新建了文化广场，配套建成了篮球场、安装了健身器材。村里条件好了，群众致富的信心也更足了。目前，全村贫困群众脱贫致富的基础更加稳固、更有保障、更可持续。这就是我作为一名村党支部书记在带领全村贫困群众脱贫致富过程中贡献的一份微薄之力。

产业扶贫路上的"牧羊人"

胡丛斌

我从小生活在古浪县南部高深山区，那里因地理闭塞，交通不便，基础设施落后，群众吃不饱、穿不暖，世代受穷。1984年，我告别了"靠天吃饭"的大山沟，成为一名人民教师，之后我还在部门机关工作过，2010年我放弃了"铁饭碗"，开始经商并取得了一定成绩。

2012年起，县上开始实施易地扶贫搬迁工程，在黄花滩生态移民区相继建成一批住宅统一规划、基础设施配套完善、公共服务设施配套齐全的现代化小城镇，南部山区六万多贫困群众搬迁入住。乡亲们搬迁后，我经常到黄花滩生态移民区去看他们的日子过得好不好，他们想要脱贫致富的忧虑，也成了我的忧虑，我经常问自己，我能为家乡父老做些什么？

迎难而上　勇挑重担

为了从根本上解决移民群众搬迁后发展致富的问题，县上把产业扶贫作为主攻方向，2017年12月，县上组建黄花滩生态移民区兴盛种羊繁育有限公司。当时我自己经营着一家房地产开发公司，还种植了一万多亩枸杞，自己的事业也算做得可以。由于我有经营公司的经验，还曾在政府机关工作，熟悉相关政策，有人便推荐我来当兴盛种羊场的"场长"，刚开始我的态度很坚定，我不懂养羊，养出问题咋办？这活我干不了。

直到后来有人对我说："你是一名党员，种一万亩枸杞才能带几户群众脱贫？你把羊场办好了，成千上万群众都能脱贫，不会养羊可以学，你也是山里娃，你应该最懂移民群众的想法，难道你就不想带他们一起过上好日子吗？"

最终，我还是接受了这份重担，当起了全县最大的"羊倌"。说实话，刚开始的时候我还是很担心，因为养羊我是十足的"门外汉"，我从未和羊打过交道，羊一天喂几次、饲料如何配、如何做好日常防疫，等等，当时这些对我来说都很陌生。但面对组织的信任和群众对脱贫致富的渴望，我下定决心要把这件为老百姓脱贫致富的事干成、干好，如果乡亲们不脱贫，我就绝不离开这里。

新"倌"上任，我所面临的第一个难题就是如何尽快建成种羊繁育基地。从上任的第一天起，我就收拾行李，在公司"安家落户"，在建设羊场的日子里，我每天待在工地，监督施工进度，有时也亲自上手浇筑水泥、搬钢筋，材料、设备不够，就从自家公司拉，既当施工员又当监理员。为了建羊场，我先后里里外外搭进去 100 多万元，家人多次劝我，几万移民真能指着这个羊场脱贫吗？你搭进去这么多钱能回本吗？我的回答是，作为共产党员，就是要带领群众致富奔小康，党叫我干啥我就干啥，羊场可以给乡亲们发展产业脱贫致富的信心，必须得把这个羊场建好，只要乡亲们能过上好日子，我不要工资，不求回报。

勤学苦练　成为行家

2018 年 1 月，种羊繁育基地首批 300 只湖羊进入圈舍，我就开始动员周边群众发展羊产业，由于之前黄花滩移民区并没有人搞大规模养殖，老百姓并不理解规模养殖的做法，都害怕失败而不敢养。对他们来说养了一辈子羊，就是扔到山坡上放，哪见过专门盖羊圈的，纯粹是糟践钱。也有人担心，如果发生瘟疫怎么办？当时我千方百计做老百姓的思想工作，但结果却不理想，老百姓不理解，不听劝。那时我就一个想法，我一定要干出个样子来，让周边的老百姓亲眼看到规模养殖的优势，打消他们心中的疑虑和担心，一起通过发展羊产业脱贫致富。

让我难忘的一件事是，2018 年年底，我们迎来了多年不遇的严寒天气，我刚刚投放的"澳洲白""杜泊"等外国羊还没有完全适应本地环境。当时我只有一个想法，如果羊被冻死了，不但国有资产受到巨大损失，还有可能动摇贫困群众发展羊产业脱贫的信心。每到晚上的时候，气温都很低，我基本都是顾不上吃饭、休息，和防疫员们一起采取防冻措施，进棚入圈指导成了我每天的必修课，羊圈成了我的"办公室"，羊就是我的"命根子"，经过我的精心呵护和付出，最终入圈的羊顺利度过了严寒。两个月后，当"澳洲白""杜泊"等母羊顺利产下第一茬羔羊后，我才长长松了一口气，现在想想心里还是乐滋滋的。

记得也是 2018 年的时候，随着羊群数量不断增加，有的羊不吃草，情绪也不好，躲在角落不动弹，这一下让我不知所措。随着不吃草的羊一天天增加，我的压力也越来越大，那段时间我是吃饭也不香，晚上还失眠。后来通过向畜牧专家、经验丰富的养殖户请教，我才知道这是由于外地来的羊更换了环境，产生了不良反应。那以后，我逐渐学会了通过给新进羊群饮水中加入糖、维生素等营养物质来提高羊的适应能力的方法。在我一边向专家请教，一边学习研究的过程中，慢慢地像羊不吃草、拉肚子等一系列常见的问题得到了有效解决。除了向他人学，我还向羊学，我每天早晨 6 点多就来到羊圈，观察羊吃草等一些习性，通过长期的观察，我慢慢掌握了羊什么时候吃的草多，什么时候吃的水多，还有新入圈的羊不能加太多的饲料，要先多喂草，让它们适应后再逐步加量，不然就会出现拉肚子等现象。

经过长期的观察，我也总结出了一条喂养诀窍，就是由快到慢、少填勤填的喂养方法。闲暇时间，我也精心学习研究饲料配方、品种改良、防疫防病等养殖技术，我光笔记就记了九大本，通过日积月累我的经验也不断丰富，一个个土办法、笨办法慢慢就形成了，我也逐渐成了养羊的行家里手。现在，我只要在羊圈里扫一眼，就知道哪只羊不对劲。

随着种羊场的不断发展，群众的疑虑也渐渐地消除了，一户拉着一户，一户带着一户养，发展羊产业的群众也越来越多，羊产业已经成为我们县上老百姓增收致富的主要产业之一。目前，我已经带领公司在黄花滩镇金滩村、移民区富康新村、圆梦新村等地建成种羊繁育基地5个，累计引进湖羊、杜泊等优质种羊3.8万多只，产羔9万多只，累计向移民区和周边其他乡镇的贫困户投放羔羊4万多只，分红700多万元，带动了5000多户搬迁群众增收致富。全县已累计建成养殖暖棚19万多座，羊存栏近240万只，居全省前列。

不忘初心　一心为民

我的日子过好了还不算，只有所有父老乡亲的日子也好了才是真的好。随着养羊产业规模的不断发展壮大，我想方设法为周边一些不能外出打工或没有技术的群众提供就业岗位，让他们实现家门口就业。比如，60岁的陈玉庆老两口易地扶贫搬迁来到绿洲小城镇后，到外面去打工人家嫌他年龄大，后来就来到我这里打工，两人一个月加起来能挣5400元，实现了稳定脱贫，像老陈这样在羊场打工挣钱的群众每人每年稳定收入达到3.2万元以上。

我在招聘饲养员和防疫员时也首先考虑困难群众，目前我招聘的工人中脱贫群众就占到80%。对新招聘的每一名员工，在每一个工作环节，我都耐心细致地进行讲解培训、示范指导，让他们尽快熟悉工作流程，投入工作。为最大程度调动员工的工作积极性，我还在公司设立了"三心奖"，从自己工资中拿出了五万元对工作表现突出的工人进行奖励，目前，这一奖项已成为我们当地养殖领域的最高奖项。

我一直把"羊银行"的事当自家的事，为了当好"羊司令"，我几乎每天都坚持早"点名"晚"报数"，我基本都是白天当"羊厨子"，晚上做"羊保安"。儿子说我的心全在羊场里,妻子说家只是我累了住的店。但对我来说,羊场的事情无小事,如果羊病了,产羔率上不去,我怎么向乡亲们交代?如何把"羊银行"经营管理好,发挥更大效益,让群众最大程度受益,一直是我追求和奋斗的目标,是萦绕在我脑海的头等大事,因为只有这样才能对得起组织给我的重托,才能不辜负群众对我的信任和期望。

功夫不负有心人,2019年,兴盛种羊场被省农业农村厅命名为全省优质种羊繁育基地,这是对我工作最大的肯定,是值得让我骄傲和自豪的事。现在,黄花滩移民区有人管我叫"胡书记""胡总",也有人叫我"胡行长",但在我心里,我就是一个地地道道的"羊倌",只要乡亲们富裕了,就是我最大的成功。

积极奉献　回馈社会

为了进一步发挥带贫作用,2017年8月,我自己又注册了古浪县绿洲生态移民产业专业合作社,既带动有条件的群众在家门口发展产业,也为没有发展产业能力的群众提供更多就业岗位,增加收入。2018年至2020年,我的合作社带动216户贫困群众脱贫,分红128万元。

经过这几年的学习和研究,我对养殖成本、饲养周期、品种特性等养殖知识有了深入了解,也算得上是这方面的"专家"了。为了更好地帮助其他养殖群众,我坚持挤出时间利用自己掌握的养殖技术知识帮助他们解决养殖过程中遇到的问题,帮他们降低损失。目前,我基本已经走遍了周边大大小小养殖户和合作社,免费为近5000户群众提供技术服务和培训,得到了群众的一致好评。看到他们养殖规模越来越大,收入也越来越高,我觉得我的付出是值得的。

我始终以八步沙"六老汉"为榜样,主动为治理沙漠贡献自己的力量。我在四道沟铺设喷灌发展花海经济,并配套建设了相关基础设施,目前已投入资金280多万元,完成沙漠治理500多亩。

感恩奋进　更上层楼

2021 年 2 月，我被评为全国脱贫攻坚先进个人，十分有幸在北京人民大会堂参加了全国脱贫攻坚总结表彰大会。直到今天，回想起当时的情景，我的心情依旧无法平静，非常激动，我为我们伟大祖国脱贫攻坚战取得全面胜利而激动，更为自己能亲身见证这一伟大时刻而激动。当习近平总书记庄严宣告"经过全党全国各族人民共同努力，在迎来中国共产党成立一百周年的重要时刻，我国脱贫攻坚战取得了全面胜利……"的那一刻，我的眼泪真的是不由自主地就流下来了，我就是我们县上脱贫攻坚摘帽的见证者、参与者。当时我的脑海里闪现着我的亲身经历，我想到了我小时候吃不饱穿不暖的情景，想到了上学时的贫寒，想到了刚成家时候的拮据，想到了刚创业时的艰难困苦，再到现在穿着西装坐在人民大会堂里接受表彰，一幕幕过去与现在画面的对比，让我深切感受到了我们祖国正在变得越来越强大，我们老百姓的生活已经变得越来越好，而且以后会更好。

获得全国先进，既是荣誉，更是责任。我将一如既往地坚持把所有精力放在羊产业发展上，把自己所学的知识和积累的经验，尽最大努力推广到全县养殖户当中，为全县羊产业的发展和广大养殖户依靠羊产业增收，尽自己的一份力量。同时，我将带领公司加强与科研单位的交流合作，借助科研院所的技术力量优势积极探索，通过不同品种间杂交试验，筛选出最优杂交组合模式，打造适合我县实际的"古浪羊"品牌，不断提升"古浪羊"的知名度，扩大"古浪羊"品牌影响力，提升市场竞争力，为全县羊产业健康发展作出自己最大的贡献，助推全县乡村振兴战略实施。

怀揣梦想，走出农村的创业人

常海增

我兄弟姊妹五人，我排行老三，幼年时，母亲病卧土炕长达十年，一家人全靠父亲在生产队挣几分工，混几斤秕麦油渣度日。一家老小七口人栖居在连风雨也难以躲避的"家"中，在全村也是数得上的贫穷户。

因为家境贫寒，10 岁的我还没有上学，看到别人家的孩子上学，我只能偷偷地流泪，但我始终没有放弃求学的信念，朴实的父亲无奈当起了我弟兄姊妹五人的老师，教给我们简单的算术、汉字和打算盘，为了鼓励我学算盘，父亲经常给我讲："学会九遍九，走遍天下不挡手"。我 13 岁时，父亲走门串户借了几元钱供我去上学，初入校门，由于我年龄太大，我就被编入三年级学习，有了上学的机会，我学习很是认真。小学毕业上初中时，因实在交不起学费，我初中上了三个星期就被迫辍学，15 岁的我便走上了打工之路。

外出打工，积累创业经验

为了生活，为了支撑一家人的生计，1982 年，我跟随亲戚去了酒泉，跟随当地的民工在河边筛沙子、托土块、装卸车，整整干了一年的苦力活，全年挣了不到 200 块钱。1983 年，我跟随村上的大人步行 80 里路到甘谷火车站，冒着危险爬上了拉货的火车来到兰州，开始了我的兰州打工生涯。

当年的我，白天在兰州火车站卖开水，晚上"借住"公共厕所。后来，我在建筑工地当起了小工，学做抹灰工，由于勤劳苦干，干活积极主动，深得带队领导的器重和工友们的喜爱，很快我便被提升为工地抹灰带班班长。随着个人能力的提升和管理经验的积累，我逐渐有了自己的想法，梦想着有一天也能拥有一支属于自己的工程队。

把握机遇，实现初次创业

1989 年，在国家改革开放政策的大好形势下，我抓住契机，实现了自己的梦想——依托兰后工程总队，挂靠成立了属于自己的外包工队，这次挂靠是创业的开始，是逐步走向集团公司的第一步。

为了承揽些抹灰活干，我经常穿梭于城市的各个大街小巷，哪有建筑工地就往哪跑，在不懈的努力下，终于找到了机会，兰后工程总队承建的甘肃省防疫站高层综合楼外装饰工程即将开工。在当时一无背景，二无设备，三无资金的情况下，我数十次地找相关领导，希望能把这个工程外装饰贴瓷砖的活分包给我干，经过我多次上门请求，终于感动了工程主管领导，甲方同意将工程分包给我干。然而好事多磨，就在即将签订合同、马上施工的时候，由于我的年轻，没有承担过这么大的分包项目，甲方在慎重考虑后要将工程调整交给其他人施工。当希望变成泡影的时候，我没有气馁，再次找到主管领导，凭借初生牛犊不怕虎的一股闯劲，给工地工长立下工程质量军令状。工地工长提出让参与竞标的五家外包队进行考试，先考理论，再考实践，通过兰后工程总队质量股、技术股和工地上的工长、技术员、施工员等13人组成的评委会评比，我带领的工程队获得第一名，最终，业主同意将该工程给我的工程队干。

工程揽到了，白手起家的我啥都要从零开始，租借施工设备、搭建临时设施，就连职工灶具等都要一一备齐。在购置灶具时，我从西关十字购买了一口直径一米的大铁锅，当时兰州市内招手停的车费是五角，连锅带人要一元钱，为了省一元钱的交通费，我饿着肚子将大锅从西关十字用头顶着走了四个小时回到省防疫站工地。工人们看到此情此景，感动了，感动我对这份来之不易的工作认真负责的态度，感动我对工友们的关怀体贴，在此之前，工友们用铝质脸盆烧开水，用面粉换成大饼，加些榨菜维持了一个多月的生活，有了这口锅，我们的生活条件得到了改善，工友们意识到我们的创业之路红红火火地开始啦……

第一次开灶，我亲自下厨给大家做了一顿香喷喷的臊子面。从那次起，到公司现在发展为集团公司，每开一个新的工地，开灶的第一顿饭必须是臊子面，这也成为公司不成文的规定。当每次端起这碗开工臊子面时，职工们就回忆起成立工程队所吃那顿臊子面的场景和感受，忆苦思甜，一次强于一次，一年胜于一年。为了确保工程顺利施工，工程开工以后，我每天和工友们吃在工地，住在工地的油毛毡工棚里，工棚里能看到天，下雨天外面下大雨，里面下小雨，外面不下了，里面还在下。在这样艰苦的环境中我一边督促工程进度，一边虚心向施工多年的长辈、师傅请教，刻苦学习，认真钻研施工技术，并积极多方筹备流动资金。经过近一年的紧张施工，工程圆满竣工，优秀的工程质量，得到了甲方和社会各界人士的一致好评，为今后的建筑生涯奠定了坚实的基础，同时我也淘到了创业路上第一桶真正意义上不到千元的启动资金，成功地迈出了创业路上的第一步。

随着施工工程的不间断承揽，通过每一个项目施工的严格管理，我的企业得到了建筑同行和建设行政主管部门的认可，并在兰州建筑领域有了一席之地。

施工的工人们大多来自通渭老家，我的工程队不仅改变了自己的命运，同时也帮助了邻里乡亲。

每一次回想起创业之初的艰辛，我都是眼含泪花。办幼儿园是因为自己从小未接受幼儿教育，一进校门就被插到三年级上课，所以办幼儿园让周围的孩子能够接受幼儿教育。办医院是因为母亲十年九病，都是看不起病造成的，办一所老百姓能看得起病的医院是我的初衷。

创业的不易，让我从不敢轻视每一处工程，我知道我责任的重大，因为我已经不再是仅仅以改变自己的生活质量为目的，而是要改变大多数乡亲的生活水平。

内抓管理，夯实企业基础

经过五年的艰苦创业，昔日只有几个技术管理人员的小工程队逐步发展为拥有几十个技术、管理人员的大工程队。为了能顺应市场承揽工程，我再次有了大胆的想法——成立自己的建筑公司。连续几年的时间，工程队变为工程处，工程处变为分公司，分公司变成了独立的"甘肃锦华建业有限责任公司"，公司所施工的工地遍布兰州、定西、通渭等地。

从 1993 年到 1998 年，是我内抓管理、外拓市场、企业大力发展的几年。因少年时代家境贫寒，没有读成书，谈不上科学管理，但我深知抓管理的重要性，我始终坚信"三人行必有我师"，坚持秉承"诚信务实"的理念。我经常挂在嘴边的最普通的一句话就是父亲教给我的"人心换人心"的做人处事方法，"人心换人心"让每一次的工程顺利完工，"人心换人心"让原始的管理经验日趋完善，"人心换人心"让职工们爱企如家并连续五年完成建筑总产值 5000 多万元，使企业走上了良性发展的轨道。

推进改制，改变企业面貌

1997年，通渭县委书记亲自来兰州和我交谈建筑业发展的思路，我阐明了建筑行业如何发展的观点，他谈到"走出去、引进来"是发展的路子。走出通渭，拓展市场，引进人才，共同发展，我的发展思路得到了县委书记的认同。书记回去就和县委、县政府领导班子商量，让我担任通渭县建筑总公司总经理，对于这一任命，会上所有参会人员一致通过。当年8月，县政府派主管企业的领导从兰州把我接回通渭，在担任通渭建筑总公司总经理后，我一边进行改制，一边拓展市场，改制让当时吃"大锅饭"的观念彻底转变，将原来的集体企业改制成股份制企业，走风险共担、利益共享的路子，拓展市场方面积极引导各分公司走出通渭，在兰州、临夏、新疆等地参与竞争，拓展市场。通过改制，原来只有一个三级资质的通渭县建筑总公司，又组建成立了三个二级资质和一个三级资质的建筑企业，从而让通渭的建筑企业可以参与市场竞争。通过市场拓展，总公司从我接任时的年产值300多万元增加到年产值4000多万元，从而使通渭的建筑企业逐步在省内外的建筑市场上占有了自己的份额。

抢占市场，寻求多元化发展

在公司事业鼎盛时期，我居安思危，意识到建筑市场竞争激烈，僧多粥少，单一经营终有一天会制约公司发展，趁公司辉煌之际，必须马上寻找新的出路。经过多方考察，慎重研究，公司分阶段把目标投向了医疗、幼教、商贸、市场管理、物业管理、房地产开发等行业。公司在1998年成立了锦华幼儿园，2001年成立了甘肃省首家省级民营医院"甘肃锦华医院"，2005年成立了甘肃宇通市场服务公司，同年成立了锦华东湖幼儿园，2006年注册成立了甘肃宇通房地产开发有限公司，2009年成立了甘肃丽锦物业管理有限公司，2010年成立了甘肃翔和商贸有限公司、锦华陇西幼儿园。为了规范企业发展，2008年公司被中国质量认证中心审核通过了ISO 9001质量管理、ISO 14001环境管理和OHSAS 18001职业健康安全四体系整合认证。

饮水思源，不忘父老乡亲

公司在发展，企业在盈利，我始终不忘国家，不忘家乡的父老乡亲给予的帮助与扶持。我告诉职工，有三个意识必不可少，一是纳税意识。向国家照章纳税是公司的义务。自公司成立至今，我一直主动向税务部门申报缴纳税款，从不偷税、漏税，在完成经营所在地营业税后，把企业所得税交回企业注册地，近18年来共向国家交纳税收3000多万元，并逐年上缴个人所得税。二是安全、质量意识。每会必讲，到工地必抓，由于安全、质量这根弦始终绷着，所以公司成立18年来，未出过大的安全质量事故。三是服务意识。公司的每一项工程都是为业主服务，为今后的使用者服务，我要求员工始终要换位思考，以"人心换人心"，做好服务，才能赢得市场。

在事业发展的同时，我积极投身社会公益和慈善事业，我经常挤出钱来捐助家乡的贫困家庭，献一份爱心，也倡议职工经常捐款，帮助需要帮助的人。

我的母校常河小学校舍非常简陋，1997年，常河镇党委书记和常河学区校长找我商议，说县财政非常困难，拨不出一点办公经费，让我想办法能不能通过省财政解决三万元办公费。我经过思考后有了思路，提出建一幢教学楼求人划得来，要三万元办公经费求人还真不划算。为此我们把思路转到筹资新建教学楼上，在兰州社会各界及企业老板中进行募捐，发挥社会力量办学，组织了一次联谊会，筹集到了前期资金，随后教学楼建设资金通过各种渠道按照工程进度陆续到位，给母校建起了通渭县第一栋乡镇小学教学楼。

2010年，我从省发改委争取了60万元，硬化了常河镇至南河小学的道路，方便了当地孩子的上学和群众的出行。2011年春节，乡亲们都在团圆过大年，而我却想着为家乡推山修路。大年初一，我邀请乡亲们做客，为大家煮了一只羊，端上上等的酒菜，酒足饭饱后，我提议今年我们要过一个非常有意义的春节，义务劳动，推山修路，解决几代人没办法完成的大事，让大家出行方便，群众齐声赞同，热情很高。全村人一起修路，父老乡亲年龄最大的80多岁，也天天跟在修路现场，我亲自规划，组织施工，大家都感觉到非常有意义，为家乡办成了一件几代人没有实现的大事，家乡的父老乡亲感叹地说："人家的老板过春节带全家到海南甚至国外去旅游，享受着幸福生活，咱们的来学带领着全社人推山修路，敬佩！"

新冠肺炎疫情发生后，甘肃锦华建设集团公司向通渭县人民医院捐赠价值共计52万元的负压式救护车及救护医疗设备，向值守疫情防控一线的干部群众捐赠价值3万元的生活用品，缓解全镇疫情防控的燃眉之急。甘肃宇通房地产开发有限公司向陇西县红十字会捐款、捐物20万元，以表达企业的微薄之力。

企业的发展离不开社会的力量，企业在发展盈利的时候一定要回报社会，所有这些，我并没有满足。在"小康不小康，关键看老乡"的精神感召下，2018年12月成立了通渭常家河福兴德合作社，依托锦华集团公司资金、技术、人才优势，以"打造田园景区，发展农村经济"为宗旨，以富民产业为核心，以乡村振兴为目标，按照"一带一环两园四区"（"一带"即常家河景观游览带；"一环"即文化休闲体验环；"两园"即德源祥产业园和千亩山楂园；"四区"即道家文化区、综合服务区、山地观光漫游区、乡村游乐休闲区）的规划布局，计划通过三至五年时间，将常家河"山楂小镇"建设成为产业、生态、文旅融合发展的新型特色乡镇。

2020年8月注册成立了千合锦华自驾旅游有限责任公司，一次性购置20辆北京BJ40越野车，并成功举办了千合锦华自驾陇上行走进通渭书画名城暨第一届常家河"山楂小镇"乡村文化旅游活动和"山楂小镇"乡村文化摄影诗歌散文大赛活动，与会人数达到 2.05 万人。这不仅带动了当地经济的快速发展，成为当地助推脱贫的中坚力量，而且让更多的人了解通渭，关注常家河"山楂小镇"。常家河镇也因此成为继通渭书画名城景区、榜罗红色小镇景区、风雪华家岭景区、马营古镇景区、什川古城景区之后，第一个以产业命名的特色乡镇。

2021 年 2 月 25 日，我在北京人民大会堂参加了全国脱贫攻坚总结表彰大会，并荣获全国脱贫攻坚先进个人荣誉称号。这次被评为全国脱贫攻坚先进个人，更有压力，我将不辱使命，珍惜荣誉，接续奋斗，继续发扬脱贫攻坚精神，在巩固拓展脱贫攻坚成果同乡村振兴有效衔接中，与家乡的父老乡亲共同谋划未来，为家乡事业发展再创佳绩，带领乡亲们种好山楂，办好旅游，坚持"产文旅"结合的路子，让乡亲们过上更加红火的日子，给乡村振兴再交上一份让乡亲们满意、政府放心的答卷。

鏖战贫困山乡　同心筑梦小康

谢文元

　　我叫谢文元，2019年2月担任陇南市武都区蒲池乡党委书记。上任之初，区委领导对我语重心长地说："蒲池乡贫困面积大，贫困程度深、历史欠账多，你去了要多出几身汗，把全乡村社走一遍，了解清楚乡情村情，把欠账工作赶上去，全力以赴打赢打好脱贫战。"面对组织的信任和领导的殷殷嘱托，我的心沉甸甸的，感受到了前所未有的责任和压力。之前对蒲池的了解，留下的都是地理条件差，自然灾害频发，民风刁野，工作难开展等负面的印象。但我内心始终憋着一股劲，那就是无论面对什么样的艰难险阻，只要沉下心来，扑下身子，变压力为动力，变被动为主动，总能开创出一个新的局面。

　　我坚持"强基础、破难题、补短板、提质量、求创新、促脱贫"的工作理念，跟干部群众同心同力，经过两年的艰苦奋斗，实现了全乡1587户6672名建档立卡贫困人口现行标准下的稳定脱贫，23个贫困村（其中黑松坪、杨沟乱、乱鞍子为挂牌作战村，杨沟村为国扶办挂牌作战村）整体退出了贫困序列。同时，蒲池乡党委政府先后获得陇南市脱贫攻坚先进集体、陇南市拆危治乱先进集体、甘肃省脱贫攻坚先进集体等荣誉称号，我个人获得全国脱贫攻坚先进个人、甘肃省信访工作先进个人、陇南市拆危治乱先进个人荣誉称号。

强化管理夯基础。上任第一天，我带着满腔热情来到蒲池，主持召开全体职工会，全乡干部职工 80 人，竟有相当一部分缺席，给我内心强烈地冲击，一方面我深知基层乡镇干部的艰辛与不易，一方面对这种散漫的干部作风感到深深地忧虑和愤怒，内心闪电般地跃出疑问：这种工作状态如何担当重任？如何打赢打好脱贫攻坚战？会后一周内，我前后召开三次党委会议，集体商讨制定了《蒲池乡干部职工、村干部管理办法》，严禁干部职工"走读"，我自己带头同干部职工吃住在乡。针对干部慵懒散漫问题，我主动找他们谈心谈话帮助转变思想，针对不担当不作为的村"两委"班子，我大力整顿毫不手软，激发村干部主动担当作为，彻底扭转了全乡的工作纪律和作风。在工作中，我带着大家埋头苦干实干、督促大家抓紧干、鼓励大家加油干，同心破难题攻碉堡，形成了上下同心，人人抓脱贫，个个争先进的工作局面。

　　访贫问苦解民忧。两年来我始终没有忘记任职时领导跟我的谈话，一到任就马不停蹄地走遍了全乡 25 个村，走遍了所有建档立卡贫困户、低保户、五保户等重点人群，与群众心连心手拉手，排民忧、解民难。在麻湾村入户时得知一户贫困户因照顾常年卧床的父亲无法外出务工，导致家庭非常困难，我立刻联系区民政局申请了"一事一议"民政救助，并帮助该户开办小卖部稳定家庭收入。贫困村群众吃水是脱贫攻坚路上的大难题，与马营镇赤化村接壤的麻湾村的水源地需异地修建，但两村历史关系僵化、群众观念保守，使得这个底线性任务因"寸土不让"而搁浅，我及时衔接马营镇党委政府组织召开两村班子成员和群众代表会议，主动上门逐户疏导群众情绪，化解两个村子的陈年纠纷，最后成功达成协议。新建水源地到麻湾村最近的供水点需翻三座山跨两条沟，距离共 8 公里，我徒步往返 16 公里陪水务技术员现场勘定设计，用 35 天架通了水路，顺利解决了群众的饮水问题，麻湾村彻底告别了没有水吃的历史，群众个个喜笑颜开。两年来我争取各类扶贫资金 3000 多万元，累计新修人饮工程 38 处、实施危房改造 325 户、硬化沙化农村公路 220 公里，补齐了全乡基础短板。采用"过筛子"的办法查漏补缺，推进基本医疗、教育、兜底保障政策的落实，织密织牢民生保障网。

挂牌作战稳搬迁。为了顺利完成全乡三个挂牌作战村 686 户（其中贫困户 261 户）群众的易地扶贫搬迁工作任务，我和班子成员一起统筹谋划、积极作为，多次在三个作战村召开群众大会，为大家讲政策解疑惑，多次深入残疾人户、五保户等重点人群家中掌握情况，帮助解决困难。争取资金为每户贫困户补助 100 度电费和 50 元水费，并捐赠了电热毯取暖器；主动衔接银行贷款，确保群众稳定搬迁；抢抓东西扶贫协作机遇，利用"陇货入青"帮助困难群众销售农产品；在搬迁点扶持建立中药材合作社，解决 50 人的搬迁群众的就业，并跨区域流转土地 500 亩发展油橄榄，拓宽增收渠道，真正实现了搬迁群众"搬得出、稳得住、可发展、能致富"的目标。目前，三个挂牌作战村搬迁群众全部搬迁入住。

产业就业助增收。我按照"远抓产业、近抓就业"的思路，抢抓疫情复工复产机遇，积极衔接上海、成都、青岛的企业后鼓励贫困劳动力外出务工。2020 年全乡劳务输转达 5200 人（其中建档立卡贫困户 2200 人），往青岛、潍坊、上海等地输送务工人员 187 人，46 名贫困人口稳定在辖区内农产品加工厂就业，群众累计务工收入过亿元；通过公益性岗位解决 443 名贫困人口就业（其中生态护林员解决 96 名）。我和班子成员一起研讨，因村因户施策，合理制定产业发展规划，累计发展花椒、中药材 2.5 万亩，种植乌龙头 1200 亩、樱桃 500 亩、订单辣椒 260 亩、藜麦 20 亩，建成花椒产业村 21 个、中药材产业村 9 村、家庭养殖 2100 户，建成冷水鱼养殖基地 30 亩、食用菌种植基地 30 亩，新修产业路 8 条 65 公里。全乡农民人均纯收入从建档立卡初的 3560 元增长到现在的 8920 元。

防疫救灾安民心。在新冠肺炎疫情期间，我全天 24 小时处于待命状态。先后主持召开六次乡疫情防控工作部署会议，跑遍全乡 25 个村的 37 个疫情检查点督查检查。发动全乡党员干部、公益性岗位开展入户排查、宣传疫情防控知识，教育群众不信谣不传谣、消除大家的恐慌情绪，在全乡形成了全民参与、人人监督、联防联控的机制，实现了疫情防控无死角、常态化。"8·17"暴洪灾害发生时，我第一时间转移麻湾村 34 户处于滑坡危险隐患点的群众，并连夜向区上申请搭建了救灾帐篷 44 顶。灾后全乡水路电网几乎瘫痪，我及时带领全乡干部徒步进入各村实地查看受灾受损情况，组织起村社党员干部群众，不等不靠开展生产自救，确保了将灾情损失降到最低。在全乡上下努力下，蒲池乡仅用十数天便抢通通村主干道 15 条、饮水管网 25 公里，确保了群众尽快开展生产生活。

创新模式促和谐。历年来，蒲池乡民风彪悍、矛盾纠纷多发，越级上访经常发生，党群干群关系弱化，村干部多为"门帘子、传话筒"，不干事、怕惹事，遇到矛盾就上交。为了切实提升干部干事责任担当和发现问题、解决问题的能力，充分发挥村级组织凝聚共识、化解矛盾、服务群众的核心作用，扭转干部不担当、不作为的被动局面，我多次主持召开党委会议，深入分析研究，积极探索"群众说事日"活动。要求各村于每月 10 日、25 日在党群服务中心开展"群众说事日"活动，在及时解决群众困难问题的同时密切了干群关系，提高了群众满意度。结合新时代文明实践站，在全乡范围内积极探索道德"红黑榜"制度，对孝亲敬老、邻里和睦、庭院整洁、勤劳致富等人员颁发流动红旗进行奖励，对不赡养老人、赌博、庭院脏乱差、好吃懒做等人员进行黑榜公示、通报曝光，促进全乡村风民风的转变。

拆危治乱显成效。在"拆危治乱"专项行动中，对于难拆的、思想工作难做通的"硬骨头"，我带头干，组织机械人力按照先难后易的思路，拔钉子、除顽疾，以点带面、示范引领，掀起全乡拆危治乱热潮。湾里村群众老王因家庭矛盾不愿和子女一起住新房，誓住危房不拆迁，还多次以喝农药威胁劝解人员，我先后多次到老王家里做工作，化解其家庭矛盾，最终该危旧房得以顺利拆除。全乡累计拆除危旧房 1456 户 7542 间 106555 平方米、拆除残垣断壁 667 处 12632 米、复垦土地 85 亩、清理垃圾 2632 吨、打造小花园小菜园 169 处。我想尽办法多方筹措资金，沿国道 G247 栽植行道树 2600 株、打造修建了 4 个村级文化广场、安装庭院路灯 45 盏、太阳能路灯 280 盏。蒲池乡人居环境告别了之前脏、乱、差的面貌，闲暇之际，群众在广场上跳起了广场舞、拉起了二胡，坐在凉亭里拉起了家常，环境彻底改变的同时群众生活质量明显得到了提高。

乡村振兴同推进。以"产业兴旺、生态宜居、乡风文明、治理有效、生活富裕"为总要求，我们扎实推进垃圾、厕所、风貌"三大革命"，新建垃圾池 102 处、改厕改圈 1800 户，购买环卫车 80 辆，整治乱堆乱放、乱搭乱建 365 处，累计清理村庄周围及沟渠河道垃圾 4632 吨。通过建立"日清扫、周清运、月检查、季评比、年考核"工作制度推行"门前三包"责任制，探索村级公益性设施共管共享机制，各村公开选聘公益性岗位人员，成立理事会，做到建设和管护的有机统一。如今的蒲池乡人居环境得到了翻天覆地的变化，为下一步乡村振兴奠定了坚实基础。

路漫漫其修远兮，吾将上下而求索！虽然我个人及蒲池乡党委、政府获得了中央、省、市、区的肯定和表彰，但我深知这些荣誉的取得是全乡上下干部群众同舟共济、勠力同心、顽强拼搏的结果，凝结着全乡广大党员、干部、群众的无数心血和辛勤汗水，当倍加珍惜，虚怀若谷，躬身实践，以更严谨细致的工作作风，更务实有效的办法举措，为巩固脱贫攻坚成果、全面推进乡村振兴继续埋头苦干、竭力奉献。

乡村变了样 生活有奔头

高亚丽

　　我叫高亚丽，2018年7月起担任镇原县方山乡党委书记。我们方山乡是镇原县最贫困的乡镇之一，2013年建档立卡时，有贫困户1637户7320人，贫困面高达54%。2018年，我刚来的时候，全乡还有8个贫困村，下剩贫困户746户2731人，贫困面仍有20.2%。

　　面对这样的情况，我比较着急，也很有压力。脱贫攻坚是一项系统工程，如何找准穷因，对症下药，在有限的时间内让全乡所有贫困群众全部脱贫，是摆在我面前一项艰巨的任务。我经常进村入户调研、召开群众会，倾听群众的声音。在走访中，我发现，截至2018年上半年，方山乡居然没有一家规模性的带贫合作社，群众发展产业没有思路，也没有举措。于是，我就决定把建办规模养殖合作社作为履新的第一件大事，一方面千方百计联系投资商，一方面在全乡范围选择最适合的地块。

　　万事开头难。我和乡上的领导班子经过精心考察，最后选中王湾村30亩地，准备建办养殖合作社。这是一件惠民富民的好事情，原以为群众一定会大力支持，谁承想，涉及地块的农户坚决不同意，我接连吃了几次"闭门羹"。于是，我只能白天去地头，夜晚入农户，不厌其烦地上门疏导群众思想，经过半个多月的努力，终于打动了一位老村长，他带头流转出了自家的十亩地，其他几户群众看到村主任都带头了，便纷纷配合流转了土地。就这样，王湾村久鼎湖羊养殖专业合作社经过短短两个多月的时间，从图纸变为了现实。

我们方山乡产业基础薄弱，群众收入来源单一，但也有自己的优势，比如地广人稀、土地资源富集、养殖传统悠久、群众勤劳肯干。养殖合作社的成功建办，让贫困群众尝到了货真价实的"甜头"，他们发展产业的积极性高涨。我们把培育富民产业作为脱贫攻坚的主抓手，确定了"山地种草自给、川地种药栽菊、家家种养结合、户户劳务输转"的产业发展新模式。几年来，全乡累计种植万寿菊 1.5 万亩，粮饲兼用玉米 5.2 万亩，中药材 1.2 万亩，马铃薯 8000 亩，栽植苹果树 1024 亩；牛存栏 5600 头，鸡存栏 16.2 万只，羊存栏 5 万多只，猪存栏 1220 头，肉兔存栏 10 万只；建成规模合作社 17 个。2020 年，我们引导贫困人口劳务输转 2019 人，实现劳务收入 8000 万元。全乡人均纯收入达到 9600 元，其中贫困人口人均纯收入 7908 元。

方山乡山大沟深，基础条件差，群众吃水难、出行难，是脱贫攻坚的难点所在，更是必须要啃下的"硬骨头"。我刚到方山乡工作时，几乎每天都要走访群众 30 多户，把大家的困难需求认真记在民情日记中，想尽一切办法予以解决。基础设施建设投资大，为了争取项目、筹措资金，我多次跑县上、跑部门、联系帮扶单位，终于为方山争取到了很多项目，改变了落后面貌。截至 2020 年，全乡 10 个建制村全部通硬化路，76 个自然村全部通砂石路；累计新建住房 1083 户，实施易地搬迁 108 户；实施自来水到户 852 户，新打小电井 1908 眼，安装净水机 42 户；76 个自然村及 386 户养殖大户实现了动力电全覆盖。

产业发展了，基础改善了，群众收入提高了，整治人居环境和消除视觉贫困又成了我面临的一项重要任务。方山乡群众常年生活在大山里，残垣断壁、柴草堆等到处都有。为彻底改善环境脏乱差状况，我和乡村的党员干部走进田间地头，挨家挨户走访宣传，集中整治拆危治乱，亲自动手做示范，推行农户庄前屋后"三包六净"责任制，以"日清除打扫，月检查评分，季定星奖惩"的方法，分类推进人居环境整治"挂牌亮星"活动，累计建成微景观 35 处，卫生干净样板示范路 10 条，五星级美丽庭院 420 户。2020 年三次被评为全市全域无垃圾治理先进乡镇，整洁的村容村貌带给了群众视觉的享受和精神的愉悦。

2020 年，全市唯一的国务院挂牌督战村——贾山村，高质量完成了脱贫攻坚任务，我们方山乡如期实现了脱贫攻坚既定目标，我个人被推荐为全国脱贫攻坚先进个人，受到了党中央、国务院的表彰和习近平总书记等党和国家领导人的接见。

如今，我们方山乡虽然脱贫了，但正如习近平总书记所说："脱贫摘帽不是终点，而是新生活、新奋斗的起点。"接下来，我们将在巩固脱贫攻坚成效的同时，补齐乡村振兴发展短板，把脱贫攻坚同实施乡村振兴战略有机结合起来，全面助力乡村振兴战略实施。我将满怀为民情怀和责任担当，与方山乡广大干部群众一起，为"十四五"开好局、起好步而继续奋斗。

（李卿　白勇涛　张昶昶　整理）

巾帼不让须眉　决胜脱贫伟业

杨小兰

我所在的将台村位于和政县城南部海拔2330米的山区，现辖7个社，203户825人，是深度贫困村，贫困户105户451人，2019年底实现整村脱贫。2013年，我当选新庄乡将台村党支部书记，作为当时全县唯一的女村支书，面对村上"一穷二白"的家底，我强化自身学习，提升履职能力，带领村"两委"一班人，认真研究村情实际，理清村上发展思路，落实各项帮扶政策，解决群众实际困难，逐步探索出了"1+2+3+100"的群众增收致富路子，成为全乡脱贫攻坚工作中的典型，为全乡脱贫攻坚工作打开了思路。

狠抓班子建设、提升带富能力。上任伊始，我面对上届村班子集体辞职后留下的组织软弱涣散、群众思想消极、信访问题突出、产业结构单一以及群众的质疑多等困难和问题，并没有进行辩解和推卸，而是觉得这是乡亲们在渴望发展、无声鞭策，更加激发了我为全村乡亲们热忱服务的干劲。"火车快不快，全靠车头带"，我决定先从村"两委"班子入手，加强班子自身建设，建立完善了学习、值班、党员代表议事、村民代表议事、重大事项集体决定等一系列规章制度，为党支部工作的正常运转提供了保障。坚持政务公开民主监督，支持村监委会开展各项工作，严格执行"四议两公开"制度，设立村务公开栏，对公开内容、时间和形式等进行规范；严格落实"三会一课"制度，开展党课教育、谈心谈话等活动，提高了党员党性修养和整体素质水平。村党支部凝聚力和战斗力不断增强，战斗堡垒作用发挥明显。

深入调查研究、谋划脱贫思路。以精准扶贫政策落实为突破口，组织带领村"两委"成员根据全村 105 户 451 名贫困人口的基本情况，深入各贫困户开展调查研究，对贫困户的情况分别进行排摸，力求掌握第一手资料，逐一找出制约发展的问题短板，精准施策、对症下药。通过调查研究，对全村基本情况、经济发展、贫困状况、脱贫愿望等情况做到了心底有数，对当年贫困人口按不同层次、不同致贫原因进行归类，列出需求清单，制定帮扶规划和年度实施计划，为全村打赢打好脱贫攻坚战打下了坚实基础。同时，为了提升贫困户内生动力，让群众形成竞争机制，谁发展的产业多，就给谁补助多，形成"比学赶帮超"的氛围。我积极向州电信公司领导汇报，争取到州电信分公司资金 2.5 万元，在将台村开展"勤劳致富家庭""勤劳致富带头人""卫生整洁家庭""邻里和睦先进家庭""公益热心人""尊老爱亲模范""苦攻苦学好家长""优秀社长"八项先进创建活动，给予一定奖励，激发群众摆脱贫困的内生动力，真正做到扶贫和扶志、扶智相结合。

优化产业结构、拓展增收渠道。根据将台村地理环境，引导贫困户因地制宜发展中药材种植、能繁母牛养殖、草鸡养殖。投入资金 20 万元，动员群众种植当归、冬花、羌活、牛籽、柴胡等中药材 385 亩，全村中药材种植规模进一步稳定扩大，户均种植中药材 3 亩以上。成立了将台村种植养殖专业合作社，入社社员 145 户，对有发展养殖意愿的贫困户加大帮扶，确保全村贫困户每户养殖母牛达到 2 头。建成养鸡示范场一处，采用"企业＋农户"的形式，与企业达成协议，在全村发展散养草鸡产业，引导 93 户群众参与发展草鸡产业，投放鸡苗 7000 多只，采用群众自行销售和企业保底收购的方式，提升群众的养殖积极性，确保达到每户养殖草鸡 100 只。投入带动资金 20 万元，引导全村种植乌龙头 800 多亩。2019 年，在帮扶单位的大力支持下打造百亩羊肚菌示范基地，建设大棚 28 座，已种植 25 个棚，菌丝长势良好。对全村贫困户劳动力进行技能培训，通过务工带头人带动的方式，组织群众赴新疆摘棉花和沿海工厂务工，确保全村贫困户中外出务工人员稳定在 1 人以上。进而形成了"1+2+3+100"的群众增收致富路子，即每户 1 个务工人员、2 个基础母牛、3 亩中药材、100 只鸡。

精准落实扶贫政策、筑牢精准扶贫基础。将台村地理位置特殊，水、电、路等基层设施建设薄弱，"雨天两腿泥，晴天一身土"是群众出行的真实写照，解决群众出行问题显得尤为迫切。2016 年，将台村成为中国银监会和甘肃省卫计委定点帮扶村，村"两委"班子依托帮扶单位各自优势，重点围绕基础设施建设，多方争取项目，先后投资 550 万元，实施了大将路拓宽硬化工程，硬化通社巷路 33 条 10.3 公里，解决了群众的出行问题。投资 25.6 万元实施了吓将台等 6 个社 136 户群众安全饮水改造工程，实现了饮水安全全覆盖。投资 240 万元完成了 C、D 级危房改造；投资 110 万元建成了将台村幼儿园。2017 年，通过社会资金帮扶，投资 187 万元，实施将台村级活动场所易地重建工程，完成了院落硬化 7000 平方米，安装太阳能路灯 40 盏。全村基础设施建设水平得到全面提升，人居环境明显改善，有力地夯实了发展基础。特别是，2018 年娘娘池发生地质滑坡后，第一时间发出预警，组织乡亲们转移，积极协调救灾安置，不但没有造成人员伤亡，而且最大限度减小了乡亲们的财产损失，目前受灾群众得到妥善的异地安置，过上了更好的小康生活。

2021 年 2 月 25 日上午，全国脱贫攻坚总结表彰大会在北京人民大会堂隆重举行。习近平总书记向全国脱贫攻坚楷模荣誉称号获得者颁奖并庄严宣告我国脱贫攻坚战取得全面胜利。坐在人民大会堂里的我，特别是当亲眼见到习近平总书记和蔼可亲地向我们挥手致意，我顿时感慨万千、激动不已，止不住热泪盈眶。回想起八年来将台村脱贫攻坚工作，村上发生了翻天覆地的巨大变化，将台村也同全国 12.8 万个贫困村一道退出贫困序列，全村的脱贫攻坚工作在无数人接续奋斗、前赴后继努力下取得了显著成效，这里有着道不尽的艰辛和数不清的感动。我深深感受到：

——党和政府对贫困群众的深深牵挂，是我工作的强大动力。习近平总书记对我们基层工作者的殷殷嘱托，党和政府以人民为中心的发展思想，都是我们不懈的动力和追求，我们没有丝毫理由可以退缩，唯有不忘初心、牢记使命，带领乡亲们撸起袖子加油干！

——扶贫工作要吃透政策，才能有的放矢。作为奋斗在扶贫一线的基层干部，一定要深刻领悟好国家扶贫大政方针，吃透各级扶贫政策精神，做到熟记于心、落实于民。无论是村部办公、还是走社串户，我都认真听、认真记、认真领会，只有如此，群众找你办事，你才能得心应手，群众反映问题，你才能答疑解惑。

——扶贫工作要饱含感情，才能深得人心。古人云："精诚所至，金石为开。"你对群众用真情，群众就会报真恩。你把群众当亲人，群众才能吐真心。

自己做了些事情，很平常，我认为：一个人的价值不在于职位有多高，财富有多大，而在于立足岗位，做好本职，上对得起组织，下对得起工资和良知。平凡的脚步可以丈量伟大的行程，平凡的付出可以成就伟大的人生，平凡的事迹可以汇聚成强大的感动人心的正能量！

贫困之冰，非一日之寒；破冰之功，非一日之暖。面对扶贫工作，必须拿出"抓铁有痕、踏石留印"的劲头，冲锋不息，战斗不止。获得这个荣誉是我人生新的起点，脱贫摘帽不是终点，而是新生活的起点。我深知丝毫不能有松劲歇脚的思想，必须趁势而上、接续奋斗，带领父老乡亲们做好脱贫攻坚与乡村振兴有效衔接，继续在基层贡献自己的力量。

沉下身子抓产业　迈开步子促脱贫

何玉柏

2016 年 3 月，组织将我从乡镇党委书记提拔到宕昌县担任副县长，分管扶贫工作。五年来，我认真贯彻习近平总书记关于扶贫工作的重要论述和重要指示批示精神，按照中央及省市县部署安排，始终知责于心、担责于身、履责于行，艰苦拼搏，攻坚克难，圆满完成了脱贫攻坚各项目标任务，推动全县动态减贫 13.4 万人，231 个贫困村全部脱贫退出，实现全县高质量脱贫摘帽，为宕昌脱贫攻坚大局作出了自己应有的贡献。

深入开展调研，了解掌握县情实际

为深入了解掌握宕昌具体实际，一到宕昌我就立即开展工作，通过下乡和到相关单位走访调研，对宕昌实际情况有了初步了解和掌握。宕昌县是甘肃省最贫困的县区之一，辖 11 镇 14 乡 336 个行政村，总人口30.34 万，建档立卡贫困人口 11.4 万，贫困发生率高达 40.4%，贫困深度位居全省第二，先后被国务院列为贫困县和扶贫开发重点县，被甘肃省政府列为集中连片扶贫开发县和深度贫困县。境内山大沟深，自然灾害多发频发，贫困人口多、贫困面积大、贫困程度深，脱贫攻坚任务繁重，人多地少，贫困人口大多居住在高半山区，特别是南边14个乡镇条件更加艰苦，大都居住在大山深处，"山是石头山，插在云里边；地是眉毛田，挂在半山间"。那时候我深切地感受到，山有多高，扶贫的投入成本就有多高；沟有多深，贫困程度就有多深。县内龙头企业少，产业化程度低，传统产业提质增效缓慢，作为群众收入主要来源的中药材、劳务等产业受自然灾害、市场行情影响极大，群众收入一直低而不稳，实现与全国同步小康的道路漫长而艰辛。

破解产业困局，奖补政策探新路

作为分管扶贫的副县长，如何帮助群众持续稳定增收，如何推动全县如期实现脱贫摘帽成了我心中绕不过的一道难题，但我相信办法总比困难多，心中始终抱有一个信念，那就是关乎群众切身利益的问题我们不仅要解决，而且要高质量高水准解决好，我也坚信在县委、县政府的坚强领导下，只要全县干部群众团结一心、开拓进取，就一定能破困局、开新局。现在回过头来看，2017年是宕昌脱贫攻坚取得决定性胜利的转折点。精准扶贫专项贷款为农业农民引入了"金融活水"，但一些群众在如何用好这笔资金增加收入、发展致富上思路不够开阔、想法不够灵活，2016年为了使精准扶贫专项贷款发挥好作用，我们坚持从实际出发，在实践中不断探索，因地制宜、因村施策，开展了产业奖补"十条路"拓展行动扶持贫困户发展产业来增收，即对具备条件的贫困户在保证每户种植两亩以上规范化中药材、输出一名持证务工人员的基础上，再从养鸡、养蜂、电子商务、旅游服务、经济林果、蔬菜（食用菌）、草畜养殖、加工贩运商贸等八个产业中选择确定一至三项符合户情的增收项目，推动产业提质增效、群众持续增收。但由于龙头企业少，合作社带贫能力弱，产业发展"涛声依旧"，群众收入低而不稳的难题一直没有破解。2017年，省委、省政府组织贫困县的党政主要领导、分管领导去贵州学习，通过学习，思路上更加明晰，工作靶向更加精准。2018年，省委、省政府把产业扶贫作为促进群众脱贫的重要抓手，为贫困群众下拨了人均5000元、户均不超过3万元的到户产业扶持资金，为确保到户产业扶持资金真正用于产业发展，我们深入思考，怎样才能确保到户产业扶持资金全部用于发展产业？怎样利用产业扶持资金促进合作社发展带动贫困群众增收？通过什么路径来培育龙头企业引领带动产业发展？如何才能把企业、合作社和贫困户联合起来抱团发展？

抱团联合发展，"宕昌模式"助农摘穷帽

针对产业发展助力脱贫攻坚过程中存在的困难和问题，立足县情实际和产业发展现状，我们按照"能合则合、乡贤促合、抱团联合、多方混合"的原则，由村"两委"班子牵头领办了336个村办农民专业合作社，各乡镇选择经营规范、效益好、管理水平高的村办合作社作为乡镇联合社，各乡镇联合社发起成立县级联合社——宕昌县万众富民特色农业农民专业合作社联合社，与甘肃琦昆农业发展有限公司、甘肃中药材交易中心股份有限公司和县国资办共同出资、联合控股，成立了陇南市羌源富民农业发展股份有限公司，经过不断探索，逐步形成了"以贫困户为基础、村办合作社为单元、乡镇联合社为纽带、县联合社为主体、股份公司为龙头"的产业发展"宕昌模式"。贫困户将到户产业扶持资金、土地、林地等相关资源折股量化入股村办合作社；村办合作社涵盖所有贫困户，合作社按照羌源富民公司年度生产计划和标准要求，采取全链条式、订单式、托管式、跨村联合式等灵活多样的方式组织生产；县乡联合社扎实做好到户产业扶贫资金持股、认缴股份，当年底为贫困群众进行分红；羌源富民公司统筹做好产业规划、培训指导、信息服务、产品收购、贴牌销售和对接市场等工作，全方位融资和引进战略投

资合作伙伴，带动特色优势产业高质量发展，提升农产品核心竞争力，确保入股资金（资产）保值增值。这样，我们实现了自下而上将到户产业资金等股金逐级集中起来，自上而下订单生产加工带动贫困户实现增收，贫困户既可以从入股股金中获得分红，也可以在合作社、扶贫车间就近就业，获取劳务报酬。既解决了一系列存在的困难问题，又确保了到户产业扶持资金真正用于产业发展，实现了贫困户、合作社、龙头企业抱团发展的良好局面，促进了龙头企业、合作社日益壮大，探索出了一种合作社联合控股、助农增收的带贫模式。

强化产业培育，"四大产业"助农稳增收

依托"宕昌模式"，我们结合全县产业发展实际，构建了中药材、食用菌、养蜂、养鸡"四大产业"体系，每个产业从种养、加工、销售都形成了完整的体系，每个产业都培育出了龙头企业，在中药材产业上我们有甘肃琦昆农业发展有限公司，在食用菌产业上培育了宕昌县兴宕菌业有限责任公司，在养蜂产业上培育了宕昌县兴昌蜂业有限责任公司，养鸡产业上培育了宕昌县羌藏现代农业投资有限公司。通过龙头企业带动，全县中药材种植面积稳定在40万亩，中药材绿色标准化生产基地达到13.3万亩；辣椒种植基地达6000多亩；食用菌大棚777座，种植香菇、黑木耳等食用菌400万棒；养殖中蜂7.4万箱；放养鸡存栏30万只左右。同时，为了弥补"四大产业"发展中的一些不足，我们积极探索，点对点扶持"三类"对象发展小庭院、小家禽、小手工、小买卖、小作坊等短平快"五小"产业，将产业扶贫的政策措施精准滴灌到了每家每户，拓宽了群众增收渠道。在合作社带动之下，全县336村集体经济平均达到2万元以上，村办合作社累计为建档立卡户分红5030万元。全县农村居民人均可支配收入从2014年的3252元增加到2020年的7665.9元。

深挖产业潜力，中药材产业提档升级

宕昌县自古就有着千年药乡、天然药库的美誉，中药材一直是县上的优势特色产业。但一直以来，宕昌的中药材产业大都以农户家庭生产方式为主，生产、种植、采挖几乎都靠人力畜力，规模化、机械化水平不高。于是，帮助宕昌尽快实现中药材标准化种植，将中药材进一步发展为宕昌的支柱产业、主导产业、基础性产业成了我们工作中的又一个明确目标。要推进中药材标准化种植，首先需要组建专业技术团队。在省农业农村厅的大力支持下，组建了由省级专家团队和县乡科技骨干组成的技术队伍。其次要大力推进产业路、田间路建设，改善生产种植条件。以前我在乡镇工作的时候就已经积累了一些建设田间路的经验，现在已逐步成为这方面的行家里手。我们将田间路、产业路建设作为一项基础性工作，结合高标准农田建设工作，积极组织发动干部群众，新修、整修机耕路、产业路、田间道路76.5公里，为农耕机械的运用夯实了基础。我们还将推广农机耕作作为工作重点，整合资金购置旋耕机、移栽机、采挖机等各类农业机械256台（套），实现了机耕地、机覆膜、机栽苗、机采挖和无人机喷施农药等机械化服务，机械化综合服务率由2019年的35%提升到现在的57%，解放了生产力，提高了生产效率，降低了劳动成本。依托"宕昌模式"，按照打造"现代药乡"的思路，2019年，组织58个村办合作社以全流转土地的方式标准化种植中药材2.38万亩，提高了中药材产量和品质。2020年，我们总结了上年工作经验，充分发挥基地示范引领作用，5个乡镇65个合作社流转土地1.07万亩，辐射带动8乡镇95个村办合作社指导农户按照标准化种植要求种植中药材12.23万亩，基地种植面积达到了13.3万亩。在专业技术团队统一的种植技术标准指导下，加强土地深松、土壤消毒、测土配方、药剂浸苗、标准栽培等环节的管理，推动中药材产业逐步由传统的家庭生产方式向机械化、精细化、现代化转变。目前，"哈达铺当归""宕昌党参""宕昌黄芪""宕昌大黄"已先后通过农业农村部农产品地理标志认证。由于示范带动作用强、中药材品质高、产业综合效益好，拉路梁中药材绿色标准化生产基地被农业农村部评为国家现代农业科技示范展示基地，被省农业农村厅认定为全省中药材绿色标准化种植基地。通过推进标准化种植，据测算每亩中药材种植成本降低了1000元左右，2020年中药材主产区药农的收入中，中药材收入占领了"半壁江山"。

牢记初心使命，同心协力打好攻坚战

打赢打好脱贫攻坚战这场硬仗，没有捷径可言。面对脱贫任务重、脱贫难度大的实际，我深感压力巨大、责任重大，丝毫不敢放松，不敢停顿，不敢懈怠。虽然工作很苦、压力很大，但感觉生在一个伟大的时代，遇到一个很好的平台，就算再苦一点，再累一点，只要能让群众日子更甜一点，心里也是知足的、充实的、乐意的，忠诚履职尽责、践行初心使命，提升群众的获得感和幸福感就是我工作的不竭动力。所以在我这几年的人生字典里没有"节假日"这个概念，即便是在周末我也坚持下乡入户、督促指导，到群众家中拉拉家常、问问情况，看看他们平时吃什么、穿什么、用什么，了解群众生活现状，帮助他们解决实际困难和问题。我会经常深入生产一线、田间地头问计于民，问需于民，帮助他们算好收入账，谋划好产业。五年来，我始终将打赢脱贫攻坚战的政治责任和历史使命扛在肩上，始终把做好"两不愁三保障"基础性工作放在心上，始终同乡镇基层干部一道奋战在脱贫攻坚一线，贯彻落实好中央及省市县脱贫攻坚有关政策，确保各项工作顺利开展、圆满完成。五年来，坚持靠前站位，躬身实干，统筹各方力量，精准施策发力，采取超常规措施抓重点、补短板、强弱项，走遍了全县336个行政村和一半以上自然村，并及时协调解决基层工作中的具体困难和问题，保证了工作深入推进。五年来，始终将"精细精确精微"理念贯穿脱贫攻坚工作始终，加强与其他班子成员的团结协作，督促教育、住建、卫健、医疗、水务等部门紧盯"两不愁三保障"目标，多措并举全力补齐水、电、路、房、教育、卫生等短板弱项，保障群众真脱贫、稳脱贫。协调推动建成"两类学校"23 所，所有适龄学生都有学上、能上学、不辍学；建设标准化村卫生室 301 个，配齐了村医，实现城乡居民基本医疗全覆盖；全覆盖安全认定 6.9 万户群众住房，累计改造住房 2.3 万户，实现住人无危房、危房不住人；实施安全饮水巩固提升 326 个自然村，确保水源稳定、水管不冻、水质达标。对土地复垦工作，蹲点督促抓进度，完成城乡建设用地增减挂钩拆旧复垦面积 2260 亩，共争取调剂资金 6.78 亿元，为宕昌脱贫攻坚和乡村振兴提供了充足的"弹药"；对于困难群众最为关心的城乡低保工作，精心安排部署，督促精准认定，兜底保障 2.29 万人，动态实现"应兜尽兜"。

在宕昌县决战决胜脱贫攻坚的关键时期，2020 年初发生的新冠肺炎疫情，给如期打赢脱贫攻坚战带来了极大的挑战，为消除疫情对脱贫攻坚工作造成的不利影响，我及时深入相关乡镇检查指导新型冠状病毒肺炎疫情防控工作落实情况，协调有关单位将储藏的动物检疫防护服、口罩、帐篷，折叠床、被褥、消毒药品等防疫所需物资分配给县乡监测点，解决了全县防控医疗资源紧缺的燃眉之急，为一线工作人员提供了日常生活后勤保障。通过做好"六稳""六保"工作，用足用好各项惠企政策，帮助企业克服疫情影响，积极推动复工复产，确保企业和合作社健康发展；指导各乡镇在做好疫情防控的同时，为贫困户做好产业脱贫工作计划，支持帮助贫困群众到企业和合作社就近就业，新冠肺炎疫情期间，合作社吸纳 1400 多名群众就近就业，实现稳定增收。2020 年 8 月发生暴洪泥石流灾害后，我第一时间带领水务、交运等单位主要负责人徒步九公里深入到沙湾镇水峪沟暴洪灾害受灾最严重的杨何家村查看指导抢险救灾工作，动员、组织干部群众开展抢险救灾，转移安置受灾群众，保证了群众无一人受伤。

成绩令人鼓舞，乡村振兴新使命催人奋进

2020 年 11 月 21 日，这是一个让我今生刻骨铭心的日子。在甘肃省人民政府批准宕昌县退出贫困县的那一刻，我的内心满是激动、欢喜、欣慰和自豪。激动的是经过这些年的努力，宕昌县不仅顺利实现了脱贫摘帽，而且高质量完成了脱贫目标；欢喜的是我们这些年的付出取得了显著成效，合作社从无到有、从有到强，产业从"小而散"到"聚而优"发展；欣慰的是随着产业的发展壮大，群众收入持续增加，他们的日子越过越好了；自豪的是有幸参与这场伟大的脱贫攻坚战，自己不仅是见证者，更是参与者、战斗者，感到无上荣光。

虽然脱贫攻坚取得了全面胜利，但乡村振兴的路子还很漫长，我一刻也不敢懈怠，将保持继续攻坚的精气神，多措并举巩固脱贫成果，接续推进乡村振兴战略，结合农业特色优势产业三年倍增行动计划，狠抓中药材等特色产业提质增效，充分利用甘肃琦昆公司和福江源药业公司在生产加工、仓储物流、市场对接等方面的优势，签订订单种植，进一步开发宕昌黄芪茶、药膳包等产品；利用中央财经大学在追溯体系建设上人力智力资源优势，积极构建中药材质量追溯体系，对流转土地进行网格化管理，加强动态监管，确保产出的中药材优质绿色无公害；进一步利用淘宝、来三斤、拼多多等电商平台以直播带货、网红直播等方式，开展集中营销推广，形成覆盖线上线下的市场营销体系，促进产业综合效益不断增长，为推进乡村振兴下好产业兴旺先手棋。

（杜长军　整理）

用真心、带真情、扶真贫

许晓鸿

我叫许晓鸿，出生于 1981 年 6 月，2011 年通过公选任职于皋兰县什川镇农村经济发展服务中心主任，2016 年 5 月任职于皋兰县什川镇人民政府党委委员、副镇长。自 2014 年开展精准扶贫工作以来，我积极践行"立足岗位做贡献，争做合格党员"的要求，履职尽责，奔忙于什川镇精准扶贫工作第一线，当好扶贫政策的"宣传员"、致贫原因的"分析员"、精准扶贫的"联络员""服务员"，始终为帮扶村及全镇脱贫攻坚工作而不断努力。

什川镇位于皋兰县南部，全镇总人口 20046 人，贫困户 843 户，贫困人口 3155 人。我深知脱贫攻坚任务十分艰巨，消除贫困、确保贫困户稳定脱贫任重道远，巩固扶贫成果，提高贫困人口的生活质量和综合素质，是一个长期的奋斗攻坚过程。在具体工作中，我始终把扶贫工作放在心中、扛在肩上，开启"白＋黑""5+2"工作模式，任劳任怨，坚守在扶贫第一线。

深入群众，摸清基本情况，用真心做好精准扶贫工作

精准扶贫，关键在于"精准"。为做到识别"精准"、信息数据"精准"，作为全镇精准扶贫工作的主要负责人，我走遍了全镇九个行政村，深入每一户贫困户，始终坚持"走通最后一公里，走进最远一家人"的原则，深入群众走访调研，了解贫困户所思所想，了解群众最需要的扶贫政策。虽为一名女同志，但我必须不娇气不做作，对每一项上报的数据都要亲自审核把关。作为帮扶村的包村领导，不论天晴下雨，还是周末节假日，我一直坚持白天走访群众，晚上整理材料，分析研判每一户贫困户致贫原因。在精准扶贫国办系统基础信息录入期间，主动放弃休息和陪伴家人的时间，连续几日通宵达旦地工作，确保信息系统准确无误。

因户施策，精准帮扶措施，用真情帮扶每一户贫困户

我联系帮扶的是什川镇下泥湾村，为确保全村89户325人贫困人口如期实现稳定脱贫，作为扶贫干部我一直主张要根据各户实际情况，访贫因、挖穷根，根据每户贫困户的致贫原因，详细制定"一户一策"，因户精准施策，在帮扶规划上充分尊重贫困户意愿，不搞千篇一律。帮助贫困户魏万梓一家理清脱贫发展思路，由于两个儿子智力较低，两个儿媳常年有病，家中人口众多，收入不景气，魏万梓老人一度丧失了对生活的信心，每天一筹莫展。通过我的有针对性的帮扶，他家困难状况得以好转。我深知"扶贫先扶志"、人穷志不能穷，在忙完业务工作之后，多次到魏万梓老人家中，与魏老汉真诚地交流，引导他们

面对现实，增强自信、增强自我发展动力，最终帮助魏老汉带领大儿子和大儿媳种植大棚，小儿子和儿媳兰州就近务工。2018年我积极争取"三化"项目，对庭院进行砖化，改善其人居环境。帮助魏万玺一家落实危房改造，消除安全隐患。同时为每一户贫困户建立起扶贫手册，记录帮扶措施和落实情况，让群众认可、做到心中有数，让群众看到扶贫不是走过场，增强他们脱贫致富的信心和决心。在我和村"两委"的带领下，下泥湾村的扶贫措施严格落实，扶贫效果显现，赢得群众的一致好评。同时，作为镇扶贫工作的分管领导，在吃透惠民惠农的基础上，多次培训县、镇、村帮扶干部，教会他们用于政策开展帮扶工作，实现政策与群众需求紧密对接，尽最大可能帮助困难群众，帮助他们通过发展生产、生态补偿、发展教育、社会保障兜底等方式实现稳定脱贫。

依托项目，实现真正扶贫，用行动解决贫困户急需

自扶贫工作开展以来，我在上级有关部门的关心支持下，始终把贫困户早日脱贫的重担扛在肩上，记在心里。特别是这几年来，作为分管脱贫攻坚、分管农业的副镇长，积极投身于全镇脱贫攻坚工作。对下积极走访调研，在对帮扶村产业深入摸底的基础上，依托下泥湾村现有高原夏菜标准化生产基地、白兰瓜标准化生产基地，鼓励农民群众大力发展日光温室和高架大棚，新建高架大棚445座，落实棚口改造94座。利用节假日多次走访农户，甚至多次牺牲晚上休息时间走访农户，一次又一次为农户宣讲现代农业发展和经营理念，鼓励发展休闲农业，组织农户多次参加新型种植技术、病虫害防治、科技育种等方面的培训，引导绿旺科技服务专业合作社、流转土地110亩，发展电子商务、培育新型职业农民，新建"双杆四膜"高架大棚70座，把新鲜果蔬通过网络配送给兰州市民，形成初具影响的"家庭菜园"，推动集农事体验、特色农业于一体的休闲农业的发展，使得绿旺科技服务专业合作社成为全县发展电子商务的典范。对上积极争取各类项目，因地制宜，多方筹措

项目资金，完成村内道路硬化、文化体育设施建设、水利设施改造、村容村貌提升、小康村建设、人畜饮水设施改造等项目，提高了帮扶村基础设施条件，有效改善人居环境。

作为一名基层工作人员，我深知要吃苦耐劳、无私奉献，始终把群众放在最高位置，切实帮助和解决群众在生产生活中的实际困难，要在平凡的岗位上作出不平凡的成绩。

返乡创业带头人

徐金莲

2017 年，怀着对家乡"感恩、反哺、回报"的情怀，我在永登县柳树镇牌路村投资 1200 多万元建设集现代农业、休闲旅游、农事体验、循环农业于一体的田园综合体项目，并成立了永登县忆农种植养殖农民专业合作社和永登美乐幸福农场，目前已建成新型日光温室大棚 3 座，新型钢架大棚 42 座，建设生态木屋 22 座、花鸟亭 20 个、游乐设施 3 亩及其他相关配套设施。凭借新型的休闲生态农业，整合农村土地、人力、环境等资源开展合作社经营管理，大力发展乡村旅游、无公害果蔬种植和食用菌种植。

农村产业发展最终要归于带动农村整体发展和农民收入增长这个原点上。乡村振兴的目的是富民，农民收入是休闲旅游农业的"晴雨表"。2018 年 5 月正式开园至今，农场季节性用工人数超过 150 人，解决农村富余劳动力 80 余人，其中吸纳贫困户务工 32 人，户均年收入增加 2.5 万元。员工中大部分来自牌路村和周边村的贫困户家庭，除了支付每年固定的土地流转租赁资金外，这一年多仅支付农民工工资就超过 200 多万元，全村有一半建档立卡户家庭参与到这个大产业的发展轨道中。

我们的具体做法是：

（一）入股分红：2018 年 10 月，合作社与牌路村、孙家井村、李家湾村三个自然村的 114 户建档立卡贫困户将财政专项扶贫资金 145 万入股，年分红 11.6 万元。吸纳有劳动能力的建档立卡贫困户在农场务工创收，既可获得分红又挣薪金。对于没有劳动能力的，每年可获得分红，帮他们改善生活。

近两年，借着国家乡村振兴战略、农村"三变"改革的东风，合作社积极吸纳本地村民入股合作社，2018 年 10 月与牌路村 65 户村民签订入股分红协议，共入股资金 49 万元，贫困户年收益保底分红 6%；2019 年 10 月与复兴村 32 户村民签订入股分红协议，共入股资金 22 万元，贫困户年收益保底分红 6%。壮大了合作社经营势力，增加了农民的收入。

（二）就业扶贫：合作社本着让农民"不失地、不失业、不失利"的宗旨，积极吸纳本地富余劳动力务工，并将务工岗位向建档立卡户倾斜，吸纳务工人员 80 人，截至 2019 年吸纳贫困户务工 32 名，全年贫困户收入户均增加 2.5 万元。合作社流转村民和贫困户土地 320 亩，年支付土地流转金 16 万元。这样既有效利用了土地，增加了农民的收入，又能让农民在家门口务工挣钱。

（三）爱心捐助：2020 年新冠肺炎疫情期间，合作社为柳树镇政府捐赠防疫物资价值 5000 元。3 月，柳树镇脱贫攻坚挂牌督战"一企帮一户手拉手"帮扶行动，合作社与复兴村村民华祯结对帮扶。我通过走访，了解到华祯本人长期在外地打工，妻子常年有病，有个读高中的女儿。根据华祯家的实际情况为其家庭添置沙发、茶几、书桌写字台等家具，更换被子、床单、被套等床上用品，物品价值 5000 元。

产业扶贫是最直接最有效的办法，只有因地制宜发展产业，才是提高农民自身造血功能的长远之计。合作社在原有经营模式的基础上，积极探索"合作社＋示范基地＋贫困户"的发展模式，建设食用菌产业科技示范园，扩大食用菌种植规模，基地建成后辐射带动永登县 12 个村，210 户 640 个劳动力从事食用菌栽培。在建设东西部协作食用菌产业科技示范园时，天津市宝坻区领导、专业技术人员给予了大力支持，让我们在带领村民实现乡村振兴的道路上信心倍增。探索出以"原材料供应＋菌棒生产＋农户出菇＋集中销售"的经营模式，采取保底收购方式，解决产品销售渠道问题，稳定提高农民收入，通过为农户提供市场化服务，科技服务食用菌新品种引进、开发、技术培训、指导，解决农户缺技术、销售难的难题，完善产业链条，建设特色鲜明、产业配套、技术先进、结构合理的农业一二三产业融合示范基地，培育食用菌特色优势产业，树立"一村一品"典型，带动更多农户通过发展特色产业致富奔小康，逐步形成特色产业助力乡村振兴的良好局面，实现农业提效、农民增收！

"福定"东西协作

姚明东

伟大时代孕育伟大梦想，伟大梦想照亮时代航向。1996年，党中央、国务院决定实施东西部对口扶贫协作，9个东部省市和4个计划单列市与西部10个省区开展扶贫协作，福建和宁夏即确定对口扶贫协作关系，闽宁两地相距数千里，不受山海阻隔，携手摆脱贫困，20年征程谱写了西海固变昔日"干海滩"为今日"金沙滩"的壮丽史诗，为东西部协作扶贫积累了经验提供了典范。"一花独放不是春，百花齐放春满园。"2016年7月20日，习近平总书记在银川主持召开东西部扶贫协作座谈会，拉开了新一轮东西部扶贫协作和对口支援的序幕，并把推动区域协调发展协同发展共同发展的大战略、加强区域合作优化产业布局拓展对内对外开放新空间的大布局、实现先富帮后富最终实现共同富裕目标的大举措逐步推向新高潮。2016年10月27日，中共中央办公厅、国务院办公厅随之印发了《关于进一步加强东西部扶贫协作工作的指导意见》，对原有结对关系进行调整，东部9个省、直辖市和13个城市帮扶中西部14个省、直辖市、自治区和20个市州，其中，福建省福州市与甘肃省定西市建立了结对帮扶关系。

相知无远近，万里尚为邻。定西，一个丝绸之路经济带节点城市；福州，一个海上丝绸之路重要港口，两地原本并无交集，却因扶贫而结缘，定西经济社会发展已然深深烙上福州印记，福州经济社会发展也大量融入定西元素。

山海相依，榕定情深。2016年11月28日，我们在与兄弟市州调研对接和考察学习的基础上，迈出了探访结亲的一步，赴福州市面谈协商东西协作事宜。2017年2月，福州定西两市签订了《东西部扶贫协作框架协议》，吹响了福定协作扶贫的号角。经过2017年和2018年两年探索实践，坚持"四个原则"、落实"五项任务"、健全"六个机制"的"456"福定扶贫协作模式雏形初具，全方位、宽领域、多层次的东西部扶贫协作格局基本形成。

勠力构筑脱贫攻坚同心圆，携手描绘全面小康世纪梦。2019年，定西进入滚石上山、攻坚拔寨、奋力摆脱贫困的关键时期，按着全国东西部扶贫协作推进会关于"扶贫不脱贫不脱钩、协作不发展不脱钩"的指针，围绕组织领导、产业合作、劳务协作、人才支援、资金支持、携手奔小康"六大任务"的定格棋盘，着眼持久协作，调整优化政策。经过2019年和2020年两年时间的探索实践，有效推动福州定西东西部扶贫协作关系由"扶贫协作"向"扶贫协作融发展协作"转变，协作机制由"政府引导"向"政府引导融市场主导"转变，协作重点由"资源引进"向"资源引进融优势互补"转变，协作方式由"结对帮扶"向"结对帮扶融多元参与"转变，协作思路由"需求对接"向"需求对接融理念革新"转变，为加快提升扶贫成色、巩固拓展脱贫成果、有效衔接乡村振兴闯出了路子，选树了典型。

借得东风添异彩，巧手编织新锦绣。无论是每一个闪耀跳动的数字、每一个拔地而起的项目，还是每一位辛勤付出的帮扶同志、每一位呕心沥血的挂职干部，都让福定两市的联系更加紧密，让扶贫协作的成效更加凸显，我们能够深切地感受到福州对定西的帮扶力度一年比一年大、精准度一年比一年高、成效也一年比一年好。

在两地互访中解放思想

　　我始终认为思想观念的落后才是最大的落后。2019 年 4 月 15 日至 18 日，在随团赴福州市及马尾、晋安、鼓楼、仓山、连江、长乐等六个县（市）区开展东西部扶贫协作活动期间，亲身体会到福州市经济发展新理念值得借鉴、软件科技新项目值得合作、产业融合新技术值得引进、优势企业新链条值得延伸、消费扶贫新途径值得拓展、教育扶贫新举措值得推广。一边观摩调研，一边深入探寻福州市改革开放 40 多年来创造积累物质财富和精神财富的成功路径，内心感悟到：一定要开启干部群众思想大解放、观念大转变的快车道，转变温饱自足、小富即安的观念，激发不安人后、比学赶超的动力，有效促进贫困群众依靠自身努力实现稳定脱贫增收致富。

　　引进开放发展理念。思路一新天地宽。我们每年分季度从市、县区党政部门、新型经济主体、农村致富带头人等人群中选派"百人团"赴福州开展深度考察调研活动，学习福州市市民服务中心、福州软件园等市场活跃主体诸多成功做法，学习福州"马上就办、真抓实干"的优良作风，学习福州法治化、国际化、便利化的营商环境，汲取福州打造"智慧创新之城、开放活力之城、绿色宜居之城"的宝贵经验，引进推动大数据产业、保障改善民生等方面的先进理念和创新模式。2019 年 4 月 2 日，定西市政府与福州大学战略合作框架协议签约仪式暨"数字定西"建设高端论坛在定西举行，一部战略合作框架协议由此诞生，一大批专家学者晒出家底传经送宝，为"数字定西"建设提供"手把手"支持。

　　引进苦干实干精神。出入相友，守望相助。在福定两地连年开展福州企业家定西行、定西企业家福州行活动，无形展示出福州企业家敢为人先的创造精神、能睡地板的吃苦精神、突破陈规的创新精神、逆境反击的拼搏精神、搭伙求财的抱团精神、较真碰硬的实干精神，形成创业创新光荣的鲜明导向。定西一些企业家看后自惭形秽，相互攀比的虚荣霾时摒弃，苦干实干的劲头顿时迸发。2020 年 9 月 12 日至 14 日，福定两地组织博思数字、东泰农牧等 85 家福州企业家先后赴安定区、临洮县、渭源县、陇西县等县区，实地考察中铺物流园、南谷玫瑰园等企业，市场要素交融汇集，经营主体密切互动。

引进先进科技文化。亲戚越走越亲，情谊越聚越浓。福定两地适时开展文艺演出、艺术交流、科技展览、集中宣讲、专家讲堂等形式的交流活动，广泛宣传引进福州先进科技文化，形成有利于定西脱贫攻坚的科技、文艺创新做法。四年累计引进福州先进技术 54 项，应用于经济社会各个领域。2019 年在福定两地巡回上演现代秦腔剧《许铁堂》，余音不绝，缭绕耳际，为东西协作送上一份丰盛的文化艺术大餐。清朝福州廉吏许珌在定西任知县期间清廉自持、爱民如子的崇高精神，深受两地干部群众拥戴和称颂。每年协调福州方组织一批科教专家和创业人士，深入我市广大农村，以"走亲戚"的方式，开展支教、支医、支农及新思想进农家活动，两地思想互联互通、观念互学互鉴、情感深度融合，你中有我，我中有你。

在产业合作中对接市场

以市场需求为导向，用工业化思维办农业，用企业化管理抓产业，这是福定产业合作的主基调，在加速马铃薯、中医药、草牧、果蔬、种子种业等特色产业由粗放向集约转型、由低端向高端升级进程中形成的物质文化积淀，俨然一本活灵活现的珍贵影集。

围绕市场对接促产销。定西"土山货"成为福州"香饽饽"。2017 年，仓山临洮建起了第一家东西协作农特产品展销馆，听闻这件事，我脑海里忽然闪现出一个念头，这不就是深层次东西协作市场化运作的模型吗？ 2018 年，我们以此为突破口，在福定两地协商建设福州"一中心十二馆"，北四县牛羊肉、马铃薯、土蜂蜜，南三县当归、党参、黄芪等 300 多种农特产品及特色美食车水马龙销往福州，一道道佳肴摆上市民餐桌。经各县区拿出账本汇总，四年来累计销售额达 12.32 亿元，受益贫困人口 7.3 万人。"在过去，偏远农户需要将药材运送到城里，现在只要送到村头的扶贫车间就行。"2020 年 12 月 7 日，岷县路顺中药材农民专业合作社负责人告诉我们："原产品以高于市场价的价格向社员与周边贫困户收购，既方便了交易，又增加了收入。"

围绕融合发展促转型。兼容并蓄，博采众长。协作扶贫以来，先后引进了一大批福州先进技术、生产设备、管理经验和专业人才，加大技术改造力度，增强精深加工能力，探索建立一二三产业融合发展模式，推动产业扶贫取得更大实效。特别是持续推进生态治理，配套林下经济，打造东西协作生态扶贫样板，已入选 110 个全球减贫案例。从 2017 年开始，福建农林大学张国防教授带领福建农林大学志愿者服务队，因地制宜开展"福州·定西东西部扶贫协作水土流失综合治理（生态林）项目"，把"长汀经验"变为"定西实践"，累计投资 7055.2 万元，实施生态林建设 20039.3 亩。张国防的杰作赢得定西人民口碑："绿树种到山头，公路通到村头，群众乐在心头。"2020 年，定西立足城市人口聚集优势，复制东部产业，试点淡水养鱼，一个鲜活的生态渔业项目落地定西城郊，"一尾鱼"铺就了致富路。

围绕"一带一路"促开放。产销对接成为"一带一路"的连通器。发挥定西丝绸之路经济带节点城市和福州 21 世纪海上丝绸之路战略枢纽港口城市的区位优势，对接南向通道，融入"一带一路"，着力打造"陆港通"。在福州探索建立稳定的终端市场开展试点工作，通过真空包装、冷链物流等途径，推动定西马铃薯、中药材、肉禽蛋奶、高原夏菜等鲜活农产品直销福州。2017 年以来，福建闽中有机食品有限公司在安定区投资 860 万元建设福泉产业园，注册成立农民专业合作社，将当地香菇直销福州，转销港、澳、台，并向东南亚、中东、西欧等国外市场延伸，通过经贸合作敞开对外开放的大门。

在企业引进中培育龙头

引进一户龙头企业可以促进一方经济，引进一批龙头企业可以带活一方经济。我们把培育引进龙头企业作为做大做强优势产业的突破口，发挥市场主导作用，健全办事服务制度，完善投资促进机制，推行高效、便捷、优质、规范的招商引资管理模式，形成"亲商、扶商、安商、富商"的营商环境，引导福州客商在定西注册落户，提升本地企业创新创业能力和对产业链终端环节的应对能力，增加市场份额，延展利润空间，以企业在终端环节的增收带动贫困户在生产环节的增收，同频共振，共享发展。

在招商政策上再优惠。栽下梧桐树，引来金凤凰。两市对接落实《定西市培育特色产业助推精准脱贫的实施意见》《定西市招商引资十条政策》等支持东西部扶贫协作的一系列政策措施，对福州投资帮扶企业，给予倾斜支持；开辟项目落地"绿色通道"，对产业项目实行全程代办服务，营造宽松良好的投资环境。2019 年 5 月 31 至 6 月 2 日，福州市政府代表团来定西市开展东西部扶贫协作活动期间，接连安排福州市属国有企业赴定西开展产业项目投资考察座谈会、福州定西东西部扶贫协作企业家对接座谈会、河仁慈善基金会健康扶贫座谈会等三场招商引资项目对接会，引导福州企业家带着人才和技术、资源和资本、信息和市场、责任和担当，通过实施产业合作和开展社会帮扶的方式，架起了一座东部企业融入协作扶贫的"连心桥"。

在资源优势上再挖掘。立足资源换资本，扩大空间换时间，围绕存量换增量。引导福州企业以各种方式积极参与开发渭河源大景区、贵清山、遮阳山、温泉度假村等生态旅游资源，岷州会议纪念馆、榜罗会议纪念馆、河畔阻击战纪念亭等连点成线的红色旅游资源，宋城、汉墓、秦长城等丰富的人文历史资源，手工制品、农耕文明等非物质文化遗产资源，大理石、花岗岩、石灰岩等多种矿产资源，以及广袤的土地资源，加大招商引资力度，壮大财力、保障脱贫。2019 年以来，甘肃路桥、大森建材、鹭江电力等一批资源开发型企业先后落地定西，共同创造财富，合力带贫益贫。

在龙头培育上再发力。优秀的企业家可以把政治家的智慧和科学家的成果通过一定的组织形式转化为现实的经济要素。两市商务、工信、农牧、科技、人社等部门联合开展调研，把准实情实况，针对定西民营企业发展基础薄弱、应对市场能力不强等现状，坚持引进和培训并举，利用福州市"5·18"海丝博览会、"6·18"项目对接会及定西马铃薯大会、中医药博览会等机会，先后引导源源再生、济和物业等64家福州企业主动"走进来"，通过独资经营、联产联营、股份合作等途径投资兴业，并把定西特色产品"带出去"。

在劳务协作中互补优势

福州拥有企业多、信誉好、实力强的优势，我们抓住用工需求旺盛的时机，开发定西富余劳动力资源，实现"培训一人、输转一人、就业一人、脱贫一户"的目标。

推动稳岗就业。为劳动者"保驾护航"，稳岗就业，短平快增收，优势互补，公平发展，合作共赢，这是福定协作劳务扶贫的精彩写照。全面提升派驻福州十个劳务工作站管理服务水平，四年来累计向福州组织转移定西贫困劳动力8666人。鼓励引导福州企业通过发展厂房式、居家式、合作社式等多种类型的扶贫车间，促进3.81万建档立卡贫困劳动力就地就近就业。通过交通补贴、生活补贴等以奖代补方式，鼓励引导1.35万贫困劳动力在其他地区就业。2020年，福州帮助定西积极应对新冠肺炎疫情影响，念好"早、广、细、实、精"五字诀，打出"点对点""一站式"劳务输转"组合拳"，贫困劳动力安全有序务工就业，疫情防控和劳务输转两不误、两促进，真是山遥水远情相系，肝胆相照手足亲。

选培产业工人。将东部业已成熟的"来料加工"等类型产业链和资金流引向定西，"走出去"和"请进来"相结合，培育一支本土"初级产业工人"队伍。乡村小车间托起群众致富梦。渭源顺盈家纺自 2018 年 11 月引进投产以来，床上用品、纩缝被、水洗被等产品销售额每年在 1 亿元以上，选聘培育员工 95 名，其中易地搬迁贫困人口 55 名，月收入在 2000 元以上。2019 年 11 月 5 日至 14 日，定西市工信局组织市内八家企业 20 名产业工人赴福州中铝瑞闽、新福兴玻璃、海王金象中药、星源农牧、神蜂科技等五家企业跟岗学习培训，培训后发挥传帮带作用，助推脱贫攻坚。

鼓励返乡创业。实行两条腿走路。在鼓励外出务工的同时，落实产业扶持、金融支持、土地供应、税收优惠等政策措施，采取项目倾斜措施，引导有一技之长的定西在福州就业人员开展回乡创业试点，引进福州先进技术和经营理念，致力于把小摊点、小门面、小作坊、小手工、小买卖等扶贫"五小工程"升级为特色店、连锁店、品牌店，充分发挥带贫益贫效应。2020 年，积极推进"爱心发屋"理发员试点工作，全市挂牌运营 1646 家。返乡人员香泉镇建档立卡贫困户马飞虎成功应聘就地创业灵活就业，在保证农活不受影响的同时，每月能有 500 元以上的创业收入。

在人才交流中锻造队伍

坚持以人为本，采取双向挂职、两地培训、委托培养、组团式支教支医支农等方式，为定西经济社会发展打造一支带不走的人才队伍。

党政干部"练本领"。作为先锋，定西先后选派四批共 77 名优秀党政干部赴福州挂职锻炼，取到真经，增强本领，成为带动贫困群众脱贫致富、推动经济发展的行家里手。接纳福州党政干部 43 名压茬挂职、支援定西。情系西部，根植临洮。2019 年 5 月 6 日，已经 57 岁的福建超大集团副总裁何灿德，来临洮县挂任县农业农村局副局长，创办了智慧农场，推广"超大＋合作社＋贫困户＋村集体"模式，依靠以色列水肥一体智能系统，进行农产品定制化生产。"乡亲们不仅拥有务工收入，还可以获得分红收入。"新添镇党委书记说："他的实干精神和先进理念正在深刻转变着当地干部群众的思想观念。"

专技人员"强素质"。作为关键，定西先后选派631名专技人员赴榕交流学习，接纳福州538名专技人员支援定西。真把他乡当故乡，2020年7月，连江县医院李德宾和何璐，一对同学夫妻、伉俪医生，由连江来陇西，舍小家为大家，将最擅长的四肢创伤、颈肩腰腿痛等诊疗技艺传给同行业。山海偕行，福定教育协作路越走越宽。2020年9月，仓山区东升小学体育教师林彤升尽管已结束支教回到福州，但他仍记挂着千里之外的甘肃定西临洮西街小学，他说："日常训练照常进行，新鲜血液纷纷加入，我也放心了！"

乡土人才"开眼界"。作为主体，选派一批驻村帮扶工作队队长、第一书记分批次赴福州开展观摩学习活动，开阔视野、增长见识、启迪思路。邀请福州专家教授，在定西培训一批创业致富带头人。协调福州组建专家团队深入田间地头，面对面开展实用技术培训，促进定西农业产业发展。四年来，培训贫困村创业致富带头人7460人，培训成功数5427人，培训成功率72.75%，带动贫困人口5.82万人，这是一只脱贫致富不可或缺的"领头雁"。

在资金支持中助力攻坚

定西所需结合福州所能，两市及结对帮扶县（市）区紧密协调联系，建立资金逐年增长机制，为巩固扶贫协作成果、实现稳定脱贫目标，提供真金白银的帮扶。

立足脱贫需求增加资金投入。"我们有些县区财政也很紧张"，时任福州市委书记王宁同志坦言，"但不管怎么困难，对定西的帮扶我们还是会全力以赴的。"四年来，累计争取福州财政帮扶资金11.22亿元，社会捐赠资金及捐物折款4.73亿元，实施生态林、阳光房、巨菌草、中蜂养殖等各类帮扶项目751个，带动76.07万贫困人口受益。两市协商建立了财政帮扶资金逐年增长机制，2018年到位帮扶资金2.52亿元较2017年0.56亿元增长350%，2019年增加到3.62亿元较2018年增长43.65%，2020年增加到4.53亿元较2019年增长25.14%。这些大幅增长的帮扶资金不仅仅是数字的统计和金额的累加，更体现了福州人民对定西人民深切的关心关怀和无限的大爱之心，为定西如期实现整体脱贫添砖加瓦尽心尽力。

紧盯有限目标确保精准使用。把钱花在刀刃上。我们聚焦"一超过两不愁三保障"标准，围绕"一户一策"精准脱贫计划，抓实抓好到村到户项目，探索和完善到户扶持方式，在有限的时间内，确保项目效益发挥，切实增强帮扶成效。"小蜜蜂"酿成甜蜜"大产业"。岷县中寨镇出扎村包想栋口甜心甜事业甜，村民说："今年县里发了扶贫贷款，多养了几箱蜂，还种了当归、黄芪，年底收入至少五万元。"鼓楼区连年加大"产加销"各环节支持力度，使岷县中蜂产业成为"短平快"致富项目，累计受益贫困户10571户。

围绕扶贫效益强化资金监管。不要触碰资金"高压线"，这是每个扶贫干部的共同感言。我们严格按照《定西市东西部扶贫协作资金管理若干细则》规定，市级帮扶资金依规定、按程序一次性安排到县区，加强资金监管，确保精准使用发挥效益。2018年，福州市将惠民资金网的经验带到定西。2019年1月24日，定西扶贫惠农资金监管网正式上线运行，公示公开82类、1413余万条、124.3亿余元的扶贫惠农政策资金信息，惠及群众163万余人。"发了多少钱，什么时候发，手机上看得清清楚楚。"安定区巉口镇贫困户介绍，"就是不会用手机的老人，隔三岔五也会拜托邻居帮忙查一查。"

在多元参与中结对共建

携手奔小康，我们在行动。大力开展县区、乡镇、村企等多个层面、形式多样、丰富多彩的结对帮扶，不断提升东西协作参与度。

拓展结对帮扶范围。两地干部群众手拉手，心连心，多元参与，互促共进。我们实现了全市 119 个乡镇结对帮扶全覆盖，村帮村结对达570 对、企业帮村结对达 369 对、社会组织帮村结对达 49 对、学校结对 195 对、医院结对 62 对，扶贫协作的影响力、参与度和实效性不断扩大。2017 年，福州企业家曹德旺、林国镜设立千万元教育基金，资助贫困家庭子女完成学业。2020 年，福建坤彩材料科技公司等八家民营企业分别与通渭榜罗张家湾村等八个贫困发生率在 10% 以上的国家挂牌督战村建立结对关系，落实帮扶资金 530.6 万元，助力定西挂牌督战。企业家异口同声："只要定西能脱贫，我们愿尽一份心"。

拓展平台应用范围。用好"扶贫网"，实现"微心愿"。组织定西贫困群众和各县区确定的管理员注册入驻"中国社会扶贫网"，引导福州社会各界人士通过手机 App 平台，采取"一对一""一对多""多对一"等方式，对接帮扶贫困户，开展爱心捐赠活动。2020 年，连江和陇西两地携手开展"村村结对、千人帮千户"帮扶行动，筹集社会资金 207 万元，让陇西县 67 个结对贫困村 1035 户建档立卡贫困户的需求得以实现。

拓展宣传推介范围。两地"喇叭齐鸣"，民间"热流涌动"。大力开展宣传推介活动，轮流举办"福州·定西文化经贸交流周"活动，组织引导更多福州朋友、港澳台商、华人华侨、海内外各界人士了解定西、关注定西、帮扶定西，持续推动扶贫协作开辟新领域、取得新成效。2020 年 7 月 26 日至 8 月 1 日，对接福州市电视台开展《东西部扶贫协作纪实片》拍摄工作，先后深入七个县区就疫情防控、惠农资金监管网建设、生态林建设、支教支医支农等方面的先进典型进行了集中采访，并通过《定西日报》《福州日报》《福州晚报》等主流媒体进行广泛宣传报道，福定扶贫协作的光环在两地交相辉映。

在城乡统筹中创新创业

借鉴福州经验，城市辐射带动，产城融合发展，共同打造产加销功能完备、商贸流通顺畅、服务舒适便捷的现代都市经济综合体，为建档立卡贫困户提供更加广阔的就业空间，市场要素在城乡间有序流动。

入驻企业进园区。集群式发展再露新端倪。引进一批福州先进高端装备和前沿科研成果，着力打造"e定西"、智慧云、健康医疗等精品示范的标志性工程，突出经济园区要素聚集功能，促进产业集群式发展。2020年，入驻福定产业园区的聚春园福定公司首条土豆粉条生产线已投产，雪榕生物科技杏鲍菇制种、生产、加工、包装、运销全产业链已建成，旷世科技数字产品已加工运营。

高新技术大众化。少，不是遗憾，有，则难能可贵，我们力争在高科技领域占有一席之地。学习借鉴台江区推进大众创业、万众创新的成功做法，支持市场主体开办新企业、开发新产品、开拓新市场。2020年7月31日，安定区举办"阿尔法蛋—4G版"集中培训活动，科大讯飞创新业务总监视频连线，演示讲解阿尔法蛋智能机器人辅助学习功能操作应用，鼓励创新智能产品，提升教育教学质量。

现代服务一体化。引进推行集购物、办公、会议、体验、住宿餐饮、休闲娱乐等多功能于一体的现代服务业发展模式，突出城镇辐射带动的中心地位，发挥需求拉动效应，提升城镇品位，为贫困人口提供就业岗位。2020年8月11日，占地5038.22平方米总投资1.1亿元的商住一体化福州大厦开工建设。福建商会会长介绍："商会将扩大两地交流，助推经济社会发展。"

在资本融合中壮大实体

打通金融服务实体的大动脉，解渴东西协作扶贫企业。积极引进福州海西金融服务中心联手金融机构、培育资本市场、支持企业发展、吸引企业聚集的经验做法，加强两市金融机构交流合作，提升金融服务实体经济水平，支持农村发展，助推脱贫攻坚。

共同开发金融产品。商业性银行已引福入定。2020年11月11日，我们对接引导福建海峡银行负责人和时任福州市政府副秘书长、定西市政府驻福州办事处负责人分别代表双方签署战略合作协议，海峡银行已投资定西国有投资（控股）集团有限公司债券 1.5 亿元，台江支行为五家赴定西投资企业提供纾困贷 1600 万元，为定西脱贫提供了有力的资金支持。

提升企业资本运营。政策性银行充分发挥作用。2020 年 6 月 21 日，我们对接引导国家开发银行福建省分行与聚春园集团签订合作协作，提供 4000 万元政策性金融贷款。在帮扶落地企业做大做强的同时，带动定西产业化龙头企业加快股份制改造，规范公司经营管理，积极创造条件，促进各类合规企业在主板、"新三板"开展融资业务，扩大经营规模，壮大经营实力，增强带贫效应。

重点服务实体经济。金融部门已领航金融机构。2020 年 11 月 25 日，我们对接引导市政府金融办与福州阳光控股有限公司签订战略合作协议，加大金融支持力度。强化金融监管，将支持福州落地企业的信贷资金主要投向涉农产业、工业园区、农副产品加工、农资生产销售等实体行业。为马铃薯、中医药、草牧、果蔬等带贫龙头企业量身制定"一揽子"金融服务方案，扩大贷款投放规模，促进产业良性健康发展。

在健全机制中长期协作

扶贫是阶段性目标，协作是中长期战略。我们抢抓新一轮东西部扶贫协作的历史性政策机遇，建立健全组织领导、规划引领、市场运行等制度机制，全方面、多领域、深层次的务实协作在不断深化拓展。

健全组织领导机制。建好东西协作参谋部，当好东西协作参谋长。协调扶贫以来，我们协调组织市、县区党政主要领导每年至少赴福州开展一次互访对接活动，推动东西部扶贫协作取得更大实效。健全联席会议制度，谋划部署东西部扶贫协作年度重点工作，研究解决工作中存在的短板难题，与福州共同推动扶贫协作目标任务落实落地。

健全目标导向机制。定西说我们要"吃干榨尽",福州说我们会"亮出家底"。2020 年,两市发改部门开展互访调研活动,围绕长期协作远景发展目标,以新理念、新观点、新思想、新模式和人才、技术、设备、管理经验的引进为导向,以产业合作、劳务协作、优势对接为重点,紧盯国家新要求,编制"十四五"规划,设计福州定西中长期协作的思路举措。

健全市场运行机制。福定扶贫协作以来,在榕挂职干部及企事业单位就业人员,争当解放思想的"先锋战士"、招商引资的"形象大使"、争取支持的"当家花旦"、长期协作的"希望之星"、消费扶贫的"三品一标"、创业就业的"弹道阵地"、守护幸福的"坚强卫士",研究福州市场,挖掘福州资源,为健全定西市场经济体系和运行机制,提供了原汁原味的宝贵经验。

现在,定西正处于巩固拓展脱贫攻坚成果同乡村振兴有效衔接的过渡期、推动"三农"工作重心历史性转移的交汇点、跨出赶超发展的起跑线,迎来了前所未有的发展机遇。尽管东西部协作结对关系做了调整,但福定两市各级党委政府和广大干部群众对多年来的扶贫协作一刻未曾忘记,两地人民结下的情谊积淀实属难分难舍,福州定西缔结了《友好城市合作框架协议》,这种互惠共赢的合作将永放异彩。

致力精神脱贫　激发内生动力

聂维军

2018 年 5 月，我被组织选派到漳县大草滩镇三友村担任第一书记、驻村帮扶工作队队长，深度参与驻村帮扶工作。

三友村全村 6 个村民小组 305 户 1255 人，2013 年底建档立卡以来，累计识别建档立卡户 143 户 630 人，整体贫困发生率为 42%，属深度贫困村，收入主要靠种植中药材。2018 年还有未脱贫人口 71 户 270 人，贫困发生率为 21.5%，其中五保户 14 户（人），享受国家一、二类低保 17 户 56 人，一般建档立卡户 40 户 200 人。当时，三友村党支部班子不全、书记一直空缺，与群众缺乏密切的联系，被定为党组织软弱涣散村；村集体经济为零；主导产业培育方向不明；没有一家像样的农民专业合作社；自然条件艰苦，人均耕地面积两亩，地块小、坡度大；人居环境差，入户道路和庭院都没硬化。面对艰巨的工作任务，我陷入了深深的思考，我想我必须克服个人的困难，沉下身静下心，尽快熟悉村上的情况。

5 月的三友村，一眼望去，满山绿色，苍翠欲滴，因为退耕还林，山坡植被非常好。"绿水青山就是金山银山"，当时就想：怎样才能盘活资产，发挥自然资源优势，让农民收入增加，在最短的时间里突破村集体零收入现象。经过认真思考，和村主任探讨：一方面发展林下经济，在山上林地里放养土鸡这一短、平、快产业，当年投入当年就能见效。同时也要考虑中长期产业发展。很快村"两委"就统一了思想，达成一致意见，中长期产业发展主要是以重组和优化传统的种植养殖业为主，成立农民专业合作社；同时要加大劳务输转，解决剩余劳动力问题，尽快改变现状。

思想统一了，思路清楚了，规划也有了，可真要实施起来难度还是很大。大多数村民受传统观念影响，认为养鸡没技术不挣钱，养牛羊的草场很丰富，可是投资大，风险大，缺资金。总之，说什么的都有，就是没人行动。

为了尽快开展工作，我带领驻村帮扶队挨家挨户进行详细调查摸底，与农民群众共同劳动，在三友村走家串户唠唠家常、说说政策，为农民群众的庭院规划出个意见，遇上干活帮个小忙，渐渐地和村民熟识了，为日后的各项工作打下了群众基础。同时积极向上争取项目，当年向省妇联申请到 10 万元的种植养殖经费和 5 万元的巾帼示范基地建设费，整合到户项目资金，为贫困户购买引进 30 头基础母牛；发放基础母羊 42 只；发放中华蜂 70 箱；为 89 户贫困户每户补助 2500 元发展土鸡养殖。

项目有了，资金也很快到位了，可是群众对养鸡还是持观望态度，眼看就要错过季节了，到户项目迟迟不能落实。经过和村干部商量，我们决定用五万元发展村集体经济，建设生态养鸡场，由村集体经营，群众以入股分红的形式将养殖土鸡补助入股到养鸡场。年底，除去群众入股的本金和分红，养鸡场当年毛收入实现突破，既带动了贫困群众发展，又解决了群众的后顾之忧。

经过 2018 年的发展，群众看到了希望，增强了发展产业的信心，我们的这些做法得到了县委县政府的肯定。漳县记者到村采访，我本人也被漳县电视台"驻村帮扶工作队风采栏目"宣传报道。2019 年，我们乘势而上，扩大养殖规模，分别从县上和省妇联争取到 30 万元的养牛补助和 10 万元的种植养殖经费。这一年，红红牛羊养殖合作社、成福中蜂养殖合作社、惠赢种植加工合作社、众诚旅游产品开发加工合作社相继建立，为贫困群众提供技术支持，带动贫困户发展。我们积极鼓励引导有条件的农户发展农家乐，并给予2万元补助，前后共发展了10户农家乐。为提高群众种植中药材的积极性，我们争取项目资金30万元进行补助。通过这些项目带动，逐步解决了产业发展难的问题。

三友村因距离大草滩镇不远，没有村办学校和幼儿园，孩子上学都在镇上。山上居住的都是在镇上陪读，山下居住的早中晚都要接送孩子，这项任务大多数都是由年轻的母亲们来完成。通过一段时间的调研了解，发现这部分妇女除了接送孩子和给孩子做饭，其余时间都是在出租屋或家里闲着。

"妇女能顶半边天"，如何能让陪读的妇女既能带孩子，空闲时间又有事做，挣钱补贴家用，让妇女在脱贫攻坚中发挥作用？我们想到了发展扶贫车间，扶贫车间有着就业的特点。借助妇联工作优势，抓住机遇，我们争取落实项目资金，帮助建立了秀丽手工布鞋加工车间，通过省妇联协调雅路人麻鞋给予纳鞋底的订单，培训带动30名困难妇女就业。秀丽手工布鞋从建立之初得到了全国妇联和省妇联的大力支持，被评为全国妇联定点扶贫示范基地、脱贫攻坚致富带头人。现在，秀丽手工布鞋已经成为集手工制作、杂粮加工、小吃经营、电商为一体、带动本村妇女脱贫致富的"火车头"。随后，在大草滩镇政府的指导和帮助下，我们争取东西部协作资金建成袜子加工车间，两年来已完成40万元销售订单，以分红带动的形式使34户贫困户增收，有效增加了妇女的收入，提高了妇女在家庭中的地位。

我坚信："脱贫攻坚的成效，不仅要群众的收入增加，乡村风貌、群众面貌也要焕然一新。"脱贫攻坚以来，三友村贫困群众脱贫致富信心、自我发展能力明显提高，精神面貌显著改善，扶贫扶志工作取得积极进展。但仍然存在部分贫困群众脱贫主体意识淡薄、等靠要思想突出、脱贫能力不足、陈规陋习现象严重等问题。为进一步加强扶贫扶志，激发群众内生动力，切实加快脱贫攻坚步伐，在省妇联大力支持和指导下，我们在村上探索建立了"巾帼家美积分超市"，以推进精神脱贫为切入点，以激发群众内生动力为目标，通过建立"光荣积分"制度、发放"光荣积分卡"、张贴"光荣积分榜"，探索"积分改变习惯、勤劳改变生活"模式，倡导净化环境光荣、遵规守法光荣、尊老孝亲光荣、勤劳致富光荣、崇尚新风光荣，激励和引导广大群众凝聚正能量、提振精气神、脱贫奔富路，确保顺利实现脱贫摘帽目标。这一做法被各级媒体相继报道，在全省推广实施。在入户过程中，我们发现一些老人头发散乱，理发不方便，我便和帮扶工作队员们自费购买理发工具，为五保户老人和山上居住、不方便出门的老人上门理发。润物细无声，通过这些细小、力所能及的工作，我们得到了群众的认可与尊敬。2020年，省妇联策划并到三友村拍摄扶贫微电影《归去来溪》，我参演创业女孩父亲角色，该微电影获得国务院扶贫办脱贫攻坚视频三等奖。

驻村帮扶工作以来，我们始终将解决民生困难，为群众解忧排难，解决眼前事，排除心中忧作为帮扶的主要工作。群众的收入增加了，但是基础设施很滞后，出行很不方便，视觉贫困还很严重。为了消除视觉贫困，我们驻村帮扶工作队以基础设施建设为重点，立足实际，解决群众的实际困难。争取项目资金230万元，硬化入户道路和庭院，安装太阳能路灯，彻底解决群众雨天和夜间出行难的问题。美化环境，治理村容村貌，上门做工作、组织人员拆违治乱。实施旱厕改造项目，向省妇联申请环境治理帮扶资金累计13万元，美化村阵地周边、加固漳河大滩段、清运生活垃圾等，很好地改善了村容村貌。除此之外，还大力宣传有关教育补贴政策，对建档立卡贫困家庭学生实施资助，主动联系帮扶单位和甘肃妇女儿童发展基金会，确立春蕾女孩实施帮助，每年对高考新生每人资助2000元，帮助完成学业，使贫困群众享受教育补贴，减轻教育支出。三年来累计救助学生30名。开展"面对面，送温暖"活动，筹集发放羽绒服71件，为50名建档立卡户的孩子发放了爱心毛衣，三年来筹集30余万元为群众购买化肥、地膜发展生产……

三年多时间，三友村的变化翻天覆地，马路干净、房屋整齐，村民们脸上露出了笑容。帮扶期间，因工作突出，个人被省妇联记功一次，被省委省政府表彰为脱贫攻坚先进个人。近日，大草滩镇政府和三友村委会授予我荣誉村民光荣称号。对于我来说，这一路的艰辛与付出，既让我经受了锻炼历练，也让我幸福感满满。

用扶贫的历练慰藉奋斗的青春

江皓

2018 年 7 月，我从天津大学来到甘肃省陇南市宕昌县沙湾镇大寨村担任驻村第一书记。在将近三年的时间里，我带领大寨村合作社发展集体经济，先后向天津大学申请帮扶资金 80 余万元，打造大寨村"天津大学扶贫车间"，引进日产万斤的挂面生产线一套和包装机一台，带动村民就业 16 人，其中建档立卡贫困户 12 人。自 2020 年新冠肺炎疫情好转、恢复生产以来，扶贫车间共生产挂面 40 万斤，销售额达到 105 万余元，并于 2021 年 5 月为全村 86 户建档立卡户分红 14 万元。2019 年，依托天津大学为村民销售花椒 2800 斤，总价值 30 余万元，为村里每家每户安装太阳能庭院灯，为村九年制学校引进天津大学支教保研学生及云课堂教学资源，村中升学率连年上升，2019 年一人考入清华大学。

精准施策，从一根面条里找到脱贫致富之路

宕昌县是国家级深度贫困县，山大沟深，是陇南市脱贫攻坚最难啃

的一块"硬骨头"。大寨村是宕昌县的重点贫困村，人均耕地仅有两分地，绝大多数年轻人都在外打工，村里留下的只有老人、妇女、儿童，村里也没什么特产或者可开发的资源，再加上物流不发达，产业很难发展起来。

想脱贫一定要发展产业，既能给百姓分红，又能给贫困户提供就业岗位。不过这个产业得具备三个属性：一是得顺应市场运行规律，不能是单纯依靠政府政策扶持，不能帮扶结束过几年就返贫了；二是得符合当地实际情况，宕昌当地交通物流不发达，这个产业的产品必须能够自产自销；三是对从业者要求不能过高，村里的留守妇女、大爷大娘，大多没上过学，需要简单培训就能上岗。这就是摆在我面前的一道道难题。

来到大寨村的两个月时间里，我的体重掉了20来斤。一方面是工作有压力，另一方面饮食不习惯，当地一日三餐都是面，臊子面、炸酱面、酸菜面。不过这也让我找到了开展工作的落脚点，当地人太喜欢吃面了，尤其在农村，家家户户一天三顿面，人多的家庭都得吃将近十来斤面，当地的工程项目也多，有好多工地，那些工程队一天可以消化掉五六百斤的面条，宕昌县又没有大型挂面厂，挂面市场非常大，做挂面无疑是个很好的选择。

实干创业，"造血式扶贫"惠及千百贫困群众

为了调研市场的可行性，我挨个村、挨个工地跑了一个多月，发现挂面有很大的市场潜力。就这样，从资金、设备到工艺再到人员培训，在天津大学的大力支持下，一个打造挂面产业的扶贫车间在大寨村落地。针对生产与销售的各个环节，我还积极向学校不同专业的老师们取经，进行精心设计。为了产业的持续性，我还专门去游说有文化的青年人返乡，培养致富带头人。

蛇无头不行，鸟无头不飞，得给当地培养人才，留下人才，无论政

策怎么变，有致富带头人，村里的发展就不会变。我在全镇范围内寻找合适的致富带头人，经过几经周转，终于将曾在西安"饿了么"平台工作的何喜文游说成功，返乡创业。

2018年底，我派何喜文赴西安学习生产技术，最开始村里没钱，他们就购置了一台小型的挂面机，先看看市场，做可行性评估，那时候三天只能生产出600斤面。他们开车到全县各个乡镇、村庄、工地跑，谈店铺和合作商家，先让市场接受，经过几个月的摸索，终于打开了挂面市场。

学习挂面生产技术、购买小型挂面机、张贴海报宣传、"阶梯式结账"……试运行半年的挂面厂逐渐步入正轨，新鲜的挂面迅速抢占市场。

乘胜追击，扩大战果。2019年10月，我向天津大学申请了50万元扶贫资金，采购了一套新设备，扩大生产规模。在天津大学的支持下，一个生产挂面的扶贫车间在大寨村落地。自2020年3月16日复工复产以来，挂面厂日产量最高可达5000斤。截至2020年底，挂面厂共生产挂面40万斤，销售额达105万元，带动就业16人，其中12人为建档立卡贫困户，每人每月工资可达到2200元，直接和间接带动了86户349人脱贫致富，并于2021年5月为全村86户建档立卡户分红14万元。

"好马配好鞍"，除了提升生产力，我还请专业团队设计了挂面包装，一方面利用多种渠道进行线下销售，另一方面在多个电商平台进行"云销售"。

如今，挂面厂与当地375家商家进行合作，覆盖陇南市的9个县区。天津大学针对宕昌农产品专门设立线上、线下扶贫超市，大学师生发起"直播带货"，帮助宕昌县的百余种产品拓展销售渠道。

面对消费新需求，农产品不断优化升级才能更好地赢得市场。调动学校各方资源，发挥青年师生的积极性，服务宕昌县困难群众的需求，也是这两年我时常做的事。

扶智扶志，特色扶贫让幸福的光芒照亮偏远的山村

助力乡村振兴，灯火照亮万家。大寨村每逢夜晚整个村都是黑漆漆的，安全隐患很大，我为此向天津大学申请帮扶资金，为全村每家每户安装了太阳能庭院灯以及十个村街路灯。灯光不仅照亮了村街黑夜的路，更温暖了人心。

每年我都会带着宕昌县的几十名学生去天津大学参加暑期科学营，让山里的学生们增长见识，感受高等学府的文化氛围，树立梦想。同时，天津大学每年暑期都会有上千名师生来到宕昌的 25 个乡镇做"留驻梦想"夏令营。通过这种双向交流，山里的孩子走出去，高校的资源引进来，实现教育资源的共享。

2020 年，我还为村里的九年制学校引进了一名天津大学支教保研的学生以及优质的"云课堂"教学资源，协调天津大学资金十余万元，帮助大寨村九年一贯制学校建设成了一间"梦想教室"。经过天津大学多年的帮扶，大寨村学生的升学率逐年提高。2019 年，大寨村终于有一名中学生考进了清华大学，这是大寨村的骄傲，也是我们扶贫人的骄傲。

教育改变了山村孩子们的命运，教育也将改变大寨村的未来，我为能够在帮扶工作中为大寨村作出一些贡献感到自豪。我期待在接下来的乡村振兴中，大寨村的老百姓能过上更好的幸福生活。

扶贫人的初心与使命

张毅

2019 年上半年，我积极响应党中央关于决战决胜脱贫攻坚号召和天津市委、西青区委相关工作部署，主动请缨前往甘肃省天水市麦积区参与东西部对口扶贫协作。2019 年 7 月 1 日，我到甘肃省天水市麦积区挂任政府办公室副主任，从此便踏上了光荣而伟大的扶贫之路，成了一名扶贫干部。

到任之初，我就立即深入乡村、田间地头、学校、医院、企业，全方位了解情况：麦积区属国家扶贫开发工作重点县区和六盘山特困片区国家重点扶持县区，也是全省 23 个深度贫困县区之一，有深度贫困镇 1 个，深度贫困村 106 个，非贫困村 39 个，全区总面积 3480 平方公里，总人口 63.59 万人，其中农村人口 45.68 万人。作为东西部扶贫协作的援派干部，我首先还是要熟悉东西部扶贫协作的各个项目，西到五龙镇，东到东岔镇，个把月的功夫就把全区 17 个镇全都走了过来，了解帮扶情况：引进天津市产业化龙头企业示范推广种植马铃薯 3952 亩、新品种"津柳早红"桃 53.8 亩；建设五龙镇、石佛镇 2 镇 29 个贫困村入社的标准化规模养猪场 3 处；发展党川石咀、利桥杨河、东岔桃花坪村等中蜂养殖产业园 8 个，扶持带动发展贫困户养殖中华土蜂 1.2 万余群；建成了利桥秦岭等 8 个贫困村联合社抱团发展木耳产业园 1 处，建成大棚170座；实施东岔镇龙凤村、新阳镇新寨等4村发展中药材种植基地2处，建设大棚96座，种植中药材340亩；实施经济林提质增效1.5万亩；在马跑泉大沟、东柯，石佛镇建设扶贫产业园3处，落实扶贫车间奖补资金17家；落实贫困残疾人补贴933名；改造提升贫困户农家乐88家。通过这些项目建成实施，有效带动10196户44093贫困人口实现稳定增收，通过一人就业，实现全家脱贫，巩固麦积区的脱贫成效。

了解项目同时，我还入村入户了解情况，帮助困难户解决力所能及的困难。在入户工作中我结识了一位瘫痪在床的小姑娘，我就通过各种渠道为其咨询病情、沟通今后治疗方案等，协调社会力量为其捐款1.5万余元，联系西青区企业为小姑娘家人提供工作岗位等。同时还不定期的走访慰问结对认亲户等，看着群众感激的目光，我的内心暖暖的。走访过程中，我还和其中不少群众互加微信，成了朋友。

2019年底，东西部扶贫协作工作年终大考，麦积区有幸代表甘肃省及天津市接受国家考核。考核前，我们挂职的干部也不分什么挂职政府办、扶贫办，全体都上。那段时间一干就到了半夜，饿了嚼点方便面，渴了喝点热水，拼搏了一个月多的时间，最终换来了优异的考核结果。但是最为难过的是这一个月里我的舅舅、舅妈相继去世，母亲由于伤心过度也大病了一场。母亲担心我工作忙，这些变故她让家里人都不要告诉我，直到妈妈恢复得差不多了才告诉我舅舅、舅妈都走了，直到现在，在我的心中还总有一丝说不出的难过。

2020年初，新冠肺炎疫情突发，各地都出现防疫物资匮乏的情况，我就协助协调社会各界力量，为麦积区筹措消毒物资、口罩、防护服、护目镜、测温枪等防疫物资及资金累计折合130余万元，其中我派出单位所在地企业天津凯丰化工有限公司捐赠84消毒液10吨，价值4.8万元，这些物资极大地缓解了麦积区抗疫期间的物资短缺压力。同时我还以个人身份向西青区、甘肃省及麦积区累计捐款2500元。

2020年12月11日，我在陪同领导前往元龙镇督导调研工作的途中，乘坐车辆意外撞上道路左侧山体，导致面部多处擦伤，双眼严重受损，暂时丧失视力。意识清醒后，我在第一时间将手头的工作安排给其他同志，并再三叮嘱相关细节。在伤情恢复期间，我虽人在天津，但仍然积极参与东西部扶贫协助工作，伤情基本恢复后，我便返回受援地开展工作。

两年来的时间，苦过累过，但我的心中是自豪的，因为我们能扎根脱贫攻坚伟大事业，用实际行动来诠释新时代扶贫人的初心与使命。

难忘的扶贫经历

杨娜

　　2019 年接到天津市西青区选派优秀干部到脱贫攻坚一线的通知后，我主动请缨，立志要到最艰苦的地区参加扶贫工作。经过党组织的层层考察，我作为天津市挂职甘肃省仅有的两名党政女干部之一，于 2019 年 7 月由天津市西青区选派到甘肃省天水市麦积区扶贫办挂职，主要负责东西部扶贫协作工作，挂职期限三年。

　　麦积区属于六盘山连片特困区，实现脱贫任务艰巨。初到麦积区有着语言障碍、水土不服、工作生活条件差等诸多困难，让我这个从来没有外地工作经历的人确实有些"心虚"。但是 2019 年麦积区脱贫攻坚已进入攻城拔寨、滚石上山的关键时刻，年底要实现整区脱贫摘帽。一想到这，我顾不上与周围的天津老乡联络感情，顾不上欣赏甘肃美丽的自然风光，白天马不停蹄实地察看项目、走访贫困镇村、入户困难家庭；晚上学习政策知识、开会研究工作。半年的时间我跑遍了麦积区 17 个镇 3 个街近百个贫困村 200 多贫困户，对住房、教育、医疗、基础设施、饮水、产业等 100 多个东西协作项目深入调研，为脱贫攻坚工作增强了底气。

　　紧张的工作节奏，加上迫切要为当地脱贫摘帽出把力的强压，我的健康出现了问题，严重的失眠，免疫力下降，身上长出了许多奇痒无比的疹子，医生给我开了抗过敏药，叮嘱要多休息，但是喝过敏药会犯困影响工作效率，为了不耽误工作，我选择了不喝药，足足拖了两个多月才好转。2020年5月不慎摔倒，被送到医院后膝盖缝了两针，当时正值津甘两地在天水市进行"津企陇上行"前期筹备工作，活动考察的所有点位都在麦积区，我强忍着病痛，一天没有休息，就这样一瘸一拐地陪着筹备组趟路线、看点位，领导和同志们实在看不下去，让我回家休息，我说"我可以！"坚持陪同看完了所有的点位。作为党员就是要有坚韧品格，作为扶贫干部就是要时刻牢记初心使命。

2020年是脱贫攻坚决战决胜之年，我帮扶的麦积区迎来了扶贫攻坚的"国家级大考"，还代表甘肃省接受国家东西部扶贫协作考核。时间紧、任务重，肩上的压力更是无法言喻。接待方案、考核资料、扶贫数据、汇报宣传片……这些材料都需要一次次的落实、一遍遍的核对，一忙起来就到第二天的凌晨三四点，有时两天只吃一顿正餐。我开玩笑地说："国家考核筹备工作比当年参加高考都来得紧张！"考核结束后，我称了次体重，短短二十几天足足瘦了十几斤。最终，通过我和其他同志的共同努力，顺利地通过国家验收，实现了整体摘帽，麦积区更是在国家考核中取得了甘肃省第一名的好成绩。接到考核结果的那天，我的眼睛湿润了，这眼泪中饱含着我扶贫期间所有艰辛的付出，饱含着不负甘肃人民的重托，饱含着共产党员的责任和担当。在一年多的帮扶工作中，我对接两地考察、项目合作、社会捐助等活动100余次，为麦积区贫困户争取社会帮扶资金近2000万元。组织、协调、对接包括天津市委组织部、工信局、水务局三个市级部门的34位及西青区118位处级以上领导和麦积区153户贫困户结对认亲。积极推动麦积区消费扶贫，2020年完成消费扶贫达到1.58亿元，助力贫困人口就业2638人；组织贫困学生到西青区技术学校就读145人；引导企业到麦积区投资3000万元；解决贫困户危房改造82户，筹集西青区项目资金34万元，受益群众200余人。一项项数据是我帮扶工作的成绩单，更是我辛勤付出的回馈。一年多来，我先后荣获天津扶贫助困好青年、西青区脱贫攻坚个人记功奖、甘肃省脱贫攻坚帮扶先进个人荣誉称号，津陇两地也就我的先进事迹进行了宣传报道。

　　作为奋斗在一线的扶贫干部，我克服了常人难以克服的困难，不忘组织重托，不做"过客"做"干将"，时刻怀着对弱势群体的关爱、对困难群众的关心，坚持行善向善的信念，变任务为责任，变压力为动力，充满激情、充满爱心继续奋斗在东西部扶贫协作工作中。

用实干践行誓言

李江涛

  我是一个土生土长的康县山里娃，对这里的山山水水村村落落熟悉且热爱。记得小时候从家到学校，要走很远的山路，还要过一条靠列石通过的河，最害怕的是遇上下雨下雪，那时的路真是太难走了！现在村里水电路房网等基础设施和卫生室、文体广场等公共服务设施一应俱全，老辈人都说现在的日子越来越好了，现在的娃娃们享福噢！

  参加工作20多年从基层到机关，我亲眼见证了家乡翻天覆地、日新月异的变化，更有幸成为一名扶贫干部，亲身参与了打赢打好脱贫攻坚战、全面建成小康的伟大实践，感到无比自豪和骄傲！

  "进农家门、听农家话，心中有数才能脚下有路。"2017年6月，我受命担任康县扶贫开发办公室主任。到扶贫办的时候，全县还有173个贫困村未退出，8065户30844名贫困人口未脱贫，面对全县脱贫攻坚的艰巨任务和严峻形势，当时真是吃不香、睡不着，压力空前。

  我们康县老辈人说"儿子娃说话要算话"。组织多年的培养和信任，让我从担任扶贫办主任那天起，下定决心"要让大山里的老百姓早日过上和城里人一样幸福、一样体面的生活"。也是从那天起，心里反复想的就只有一件事：如何打赢打好脱贫攻坚战。

  怎么办、怎么干？多年的基层工作经历告诉我，要想解决好群众的事，首先要进农家门、听农家话，听群众最真实的心里话和最迫切需要解决的问题。因此，我坚持把调查研究作为推进脱贫攻坚的前提条件和提高履职能力的重要方法，用两年多走遍了全县 21 个乡镇 350 个村，到贫困村社和农户家中谈心摸底，帮助乡镇和困难群众理思路、出主意、解难题。在掌握熟悉情况的基础上，组织扶贫办精兵强将，认真分析研判，牵头制定《康县脱贫攻坚实施方案》、年度工作要点，并多次向县委呈送送阅件，及时提出工作建议，充分发挥了脱贫攻坚"参谋部"和"作战室"作用，想全局、谋重点、抓关键，顺利完成了省市脱贫成效考核、第三方评估等重大活动、重要会议和历年减贫目标。扶贫办先后荣获全县先进基层党组织、全市拆危治乱先进集体、2020 年度全省脱贫攻坚先进集体称号。

"把事做实，把事办好，老百姓就会给你竖大拇指。"康县是第一批国列贫困县和甘肃省 58 个特困片区县之一，"山是石头山，插在云中间，田是卧牛田，挂在林里面，隔山能叫喘，走路要半天"。这是过去康县的真实写照，基础设施薄弱、公共服务滞后，村庄环境脏乱差、群众出行困难、房屋高大黑空……

精准扶贫精准脱贫工作开展以来，我县把打赢脱贫攻坚战作为首要的政治任务、一号工程和压倒一切的头等大事来抓，始终坚持以习近平新时代中国特色社会主义思想和习近平总书记关于扶贫工作的重要论述为指导，立足县情实际，坚持不懈推进农村人居环境整治、建设美丽乡村、发展生态富民产业，探索走出了贫困山区脱贫攻坚与乡村振兴结合推进的高质量发展路径。全县累计退出贫困村 203 个，退出贫困户 16797 户 65939 人，贫困发生率从 2013 年底的 37.04% 降为 0，2020 年 2 月 28 日省政府办公厅发文正式批准康县退出贫困县序列。

康县先后两次代表甘肃省接受国家级考核评估，2019 年财政专项扶贫资金绩效评价被评为优秀等次。2020 年 1 月 14 日至 18 日，宁夏大学评估团对我县 2019 年脱贫摘帽情况开展了专项评估检查，共抽查全县 21 个乡镇 31 个行政村 122 个合作社，群众对脱贫攻坚政策、帮扶措施及成效、脱贫退出等方面认可度达到 98.2%，在全市当年整县脱贫摘帽退出的三个县中位居第一。2020 年 6 月顺利通过了国家贫困县退出第三方评估抽查。

自从到了扶贫办工作，我常常不是在下乡，就是在下乡的路上，女儿去外地上学顾不上送，老人生病住院顾不上照顾，我很内疚。但我知道肩上的责任更重要，在扶贫路上，正是千千万万的扶贫人，舍小家为大家、夙兴夜寐、真情帮扶，顶烈日、战酷暑，冒风雪、踏泥泞，"5+2""白加黑"，奋勇拼搏、克难攻坚，用坚实脚步把希望和信心带进大山深处，用赤子之心铺就了贫困群众战胜贫困追求美好生活的坦途，攻克了一个个贫困堡垒，打赢了一场场硬仗。

好多次我和同事下乡，群众给我们竖大拇指，说扶贫政策是给老百姓实实在在办事的好政策。群众的肯定，让我很感动、很受鼓舞，感觉吃再多苦受再多累也值得。

"千头万绪、困难很多，但我坚信办法总比问题多。"扶贫工作是一项系统工程，涉及内容量大面宽、千头万绪。我常常给同事们讲："我们是全县脱贫攻坚的牵头部门，如果我们对政策理解不透，不仅会让乡镇做无用功，更会损害贫困群众切身利益。"

比如，最基础的人口数据，受传统习俗，特别是康南受特殊婚俗影响，我县农村户内"两半户"、嫁出未迁出、嫁入未迁入、"二门俱开户"等特殊情况，给人口认定带来了多重困难。针对这些特殊情况，我们及时指导各乡镇扎实开展贫困人口精准识别和动态管理，多次安排工作人员随机抽取建档立卡贫困户进行信息核查核实。并积极与县公安局、县统计局对接沟通，制定印发《关于全县户籍人口与建档立卡人口核定的指导意见》，确保了数据真实准确、账实相符。

再如，部分群众等靠要思想严重，以争当贫困户为"荣"等情况。还有贫困村与非贫困村，贫困户与非贫困户，已脱贫户与未脱贫户之间，发展不平衡的矛盾日益凸显等问题。针对这些问题，我们大力实施精神扶贫，破陋习、激内力，向县委提出开展扶思想、扶信心、扶志气、扶能力等系列活动，通过实施精准脱贫"双三千、双三百""全县脱贫先进集体、先进个人、脱贫光荣户"表彰奖励活动和"家洁院净""明窗亮灶"行动，制定乡规民约、村规民约等长效管理制度，有效破除了部分困难群众等靠要落后思想、内生动力不足等一系列老大难问题。

这样的例子还有很多很多，从衔接部门乡镇之间的协调配合，到督促扶贫政策及时落实，及时解决群众合理诉求等一桩桩一件件的大事小情，任何环节处理不及时、不到位，都会让我们的工作陷入被动。所以在工作中我一直坚持如履薄冰、慎始慎终的原则，对标对表、梳理问题，采取针对措施，补齐短板弱项，不断夯实高质量稳定脱贫基础。

志不求易者成，事不避难者进。2013年以来，在康县相继召开2020"一带一路"美丽乡村国际论坛、全省乡村旅游精准扶贫、全省贫困村整体提升工程等十多次现场会。2021年1月，省委将康县美丽乡村建设成果和做法总结为美丽乡村建设"康县模式"向全省推广。康县荣获2020年全省脱贫攻坚奖先进集体。2020年11月25日，国扶办领导通过深入调研，对康县持续不懈建设美丽乡村，统筹推进脱贫攻坚与乡村振兴所做的工作和取得的成效给予充分肯定。

脱贫摘帽不是终点，而是新生活、新奋斗的起点。我们将认真贯彻习近平新时代中国特色社会主义思想，严格落实"四个不摘"要求，切实做好巩固拓展脱贫攻坚成果同乡村振兴有效衔接各项工作，伟大的脱贫攻坚精神正激励着我们再接再厉、接续奋斗，做好乡村振兴这篇大文章。

时刻牢记初心使命　扶贫路上披荆斩棘

于文涛

我叫于文涛，男，汉族，中共党员。参加工作 20 年来，我先后在不同乡镇、部门工作过，时刻铭记一名共产党员的使命和职责，勤勉能力、务实为民。2016 年 2 月，在全县脱贫攻坚进入啃硬骨头、攻坚拔寨的关键时期，我被组织任命为崇信县扶贫开发办公室主任，在县委县政府的坚强领导下，我带领扶贫办一班人，发扬"白＋黑""5+2"的工作精神，紧扣全县聚力打赢打好脱贫攻坚战全局规划，着力在"补短板""破瓶颈"上下功夫，勤奋敬业、务实创新，推动脱贫攻坚工作有力有序开展。

立足县情实际，精心谋划部署

刚调到扶贫办时，面对全县异常艰巨的扶贫形势，作为扶贫办第一责任人，我深感工作的重要性、紧迫性和积极发挥带头作用的必要性，同时也深刻认识到扶贫工作的实质就是要真正地为群众排忧解难，让贫困群众摘"穷帽"、让贫困村拔"穷根"。对此，县扶贫办充分发挥县脱贫攻坚领导小组办公室牵头抓总、协调调度职责，动员引导全县上下认真贯彻习近平总书记关于扶贫工作的重要论述、视察甘肃及在脱贫攻坚座谈会上的重要讲话和重要指示批示精神，按照中央和省市县的决策部署，将脱贫攻坚作为最大的政治任务和"一号工程"，聚焦贫困群众稳定实现"两不愁三保障"目标，分年度研究制定了《崇信县脱贫攻坚工作要点》《崇信县脱贫攻坚项目计划》《崇信县脱贫攻坚责任制实施细则》和《脱贫攻坚实施方案（2018—2020年）》、年度贫困人口贫困村减贫计划，确定了全县脱贫攻坚的总体要求、目标任务、工作重点和保障措施，为扎实开展"绣花式"扶贫提供了制度机制保障。

紧盯短板弱项，改善基础设施

围绕补齐短板弱项，我们坚持"缺什么、补什么"的原则，以"过筛子"精神和与问题"对着干"的态度，压茬推进贫困村路、水、电、房等基础设施建设和教育、医疗、养老等公共服务保障。2016年以来，累计争取配套中央、省市县各级财政专项扶贫资金4.1亿元，实施了基础设施建设、公共服务保障等建设项目150多项；衔接争取国家开发性金融资金1.9亿元，实施统筹整合财政涉农资金支持贫困村基础设施建设项目，在全县45个行政村实施基础改善、公共服务、农村安全饮水、环境综合整治等项目86项，建制村全部实现通硬化路通客车，自来水入户率达到100%，改造农户危房921户（贫困户389户），完成易地扶贫搬迁417户1532人（贫困户348户1211人），基础设施建设全部达标。新建改扩建中小学22所、幼儿园（班）34所，全县九年义务教育巩固率达到98.04%；全面落实"先诊疗后付费"和"一站式"即时结算等政策措施，为7256人（次）贫困人口落实大病保险补偿资金856.23万元，实现了应报尽报，贫困人口基本医疗保险、养老保险参保率达到100%；开办政策性农业保险品种13个，实现了"应保尽保"和贫困户所有种养产业、自然风险、市场风险三个全覆盖，贫困村户教育、医疗、养老等公共服务水平大幅提升。

发展脱贫产业，夯实增收基础

聚焦助农增收，研究制定了《崇信县富民产业培育扶持办法》《崇信县关于加快发展窑洞养牛工作的指导意见》等一系列牛果菜产业扶持政策文件，县财政每年列支 2000 多万元，扶持引导贫困户发展牛、果、菜、劳务等脱贫产业，贫困户人均增收 2500 元以上。探索推行利用废弃窑洞养牛模式，累计完成窑洞改造 821 孔，建成平头沟—姚洼、凉水泉—高年等 5 个窑洞生态养牛示范带，新建、改扩建肉牛养殖小区 41 个，修建养畜暖棚 341 座，辐射带动 935 户贫困户养牛 3935 头。新建高标准矮化密植苹果园 0.84 万亩，全县果园面积达到 7.22 万亩，带动 2365 户贫困户新植果园 13482.3 亩。先后建成了汭河川现代农业示范园设施蔬菜生产基地、新窑镇黑河川区现代农业发展基地，日光温室蔬菜大棚达到 1.66 万亩，年均种菜 5 万亩以上，477 户贫困户种菜 1025 亩，成功注册了"崇信苹果""崇信红牛""崇信牛肉""崇信芹菜"等地理标志证明商标。成立劳务中介机构 12 家，建成就业扶贫车间 15 家、劳务基地 33 个、劳务工作站 7 个，开发村级公益性岗位 636 个，累计输转贫困劳动力 2.62 万人（次），创收 4.78 亿元。建成县级电商服务中心、6 个乡（镇）级电商服务站和 43 个村级电商服务点（其中贫困村电商服务点 16 个），乡镇和贫困村电商服务站点实现全覆盖，农村电商交易额累计达 1520.45 万元。招商建办产业化龙头企业 18 家，成立农民专业合作社 342 个，为 2377 户 9148 人贫困人口落实到户产业扶持资金 3150.58 万元、为 668 户 2192 人贫困人口落实到户配股资金 933 万元，实现分红 527.7 万元。

整合各方资源，形成帮扶合力

围绕帮助群众尽快实现脱贫致富奔小康，提出了在全县开展脱贫攻坚帮扶工作干部大走访、政策大宣讲、村情大调研、环境大整治、问题大整改五项活动，建立了县级领导包乡抓村、组长单位协调联动、帮扶单位联系帮村、帮扶干部结对帮户工作机制，全县共有 114 个单位 2246 名干部联系帮扶 79 个行政村和 5215 户建档立卡贫困户。2016 年以来，各级帮扶干部深入联系村户宣讲政策 3.82 万场（次），培训贫困群众 9.31 万人（次），各级帮扶单位和企业累计投入帮扶资金 2875.86 万元，化解矛盾纠纷 2833 起，帮办各类实事 3.8 万件，教育扶贫、健康扶贫、兜底保障等惠民政策全面落实，群众上学、就医、养老等方面问题得到有效解决，幸福感、获得感不断增强。

严把退出关口，提升脱贫质量

紧盯贫困人口精准脱贫，严格按照《甘肃省精准脱贫验收标准及认定程序》规定的标准程序，每年由县级领导带队组成工作组，按照村初验、乡审核、县审定的程序，对照贫困人口脱贫六项指标，对 2015 年下剩的 2945 户 10811 人，逐户逐人逐项进行核查验收，对不符合贫困退出条件的对象坚决不脱贫，对因病因灾返贫的及时纳入对象管理、存在致返贫风险的纳入监测预警，结合挂牌作战充分发挥防止返贫监测预警和帮扶机制作用，按季度开展监测，对低收入或"三保障"不达标的，积极采取对应措施。截至目前，全县所有贫困人口"两不愁三保障"均达标，收入稳定，全部退出贫困序列。

巩固脱贫成果，接续乡村振兴

脱贫攻坚全面胜利后，我们坚持将巩固拓展脱贫攻坚成果接续推进乡村振兴作为首要任务。严格落实"四个不摘"要求，保持主要帮扶政策总体稳定，制定了《关于实现巩固拓展脱贫攻坚成果同乡村振兴有效衔接的实施意见》等政策文件，建立健全了防止返贫动态监测和帮扶机制，对所有农户收入状况、"两不愁三保障"及饮水安全状况进行常态化监测帮扶，对监测发现的低收入户及时制定"一户一策"帮扶计划，有针对性的落实帮扶措施，尽力消除致返贫风险。竭力促进脱贫人口稳定就业，今年已输转符合条件的脱贫人口或边缘易致贫人口8316人就业。科学谋划编制了崇信县"十四五"巩固拓展脱贫攻坚成果同乡村振兴有效衔接规划项目库，总计谋划项目113项、涉及资金65亿元。严格按照最新出台的《甘肃省财政衔接推进乡村振兴补助资金管理办法》有关规定，安排实施2021年第一批衔接推进乡村振兴项目，目前，23个项目已全部开工，开工率100%。以最坚决的态度、最有力的举措、最扎实的作风做好问题整改，今年各级反馈及对照自查的13条问题已全部整改完成，同时对历年各级反馈问题整改工作进行了"回头看"，确保了各级各类反馈问题整改全面彻底完成。持续做好帮扶工作，今年以来，各帮扶单位累计进村入户198次、帮扶责任人入户3437人（次），落实各类帮扶资金68.66万元，化解矛盾纠纷255件，解决急难事362件。对驻村期满两年的工作队员进行了轮换，确保了驻村工作队员总数不变，工作不断档，力量不减弱。

回顾往昔，自从吹响打赢脱贫攻坚战号角以来，全县上下聚焦全面建成小康社会和"十三五"圆满收官这一宏伟目标，牢记肩负的重大历史使命，以"贫困不除、愧对历史，群众不富、寝食难安，小康不达、誓不罢休"的信心和决心，举全县之力，集全民之智，推动人力物力财力向脱贫攻坚集中，干部主要精力向脱贫攻坚转移，确保了小康路上

"不落一户、不落一人"，按期实现了向人民、向历史作出的庄严承诺。2018 年底全县 16 个贫困村全部退出，2019 年 4 月经省政府批准，实现整县脱贫摘帽，2020 年 9 月底所有贫困人口全部实现了脱贫退出，脱贫攻坚战取得了历史性胜利。展望未来，脱贫摘帽不是终点，而是新生活、新奋斗的起点，我们将乘势而上、再接再厉、接续奋斗，发扬"上下同心、尽锐出战、精准务实、开拓创新、攻坚克难、不负人民"的脱贫攻坚精神，继续落实"四个不摘"要求，在健全防止返贫和动态监测机制、产业规模层次提升、收入渠道延展拓宽等方面持续用力、久久为功，切实做好巩固拓展脱贫攻坚成果同乡村振兴有效衔接各项工作。

基层大有可为

黄云

我叫黄云，2001年通过甘肃省委选调生考试走上从政道路，2016年5月任兰州市榆中县园子岔乡党委副书记、政府乡长。

榆中县是国家级贫困县，园子岔乡又是榆中北部山区距离县城最远的乡镇，辖区总面积268.7平方公里，耕地面积8.6万亩，全乡总人口2175户7899人，其中建档立卡户797户3232人，群众收入来源单一、贫困面广、贫困程度深，一度是全县上下对园子岔乡的总体印象。

当时面对这样的贫中之贫，我作为履职"第一责任人"，感觉压力很大。但既然组织选择了我，那我就决不辜负组织的信任和期望。从那以后，距离县城90公里外的园子岔乡成了我的第二个家。265道弯的崎岖山路没有让我退缩，"5+2""白＋黑"的工作模式也没有让我退缩，因为我始终坚信：基层大有可为。

立足基层岗位实际，不断提升政治站位
始终坚持以民为本，奉献乡镇十五载

　　细数我的 20 年工作经历，除县委办五年任职经历外，从原兰山乡到清水驿乡再到园子岔乡，工作岗位始终与"山"结缘。也是在大山中，我完成了从干部到地方"父母官"的转变，一步一个脚印，用实干描绘出一条农家子弟的奋斗之路。当干部的时候，我秉持任劳任怨、勤勤恳恳的工作作风，快速成长为业务骨干；当副职的时候，我努力出谋划策、狠抓任务落实，成为党政主要领导值得信赖的左膀右臂；当主官，我坚持清正廉洁、公平公正，在复杂的基层工作中找准主要矛盾，逐个攻破困难，在各个岗位上均取得优异成绩。每到一处，我始终坚守初心，坚持从群众中来，到群众中去，抓入户抓调研是我的工作标签，抓产业抓民生是我的工作方向，我热心接待群众来访、主动收集群众诉求，这些细节都让我的工作能力得到快速提升、工作成绩得到快速展现。

　　上任以来，我始终坚守初心、牢记使命，全力配合乡党委书记做出各项决策，园子岔乡党委班子建设成效有目共睹，整体经济发展硕果累累，全乡工作成绩受到县委县政府高度肯定，2019 年荣获榆中县年度综合目标管理考核优秀等次荣誉表彰。

准确把脉发展思路，科学谋定产业方向
重点聚焦百合产业，百合小镇初具规模

　　面对繁重的脱贫任务，我坚持对标对表、逐户攻坚，多措并举夯基础、固实效。坚持推行"五个一批"脱贫规划，深入开展"书记遍访贫

困户"，针对性制定"一户一策"，着力构建社会力量广泛参与的立体化扶贫体系。全面落实民政兜底保障政策的同时，协调585万元实施产业到户扶持项目，指导"百合联盟"带动有劳动能力的贫困户种植百合，实现增收致富；通过实施土地流转、注资分红等方式推进"三变改革"，把无劳动能力的农户纳入百合产业发展扶持计划中，确保脱贫路上不漏一户、不落一人。

面对产业一盘散沙的困境，我深入调研、找准主线，狠抓产业聚优势、促发展。面对2017年鲜百合售价下滑30%的问题，我通过全面走访合作社和种植大户，找准产业硬件基础薄弱、产业化程度低、品牌推广力度不足等根源问题，在持续深化"三链建设"、整合产业基础资源的基础上，成功对接"吃货扶贫"项目，争创全国首批"人民优选产业合作示范基地"，园子百合顺利进驻北京新发地市场。2020年全乡百合留床面积超过5.2万亩，百合产值突破1.5亿元。两年来，中央、省市各级重磅媒体先后报道园子百合产业发展佳绩31次，"园子百合产业扶贫"已成为全市乃至全省"产业发展助脱贫"的典型案例。

牢固树立服务意识，紧盯民生问题攻坚
小处着手大处着眼，缔造群众好口碑

我刚来的时候，群众因低保评选不公、低保对象不精准等问题三天两头上访，我当即抽调人手主持彻查，逐户审查、逐村公开民主评选，累计核减低保人口800余人，低保混乱问题得到系统整治，全乡低保档案得到全面规范，从那以后，因为低保问题上访的群众几乎没有。

"山坡披彩衣、路上脏兮兮、屋里黑魆魆"是长期以来山区乡镇村容村貌的真实写照，我们在美化环境方面也花了大力气，通过组织实施"厕所革命""六改三清""风貌改造""环境整治"等一系列人居环境改善项目，硬化村社道路51.3公里，常住户改厕率达到97.23%，农村公厕、垃圾清运车实现全覆盖。困扰群众十多年的金营—平堡道路硬化通

车在即，届时本地通往白银市区的行程将缩短一小时以上，群众出行和百合运输难题得到进一步解决。各村也都成立了保洁队，垃圾清运和新建厕所后续管护机制逐步建成完善，乡村风貌全面改善。

面对连年降水造成的乡村道路损毁问题，我一方面积极争取资金硬化道路，另一方面持续强化排水渠建设力度，全面优化全乡排水系统布局，确保辖区内水患解除，最大限度保障群众生命财产安全。

精准扶贫工作，是一项利国利民的好政策，是走向共同富裕奔小康的必由之路。作为战斗在扶贫一线的领导干部，我深刻地感受到这些年脱贫攻坚带给我的喜悦感和成就感，也将怀着强烈的使命感和责任感，继续一丝不苟、勤勤恳恳地工作，我将秉持"功成不必在我，功成必定有我"的无私奉献精神，继续为早日实现社会主义现代化强国的目标而贡献自己绵薄的力量。

"民生为上"的生动答卷

麻建华

近年来，我们按照习近平总书记关于扶贫工作的重要论述，感恩奋进、勠力同心、苦干实干，脱贫攻坚取得了明显成效，"两不愁三保障"和安全饮水短板全面补齐。2019年底，渭源县上湾镇摘帽退出。2020年3月，上湾镇被省脱贫攻坚领导小组办公室授予全省脱贫攻坚先进集体荣誉称号。2021年2月，被中共中央、国务院授予全国脱贫攻坚先进集体荣誉称号。

同时，位于侯家寺村的易地扶贫搬迁安置区也成为定西市脱贫攻坚、乡村振兴的样板。时下，走进安置区，阳光如许。这里，一排排白墙青瓦的庭院鳞次栉比，大街小巷，不染纤尘。一座座现代化的智能温室映入眼帘，水上公园内锦鳞游泳，玫瑰园内香气四溢，三三两两的游人不时从身边走过，赏田园、享农趣、感民俗、品乡味、悦村韵……几年前，这里还是一片人烟稀少的滩涂地，如今已经成为吹落黄沙的"金窝窝"。

易地搬迁，人居环境美丽嬗变

　　"三山两水一坰田，砂石满地路蜿蜒。"这是上湾镇大多数贫困户曾经的生产生活真实写照。山高谷深，交通不便，许多人只能守着一亩薄田，七分种三分收，靠天吃饭度春秋，发展受到严重制约。想脱贫必须先得挪穷窝，针对"一方水土养不起一方人"的难题，易地扶贫搬迁成为上湾镇打赢脱贫攻坚战的关键一环，上湾镇干群充分发扬筚路蓝缕、以启山林的精神，书写了一篇新时代"出山记"。

　　万事开头难，易地搬迁工程还没开建我就遇到一个大难题，中国人对"家"有着特别深切的感情，落叶归根是中国人的执念，老家有着熟悉的生活场景，是情感的寄托之处。搬迁，第一道门槛就是情感上的障碍，一些人不愿搬家，相比于安置点新环境带来的茫然和不安，他们宁愿继续忍受贫困，也不愿搬离祖祖辈辈生活的大山。侯家寺村阳屲庄社王治林就是其中的典型代表，王治林所在的阳屲庄社，道路崎岖不堪，一家人年年面朝黄土背朝天，孩子上学路途遥远，家里一穷二白，日子一直过得紧巴巴，但王治林依然不愿意搬离陪伴自己长大的穷家。

　　"搬"势在必行，如何才能说服他们？为了打消群众的顾虑，侯家寺村充分发挥党支部的战斗堡垒作用，探索建立"党员示范、设岗定责，党群互动、化解情绪"工作机制，组织党员一次又一次地入户坐在农家炕上讲解政策，一家一家地算收入账，一件事一件事的落实，掏心窝子交流，实打实地帮扶，最终消除了王治林穷家难舍、故土难离的思想观念，实现了从"要我搬"到"我要搬"的思想转变。

　　这些年来，上湾镇把易地扶贫搬迁作为贫困户脱贫致富的培根之举，一锤接着一锤敲，一任接着一任干，共争取项目资金 1.3 亿元，建成了 4 个安置点，形成了"四区一园一中心"的南谷新村易地搬迁安置区总体框架，搬迁群众达 668 户 3006 人，其中贫困户达到 402 户 1609 人，占到了搬迁群众的 53.52%。同步积极争取资金配套建设学校、巷道硬化、景观亮化、信息通讯、健身场所等基础设施，群众生活条件得到了极大提升。上湾镇贫困群众千百年来斩断穷根的梦想也通过易地扶贫搬迁工程照进了现实。

2016年，易地搬迁到安置区后，王治林发挥自己潜能，当起了司机，找到了致富门路，妻子王小梅从事公益性岗位，方便照看两个孩子上学，一家人的日子开始红火起来。说起现在过的好日子，王治林一家发自内心地感谢党和政府的好政策。

筑巢引凤，特色产业花红果硕

由于搬迁户主要来源于上湾镇深山区，搬迁初期许多农户虽然搬离了"穷窝"，但还是依靠原来的几亩薄田生活，"搬小不搬老，生活两头跑"的现象比较突出。

为了让群众"搬得出、有就业、逐步能致富"，镇上围绕脱贫攻坚战略的总体要求，坚持"挪穷窝"与"兴产业"并举、安居与乐业并重，探索出了一条乡村振兴的新路子。

"赠人玫瑰，手留余香"，这句脍炙人口的经典谚语，已成为上湾人司空见惯的生活故事。凡来这里的游客，都会慕名而来采撷几朵姹紫嫣红的玫瑰，或赠亲朋，或赠爱人……与此同时，大批量的玫瑰远"嫁"兰州、西安等地的花卉市场，备受青睐。在玫瑰产业园务工的贫困户边玉霞在家门口每天可收入80多元，年收入2万多元，还能照顾孩子和老人，一家人其乐融融，过上了幸福生活。

走进上湾镇陇源红沙棘加工厂，一堆堆红艳艳的沙棘果见证着丰收的希望。现代化的生产线上，一桶桶金黄的沙棘油涌动着美好的"钱景"。公司负责人张小龙说："目前我厂年生产沙棘油50吨，生产总值3000万元以上，同时带动周边近百名群众通过季节性务工实现增收。"

产业扶贫是贫困群众增收致富的根本之策和根本出路。上湾镇从后续产业抓起，坚持把培育产业作为脱贫攻坚的核心保障，积极探索，逐步完善带贫机制，率先成立了兴农国有农投公司，采用"政府＋国有农投公司＋联合社＋合作社＋村集体经济＋经营主体＋农户＋保险"的多方融合推进机制和"五统一分一保一标三提高"运营模式，培育建成了沙棘加工、户用光伏、扶贫车间、设施农业、乡村旅游等5个特色产业，统筹晋渭帮扶资金建成天启纺织等4个"扶贫车间"，为易地搬迁贫困户提供就业岗位400多个，走上了"土地流转保底、就地输转务工、合作经营增收、农户企业共赢"的发展路子，为群众增收引来了一渠活水，搬迁户人均收入从搬迁初的3300元增加到2019年底的1万元以上。特别是建成总投资1904.56万元，占地面积300亩的南谷玫瑰科技示范园，已成为上湾镇新型设施农业代表，"渭水南谷"商标也获得国家知识产权局核准注册。如今"渭水南谷"的品牌效应日益凸显，上湾镇扶贫产业发展逐步从"星星之火"变成"燎原之势"。受到了各级领导的充分肯定，2019年5月21日，全省深度贫困地区脱贫攻坚现场推进会议在上湾镇观摩。2019年8月30日，国务院扶贫办定点扶贫现场推进会也将上湾镇纳入到了观摩点。

俗话说："家有良田万顷，不如薄技在身。"为了让广大群众学到一技之长，上湾镇积极争取资金460万元建设了渭源县乡村振兴人才培训中心。2020年底来，累计培训农村劳动力2100人次，辐射带动8000余人，600多人通过培训输转到福州、新疆等地外出"淘金"。2020年5月，渭源县乡村振兴人才培训中心被省农业农村厅评选为全省农民培训示范基地。

乡村旅游，风景风情这边独好

"南源于谷人文蔚起，上善之湾胜友沓来。"追随休闲农业和乡村旅游的脚步，邂逅自然，诗意栖居，越来越成为新时代人们的梦想。上湾镇历史悠久，人文荟萃，深厚的文化底蕴为乡村旅游发展奠定了良好的文化基础。

近年来，上湾镇践行"两山理论"，建成了以弘扬社会主义核心价值观、农耕文化、孝道文化等内容的宣传长廊和国旗一条街，建成了漫坝河旅游风情线和全市首个开放式、体验式的党员党性教育实践基地，配套完善道路管网、文化广场、绿化亮化等提升工程，建成全省第一座低温磁化垃圾热解站，推行党员全域无垃圾治理责任区和示范岗，建立"户分类、社收集、村清运、镇处理"的垃圾处理机制，组建党员志愿服务队 3 个，设立责任区 6 个，组织带动群众开展人居环境综合治理，侯家寺村坡下社的曹国宝搬到侯家寺村后，隔三岔五开着三轮车往镇区垃圾处理站运垃圾，一趟来回能挣 100 元，看着新农村一天比一天干净，他说自己"脸上也有光"。

同时，以 AA 级旅游景区创建为契机，积极打造"玫瑰相约、浪漫南谷"的乡村旅游名片和"望得见山、看得见水、记得住乡愁"的特色小镇，以"点睛之笔"提升旅游品位。

如今的侯家寺村，已经成为一片旗帜和鲜花相映生辉的热土，更是"民生为上"这道时代命题的高分答卷，漫步在侯家寺村水上公园，鲜花怒放，锦鳞游泳，休闲垂钓、踏歌起舞的群众随处可见。每到节会期间，村民文化广场热闹非凡，秦腔好戏连台，群众载歌载舞，为乡村振兴战略和乡村旅游注入了勃勃生机。

但愿苍生俱温饱 不辞辛苦出山林

李峰勇

甘肃天水市麦积区石佛镇大坪村地处秦岭山脉北麓，平均海拔1400米，共有11个村民小组、333户，户籍人口1528人，建档立卡贫困人口189户873人。2017年贫困人口110户499人，贫困发生率35.22%，是甘肃工行本部定点帮扶的深度贫困村。

2019年，脱贫攻坚进入啃硬骨头、攻坚拔寨的冲刺期，习近平总书记在参加甘肃代表团审议时发出"尽锐出战、迎难而上，真抓实干、精准施策，确保脱贫攻坚任务如期完成"的号令。2019年5月，省分行党委增选驻村干部，我第一个向省分行党委主动提出申请，离开原来熟悉的岗位和舒适的环境，来到250公里之外的国家级深度贫困村——天水市麦积区石佛镇大坪村驻村开展帮扶工作，并经省委组织部批准，担任该村第一书记。

强党建、抓队伍、解矛盾，发挥党支部战斗堡垒作用

村党支部作为党在基层的神经末梢，是脱贫攻坚的堡垒，是将党的

政策落实在最后一公里的先锋队。初来伊始，针对该村党支部战斗力不强、村务不透明、矛盾上访多等问题，作为第一书记，我把强党建、抓班子、发挥堡垒作用作为首要任务来抓。一是扎实开展"不忘初心、牢记使命"主题教育。组织全体党员深入学习习近平新时代中国特色社会主义思想，规范"三会一课"，充分利用主题教育活动的开展，召开党支部扩大会议，在党日活动中重温入党誓词，及时将习近平总书记重要讲话、党建知识、扶贫攻坚政策向村"两委"班子、村民小组长、村民代表进行深入领学及宣传。持续扎实的理论学习、检视问题、整改落实，提高了全村党员干部的思想认识和政治觉悟，增强打赢脱贫攻坚战的信心和决心。同时我与支部书记、村委会主任和其他驻村工作队队员反复交心谈话，引导他们提高认识，团结起来做好脱贫攻坚工作。二是加强党务村务管理。强化基层党组织规范化建设，实行村民民主选举，对11位村民小组长、22位村民代表进行了民主选举及评议，建立村干部坐班服务制度，增强了村民民主意识及村组长责任、服务意识，村"两委"凝聚力和战斗力得到提升，基层党组织战斗堡垒作用进一步增强。三是建立信访矛盾化解机制。面对村民的诉求，应当勇于面对，主动化解，努力解开群众心中的疙瘩。为此，我组织动员村干部加大信访矛盾排查化解力度，主动到上访多的村民家中走访，耐心听取他们的意见和建议，对上访户及时了解诉求，通过谈心缓解其激动情绪。同时，通过村务公开，广泛听取意见，结合村情民意，充分听取群众对党支部领导班子、村干部存在突出问题的反映，提出改进工作的意见建议，并进行全面整治。组织召开村民代表大会，对村务及时进行公示公告，提高群众知晓度，有效减少了矛盾纠纷。开展省工行与大坪村党建共建活动，在与村干部充分沟通的基础上，确定了继续攻坚和防止返贫的重点，厘清了全村脱贫攻坚的总体思路，即以强党建为统领、以队伍建设为依托，凝聚攻坚力量，狠抓产业发展，聚焦"一超过两不愁三保障"脱贫标准，坚持因户施策的工作思路和基调。通过带头干、树榜样，带动村组干部为民服务意识、为民办实事的能力进一步提高，党支部与群众之间的距离悄然拉近。

遍访贫困户，脱贫路上"一户不落"。知实情是驻村工作的基础、帮扶的依据。我利用一切时间，与驻村队员一道，逐户开展调查排摸。一方面，深入了解每家每户的产业发展及收入情况、"两不愁三保障"的实现情况，耐心地向他们介绍国家扶贫惠农政策；另一方面，仔细听取大家的意见和建议。5月份正是农忙的时候，白天群众大多不在家，为迅速掌握情况，我或者到田间地头向群众了解情况，或者晚饭后入户调查，回来后再连夜加班梳理掌握每家每户情况。已脱贫户和非贫困户是否存在返贫因素，也是我重点关注的对象之一。在入户调查的基础上，我组织驻村帮扶工作队对全村189户贫困户收入指标进行逐户测算、核对、农户认可签字，对人口动态信息逐户核对，完善基础信息。我们吃住在村，走遍每户人家，特别是看到了一些因病因残导致家庭贫困的现实，如贫困户王银忠肾衰竭，三个孩子还在念书，每周两次透析，导致家庭生活困难；贫困户王录山的儿子王明军，村里人都说是个疯子无人搭理，需要老父亲照顾；王具光、王彦子智力有缺陷，跟随弟弟生活；王宝山瘫痪在床，王继明、王卫军确诊癌症化疗；王继峰干活左手三根手指截断、右手手筋断裂，年内不能务农……对于这些贫困户，我们都一一进行了解记录，精准落实党和政府各项救助政策的同时，对基础资料逐一进行采集，建立完善村级、户级档案资料，精准制定一户一策帮扶措施，确定了继续攻坚和防止返贫的重点，建立健全跟踪监测机制，紧盯因疫情、因灾、因病、因残等特殊困难群体，解决63户困难家庭248人生活保障和急难救助，落实落细各项保障政策，精准实施了兜底保障、医疗救助、转移就业等措施，消除返贫风险。

精心"把脉问诊"，产业帮扶强夯实脱贫基础

产业发展是脱贫致富的根本措施。大坪村地处高山，村民利用光照充足、土质肥沃的自然条件，适宜发展苹果产业。然而，在早些年，因为地处偏远山区，村子受地形、交通、通信等条件限制，果子"藏在深闺人不知"，基本上都运到较远的小商贩收购点进行销售，价格低。并

且，常年以来，农民不懂科学种植，导致产量低下。为了确定"帮什么、怎么帮"，有的放矢做好帮扶工作，省分行领导、省分行帮扶办、帮扶责任人与驻村工作队一同"把脉会诊"，认真梳理制约大坪村脱贫的短板和突出问题，帮助大坪村描绘出脱贫发展的"蓝图"，让脱贫攻坚的目标更加明确，工作思路更加清晰，工作举措更加符合群众意愿。我联系省行累计投入资金 120 余万元用于产业发展，并资助化肥、农具等生产资料，同时签约富有经验的专家，在剪枝、疏花、疏果、施肥、套袋等关键农时节点上门为农户开展技术指导，印发果树、花椒种植培训资料 660 本，培训群众 596 人，提高科学种植的水平，实现标准化、绿色种植，不断提高农产品质量和产量。针对部分果园老树、死树较多，果树根系大，靠农户普通人力无法拔除问题，我们联系租用大型机械设备，对百亩枯萎低产的老果树土地进行了重新开垦及更新换代，栽种新品种果苗，使荒废土地焕发了生机。实际上，这些土地的及时更新，对一些农户的影响是非常大的，例如，村民王录有有六个孩子，都在读书，他说，这下好了，老三、老四将来上大学的学费有了着落。针对干旱少雨季节果树浇灌问题，我联系行里投入资金 40 万元修建雨水节流滴灌项目，惠及 90 户、200 亩果园、万棵果树，争取当地果业发展局配套资金物资 10 万元打造高效农田，改变农户靠天吃饭的窘境。山区产业路崎岖不平，雨毁塌陷严重，我们联系行里投入资金累计修缮产业路 60 公里，方便了农户田间劳作及畅通苹果运输。

为改变大山深处农户销售渠道单一问题，我创新销售模式开展爱心人士及行内员工果园挂牌认购，同时跑市场、拉客商，联系水果超市、龙头企业进行苹果销售；推进电商扶贫，帮助合作社建立淘宝网店、微店，在工行"融 e 购"开通扶贫专区。苹果采摘售卖季，工作队赴杭州淘宝基地邀请网红并参与村播计划，以及开展田间地头进行淘宝直播带货推广，申请上线"832 国务院政府采购平台"，制作视频进行广告宣传，千方百计让贫困村的农产品走出大山。通过以上帮扶措施，大坪村补足了产业短板，渐渐发展为以苹果、花椒产业为主，线上线下齐销售的模式。目前，大坪村所产苹果口感香甜、色泽红润，花椒味麻纯正，深受消费者喜爱。2020 年，客商云集大坪村，好果子卖出了好价钱，仅一个半月时间，总产 700 多万斤苹果抢购一空。脱贫攻坚收官之年，确保群众脱贫的稳定性和持续性。

攻坚克难，全力解决"两不愁三保障"短板

近年来，大坪村在脱贫过程中，地方党委政府从政策、资源等方面都给予深度贫困村最大的支持。帮扶单位也大力开展帮扶，对帮助大坪村解决"两不愁三保障"突出问题发挥了重要作用。通过筛查排摸，还有一些群众饮水安全、住房安全没有得到解决，其中安全住房没有解决的就有 17 户。大坪村能否与麦积区一道如期实现脱贫，是大家一个共同的疑问。面对这个疑问，我和村干部很坚定，我们一定要如期脱贫。我主动向区、镇领导反映报告这些情况，积极争取省分行和相关职能部门的帮扶，分类管理、因户施策，逐项破解难题。

针对 17 户贫困户的住房安全问题，落实配套补助，反复动员他们及早对危房进行维修改造，对特别困难的 4 户，联系省分行提供资助；针对空巢老人、残疾人的住房问题，进一步创新帮扶方式，申请落实省工行援助资金，修建 300 平方米"爱心公寓"，集中解决这些特殊人群的安全居住问题，并成为村民公共文化生活和自然灾害临时避难场所。对排查出的 16 户水质饮水不达标农户，帮助农户开挖入户管网，协调水厂并网供水；申请省分行捐建"爱心水站"，安装 1 台净水机，提高群众生活品质。协助村"两委"劝返学生回校读书，确保适龄儿童无失学辍学；连续四年，开展"金秋助学"工程，累计对高考录取本、专科学生 32 人捐助助学金 6.4 万元；开展关心留守儿童活动，累计帮助 80 多名贫困家庭孩子完成心愿。针对医疗健康方面的问题，宣传大病医疗报销和医疗救助政策。对无证残疾人员，联系鉴定医院进行残疾鉴定，及时落实了相关补助。与结对帮扶干部一道，积极帮助年老、体弱、患病的群众清洗衣物和被褥，整理其家庭院落；联系省分行保健医生为村民开展健康诊疗及义务理发活动，受益群众 400 余人。推进农村人居

环境综合整治，积极协调政府相关部门，配套落实 60 余万元项目资金，修建硬化巷道 3.5 公里，道路修到了家门口，村民的出行问题得以有效解决。

扶志扶智，物质精神"双提升"

省分行帮扶我们村设立了"爱心超市"，在省妇联的指导下，我们建立积分兑换制度。设立"好儿媳""义务劳动""致富能手"等奖项，通过一项又一项评比，倡导村民形成良好的村风民风，成了激发群众内生动力的加油站。

老百姓日子好过了，村民感恩党、感恩社会、感恩祖国的愿望也不断增强。新冠肺炎疫情期间，"好果千里驰援湖北"这段佳话被人民网、中新网、国务院扶贫网站、每日新甘肃等多家媒体报道，营造了良好的舆论氛围，汇聚打赢脱贫攻坚战强大正能量。当时，我和大家到村里疫情防控的值守点值班的时候，说得最多的还是湖北的疫情，大家想着咱们没有多少钱，也不能给湖北帮上什么，但我们不是有存放到冷库里的苹果吗！大家不约而同就想到了捐赠苹果。主意有了，说干就干。

一开始也是遇到不少问题。没有足够的包装箱，一万多元的运费又怎么办？……我把这些问题向行里汇报，很快得到行里的答复：支持善举，费用行里解决！解决了这些问题后，我们以党支部的名义向全体村民发出倡议书，动员咱们村里的党员和村民义务劳动，出工出力，报名的人很多，但考虑到疫情原因，我们只找了 30 位群众帮助分装搬运苹果。两天时间，一切就准备就位，到第三天，两万多斤、价值十万元的苹果就顺利抵达湖北的荆门和钟祥市医院。

说起这件事，我还是非常感动，也有很多的感想，看到村民们这样的淳朴、善良和热心，我感到这样的老百姓，是值得我们带着感情和他们去一起奋斗的。驻村扶贫更多的应该是一种情怀，只有这样，我们才会有不断的动力。我相信，也坚信，这样的老百姓，在党和政府的关爱下，也一定会用自己勤劳和汗水，把日子过得越来越红火！每一名战斗在脱贫攻坚战线上的党员干部，都担负着这个时代的重要使命，伟大而光荣。我们是这一使命的践行者、见证者，脱贫攻坚的付出、担当，也将最终汇集成"共产党好""党的政策好"等肯定的赞许。

我在丁家沟的那几年

康忠芳

我出生在农村，对农村有着深厚的感情，从考上大学离开农村，从省城求学到历经街道社区、县、市、省直单位岗位锻炼 17 年后，我又回到了生我养我哺育我的农村一线。2017 年 7 月，我带着组织的信任和重托，远离年迈的父母和幼小的孩子，只身来到贫困程度深、脱贫难度大的甘谷县丁家沟村开展驻村帮扶工作，驻村期间，我下到村上、待在村上、心在村上，用心苦干实干，深信"脚上沾有多少泥土，心中就沉淀多少真情"，尽心尽力做好驻村帮扶工作。

扎根基层做服务群众的"贴心人"

以前的丁家沟村是甘谷县有名的"上访村""光棍村"，随着党的精准扶贫政策深入实施，处于大山深处的丁家沟村，迎来了难得的发展机遇，通过大家的共同努力，丁家沟村发生了翻天覆地的变化。2018 年丁家沟村先后获得天水市基层党建示范点和甘谷县文明村等奖项，被天水市委组织部确定为天水市现场观摩教学点，2018 年 10

月，甘肃卫视《扶贫第一线》走进丁家沟村，讲述贫困乡村的美丽嬗变。

驻村伊始，像我这样的许多"第一书记"正在经历从机关到农村、从坐办公室到走田埂路的角色转换，因而需要及时摆正自己的位置，深入了解村情民意，分析致贫原因，确定帮扶思路，以便更好地履职尽责、服务群众。

丁家沟村地处偏远山区，离县城 28 公里，离乡政府 10 公里，山大沟深、四面环山，干旱少雨，交通不便、进出只有一条路，和省城兰州的工作生活条件相差甚远。说句实话当时只有我一个女同志驻村，没有同伴，也不熟悉情况，心里很忐忑，担心自己没有农村工作经验，干不好工作。记得刚到乡政府的一个周末，便让我切身感受到了驻村的辛酸和不容易。早上 7 点起来，爬山两个多小时才到村里，我和村文书入户，我不懂当地方言，听不懂群众说的啥，老百姓对驻村帮扶工作队的工作不了解也不热情。晚上我坐着村干部的摩托车 7 点多回到乡政府时，已过了饭点，周围也没有饭馆和小卖铺，我喝着白开水就着饼子，漆黑黑的夜晚也不敢去厕所……吃饭难、行路难、沟通难，村"两委"工作积极性也不太高，有些群众认为一个省城来的女娃娃能干个啥？认为我是来"镀金"的，人生地不熟，那个夜晚我思绪万千、辗转反侧、难以入睡。但转眼一想，作为省上下派的第一书记，作为母亲抛下幼小的孩子来驻村，我不能让领导同事和家人失望，我一定要实实在在干些事情。于是，我下定决心住到村上，全身心融入丁家沟村。

丁家沟全村共有 304 户 1275 人，耕地面积 3270 亩，人均 2.56 亩。2013 年建档立卡贫困人口 141 户 647 人，贫困发生率为 50.8%，是一个贫困人口多、发展潜力弱、脱贫难度大的建档立卡贫困村。好几个夜晚我难以入眠，我在想，村贫人穷的共性原因是什么？每个家庭贫困的个性原因又是什么？如何才能拔掉穷根？带着这些问题我一方面深入学习，一方面挨家挨户调查走访。白天，我们逐户了解家庭状况，把重点包括人口、耕地、住房、安全饮水、劳动力、健康状况、子女就学、产业发展、收入情况等内容记录在册，逐户逐人分析致贫原因，因户施策制定脱贫方案。晚上认真学习精准扶贫政策文件、惠农政策等知识，随时给群众宣讲和解答。驻村一个月内，我们走遍了全村 304 户人家，特别对 141 户贫困户的基本情况了然于心。在全面、翔实地掌握村情的基础上研究发现造成村贫人穷的原因是多方面的：一是村"两委"班子工作积极性不够，内生动力不足；二是村里没有形成特色产业；三是群众精神贫困、文化程度低，精神文化生活缺乏，一盘散沙，没有凝聚力、向心力和战斗力。找到了原因，就可以对症解决了。随后，我们以问题为导向，目标为导向，明确丁家沟村帮扶工作要紧扣"党建、产业、精神"三条线，抓好三个点实施"三抓三带"（抓班子、带队伍，抓特色、带产业，抓扶志扶智、带精神）行动，以驻村用心、用情、用意"三用"，帮助群众鼓钱袋子、暖心窝子、过好日子，这样找准"穷根子"开对"药方子"，抛开"大水漫灌"实施"精准滴管"抓住了穷根，扶贫就有了方向。

"百姓的小事就是我们扶贫工作的大事，时刻要将群众的冷暖安危放在心上。"针对村里孤寡老人，尤其是五保户精神生活贫乏的现状，我们单位省社科联在村里开展了"讲党课送温暖活动"，首先由省宣讲团成员给村上的党员群众讲党课，激发大家脱贫致富奔小康的信心和决心。其次开展爱心公益送温暖活动，由兰州阳光公益对村上 13 户五保户捐助了价值达 3 万余元的电视机等物品，丰富他们的精神生活；2018 年 10 月，为了让贫困群众暖暖和和过冬，我在微信朋友圈发起了丁家沟"暖冬行动"倡议书，得到了社会大力捐助和支持，获赠价值 4 万余元的毛衣，为 160 名困难学生发放 2 万元学习用品，对 19 名贫困生给予 5.5 万元资助；对 30 多户特困家庭发放煤炭 6 吨；帮助贫困户孩子丁雪梅重新回到学校上学；帮助贫困残疾户程永华免费安装假肢，我们工作队经常给村里人联系省城大夫看病就医；村里村村通项目因需占用村民园子而坚决抵制，无法正常推进，我们经过多次调解，村民才同意让园修路；给 7 户贫困家庭多次做思想工作使得危房改造顺利完成。调解村里矛盾纠纷 20 余件等。驻村中的这一桩桩、一件件小事，对老百姓来说是迫在眉睫需要及时解决的急事，作为驻村干部，我们要时时刻刻想着老百姓的"急难愁盼"，用心、用情、用爱去感化群众，"答应能办的事要想方设法办好，才能赢得群众的信赖"。

强化党性做筑牢堡垒的"带头人"

"村民富不富、关键看支部,村子强不强、要看领头羊。"2017年初丁家沟村党组织被认为是"软弱涣散"党组织,在省社科联领导和谢家湾乡领导的指导下,我确定把"强班子、带队伍"作为驻村的首要任务,结合精准扶贫工作的开展,狠抓班子队伍建设,创新工作措施,探索实施了"党建+"工作模式("党建+带队伍""党建+大宣传""党建+互联网""党建+精准扶贫""党建+作风建设"),其中"党建+带队伍",就是发挥"传帮带"作用,驻村工作队队员与村"两委"成员"一对一"结成互帮互学对子,互相提高能力;党员与青年村民结成"一对一"联系对子,吸收优秀人才加入党组织,从而增强村党支部的整体能力。

丁家沟村有党员38人,入党积极分子2人。我们通过带动群众积极参加活动,带领党员清扫4.2公里的道路积雪等,真正提升农村党员服务群众的意识。通过实践我才发现,做好农村工作,就是要充分依靠群众、发动群众,赢得百姓的信任。驻村干部在村里开展工作,不能单打独斗,很多工作最终还是要依靠村干部、全体党员、全村群众来组织开展,要学会"弹钢琴"十个指头都要动,并且要协调,弹出的音符才会优美。

2018年2月,我参加了省委组织部举办的全省党建标准化建设推进会,我在大会上汇报了村里开展驻村帮扶工作和支部党建的基本情况,得到了省上领导的肯定,这对于我们基层干部是最大的鼓舞,也更加坚定了我们带动村里党员建立全省首个"扶贫车间"的构想。要想打硬仗,全靠支部强,加强农村党支部标准化建设的工作又摆在了我心头。不会干我们就外出"取经",7月,我们20余人去远古堆村考察学习农村党支部建设标准化工作,回来后,我们按照七大标准、42个规范在村里开展创建工作。严格落实"三会一课"等组织生活制度,协助村"两委"培养村干部 1 名、确定入党积极分子 2 人、发展预备党员 1 名，使软弱涣散党组织变为市级党建示范点，村党支部丁军胜书记 2018 年荣获天水市抓党建促脱贫先进个人，2019 年丁家沟村党组织被确定为市级党建示范点，丁家沟村的党支部建设标准化工作得到了天水市委组织领导的充分肯定，走在了全市的前列。通过抓党建促脱贫，有效促进了党的政策在农村的全面实施，为决战决胜脱贫攻坚，有效巩固脱贫成果，促进乡村振兴提供了坚强的组织保障。

厘清思路做富民产业的"引路人"

要让贫困村富起来，培育发展产业是关键。要积极发展乡村产业，方便群众在家门口就业，让群众既有收入，又能兼顾家庭，把孩子教育培养好。然而，丁家沟村十年九旱、山大沟深，自然条件艰苦，完全靠天吃饭，主要种植花椒树、苹果、洋芋、小麦等，因为水资源缺乏，大棚蔬菜产业、养殖业受到限制。村民收入来源主要是出售少量的花椒和外出打工。2018 年 3 月初，村里 1600 多亩花椒遇到寒流基本绝收，2018 年是甘谷县脱贫摘帽年，是丁家沟村整村脱贫年摘帽年、怎样在短期内实现贫困户收入增加？

看到群众焦急发愁的神情，自己看在眼里，急在心里。我跑到甘谷县商务局衔接电商有关事宜，有幸联系到甘谷县腾达实业有限公司董事长张伟林先生，愿意来村投资，他提供了 23 台缝纫机，又从省社科联筹资 7 万元，村上腾出了三间办公用房。由企业负责带薪培训、订单生产、统一销售，由村里负责提供场地，企业投入设备，提供原材料，派出专业指导教师，对贫困户进行三个月的简单易学的每天 30 元带薪培训。

2018 年 3 月 25 日，是我终生难忘的一天，我们在甘谷县丁家沟村办起了全省第一家"扶贫车间"。当时因扶贫车间场地有限，41 位群众只能是轮两班工作制，甘谷县领导来村调研扶贫车间运营情况，了解到群众只有一半就业，建议谢家湾乡党委扩大扶贫车间规模，接着在谢家湾乡党委的积极努力下，腾达实业有限公司投资 26 万余元扩建车间，解决了当地 41 人的就业问题。"扶贫车间"运行以来贫困户实现月可增收 1500—3000 元；"扶贫车间"为当地群众在家门口提供了就业岗位，做到了顾家、务农、挣钱三不误；扶贫车间结合农村"三变"改革，每年积累村集体经济 2.4 万元，实现村集体经济零突破；丁家沟村"扶贫车间"以"党支部 + 企业 + 贫困户"的产业扶贫模式在全省推广。目前，丁家沟"扶贫车间"模式已经在全省得到全面推广。

在创新产业模式的同时，发展地方特色产业辣椒。农产品注册了"深山红"品牌，帮助农户销售辣椒、花椒。让 26 名贫困户联系免费考驾照。通过扶智让群众掌握一门技术，致富增收的本领增强了，群众的钱袋子鼓起来了。

矢志帮扶做精准扶贫的"践行人"

有一天寒风凛冽，天气异常寒冷，我和村支书、驻村队员骑着摩托车去大庄小组入户寻找"最美好媳妇"，其中有一位叫康碎样的大姐让我记忆犹新。从入户材料看，我心中充满了顾虑，只因这个家庭所遭遇的不幸。可从进大门到屋里，整个家里是整洁温暖的，男主人几年前已去世。康碎样始终如一伺候 80 多岁的瘫痪三年的公公和婆婆。进门时她热情地烤热洋芋给我们吃，当时是下午 2 点，我们没有吃饭，下午 3 点还要赶到村部召开村民代表会议，她把一个烤热的洋芋塞到我手里的那一刻我没再推辞，我觉得接过来的不仅是一个洋芋，更是朴实的乡情！有些乡亲在其貌不扬、毫无"光辉"的身影下坚守着朴实、善良、坚韧、向上的高贵品格。正如今天见到的康碎样，如果说在进门之前我满怀同情，那么在我出门时则满是敬意！一个热洋芋的温情让我们饥饿的身体和疲惫的精神倍增力量！秉持心性，何惧远方！

康碎样用柔弱的肩膀坚强地撑起家庭的重担，照顾年迈的公公婆婆和年幼的孙子。她说，她是这个家的主人，再难也自己不能垮。后来她积极入党，成了村妇联主任，她的家庭被评为2018年度全省最美家庭，她受邀参加"天水好人北京行"，实现了坐飞机看北京的梦想。

习近平总书记多次强调，扶贫必扶智，治贫先治愚。激发贫困群众内生动力是贫困群众脱贫致富的根本举措。实践证明，贫困群众既是脱贫攻坚的对象，更是脱贫致富的主体，激发贫困群众致富的内生动力是贫困群众脱贫致富根本举措。我们通过以下五项措施来激发内生动力。一是"开讲"，讲好三堂课。结合省社科联精神扶贫工程和甘谷县文明村创建的要求，举办"农民夜校、道德讲堂、技术课题"，实行群众"点菜"，帮扶队员"下厨"，按照"缺什么补什么"的原则，让困难群众的口袋和脑袋都富起来。给群众补文化、教知识、讲政策，明显提起了贫困户的精气神。二是"选评"，积极开展道德讲堂暨"六争六评"活动。以身边人教育身边人，引导群众自立自强。发挥示范引领作用。先后评选出了35名先进模范。村里一户低保户还主动放弃低保，自己建起了土猪养殖场，养殖土猪200余头。三是"立规"，规范乡规民约。发挥红白理事会作用，大力倡导喜事新办、丧事简办，积极抵制高价彩礼，摒弃社会陋习，形成文明新风尚。四是"带头"，干部率先垂范。邀请省妇幼保健院专家团一行六人赴村开展为期两天的健康扶贫公益活动，对236名妇女儿童免费体检，得到群众的高度称赞。五是"兴文化"，弘扬传统文化，丰富群众生活。在农闲时间组织群众跳广场舞，惠民演出，丰富群众文化生活，用文化感染、激励群众脱贫致富的信心，进一步增强群众的凝聚力、向心力和战斗力。

统筹协调做全面小康的"联络人"

打赢脱贫攻坚战需要投入大量的人力、物力和财力，其中人力起主导作用。我们充分发挥驻村干部"宣传员、信息员、服务员、调解员、战斗员"生力军作用，帮助夯实"两不愁三保障"基础，巩固脱贫成果，协助落实惠农政策，第一时间向县乡党委政府和派出单位反映存在的问题和困难。整合派出单位的力量，整合驻村地县乡党委政府的力量，整合帮扶干部的力量。

艾青有一句诗："为什么我的眼里常含有泪水？因为我对这土地爱得深沉。"2018 年 7 月，我驻村任职期满，本来可以回到兰州工作，照顾年迈的父母和年幼的孩子，当时考虑到距离甘谷县脱贫摘帽还有 52 天，时间紧、责任大、压力重，辣椒合作社的生产许可证还没有办下来，为贫困村民、留守儿童募集的救助款物还没有最终落实，加上丁家沟村党员群众的极力挽留，我又延长了驻村工作时间。2018 年底甘谷县脱贫摘帽了，我也离开了我的第二故乡丁家沟村，这是我生命中很重要的一段人生历程。

爱心诠释责任　汗水滋养初心

李莉

　　我是兰州市住建局房屋征收中心的一名藏族党员干部，2018 年，积极响应脱贫攻坚战的号召，和许许多多扶贫人一样，主动请缨，离开家人和不到两岁的女儿，踏上了长达三年的脱贫攻坚路。三年来，我先后担任兰州市永登县武胜驿镇富强堡村和民乐乡富强堡村两个贫困村的第一书记兼驻村工作队长，在两个村子迈向整村脱贫、全面打赢脱贫攻坚战的最后一程，我不负重托，主动扛起攻坚旗，吹响冲锋号，与两个贫困村的数千名党员、群众一道，全身心投入到这场攻坚战，用实际行动践行了共产党员的初心和使命。

　　回顾三年的扶贫工作，往事历历在目，感触颇深，从最初对基层琐碎工作的不理解甚至抱怨，到现在对贫困户户情的如数家珍、对各项惠农政策的谙熟于心、对乡亲们疑难杂事的牵肠挂肚，这一切的变化都源自付出的真心真情。2018 年，初到富强堡村，为了熟悉村情户情，我每天早出晚归，往返于村委会的宿舍和百余户农户家中。经过几周的走访，我切身体会到了贫困群众的生活不易，同时又被他们的坚韧不拔和自强不息深深感染。我曾在朋友圈中有感而发："脱贫路上，总有一丝温暖让我感动莫名，攻坚途中，总有一种力量让我砥砺前行。"

　　2018 年，全国贫困户中因病致贫比例高达 40%，成了脱贫攻坚战中最大的拦路虎。富强堡村 45 岁的五保户骆永山家就是因病致贫的一个缩影，他小时候患癫痫病，父亲也在他幼年时病重去世，因为没钱治病，他的病一拖再拖，导致病情严重，年过四旬的他智商还不及 3 岁的幼儿，生活完全不能自理，随时有摔倒受伤的危险。75 岁的老母亲已经独自照顾儿子 30 余年，尽管步履维艰，老人还是将家里料理得整齐有序、一尘不染，每次去家里看望他们，老人总会拉着我的手诉说良久，不时眼眶湿润。我懂她的孤独、无奈和凄凉，也能理解她想要倾诉的渴望，面对无常命运，老人坚强宽容。这一切都激励着我，也让我更加坚定，必须要做点什么。我像打了鸡血一样，连夜恶补扶贫政策，希望国家所有符合标准的好政策都能惠及这个两口之家。之后的一个月，我多次往返于县城和村里，联系好车辆，协调医保、医院等部门，为骆永山和母亲分别办理了长期慢性病门诊医保，大幅降低了平时服药的医疗费用。2018 年春节前夕，经过多方协调，又为骆永山筹集到了 5000元的爱心资助金，或许这点钱对于这个家庭来说，只是杯水车薪，但却足够激励眼前这位佝偻着身子的老母亲和低能的儿子度过这个寒冬。2018 年脱贫验收，骆永山和母亲分别享受五保和一类低保政策，兜底脱贫。像骆永山这样因病致贫最终兜底脱贫的例子还有很多，两年来，我无数次奔波于县城和富强、漫水两村，为 43 户 58 名贫困群众办理了长期慢性病门诊医保，同时得益于近年来养老、医疗保险和低保政策的大力落实，因病致贫、因病返贫的情况得到了有效遏制，两村有 39 户贫困户实现了兜底脱贫。

义务教育的普及及高等教育的迅速发展，让很多农村孩子的大学梦变成了现实。但"因学致贫""因学返贫"现象的出现却似乎让"知识改变命运"这一真理性的命题成了一个疑问。白全林家是 2020 年漫水村的唯一一户未脱贫户，妻子罹患白血病，儿子白有武是酒泉职业技术学院的大二学生，白全林务工收入是家里唯一的经济来源。2019 年6 月，初到漫水村走访，第一次到白全林家，正值假期的白有武正好在家，当我问起学业情况和就业打算时，黑瘦的他强忍着眼眶里打转的泪水，不时地看向病榻上的母亲，过了许久，才向我讲出了想退学打工补贴家用的念头，但透过他的眼神，能看出来他对知识的渴望和校园生活的不舍。我尽力去安慰他，并给他普及起了国家对贫困户大学生学杂费减免政策，他紧锁的眉头这才有些舒展。第二天一早，我便帮他联系县教育局资助中心办理了学杂费减免手续，之后的一个月里，白有武在干完家里的农活之余，时不时来村委会和我探讨起毕业后的就业想法、探讨母亲的病情，但是再也没有提起过退学的事情。2019年底，有一天白有武突然打电话给我，电话那头的他兴高采烈地告诉我，5000元的学杂费已经打到家里的惠农账号了，他还找到了勤工俭学的岗位，足够日常开销……2020年，作为重点监测对象，我们进一步为白全林一户制定了切实可行的脱贫措施，同时也提前将帮助白有武毕业之后尽快实现就业列入了脱贫计划。虽然白全林家不单纯是因教育导致的贫困，但却足以反映出农村贫困群体供养大学生的艰辛和不易，而国家针对贫困户的学费减免政策，也足以温暖和支撑这些历尽千辛万苦从大山深处走出来、心怀大学梦的莘莘学子及其家庭。

作为一名住建人，让所有符合条件的建档立卡户住上安全住房，也是我在漫水驻村期间努力的方向。两年来，我始终心系群众住房安全，对富强堡、漫水两村危房进行深入摸底，前后帮助协调20户农户进行改造危房，迁入新居。夏天的漫水天蓝树绿，看着一排排经过危房改造、"厕所革命"后焕然一新的农舍，我满是自豪和骄傲，因为这些改变有我们的参与和付出。除了基础设施的改善，百姓思想认识的提升，也是脱贫攻坚工作带来的重要成果之一。经过三年的磨砺，我早已没有了任何不适应的情绪，每天走村串户，乡亲们也早已把我当成了漫水人。2019年7月，我在拍摄驻村纪实微视频的路上，遇到了一位老伯，老伯是建档立卡户，承担着村道卫生环境保护的公益性岗位工作。见我拍着路边的小麦大豆花，老伯站下来热情地跟我寒暄，还要帮我拍几张照。简单地聊了几句，老伯对近年来村上基础设施的改变和生活状况的改善竖起了大拇指，一直说着党的政策好。临了，老伯匆匆告别："我要去扫路去了，你们这些城市女娃娃都下来驻村帮扶来了，我们还有什么理由不努力呢。"在老伯坚定的步伐中，我看到"要我脱贫"在精神扶贫与物质扶贫共抓，扶智与扶志齐推的带动下早已变成了"我要脱贫"。群众积极性与内生动力的激活，成为脱贫攻坚工作顺利开展的主要因素。

"奉献不言苦,追求无止境",这是全国百万扶贫干部的真实写照,"人民对美好生活的向往"是扶贫干部的追求目标。2018年整县脱贫摘帽,2020年全面决战决胜脱贫攻坚,节假日无休、随时待命成为工作的常态。近三年的时间,我和村社干部成了要好的同事,和贫困户成了亲戚,我在群众家里吃过刚出锅的洋芋,也抱过胖乎乎的娃娃,这一切都弥足珍贵。可是,这两年以来,我给予家庭和亲人的时间却太少。每次回村时,女儿总会问我,"妈妈,你什么时候回来?"看着孩子的眼睛,我却说不出一个准确的日期。想起每天早上老公笨拙地给女儿扎辫子的场景,我急在心头却无能为力,恨不能有分身术,我只能默默鼓励自己,坚持再坚持。想想我身边的驻村干部中,有人新婚就告别妻子,有人拖家带口住在村里,有人持续加班熬成哮喘,有人甚至未能赶上见亲人最后一面……但是,一切艰难困苦,都未曾改变扶贫人必胜的决心,那些不眠不休的日日夜夜,那些遍布村社角落的身影和足迹,就是所有扶贫干部用实际行动践写的铮铮誓言。

伟大梦想召唤奋斗,伟大精神激励前行,驻村的日子还在继续,我将会不忘初心、始终如一。

我把贫困户当亲人

李靓

谈到脱贫攻坚工作，每一个驻村队员都能讲述许多一线经历、感人肺腑的故事。而对于我来说，驻村两年，经历全村最后七户建档立卡户实现脱贫摘帽、迎接考核验收，经历国家脱贫攻坚普查、向乡村振兴过渡，要说感想，可能几天几夜也说不完，但要说最大的收获，我想就是让我明白无论面对什么样的挑战，只要俯下身子，扎扎实实、认认真真地把每一项任务完成好，无愧于心，那就够了。

2019年初到庞沟村，村上只有书记和文书两个人。书记向我介绍了村里的基本情况，村主任辞职，妇女主任空缺，支委委员几乎都在外务工，在册党员40名，只有七八个老党员长期在村。书记年龄偏大，基本不会运用自动化办公……抓班子建设，刻不容缓。为此，我抓住一切与村"两委"干部、老党员、社长、村民交流座谈的机会，深入田间地头，深入党员、群众家中，了解他们的需求、困难，带动村干部的工作积极性，加强群众与班子、驻村工作队的联系，争取干部群众的理解和信任。到村第一时间，我与村干部一起共走访了长期在村的70余户建档立卡户，倾听他们的心声，宣传党和国家的扶贫政策，帮助协调解决实际困难，与长期外地户电话沟通，了解在外的生活、生产情况。两年来，138户贫困户，我带领村干部每年每户回访五次以上，通过与他们心贴心、面对面地交流，密切了干部与群众的联系。同时，配合乡村完成了村党支部副书记、支委委员、妇女主任的选配工作，健全村"两委"班子，提升工作能力，加强班子凝聚力，庞沟村的工作面貌发生了很大的改变。

到村的时候，正好赶上红星社内道路建设。我想，正是加强干部与群众联系的好时机。我与村干部一同到红星社，与吴社长及其他社内施工队村民同劳动，运砂石水泥，与村民沟通排水管道位置，打扫卫生，有时只是帮施工队烧开水、送饭，但是我时刻在一线。闲时聊天，村民对于呼吁多年的社内道路硬化问题能够得到解决，喜悦溢于言表，对乡村干部更是频频称赞。正是这种零距离的接触，我们很快与村民成了朋友，成了亲人。

2020年底，村"两委"开始换届选举。2021年的3月，产生了全新的村"两委"班子，除了文书外均为45岁以下的青年。新的班子，不仅年轻、有活力，而且更加有干劲。3月底，我们工作队、村"两委"和几个村里的婶婶一起开荒创业，修整田园。在村委门前开辟出一片实验田，亲手种下玉米、辣椒、西红柿等十多种蔬菜，移栽了月季、百合等七八种花卉，现在它们都已生根发芽，如同我与庞沟村的血肉联系。婶婶们经常来到村委会，查看作物的生长情况，告诉我们近期要注意的问题，什么时候浇水，什么时候施肥，什么时候除草，说完这些还要拉几句家常，关心我们的情况、村上的情况。

到村两年，我见证了138户贫困户告别绝对贫困，与全国人民一道步上小康生活的新征程。庞沟村的群众，用勤劳的双手，奋斗出了自己的美好生活。这美好生活来之不易，离不开十多名驻村帮扶工作队队员的不懈努力，离不开村"两委"干部的辛勤付出，最离不开群众的信任与支持。正是在最艰苦的条件下，磨砺了庞沟干部群众脱贫致富的坚强意志、必胜的决心，并将永远激励着一代又一代庞沟人民拥有奋进的勇气与毅力，取得更大、更辉煌的胜利。

只要组织需要，我就义无反顾

刘焕业

唐家岔村位于榆中县东北部，毗邻素有"苦甲天下"之称的定西市。这里土地贫瘠，"十年九旱"，以前是靠天吃饭的地方，没有企业，村集体经济薄弱，农民靠种植土豆、玉米、小麦和零散养殖些羊来维持生计，是全县有名的贫困村。

我于2019年6月受组织委派，到唐家岔任驻村第一书记兼驻村工作队长。在之前乡村干部、地方群众和驻村工作队的努力下，唐家岔贫困的面貌已经有了较大改观，实现了村道硬化、自来水入户，群众通过科学发展种植业和养殖业，逐步走上了脱贫致富之路，在此基础上如何取得脱贫攻坚的最后胜利，我感受到了从未有过的压力。作为一名受党教育和培养多年的老党员，既然组织上信任我，把这一份重担交到我身上，我就要顶住压力，把这项任务不仅要完成，而且要完成好，这是我刚开始时给自己坚定的一份信念。

如何开展驻村工作，怎样发挥第一书记职责，这是我一开始就思考的问题，这关系到唐家岔村能否如期脱贫。由于我们三名驻村工作队员都是刚到唐家岔村，对村子和百姓生产生活情况不了解，我和同事们通过参加培训，结合实际认真研究脱贫攻坚相关政策，把进社入户、了解村情民意作为搞好脱贫攻坚工作的前提和基础工作扎实开展。村子山大沟深，很多农户家只能步行前往，我和队员们顶着草帽，拿着本子和笔，一户一户走访。农忙季节，我们到田间地头走访和群众拉家常，中午时分，趁农户回家吃饭休息的时机入户。有时附近农户家中没人了，我们便到树下乘乘凉，整理走访农户的资料，等到傍晚农户回家了再入户，时常到夜里九十点我们才能回到驻地整理当天收集的资料。这不仅是我们刚开始的工作方式，也是脱贫帮扶常态化的工作方式。

经过一个月的不懈努力，我们将唐家岔村5个社，192户包括17户44人低保户、3户3人五保户、70户270人建档立卡户、5户27人监测户、3户8人边缘户资料重新整理完毕，有了新的更加确切的户资料，在此基础上与村"两委"、帮扶单位一道研究，有针对性地提出了整村和贫困户的精准脱贫计划，这为我们开展下一步工作奠定了坚实的基础。

将好的计划切切实实落到实处，让老百姓能切身感受到变化带来的好处，真正实现"两不愁三保障"，才是检验我们工作成效的唯一标准。自驻村以来，我带领驻村工作队员，与村"两委"密切配合，充分发挥"六大员"的作用，冲锋在前，慎思笃行，在充分调查研究与征求群众意见的基础上，一项一项谋计划、一项一项抓落实。近两年，经自己主动联系协调财政局"一事一议"项目，投资33万元建成安置点村容村貌硬化地坪2402平方米，砌石墙102平方米；协调帮扶单位常年为未脱贫户、边缘户、监测户解决地膜、化肥等种植物资短缺问题；协调县武装部投资10万元，建成安置点50立方的蓄水池1座，解决了集中安置点20户69人的安全饮水问题，并向村上捐赠价值10万元装载机1台；协调县国网榆中县供电公司实施农网改造，安装变压器1台，解决了安置点电压不稳和农户养殖铡草的问题等，为今后乡村振兴打下了坚实的基础。在新冠肺炎疫情期间协调解决帐篷、口罩等防疫物资，带头值守在防疫第一线，既当宣传员，又当劝解员，让群众在关键时刻看到了一名共产党员的责任和担当。

2020年，唐家岔村顺利通过了脱贫验收，与全县一起摘掉了贫困的帽子。现在，社社通硬化路，户户通自来水，吃饭穿衣不愁，住房安全、教育、医疗和饮水安全都有了保障。经过这几年的努力，70户建档立卡贫困户全部脱贫，以前的贫困户过上了小康生活。

有一个叫寇治青的农户生活改善很明显。他家中三口人，一个年近90岁的老母亲，还有患类风湿关节炎的老婆，另外他本人患有胃癌，以前手术治疗和现在长期吃药，家中几乎没有劳动力，没有经济来源，生活异常困难，处于崩溃边缘。针对这个家庭的具体情况，我们制定了精准帮扶脱贫计划，将他们一家纳入了一类低保，协调林业部门安排他为村上的公益林护林员，筹措资金入股养牛专业合作社，每年都有分红；发展养殖养了十几只羊，解决了经济收入问题；新盖了三间砖瓦房，安装了卫生厕所，解决了住房安全问题；办理了大病救助和长期门诊，解决了治病难的后顾之忧。现在，寇治青的病得到了控制和缓解，家里的情况也越来越好，在我们几次回访时，他总是在说，共产党的政策真是好，感谢你们、感谢共产党！每次都要留我们吃饭，还要远远地送我们一程。

其实，寇治青只是众多脱贫户中的一个缩影。全村有七户通过易地扶贫搬迁住上了宽敞明亮的楼房，同时找到了合适的工作，安稳地过上了"城里人"的生活；20户搬进了整洁美丽的新农村，从此告别了破旧危险的老瓦房，生活面貌大为改观。除了普惠性的政策外，我们为残疾人、五保户等特殊人群给予更多的关怀，如送去四季换洗衣物，安排护工整理家务，理发等；为有劳动能力的残疾人提供技能培训，联系用人单位为他们提供工作岗位，使这些特殊人群能有所依、有所养，真真切切感受到扶贫政策的好处和党的温暖。

唐家岔村脱贫攻坚成绩的取得，是各级党委、政府，村"两委"和驻村工作队的辛苦付出的结果，更是党的惠农政策和群众自身内生动力驱动的结果。2021年，我被评为全省脱贫攻坚先进个人，这是组织对我工作的最大肯定。但我也知道，这份成绩的取得，离不开驻村工作队员的和村"两委"的辛苦付出。在乡村振兴这条道路上，只要组织上有需要，我还是会义无反顾、坚定不移地走下去，我会百尺竿头更进一步。我坚信，我们的国家会更加美好，我们的党会更加壮大，我们的生活会更加幸福！

甜 到 实 处

陈琮林

　　回忆起来，来到永登县七山乡岢岱村驻村帮扶已经有近两年的时光，回首这两年间我在这乡间地头的每一个足迹，从忐忑不安到自信沉稳，从无从迈步到熟门熟路。如果生活有轨迹，我也从原来家和单位的两点一线，转变为如今户内田间、单位机关、村乡政府的四处奔走。有过困惑、有过迷茫，但不影响我坚定向前的步伐，我有过失落、有过遗憾，但更多的是收获和成长。

　　2019 年 6 月，成为驻村干部的第一天，迎接我的是 6 月炽烈艳阳，转转绕绕进入岢岱村，我所驻的岢岱村，位于七山乡东北部，地理位置较为偏远。要使这个小村子走出贫困，旧貌换新，就要紧盯全村人民群众需求，充分协助好工作队长和帮扶单位及社会力量，做一些力所能及的实事。

　　大接杏，作为七山乡的一大名片产业，同时也是岢岱村小岢岱社农户收入的重要来源，2019 年充沛的雨水让我村杏树上硕果累累，但炙热的阳光也无法燃起果农们的喜悦。岢岱村位置偏远，交通不便，用山大沟深形容，一点也不为过。销售，成为每一个农户的燃眉之急，面对偶尔进村的个别收购商，八毛一元一斤的价格，农户们也别无选择，卖，是几乎无利润的选择；不卖，几天之内成熟的大接杏便会洒落一地，一年的辛苦便是付诸东流。看着农户的满眼的苦涩，我们也想着为农户助一份力，解一份忧。

经过工作队和村干部商议，各种帮助销售的方式纷纷起步。但同时，我们也深知其中的复杂，销路、运输、价格，有太多未知的难题摆在面前，但接杏已经成熟，一切都刻不容缓，我们像抓救命稻草一样抓住每个想法和途径。帮扶单位、爱心企业、亲戚、朋友，都成了销路的重要一环，三斤五斤，十箱百箱，积少成多。先确定了一部分销路，采摘又成了一大难题。"一家熟透，集体帮忙"，号召果农集体帮助采摘最先成熟开始落果的农户，工作队全员和村干部也都暂时放下手头工作，帮助采摘。这一次的"多维助销"，包括七山乡各帮扶单位、单位职工、各类社会力量和亲友，共销售岢岱村小岢岱大接杏两万多斤，销售总金额六万多元，真正意义上实现了帮到实处、帮到甜处。

一颗炽热心　脱贫写担当

樊惠蕊

从 2019 年 2 月到 2021 年 5 月，从临夏州东乡县到永登县井滩村，从挂职副县长到驻村工作队员，我与其他扶贫干部一样，带着组织赋予的使命和责任，积极转变角色，在脱贫攻坚战场上冲锋冲刺，在基层一线摸爬滚打，在群众当中苦干实干，在实践中经受思想淬炼、政治历练和实践锻炼，借此机会谈几点感受。

唯有不断学习，才能找准方向。从接受任务的那一天起，我就深切认识到，在脱贫攻坚的战场上没有退路，唯一的出路就是放下包袱、融入环境、努力工作。几年来，我认真学习习近平总书记关于扶贫工作重要论述、视察甘肃重要讲话精神和脱贫攻坚相关政策。在思想有困惑、实践有困难、工作有困境的时候，就越是认真研读，从中汲取政治营养、寻找思想方法、解决实际问题。从福建宁德市学习归来后，我仔细阅读了《摆脱贫困》一书，在"弱鸟先飞""滴水穿石""经济大合唱"等深厚扎实的文字中，追寻着习近平总书记的初心，看到他心中始终装着人民群众，看到他真正理解老百姓的需求，看到他实现了改变农民生活的承诺，亲自带领闽东人民"摆脱贫困"，让我们更直观、更深切地感受到了党的领袖的伟大、思想的光芒、真理的力量。

唯有亲历躬行，才能真抓实干。两年多的扶贫工作，让我更加深刻地认识到：一个地方富庶繁华还是贫困凋敝，都是自然条件、历史积淀、政策环境、人文素质等综合作用的现实结果。为了做到心中有数，我经常下乡镇入村入户实地走访。将在调研过程中发现的问题及时反馈乡镇或行业部门进行整改，对问题牵扯面比较广、乡镇部门层面无法解决的，及时与分管领导沟通协商，组织召开相关会议研究。如针对东乡县社会教育帮扶资源没有有效发挥作用，要求由县教育局牵头，梳理汇总完成教育系统项目实施种类及各种需求表册，引导社会力量形成合力，共同助推全县教育精准扶贫局面；针对井滩村脱贫攻坚工作中存在的问题和薄弱环节，我向帮扶牵头单位提出建议，及时召开工作推进会，分解责任，狠抓整改落实，切实做到问题见底、整改见效。我先后协调组织开展了"产业扶贫情况""基本医疗有保障""易地扶贫搬迁、危房改造""脱贫攻坚工作实效""义务教育脱贫攻坚监督"等多项监督性调研和检查活动，提出了产业扶贫要与乡村振兴有机衔接等一系列切实可行的意见和建议，主笔起草了《关于加快东乡县交通基础设施的建议》。

唯有端正态度，才能攻坚克难。脱贫攻坚是一场硬仗，绝不是敲锣打鼓、轻轻松松就能实现的。在基层开展工作，经常会遇到各类保守思想、错误认识、顽疾作风，如果不是胸怀三种情怀，很多事情根本就办不成：一是要有家国情怀。扶贫干部要不忘初心、牢记使命，不负组织重托，点燃奋斗的激情，带着必胜的信念，坚定打赢脱贫攻坚这场硬仗的决心，努力当好脱贫攻坚"战斗员"！二是要有故乡情怀。扶贫干部要当好"宣传员"，主动宣传帮扶地的风土人情、区位优势、特色产业，让更多的朋友知道帮扶贫困地区的情况；要当好"联络员"，把帮扶地的人民当亲人，与当地的各级干部群众一起撸起袖子加油干，为贫困地区早日脱贫贡献力量！三是要有干事情怀。两年多来，我目睹了东乡县和井滩村发生的巨大变化和取得的可喜成绩。这些成绩是包括各级帮扶干部在内的广大人民群众一起干出来的，事实证明没有干不成的事，只有干不成事的人。扶贫干部一定要埋头苦干、拼搏实干，用"辛苦指数"换取帮扶贫困地区人民群众的"幸福指数"！

唯有摆正位置，才能理顺关系。两年多来，在与基层干部群众接触过程中，我思想上得到了提高，工作得到了历练，增长了解决实际问题的能力和才干。不论挂职副县长，还是驻村工作队员，都要履行好自己的职责，维护好人民的利益。在平时工作中，我会主动与其他同志多交流、沟通、请教，争取多方支持和帮助。尤其是加强与乡村干部协调配合，分工合作，学习他们基层工作经验和开展群众工作的方式方法，竭尽所能帮助他们解决问题，在朝夕相处、共同奋斗中与当地基层干部结下了深厚的友谊。心系群众、为民办事，自觉做到公道正派、清廉自守，换来的是群众的真诚笑脸和真心理解。

回顾几年来脱贫攻坚帮扶历程，我真切地感受到：能投身于并见证消除千年贫困这一伟大事业，深感幸运深受鼓舞，这是我人生一段非常难忘的经历和时光。无论岁月如何变迁，不论今后身在何方，我都将牢记这段经历，始终保持昂扬奋进的精神状态，以实际行动践行新时代民主党派干部的初心使命。现在脱贫攻坚战已经取得了全面胜利，乡村振兴已开启新的篇章，新时代新征程都需要有人奉献有人牺牲。在可见的未来，驻村帮扶只有进行时没有完成时，愿我们以心血汗水换来累累硕果，与时代同进步共辉煌！

初心不改扶贫志　倾情帮扶勇担当

王统

　　我是国网兰州供电公司的一名干部，也是永登县武胜驿村的一名驻村干部。自 2019 年起，我以"解决村民用电问题"为切入点，正式开启了自己的"扶贫生涯"。

　　2021 年 5 月 20 日，甘肃省召开全省脱贫攻坚先进表彰大会，我怀着激动的心情观看了大会现场直播，热血沸腾，感慨万千、倍增信心！回想这两年多的扶贫之路，更多的是感动、感谢。荣誉不仅仅是我个人的，更属于把星光、灯光看作诗和远方的扶贫人，属于和自己一起披星戴月、披荆斩棘，一起累并充实的战友们。这一刻，我感受到了作为一名电力扶贫人的骄傲和荣光。这一刻，让我想起了村"两委"班子的团结奋进；想起了和战友们一起在田间地头宣传惠农政策、了解村情民意，一起在农家小院听百姓心声；想起了在武胜驿村群众服务大厅一起发出"咬定目标、苦干实干、坚决打赢脱贫攻坚战"的铮铮誓言；想起了贫困户赵生莲崭新的围墙、大门和硬化后干净的庭院；想起了只会用大拇指点赞的听障者马淑玲的灿烂笑容；想起了残障者赵永礼坐着崭新的轮椅车来回穿梭的身影；想起了一起加班加点的战友们……此时此刻，所有的汗水、辛苦、委屈都化成了最灿烂的笑容，所有的付出都很值得。

扶贫要扶到点上、扶到根上。迎着晨光出门，披星戴月而归。在决战脱贫攻坚的日子里，我为实现乡亲们"电灯亮起来"的美好愿景四处奔走。为有效改善武胜驿村的供电质量，研究政策、积极汇报，会同国网永登县供电公司专业部室协商优化用电方案、制定电网规划。驻村两年时间，为武胜驿村筹集帮扶资金 338.6 万元，为武胜驿村 10 个社架设机井标准化台区 11 个，改造电能计量表箱 198 台，惠及农户 1025 户4205 人。配农网升级改造后，村民无论是生活用水、农田灌溉，还是耕种养殖，都得到了可靠的电力保障，村集体经济合作社项目也顺利投产运营，村民们真正实现了从"用上电"向"用好电"的转变。

爱心传递送希望。为了帮助村民早日脱贫摘帽，让乡亲们的钱袋子鼓起来，我积极动员公司员工自筹款项，解决了赵生莲等三户贫困户的围墙、大门、地坪、自来水等修缮问题，为 131 帮扶户及其家中成员每人购买精准防贫保意外救助保险一份。在扶贫工作中，充分发挥共产党员的先锋模范作用，走进当地中、小学开展"党建 + 爱心助学"活动，深入田间地头与村民沟通优化村民种植发展趋向，结合自身专业优势，春耕春灌期间帮助村民全面检查灌溉用电设备健康状况，用实际行动把希望送到了武胜驿村的贫困户家中。

疫情难阻系民心，精准扶贫情意浓。"各位帮扶户们，最近尽量不要出门了，出门一定要戴口罩，平时一定要多洗手，注意卫生……"2020 年大年初一，我用短信的方式向贫困户致以春节"特殊的问候"。在新冠肺炎疫情防控的关键时期，我亮出党员身份深入一线，主动请缨战"疫"。在武胜驿村的入口处严防死守，认真做好登记、测温等工作，确保"不漏一人、不漏一车"。同时，还时常了解村民疫情防控期间生活物资、防疫物资储备配备情况，鼓励全体村民积极配合政府相关疫情防控政策措施，同心协力、共渡难关，坚决打赢疫情防控战。村上有一位孤寡老人赵生莲家中无经济来源，只靠低保来维持生活，家中院墙是 50 年前的土打墙，因为年久失修，大门和院墙几乎完全倒塌，失去了正常居住条件。我多次走访了解后立即向公司反映，动员公司职工自筹款项，解决了赵生莲家围墙、大门、地坪的修缮问题，使贫困户赵生莲的住宅焕然一新。两周后，赵生莲老人拿着一个信封到村委会交给我说："这是我对你的感激之情，请你收下，是你让我的生活发生了翻天覆地的变化。"她信中写道：你真比我亲人还亲，给了我实实在在的帮助，谢谢你！能得到老百姓的肯定，我觉得我还是做了一些有益的工作，而且这个工作做得很值！

扶贫既要"输血"又要"造血"。"授人以鱼不如授人以渔，扶贫固然重要，扶智也不可小觑！"我秉承着"两不愁三保障"的原则，对武胜驿村贫困劳动力的技能培训需求展开了进一步摸排与调查，通过坚持扶贫和扶智相结合，多次入户宣讲惠农政策，动员有劳动能力的贫困人口参加就业技能培训，精准提升了村民自身的"造血"功能，将武胜驿村脱贫攻坚各项任务落到了实处。"要输血，更要造血。只有这样才能挖掉穷根，让乡亲们过上好日子。"作为脱贫攻坚第一线的践行者，我比谁都渴望乡亲们能彻底脱贫。此时让我们一起抖落脱贫攻坚的征尘，披上乡村振兴的战袍，弘扬脱贫攻坚精神，当好"孺子牛、拓荒牛、老黄牛"，以归零的心态、奋斗的姿态，为"三农"服务，积极投入到新的征程，谱写新的篇章。正如习近平总书记所说："脱贫摘帽不是终点，而是新生活，新奋斗的起点"，"只要有信心，黄土变成金"。我们要遵照习近平总书记的嘱托，巩固和拓展脱贫攻坚成果，在乡村振兴的道路上继续奋力前行！

不忘初心，一直在路上

曹麟舍

　　六年前，第一次踏上井滩村的那条路，我深思了一路。什么是干部？干部不是身份，是责任，干部就是解决问题的人。什么是党员？党员不是光环，是担当，党员就是走在前面的人。党员干部，就是要用实干换来贫困群众的笑脸，带领困难群众一起干出自己的幸福生活，用全身心投入的现场换来千家万户的幸福感、获得感、安全感。就在2020年11月19日，《兰州日报》报道了我的扶贫事迹，2021年3月我被甘肃省脱贫攻坚领导小组评为2020年度全省脱贫攻坚帮扶先进个人。

　　从县城到井滩村开车要走一个半小时的崎岖山路，到达目的地后，面对的是潮湿的自然环境，没有自来水，贫困户各有各的不幸与难处。说句实话，虽然自己也是农村出生，但是看惯了城市的灯火繁华，这里的贫困程度，仍然超出了我的想象。然而，这并没有让我有一丝的抵触，而是更加坚定了我要把自己的微薄之力发挥到最大的决心。我时刻告诉自己，你是一名农村出来的中国共产党党员，这里就是你的第二故乡，建设自己的故乡，你义不容辞。

　　2015年6月，我作为一名驻村帮扶队员正式入驻永登县井滩村。在烧水做饭的时候，被水窖里肉眼可见杂质、入口苦涩的"饮用水"吓一跳。长期喝这样的水，村民的健康隐患，只会使得扶贫脱贫难上加难，所以我在井滩村做的第一件实事就是联系帮扶单位——兰州市就业训练中心，协调资金 8000 余元解决村委会饮水问题。饮水安全解决之后，我意识到，只有当地村委会成员有信心、有决心、有爱心，并团结一致，才可以发挥扶贫的最大力量。所以我从两个方面入手，先是改善村委会的办公环境，我想办法联系联扶单位兰州市就业训练中心捐资两万元、永登县国税局捐助 20 吨水泥，和县乡有关部门重新修建了井滩村村委会办公楼。有了好的办公环境，村委会成员的欣喜难以掩饰。此时，我从思想教育以及鼓励安抚入手，结果正如我所预料的……在我的不懈努力之下，井滩村村委会不管是外部环境，还是内部成员工作态度，都有了焕然一新的转变。

好的开始，满满的成就感，让我信心大增。解决了当地村委会的问题，下一步就带领村委会成员深入走进贫困户家里。第一步，走进贫困户家里，了解家庭结构，了解每一家的贫困原因，拉近与贫困户之间的距离。第二步，便是每家每户的走访宣传帮扶政策，当地农民文化水平低，一项新政策讲一个早晨，有的时候村民忙到没时间搭理我，但是你们可以没耐心听，我不能没耐心讲呀，追到地里一边帮忙干活一边讲政策的事情也是常有的。第三步，针对每家每户的具体情况，找到具体的解决措施。我感觉我像是头上装了雷达似的，仔细研读当地政府推出的每一项扶贫措施，想方设法把它落实到贫困户身上。

在井滩村，了解到养鸡户罗天海和养猪户吴宝林的资金短缺问题，我联系兰州市就业训练中心为其每户争取到 1000 元的资助；面对井滩村贫困户土豆滞销的局面，我尽可能地联系自己所能联系到的相关政府单位人员以及自己的亲朋好友，帮助销售土豆。除了这些本分的工作之外，在走访的时候，碰到农民不会修的简单电器，我会热心地帮忙去修，也会耐心教会农民网购，帮他们联系商家，退换货。印象特别深刻的是，在井滩村的时候，有碰到有小孩子发烧的或者老人突然身体不舒服的，当地村民只能打电话叫了救护车之后在家里干等着，但是救护车往返一次就得三个小时。每次见到这种情况，我都是赶紧开车送他们去医院。时间久了，再有此类的情况发生，即使是大半夜，村民都会"毫不客气"地来找我，面对此情此景，满心的全是感动与自豪，这是他们对我的信任,对我的认可呀!当然,不仅仅是把他们送到医院,如果在路上碰到走路的人,我都会顺路捎上,有闲暇时间,会开车去医院看望病人,等他们出院的时候,也专门开车接过几回。每逢过节的时候,会时常惦记着村里的孤寡老人,过年的时候买点水果送去,端午节的时候送粽子,中秋节送月饼。老人每次热泪盈眶地用粗糙的、布满老茧的手握着我的手,脸上带着感激的笑容。对于从贫困中走出来的,和农村有着千丝万缕联系的我来说,这种发自内心的同情,一次次地提醒着我不忘初心,牢记党员的使命。

在离开井滩村的路上,我思绪万千,深深感到要打好扶贫攻坚这场战役,关键是要在"求变"上下功夫。要变革思想,把思想引导到为啥要富、怎样富上来。扶贫先扶志,通过做工作,让农民的心热起来,让农民行动起来,跳出小农经济的封闭圈子,跟上时代的潮流,和市场经济合拍,以思想变促行动变。要变革方式,把方式引导到为啥要帮、怎样帮上来。帮扶不仅是一种责任,更是党性觉悟的体现。要扑下身子潜心研究帮扶的思路和办法,在打基础、谋长远、见成效上下功夫,让农民看到希望,得到实实在在的实惠,而绝不能空喊口号乱刮风,应付差事了事。要变革机制,把机制引导到为谁干、怎样干上来。农村脱贫致富,关键要激发内在活力,让基层组织动起来,让农民动起来,变"要我干"为"我要干",真正走出农村自我发展的新路子来。

2019 年 2 月我转战到丰水村,这里离县城只有半个小时的车程,有新修的村委会办公楼,有安全的自来水,有平坦的水泥路,有城乡公交车,村委会成员的扶贫意识也相对较高。但是,当深入了解后才发现,不幸的家庭各有各的不幸。虽然时隔四年,整个社会经济都在高速发展,但是相对贫困人员依旧存在,而且跟随社会大环境经济条件越来越好的非贫困户一比较,他们的处境显得更可怜。所以即使从表面上看,丰水村的处境比四年前的井滩村好很多,但我仍然一刻也不能松懈。值得庆幸的是,我已经有了两年半的扶贫经验,所以我坚信自己可以做得更好。

在丰水村,我尽自己所能一直在为丰水村做能帮到他们的事情。新冠肺炎疫情防控期间我一直坚守工作岗位,检查指导疫情防控期间的防控情况。主动到家里宣传疫情防控期间的各项制度，并签订疫情防控责任书。在这特殊的时期里，我联系联扶单位，给村里捐助价值4000余元的疫情物资（消毒液、酒精、口罩、方便面、矿泉水等紧缺物品）。对于贫困户，我又一次联系帮扶单位兰州市就业局、兰州市就业训练中心及爱心企业，争取到5.5万元的扶贫资金，给58户贫困户及三类户每户发放鸡苗42只，捐助120卷农膜。2020年4月，面对养殖贫困户狄学才资金短缺的困境，我联系帮扶贷款20万元，同时帮助魏列延在县城开理发店的大女儿魏春花贷款15万元，解了他们的燃眉之急。5月，我利用电商平台帮助魏列延、魏列全等贫困户卖洋芋和农家土鸡、农家醋、和尚头面销售额共约5000元。7月，联系帮扶单位兰州市就业局和兰州市就业训练中心以及方常专业合作社，为因车祸住进ICU的村民筹款2万元。

驻村五年来，有数不清的夜晚都是在当地村委会度过的，简易的办公室，简易的单人床。留村的晚上，当然也有热心的村民邀请去他家里吃饭，但是职责告诉我，这是不允许的，更多的也是怕给村民造成压力。所以每天下班都是自己做饭吃，吃完饭就去走访贫困户，了解每一户贫困户的最新动态，并征询贫困户对当下扶贫工作的建议。走访回去之后，每次都是躺床上辗转反侧地思考，今晚走访的这一家的问题怎么解决，最近有什么政策可以帮到他们。这样用"心"扶贫的日子，我过了整整五年。

虽然每一件事情都是小事情，但是我能做的是多一些担当、多一些办法、多一些接地气的思路，用换位思考的方法，来解决贫困户的实际困难。关于扶贫工作，我坚持做到：不忘初心，一直在路上。

不忘初心勇担当　牢记使命助脱贫

张程鹏

2017年9月，我被省财政厅选派到渭源县莲峰镇下寨村任第一书记兼驻村帮扶工作队队长。驻村以来，我牢记"抓帮扶、促脱贫"的责任和使命，团结带领村"两委"及帮扶工作队一班人，脚踏实地抓帮扶，竭尽全力促脱贫，帮扶工作取得突出成效。全村2013年有建档立卡贫困人口144户652人，贫困率44.6%，省财政厅帮扶以来，累计脱贫107户500人，贫困率降为零。2019年底，全村脱贫摘帽。在国家脱贫攻坚普查中，群众满意度达到100%。下寨村被县委组织部、县扶贫办表彰为党建扶贫示范村。我先后被表彰为2017年度、2019年度渭源县优秀驻村帮扶工作队队长，2017年度定西市优秀驻村帮扶工作队队长，2018年度全省脱贫攻坚先进个人。

摸清底子、谋划措施

下寨村位于渭源县西南部，距县城28公里，距镇政府5公里，辖6个村民小组，399户1461人，土地总面积3.2平方公里，耕地3075

亩，是深度贫困村。帮扶伊始，村上基础设施薄弱、村容村貌脏乱、产业发展滞后、村级集体经济和群众发展能力弱、脱贫难度大、任务重。"尽管下寨村底子薄、基础差、贫困程度深，但我既然带着党组织的嘱托和群众的期盼来到这里，就要让这里贫穷的面貌发生改变，让这里的群众看到致富的希望。"这是我驻村后面向全体村民给自己下的军令状。开展脱贫帮扶工作，一定要摸清情况，了解群众需要解决的困难问题。为尽快打开工作局面，我带领工作队员、帮扶干部对全村农户进行了入户摸底，对 144 户建档立卡贫困户深入走访，通过村民代表会议及党员会议，听取党员群众对村"两委"班子的意见建议，详细了解村情民情、帮扶户基础信息、收入来源、致贫原因，详细掌握群众诉求和个人发展意愿。在此基础上，指导帮扶责任人制定完善《建档立卡贫困户"一户一策"精准脱贫计划》，对接帮扶单位和乡镇党委政府共同研究谋划帮扶措施，制定了《莲峰镇下寨村帮扶工作三年规划（2018—2020年）》，编制了《下寨村村庄综合整治及发展规划》，提出了"争项目夯基础，抓产业促增收，转观念树新风，强党建助脱贫"的帮扶工作思路和"劳务输转为引领、牛羊养殖为主导、药蔬种植为补充"的产业发展思路，实现了"一户一策"与全县五大特色产业精准对接，帮助贫困户找到致贫病因，开出治疗良方，明确主攻方向。

争取项目、夯实基础

项目是发展的载体，要想尽快改变面貌、壮大经济，首要任务是谋划实施好一批帮扶项目，并通过项目的实施，改善发展环境，调整产业结构、激发内生动力。我积极向帮扶单位、镇党委政府汇报项目计划，争取项目支持，建立"资源整合、上下联动、群众参与"的工作机制，实行集中人力、集中项目、集中资金"三个集中"，突出主导产业、基础设施、村容村貌"三大重点"，做到规划到位、指导到位、实施到位"三个到位"，先后建成莲峰河便民桥 1 座、建设河堤护坡 1.94 公里、硬化 6.9 公里通社道路及先后组巷道、改造田间农路 17 公里、安装 110 盏太阳能路灯、建设党群服务中心暨老年活动中心 1 座、建设文化广场及舞台 1 处、硬化南岔学校操场 3400 平方米、硬化 4 个自然村小广场 1400 平方米、建设 100 头基础母牛养殖场 1 个、建设 1 万只放养鸡养殖场 1 个、建设蔬菜大棚 6 座、建设 200 亩乌龙头种植基地 1 处。

至今，我还记得莲峰河大桥原来的模样：年久失修的桥面多处坍塌，一下雨便阻断了群众的去路。第一眼看到这个桥，我就下定决心一定要解决这个问题！通过向帮扶单位及相关部门汇报争取项目，2019 年 5 月，这座老百姓盼望已久的便民桥顺利竣工，不仅解决了下大雨时群众无法出行的问题，还连接了镇政府到下寨村、坡儿村、簸箕湾村的乡间公路。如今走进下寨村，说起村上的变化，老乡们都在说："村部和广场修的漂亮了，便民桥和河堤修好了，水泥路修到了家门口，每个社里都配备了健身设施，晚上出门也亮堂了，每天的心情都变得更好了。"

培育产业、促进增收

打赢脱贫攻坚战，产业扶贫是关键。为解决下寨村产业基础薄弱、集体经济空白、群众增收渠道不稳定的问题，我带领村"两委"班子，组织村社干部、致富能人多次学习观摩先进乡村产业发展经验做法，与帮扶单位、镇党委政府共同研究发展村级主导产业和富民增收项目。动员村社干部、致富能人带头举办农民专业合作社，成立了 2 个养殖合作社、1 个种植合作社，吸纳全村 144 户建档立卡农户加入合作社，分别发展基础母牛养殖、放养鸡养殖、蔬菜及中药材种植产业，实行"党支部＋合作社＋党员示范户＋贫困户"的"党建＋"经营模式，村集体和贫困户通过资金、资产入股发展合作经济，推动村集体、贫困户发展产业和增收致富。通过村级光伏发电站、基础母牛养殖、蔬菜大棚及乌龙头种植等村级集体经济项目带动，村集体经济收入每年增加 30 万元，开发村级公益性岗位 12 人和网格员 27 人，吸纳贫困户就业 10 人。落实全县产业扶贫种养业到户项目，着力培养"造血"能力，通过扶贫牛羊、猪等项目带动贫困 77 户，户均增收 8000 元，通过金鸡、农光互补等扶贫项目带动贫困户 73 户，户均增收 2000 元。同时，营造投资环境，加大招商引资，于 2019 年 8 月引进民营企业生猪养殖项目 1 个，投资 2000 万元，建设养殖圈舍 4 座，养殖生猪 4000 头，吸纳农户就地务工和增加收入。全村 2019 年农民人均可支配收入 7921 元，较 2017 年递增 9.6%，较 2013 年递增 12.3%；建档立卡户人均可支配收入 5585 元，较 2017 年递增 15%，较 2013 年递增 16.3%。

堡子梁社村民王学忠全家 11 口人，是建档立卡贫困户。说起产业扶贫，他的感受最深："感谢党的扶贫政策，这两年我申领了产业到户奖补扶贫牛两头，下了两头小牛犊，金鸡配股及村集体合作社每年分红 600 元，自己贷了精准扶贫贷款发展黄芪种植和牛养殖产业，参加了县里组织的劳务技能培训，务工就业的机会增多了，媳妇也被村上聘为公益性岗位，家庭生活改善了很多，我们一家人对生活前景充满了希望。"

美化环境、树立新风

刚来下寨村驻村的那天，看到村里闲置危房及残垣断壁到处林立，公路边上乱搭乱建，农户房前屋后柴草垃圾乱堆乱放，村容村貌脏、乱、差的景象，让我记忆犹新。为了建设美丽乡村，消除视觉贫困，我和村"两委"带领党员干部，大力实施人居环境改善工程，开展"三清三治"（清垃圾、清污泥、清路障，治脏、治乱、治污）、"三改三化"（改厨、改厕、改圈，绿化、美化、亮化）活动，利用公益性岗位，设置专职保洁员，分段划片承包，修建垃圾池、设置垃圾箱，每周集中清理打扫公共卫生，督促群众整洁自家庭院环境和室内卫生，引导培养群众卫生习惯，每周对各社各户的环境卫生进行评比通报。结合易地搬迁旧宅拆除复垦奖补政策和拆危治乱专项行动，采取宣传、教育、奖励和执法等多种方式加快推动拆危治乱，累计拆除危房、残垣断壁及烂圈（舍）74 处，拆除私搭乱建 9 处，栽植行道树 3300 多株，绿化花草 560 平方米，粉刷外墙 2700 平方米，利用废弃麦场、闲置地块等打造小广场、小花园等乡村景观点 6 处，实施旧房改造风貌提升自然社 1 个，着力打造美丽乡村。同时，大力弘扬社会主义核心价值观和中华民族传统美德，率先在全镇建成了下寨村"道德积美超市"，以道德积美超市为载体，量化群众日常生活道德行为，教育群众讲道德、尊道德、守道德，引导群众"积善、积孝、积信、积勤、积俭、积美"，建立村规民约 30 条，实施"村规硬治、家训软治"，推行"红榜引领、黑榜警醒"，每年对道德示范群众进行表彰，被镇党委政府评为农村道德讲堂示范点、道德积美超市创建示范点。通过美化环境、树立新风，老百姓们主动融入脱贫攻坚和美丽乡村建设工作中，坚定了对美好生活的向往和脱贫的信心，提振了全村的精神面貌。

防控疫情、巩固成果

"疫情就是命令、防控就是责任"，面对突如其来的新冠肺炎疫情，作为第一书记，大年初三，我便从兰州赶赴村里，迅速投入到疫情防控工作中。"哪里有危险、哪里有困难，哪里就有共产党员"，我和全村党员干部在疫情前线坚守岗位、日夜值守，与群众守望相助、团结奋战，保障了群众的生命安全，用自己的实际行动给党旗增辉添彩。为了克服疫情影响，确保如期完成脱贫攻坚目标任务，我带领村"两委"班子及帮扶工作队员制定下寨村《脱贫攻坚实施方案》和《挂牌督战工作方案》，全面核查全村建档立卡贫困人口收入状况及"两不愁三保障"实现情况，重点围绕未脱贫户、边缘户和脱贫监测户，做好"一户一策"动态管理，抓好春耕备耕，加大农业保险参保力度，加强劳务输出优惠政策宣传，办理务工人员健康证明，及时收集劳动力转移就业奖补材料，引导和扶持贫困家庭劳动力返乡创业。认真开展中央、省、市各级巡视巡察、考核督查反馈问题整改工作及脱贫攻坚问题检视清零行动，全面落实"3+1"冲刺清零后续提升行动，深入推进"5+1"专项行动，确保高质量完成脱贫攻坚任务。

如今，在下寨村，只要提起省财政厅，村民们就会翘手称赞。从2017年开始，省财政厅就与村里结对帮扶，省财政厅的帮扶领导、帮扶干部、帮扶队长多次深入村组、田间地头，走村串户，遍访全村贫困户和非贫困户，将了解到的困难群众的生产生活、看病就医、子女上学、住房安全、人畜饮水以及邻里矛盾纠纷等情况，填写在"一户一策"及动态调整表上，积极帮助制定和实施脱贫致富计划，并多方协调争取项目和资金扶持，以一番真情、一片热情和一腔激情，把下寨村的脱贫攻坚战不断推向深入，是村干部的好帮手，更是群众的贴心人。

关注民生、帮办实事

"驻村帮扶就是要为群众办好事、办实事"，为了给群众办实事、办好事，我积极联系帮扶单位每年开展访贫问苦送温暖活动，累计慰问360户建档立卡贫困户、低保户及边缘户，为群众送去面粉、清油、棉被、春联等生活物资；发动帮扶干部，为群众捐赠衣物、助学助医、奉献爱心，为集中统建安置点24户困难群众购置了取暖炉、床、被褥、桌椅、餐具等生活设施；协助帮扶单位开展"消费扶贫"活动，帮扶干部累计消费3万元购买村集体合作社及农户自产农产品，引导帮扶干部利用自己的"朋友圈"，"穿针引线"拓展村集体和农户的农产品销售渠道；联系省农科院种植养殖专家、省农牧厅养殖防疫专家对300多名群众进行黄芪、党参种植、牛羊养殖及防疫技术培训；联系省医疗专家4次入村开展义诊扶贫，累计对300多名患病群众进行免费义诊、发放药品；联系慈善商会对19名高考录取贫困户大学生进行"慈善助学"活动，发放助学金2.5万元；联系团市委及定西市青年定制扶贫创客中心对全村 144 户建档立卡户捐赠价值 2.2 万元的化肥 14.5 吨；联系团县委及吴孟超助学基金对 34 名贫困户中小学生发放助学金 1.02 万元；联系上海心安公益基金会为贫困户捐赠衣物 500 余件；对南岔学校 36 名学生及学前儿童进行"助学慰问"活动，发放学生用具及课外读物；带领工作队员经常入户走访困难家庭宣讲政策、打扫卫生、帮办实事，解决群众诉求，排查化解矛盾纠纷。

提起驻村生活里最难忘的事，我第一个想到的就是包五十。贫困户包五十，妻子早逝，留下两个年幼的孩子，丧妻的悲痛和生活的贫困使他失去了生活的信心，自暴自弃，生活懒散，村里人都嫌弃他，叫他"懒包旦"。扶贫先扶志，我与帮扶单位领导、帮扶责任人多次到包五十家做思想工作、宣传政策、鼓励勤奋、树立信心，帮助他收拾屋子，一起谋划"一户一策"及帮扶措施，并在"两不愁三保障"及产业扶持等方面落实帮扶政策，并帮助他购买了电冰箱、洗衣机、旋耕机和农用三轮车等生活生产用具。通过帮扶，包五十深深感受到党的扶贫政策温暖，精神面貌焕然一新，重拾了生活信心，勤劳发展搞生产，家庭卫生变整洁，不但新讨了个老婆，而且把孩子也转到镇区小学去读书，一家人日子过得红红火火，成了村里的脱贫示范户。

抓好党建、助推脱贫

群众富不富，关键看支部；支部强不强，关键看"头羊"。驻村以来，我牢记第一书记"抓党建、促脱贫"的责任，带领村党支部一班人紧紧围绕脱贫攻坚主线，按照"党建引领、整村规划、分步实施、全面提升"的工作思路，以党支部标准化建设和美丽乡村建设为抓手，以与省财政厅党支部结对共建活动为载体，完善提升村级党组织基层治理工作机制和工作能力，发展壮大村级集体经济，扶持党员群众创业发展，带动贫困户增收致富，强化公益性岗位和网格员队伍建设管理，真心实意为群众谋事、办事，提升社会治理和公共服务水平，大力改善乡村风貌，弘扬社会主义核心价值观，加强道德建设，评选最美家庭，举办村民运动会，丰富群众文化生活，让基层党组织成为助推脱贫攻坚稳步向前的有力抓手，不断提升人民群众的获得感、幸福感和安全感。

如今的下寨村变了，从"下雨两脚泥，天晴一身土"变为道路宽敞的水泥马路；从破旧简陋的小村部、杂草丛生的小广场到焕然一新、功能齐全的党群服务中心、文化健身广场为一体的村级活动阵地，从一穷二白的后进变成了产业兴旺、美丽宜居、乡风文明的典范。下寨村正在发生着蝶变，而催生这种蝶变的，是省财政厅及渭源县委、县政府抓党建促脱贫的实践成果。

总书记来到了布楞沟

马占海

我是马占海，原来是临夏州东山县布楞沟村党支部书记。

我们永远忘不了 2013 年 2 月 3 日那天，我们做梦也想不到，习近平总书记来到了我们布楞沟村，我们亲眼见到了总书记，和总书记握手，和总书记拉家常。

我清晰地记得，那一天，总书记一行到了布楞沟小学门前的麦场上，总书记下车后与乡亲们一一握手，然后踏着厚厚的黄土，上坡行走，在路上我向总书记介绍村上的基本情况，总书记坐在马麦志堂屋的炕沿上，详细向我和马麦志等人询问生活、生产情况，总书记问马麦志，家里有几口人、养多少只羊等家事。当总书记知道我们吃水很困难，现在人畜饮水还是窖水，而且还不够用后，就出门走到集雨场，看水窖储水情况，随行人员从窖里打出一桶水，习近平总书记仔细看后，就对大家说："要把水引来，把路修通，把新农村建设好，让乡亲们尽快过上好日子……"

习近平总书记离开时，和我们一一握手告别。看着总书记的车消失在视野中，大家也互相看着，沉浸在无限的喜悦中，好长时间，都激动得说不出话来。最后纷纷说："总书记来到了我们村，总书记和我握了手！"

人们站在和总书记握手的地方，久久不愿离去……

我回到家里，内心一直很高兴。夜晚，躺在床上回想总书记亲切和蔼的笑容，回想习近平总书记说过的每一句话……

以前的布楞沟村，是东乡很困难的地方，靠天吃饭，极度干旱，常常是没有水吃。我们这个沟里有一眼泉，我们吃水是靠窖水和苦涩的泉水，想吃好一些的水，就得往返十几公里到洮河，人背畜驮，吃一方水要 120 块钱。每当看到天上飘过一片云时，家家户户赶紧把塑料布铺在院子里，幸运的话，天上下雨，雨水流入水窖；冬天没雨，从洮河里砸些冰块，拉回来放入水窖里，融化后饮用。种庄稼年年干旱，常常是庄稼歉收，有时候庄稼因干旱而绝收。走路没有一条像样的路，全村道路都是土路，又窄又陡，尘土盖过脚面，交通闭塞。没有村卫生室，头痛感冒要到九公里外的乡卫生院，上学更是苦不堪言，村里只有一所三年制教学点，80% 的群众居住的都是危房。一句话就是说，世上所有的难心事，都在我们布楞沟存在，这里男人们累弯了腰，女人们流干了泪。

改革开放后，村里的情况发生了变化，越来越多的人开始外出，到兰州、西宁和周边务工，慢慢离开了布楞沟。有些有本事的人，就干脆把家安在了外地。到 2013 年，布楞沟村的常住人口从改革开放初的 140 户左右减少到 57 户，这些人还是摆脱不了吃水、行路、住房、上学、就医、增收的困难，村里贫困面还高达 96%。

总书记的到来，我们深切地感受到了党中央对贫困地区的关怀，布楞沟借着国家扶贫政策，发生了翻天覆地的变化。

我清楚记得，2013 年 2 月 28 日，布楞沟村安全饮水工程开工建设，短短四个月的时间，全村完成了人饮入户工程，埋设自来水管 15 公里，建成蓄水池 7 座，清澈的自来水流进了村民院落，布楞沟村民靠车拉、靠驴驮、靠人背的吃水方式成为历史，布楞沟村群众的梦想变成了现实。

布楞沟群众家家户户自发在自家院子的自来水井上，用白色瓷砖贴面，镶嵌上"吃水不忘总书记，永远感恩共产党"两行红彤彤的大字。

2013 年 3 月 12 日，随着一台台工程车辆的轰鸣声响起，布楞沟村石化路开工建设，到 5 月底，一条 20 多公里长平展展的水泥硬化路建成。随后，折红二级公路也修好了，二级路穿村而过。路修好了，布楞沟村脱贫致富、建设美好家园的路也就打通了。

布楞沟的变化，真是做梦也没有想到。现在，我们新农村住上了，孩子们也有了自己的学校，卫生室也建起来了，一般的小病都可以在这里解决，村民们再也不用跑去县城看病抓药。看到这一切，我心里有一种说不出的高兴。

过去，布楞沟的山山梁梁、沟沟岔岔都是光秃秃的，一看到那山那梁，心里有着一种说不出的悲凉。2013 年开始，布楞沟村实施生态建设工程，如今山坡上是新修的层层梯田，梯田里排排经济林，春夏时节是绿油油的一片，秋天结出了不少果实。现在看村子周围的山都披上了绿装，随着经济林逐步进入挂果期，将成为群众增收的又一项来源，村子也变得非常美丽了。

这几年，县上投资建设布楞沟流域巾帼扶贫车间，吸纳布楞沟流域妇女培训就业，重点销售油馃馃等东乡民族美食，上岗就业 30 余人，极大地激发了村上妇女参与的热情。还试点种植发展木耳等特色产业，引导群众参与分红，拓宽增收渠道。

村上还建成 3000 只羊规模养殖场 1 座，200—500 只羊规模养殖场 1 座，养牛场 2 座。在中石化的帮助支持下，"布楞沟东乡手抓羊肉"远销北京。

村上还发展了三家农家乐，前来村上观光旅游的游客逐年增加，在助农增收方面发挥了积极作用。

村上还常常开展劳动技能培训，使村上的中青年人都有了一项或多项劳动技能。特别是长期在家的妇女们学会了缝纫、刺绣和东乡美食的制作。

如今，我们布楞沟的水、路都通了，山也绿了。新农村、学校、村委办公楼都已建成，群众富起来了，总书记的嘱托变成了现实！

一生只干扶贫

田茂琳

　　说起扶贫减贫脱贫之事，我作为饥荒年代的亲历者和见证者，体验过贫困潦倒的感受，品味过饥寒交迫的滋味。陇南市扶贫办成立后，我即做扶贫工作。我放弃安逸，克制私欲，在扶贫战线摸爬滚打，即使退休后仍坚定不移地干扶贫。转眼几十年过去了，国家的扶贫工作取得巨大成效，陇南农村发生天翻地覆的巨变，群众摆脱了困扰千百年的贫困噩梦，如今正在乡村振兴的康庄大道上阔步前进，让我打心眼里有说不出的高兴。

　　现年近 70 的我，过去的许多事情模糊了，但是天理的温饱、无常的贫困永挂心间。虽然满足的安宁岁月让我过得心暖，可流年的穷苦日子却难以忘怀；久盼的富裕梦现在终于实现，可艰难的扶贫岁月印记永定格在心间。

　　贫困是恶魔，在我脑海里是挥之不去的梦魇，它能扼住脖颈、卡住咽喉，让你动弹不得。所以我认为，不论农村人还是城里人，能吃饱穿暖有房住，享受无贫困煎熬的生活才算有福。

一

儿时饥荒煎熬，祠堂碑石学读。

家境贫困如洗，返乡难以温饱。

无数个昨天悄悄过去，美好的今天含笑而来。我于 20 世纪 50 年代出生在陇南文县尚德镇田家坝村，家庭贫下中农成分。回想我儿时学境，祠堂作教室，土墙黑屋，窗户无遮掩，墓碑土墩是书桌，凳子自带上小学。那个时期，我的欲望简单至极：把土布衣换成洋布衣，把草鞋换成胶鞋，把土碗换成洋碗，把粗粮淡饭换成白米肉蛋，把灰黑色的土屋换成白色墙面……现在皆已如愿，所以我知足常乐。我从单位退休，但思想未退休；对农村减贫和乡村振兴的兴趣未减，行动步伐未终止。每当夜深人静之时，多年经历过的往事和情愫，常像幻灯片一样在脑海里反复播放。

我上小学时常被评为三好生，20 世纪 70 年代于文县一中读书。当时，母亲随生产大队的人集体上山去收麦，摔断腰成终身残疾，不能挣工分而少分粮食，父亲无力供我继续上高中，我只有回乡务农。

父亲小时读过书，当过老师和小学校长。他对我说："农民也是人，虽然种地辛苦，但是只要啥都会做，你就不求人，有人就会求你。做农活也简单，只要听话、人本分、有本事，忠厚老实善良，能吃苦耐劳，经得起雨打风吹就够了。如村里边发生啥事都难不住你，你就在人们的眼中有用，一辈子生活踏实顺遂。"

那时候，我正是个气盛的回乡知青。我是怀着广阔天地大有作为，对父母报恩，再不吃国家回销粮，不要政府救济款，改变家乡贫困落后面貌的想法回村务农的。可是，家里吃了上顿无下顿的现象常年发生。困难时，野菜挖着吃光，肚子饿得目眩，压根想不出解决温饱的好办法。

现实无情，苦涩、无奈、失落、困顿、压力使我头脑沉重得难以抬起。天无绝人之路，父辈们有智慧，找亲戚朋友帮助，用赊借办法来解决饿肚子的问题。我曾跟随长辈们，先后去过文县口头坝、丹堡、刘家坪等高山上产粮多的地方赊借过粮。承诺的条件是春季如借一斤玉米，到秋季时还一斤二两大米。去借粮的山路有30多里，早晨起身步行到别人家求情赊借40斤玉米，背上后返回家时已是半夜，那感觉是累得人快半死。脚板没有鞋穿，是因为没有钱买鞋，自己上山拔索草，打草鞋穿。多余的草鞋我还拿进城卖过钱，20双草鞋的钱，可以买一双胶鞋。

我虽然力量不大，但从不偷懒浪费光阴。我踏实肯干，虚心向父辈和书籍杂志学习农耕技术，掌握农时季节，做起果树嫁接修剪和丰产策励之事。多抽空或利用雨天、晚上的时间，自学乡村赤脚医生教材，便基本掌握了常见病的诊疗。那个年代，有收音机、缝纫机、自行车的人家不多，有出现故障不能使用问题时，来找我便去给予维修。除积极参加劳动外，生产队的公益事业总有我的身影，闲暇时给乡邻理发，谁家的电灯不亮了，也去看看线路开关或灯泡有无断丝问题。

1971年初春，我担任了村上的团支部书记。1972年春季，酸枣嫁接大枣成功当年开花结果，毛白杨扦插生根育苗成活，嫁接的各种果树长势良好。到了夏天，尚德人民公社领导听到此事现场考证，我被推选去武都地区参加一个月时间的林果技术培训，这更加提高了我的林果技术水平。培训结束后，立即返回向大队干部作汇报，大力发展起柑橘等果树产业。1973年初，我被群众推选，由大队党支部任命为园艺队副队长。1974年春，文县林业局局长让我协助西元苗圃做育苗工作，给村上引进柑橘、雪梨、油橄榄、刺槐和油莎豆、甜叶菊等种苗，经试种均获得良好的效果。

为了充实自己的技能，更好地服务于"三农"，也为改变我个人的命运，我参加了1974年的高考。当时我完全可以上好一点的理科学校，可父亲对我说："农村里的娃熟悉泥土，你要去求学的话，就上个农业学校吧，不论做什么事都能想到农民，搞建设也会想到农村。"我在填报志愿时，为了将来从事的工作与农村有联系，就报了甘肃省农业技术学校（天水农学院），也就是现在的甘肃省农业职业技术学院。

我在校学习期间，多次获得优秀团员、三好生、五好生的奖励。每逢假期，回家乡时带回良种或为大队修剪管理果树，也为其他大队做农业技术服务。因我在校就读期间思想进步，学习技能优异，曾多次上讲台讲课或在全校大会上作演讲。经院党委培养，1976 年 6 月我被批准加入中国共产党，成为一名党员。同年 9 月，中央号召大学毕业生当农民，不拿国家工资进农村消灭"三大差别"；院党委领导找我谈话，让我留在校团委工作，或分配到甘肃省农科院工作。我很感激院领导的关心，但从回报家乡的出发点考虑，还是坚持走不拿工资而挣工分的道路，怀着用知识改变贫穷落后家乡的信念，毅然回到了文县尚德镇田家坝大队。

当时，我戴着大红花，院党委召开大会表彰欢送，中共文县县委、政府领导高规格接待，尚德人民公社党委组织人敲锣打鼓迎接，田家坝的干部带领父老乡亲、20 多名插队知青，来到马泉桥头接待，这都叫我感动一生。经过两个月的工作和生产劳动，加上原来社员群众对我过去的认同，我赢得了思想先进、干事实诚的好口碑。当年的 11 月下旬，我被群众推选，由公社任命为大队党支部书记。

就在我担任大队党支部书记兼大队长的晚上，年迈的父亲对我说："你现在是队里的干部，决不能辜负大家对你的希望，全队近 300 人在瞅着你，肚子能吃饱吃不饱就看你的本事了。"

我一心扑在大队里的生产上，上山下河谋发展，引进小麦、水稻、马铃薯、向日葵、蔬菜等良种；同大队干部一起带领社员大干、实干、苦干，修水渠、烧砖瓦、平整土地，恢复小水电站和抽水浇地的工作；育苗造林，栽培经济果树，种植蔬菜，在丹堡河围鱼等。但是，由于条件环境等的制约，一年下来收获的粮食除了先缴公购粮、爱国粮外，队上给农户分配的粮食不够消费。一个全劳力的日值虽有上升，由以前的一角五分提高到二角一分，可社员们的生活还是在贫困线上挣扎。集体经济收入和积累不多，大多数人生活难以温饱，队里生产开支也很拮据。就我家里而言，连生活必需的衣帽鞋袜、油盐酱醋茶都无钱购买。有些家庭，如遇上点小灾大病，更是无力应对。

1977 年 11 月，我被尚德人民公社党委评为优秀村党支部书记。12

月，经文县县委推荐申报，我被中共陇南地委选拔为干部。这一年，县上派出工作组帮助我，和社员群众一起加宽了丹堡河引田家坝的水渠，修复了小水泵灌溉，整修恢复了小水电站发电照明，购置了米面加工设备和压面机、手扶拖拉机；引进许多经济生态树种，传授农业生产技术；配合县交通局义务投工，修通了马泉桥和村前到丹堡河的公路，村前的公路上有了来往的汽车。

二

　　　　根在原野山乡，驻城不离土香。
　　　　感喟减贫风雨，助农之事难忘。

　　我的分配调令下来时，从文县去武都报到上班，因没有件好衣服穿受同学数落。父亲见到我为难，语重心长地对我说："人的外表可以不光鲜亮丽，只要内心善良真诚，遇到好人都会接纳你。"组织部领导找我谈话，说我有基层农业经验，又了解土宜地力，加之所学专业对口，便把我放在乡下的武都地区园艺场锻炼。由于我的知识接地气，工作起来得心应手，解决实际问题如鱼得水，转正定级后于1978年12月又把我转调回地区农业局。

　　在武都这座古城工作一年，1979年，我又被调配到离城15公里叫作汉王的武都地区园艺场，先后在那里担任副场长、书记、场长职务。前五年，从事的是柑橘、花椒、核桃、油橄榄、桑苗、苹果、无花果、银杏、桃杏、葡萄和蔬菜等种苗的试验引种和培育推广工作，主要任务是为白峪河治理培育优质树苗、为基层举办农林技术培训班、为改善生态环境提供种植技术指导服务。后五年，实行果园承包，减少了国家农三场的财政补贴和人员工资的支付，工人扶了贫，翻倍提高了经济收入。这种做法，一是为国家作贡献，给地方财政减轻负担；二是树苗可以自主销售，把多余的种苗发放周边农民扶贫种植，再不用报告上级审批；三是走承包之路，让职工多劳多得而减贫致富。由此，园艺场成了全省农三场的典范，让我去省上介绍经验。

这样一来，场企事业管理简单了，职工减贫了，生活富裕了，产业繁荣了，单位的自主权得到了充分发挥。可是新的考验到来，我觉得自己所掌握的知识远远不够用，为了进一步服务好"三农"和减贫工程，更利于夯实自身的业务技能，便先后自费在华中农学院、武汉大学、中国农业科学院重庆柑橘研究所、中央广播电视大学等学府，学习深造或参加进修培训，以充电弥补自己学问的不足。

那个时候正值科学的春天到来，激情催我奋进，晚上常骑自行车进城参加外语学习班，以准备职称考试。甘肃省医药公司五马药场场长专程来邀请我赴药场作技术指导，一方面在五马河、裕河一带，考察调研杜仲、山茱萸、猪苓、天麻、黄连、牡丹的种植前景；另一方面作规划，准备在周边村社开展大范围的中药材基地建设。因按农时常赴柑橘园、油橄榄园、药场作技术服务，实施种植柑橘、特产药材课题，这便让我积累了经验，对柑橘、油橄榄、枇杷、茶叶、黄连、杜仲、山茱萸等亚热带植物，有了科学种植分析的判断感知。同时，对当地农村的风土民情有了初步了解。

我在园艺场工作的同时，也作了许多中药材课题研究。1978 年至 1987 年，参加完成了中国农科院柑橘研究所交给我的白龙江流域"柑橘良种区域化研究"的科研任务，通过了课题验收。配合甘肃省医药公司五马药场完成了承担的甘肃省科委"杜仲间作黄连栽培技术研究""猪苓野生变家种技术"，武都地区科委"山茱萸丰产栽培技术研究""天麻与蜜环菌伴生栽培研究""柑橘脚腐病防治技术""柑橘黄化病防治技术""柑橘良种选育研究""西洋参引种试验"等课题。这些项目的实施，对种植区的科技引领和减贫工作都起了作用。其中："柑橘良种区域化研究"课题，1984 年获得中华人民共和国农牧渔业部科技进步二等奖；"杜仲间作黄连栽培技术研究"项目，1986 年荣获武都地区行署科技进步一等奖；"山茱萸丰产栽培技术研究"，1986 年荣获武都地区行署科技进步三等奖；"杜仲黄连间作栽培试验"，1987 年荣获甘肃省科学技术进步奖评审委员会三等奖。不久，我被破格晋升农艺师职称。

1987年秋季，地委书记在文县舍书乡的沟口村创办扶贫试验点，借调我作为副总指挥蹲点三个月，我完成了修建水渠、造田增地和"四个一"的试点任务。不久，地区成立扶贫办打底设班，需要一个懂农业和农村工作的工程技术人员，就这样我被选中，调入地区扶贫办做项目培训咨询工作，开始过上城里人的生活。到了年底，领导们说武都县的裕河、五马乡贫穷落后，无法联系取得贫困资料信息，认为我对其社情民意比他人熟悉，便安排我去调研。

我带着扶贫任务去调研的那天，早早起身，阴沉雾浓的天空飘着稀疏的雪花，重峦叠嶂的麻崖子梁银装素裹。在经过琵琶乡翻越钵罗峪梁时，我望着茫茫白雪覆盖的千沟万壑，坐着全身都响的北京吉普车，颠簸得浑身难受。

下山沿着五马河沙土公路走，路边全堆码着从山上砍伐下的柴火，这是准备给城里人销售的。在陈家坝、马坝村途中，进行调研贫困户时，遇到不少原在陇沟药场打过工的农民。晚上，我们住到了五马古镇，街道上冷冷清清，几乎见不到人影。

第二天，我们出五马古镇向裕河进发。道路窄峡，蜿蜒崎岖，路面坑洼。车爬行至裕河赵钱坝村时，因几天前的雨水积道，车轮碾过时泥水四溅，车身已看不出是什么颜色。在车快要行驶到裕河乡政府门前时，见一个小孩站在路边，由于司机没有减速给其溅了一身泥水。我以为小孩要骂我们，就让司机将车停住给小孩道个歉。下车后，我看见小孩的头发蓬乱，上身穿着薄棉衣，袖口、肩、肘的棉花外露，肩挎个有补丁的书包；棉裤超短，膝盖裤口多处打着不同颜色的补丁；脚着一双布鞋，露出了三个冻得红肿裹着污垢的脚趾；高高的额骨显得很瘦，不太干净的脸上一双乌黑明亮的大眼睛充满惊恐的神情，长满冻疮的小手扶着一根比他胳膊还要粗一倍多的柴棒。

我走到他跟前说："娃，对不起，给你溅了一身泥水！"结果这孩子对我说："好的，没啥，回学校烤烤就干了。"

我好奇地又问："你去上学吗？扛根木柴棒干啥！"

"嗯，去上课。教室窗子缺了好多玻璃，房子里面冷，我们生火取暖，中午还要烧洋芋吃。"这时我才看到小书包里有几个鼓鼓的包块，可能是他的午饭。看到小孩满脸满身的泥点，我出于内疚、同情、歉意，便从身上掏出了十元人民币，递到他手里说："娃，给你十元钱，下课了去买双胶鞋穿。"他瞬间亮出惊讶的眼神，连声说："不，不要！"我抓住他一只迟疑的冻僵的小手说："收下吧，不客气。"他眼睛里顿时呈现出惊喜感激的神情，连声说："叔叔，谢谢，谢谢！"

我上车走了，从倒车镜里看到小孩还站在原地，手里掐着那张十元的人民币在频频向我招手。他的言语、穿着、形象和人品告诉我，裕河的贫困不仅在农户，学校也是贫困的单元。这让我的内心和车子一样震颤起来。

裕河乡政府坐落在一个四面环山的向南山坡间，一个破旧的大门挂着乡人民政府的牌子，年久失修的几十间木屋、高低不平的院子、稀疏的杂草和不完整的青苔，都在诉说着时下的贫困和乡间的艰苦。一位副书记接待我时笑着说："嘿嘿，裕河山高皇帝远，偏僻落后不说，交通就是个老大难。这里归洛塘区管，县上一般不来人。你来做扶贫调研好，我安排农业干事老刘陪你调研。"

当天中午，我和老刘即去赵钱坝村，开始了调研工作。村民居住分散，在山坡、地头、土屋旁，常常看到衣着破衣烂衫的弯腰驼背的村民。他们黑瘦的脸上刻满深深的皱纹，粗大不太灵便的双手长满锯齿般的老茧。经询问，土地分到户后，人们的生产、生活比前"大锅饭"时有所改变，温饱问题基本解决。日出而作，日落而息，虽辛勤劳作，但家庭贫困的问题还是难以解决。

入破宅，多年失修；查屋室，家徒四壁；论财产，一贫如洗。失学儿童随处可见，有些少年不到十二三岁，就担起了家庭的生产、生活重担。相当一部分家庭没有灶房，做饭就在堂屋的四方火垄上吊一个鼎锅，偶尔来客人就取掉鼎锅，放上三脚架炒个菜。早饭一般是酸菜拌汤，多数家庭是玉米糁面饭，中午吃火锨馍或菜团子馍。

晚饭时，朴实的村干部给我们端来火锨馍、炒鸡蛋，做一些干豆角菜汤。我瞧他们全家，却吃着鼎锅里的洋芋，喝着一碗酸菜汤。这顿饭吃下来，我却尝不出饭是香是苦是酸还是咸。

吃过这顿饭，知晓其中味。老刘看我不嫌弃脏、乱、差的环境，更不嫌所做饭菜的质量，给我说道："看你对贫困不陌生，待农村人也热情。我是一个快退休的人了，包产到户责任制落实后，农民吃饱了肚子。现在村民虽然还贫困，但少了请求国家对回销粮的供应，这可减轻了基层干部的负担。"

我接过他的话题，回答道："我在老家时，也曾吃过回销粮。"村干部告诉我："过去常吃回销粮，还有发霉的红薯片，要去五马粮站背。"通过这一吃、一听、一看、一问、一说、一答，可以看出这里确实是贫困落后的山区。这些乡上和村里的干部，以及村民对减贫的渴望诉求是一致的。其纯朴低调的需求，若遇上任何一个有良知的人，无不为之而动容。

晚间，我整理日记，同老刘与村干部在火垄边烤火交谈聊天，村干部对我说道："今天你说的种茶叶、天麻、猪苓，用科技产业扶贫的事，不知上边能不能给予投资帮助。"我说："中央下了决心，要把扶贫当着国策抓。在基层来说，脱贫致富就要因地制宜、因人制宜，考虑长远产业落实到位。"

当时通过调研采集资料，我认为全党工作重点向经济建设转移完全正确。首先，承认贫困人口和贫困地区的存在没错，把治穷致富、改善民生的扶贫工作作为国家的系统性工程对待是对的。其二，贫困人口广布在偏远落后的地方，能直接去帮扶他们的人太少，破解这些突出矛盾的办法也不多。扶贫涉及各个方面，比如安排干部开展驻村帮扶到村一级，或直接覆盖到所有贫困村，财政能支付起差旅费吗？其三，扶贫才起步，现实只能是奠基。上项目怎么上，基础设施的路、电、水和村委工作室好上，发展产业的项目怎么上？还有个问题是方法，有的人下去做扶贫工作，不懂农业、农村和农民，只会把城市的经验生搬硬套，老百姓听不懂、不认可。所以，扶贫先要扶心，再要扶智，让他们在实践中逐步改变原先的观念和想法才行。

这一年，国家出台了不少扶贫政策，不仅给农村放宽了发展的空间，同样给基层干部放宽松了环境，给扶贫人施展抱负，提供偌大的平台空间。这一年，社会上对扶贫工作的认同度不高，暗流的否定与争论不休，没有把扶贫的思想精神融入社会教育的全过程。这一年，潜意识告诉我，为农民脱贫致富助一臂之力，不是只说在口头上而是落实在行动上的一件大事。

1989年秋后，我为了全身心地投入扶贫工作，有把全甘肃的野生食用菌资源调查清楚的想法，有把裕河区域的食用菌产业发展壮大的打算，却因工作单位职能性质不顺，想法均没能实现。这时，政府号召科技人员停薪留职办企业。我为响应这个出台的政策，做好家人的思想工作，为带动陇南的食用菌产业扶贫，调离扶贫办赴市科技处，停薪留职，创办了陇南市科技开发中心、甘肃省陇南食用菌开发总公司。于是，招兵买马，盖大棚，建设食用菌示范基地。地委书记约我谈话，让我去徽县麻沿建食用菌扶贫示范基地，指导周边食用菌生产；行署专员约我谈话，让我做好康县阳坝、两当县的食用菌产业扶贫指导。后来接任的地委书记约我谈话，让我去文县碧口，武都县五马、裕河等地，办好食用菌扶贫示范点，为农民提高经济收入做服务。后任书记要求我在没有建立示范点的其他六县，无偿办学习班，作技术巡视指导，向农民培训传授食用菌种植技能。实事要实办。在此期间，我被任命为武都地区科技处处长，组织建立了协会团队，在开展人工生产食用菌产品的同时，重视野生菌的采集，在北京开辟了销售业务。在采集裕河的野生羊肚菌、黑木耳菌株分离的过程中，做了人工扩繁试验与生产培养，让科研与标准化规模生产同步进行，取得部分学术成果和产业成就。同时，常去看看汉王的油橄榄园，观察油橄榄的生长和结果变化。

精诚所至，金石为开。这一干算下来又是十年，基本上将食药用菌产业掀开了新的一页。此间，我就读于中央党校行政管理学院，分别参与了中国食用菌协会、中国菌物学会、中国科学院微生物研究所举办的有关活动，并参加了业务培训学习。在干中学，在学中干，取得不少成果，编制了几个地方农业标准，被甘肃省职称评审委员会破格评审为高级农艺师，并担任陇南市食用菌中心主任，陇南市科技处副处长、党组成员。开发的"陇南花菇""菊花耳良种繁育推广""羊肚菌的调查研究""野生食药用菌的开发与利用研究"等课题，分别被中国西部交易会组委会、国家科委新产品新技术委员会、陇南科技奖评审委员会评为金奖和成果奖。这些成果的取得，为陇南的食用菌产业启蒙和发展打下了基础，培养了人才，开拓了市场，从而开发了一条致富之路。中国食用菌协会将康县评为中国食用菌之乡，我被评为全国食用菌行业先进个人，影响力一直延续到今天食用菌产业的发展。

三

> 扶贫是国策，帮扶必扶志。
>
> 稳定一个村，脱贫一批人。

2001年元月，我调任陇南市科协工作，先后任副主席、党组书记、主席，兼中国农业函授大学陇南分校校长、陇南市科学技术咨询培训中心主任、晋升研究员等职。同时，参加甘肃省委党校、中央党校的中短期培训班，自费参加全国的农业学术研讨会议。这一年我除了服务于全市科普工作外，对花椒、核桃、油橄榄、中药材、食用菌等行业特别关注，按产业所需赴裕河、五马乡举办食药用菌技术培训班，解决了黑木耳、香菇、猪苓、天麻、杜仲、山茱萸、蜂业等生产中遇到的一些问题。还按照市委要求，深入相关村社地头，指导生产技术，传授病虫防控等管理技能。

2002年春，地委领导要求市科协配合相关单位，对裕河的茶叶进行重点扶持，包括旧茶园的改造、新茶园的建设、新品种的培育、茶园的管理，采茶制茶的工艺。我即协助武都茶叶站、裕河乡政府，联系组织茶农去外地茶园学习，把有经验的茶师请进来帮带当地茶农。经过一年的实施和加大宣传力度，完善营销策略，裕河茶叶在市场上的知名度远不如碧口和阳坝茶的局面得到改观，茶叶年产值增加，茶园建设扩大。

2003年春，武都大湾沟油橄榄试验园主任，带着热爱油橄榄事业的真情，请求我技术倾斜。他很真诚地对我说："你同我一样是油橄榄的生产技术人，现要多多支持油橄榄产业，救救油橄榄种植，因发展油橄榄需要得力的人做工作，产业成功后能扶贫一大批人群。"市上领导邀我约谈放置其他工作，多多关注油橄榄发展，并安排我着手起草油橄榄的甘肃省地方标准。我也将油橄榄列入市科协的主要工作来抓。11月，领导谈话，让我在做油橄榄工作的同时，进驻裕河乡庙坝村蹲点做扶贫工作。主要任务为：维护稳定秩序，把帮扶贫困户的工作与加强基层党支部建设结合起来，将科技扶贫渗透到贫困村和贫困户，取得经验，全市推广。

2004 年，武都油橄榄被中国科协、财政部立为科普项目。宏观物质生活与精神世界碰撞，外界的变化对村民的思想观念产生着巨大的冲击。农村落后事不小，家庭贫穷是非多。庙坝村土地资源广阔，森林覆盖率高，生态环境优越，560 多口人，异地搬迁没可能性。要搞好扶贫和小康建设，发展才是硬道理，亟待上面派人来帮助扶持。

面对存在的问题，绝不能麻木。好在陇南市委领导和武都区委、区政府领导重视，积极配合我的工作。经微观调研，发现该村人文姓氏复杂。人口受教育程度低，其中小学占 26%，初中以上占 14%，文盲占 60%；生活主要靠种植的玉米、小麦、黄豆和洋芋等农作物，日子过得不富裕。饲养猪、鸡，到年关春节前夕，才有杀猪吃新鲜肉的习俗，营养不足的人占 60% 以上。无入村公路交通设施。全村四个合作社无一辆摩托车，无农用电线和电灯、电话，无安全自来饮水。年人均粮食 220 公斤，人均年收入 310 元。在个别收成好的年份，年人均粮食也曾达到 220 公斤，人均年收入达到过 520 元，但在不好的年景，农民人均纯收入仅有 40 元人民币。年可支配收入低，家庭经济仅能靠种植的山货，将木耳、天麻、核桃、杜仲、野药等山货采集后翻山越岭 50 多里路，背到五马街才能换取一点油盐钱。村上没有接通有线广播，没有人订阅过一份报纸或杂志，没有出过一个大学生。

经分析研究，要解除该村生活贫困问题，只要解决良种、良法，进行技术示范和培训就行。在路、电、水方面上项目也许不是太难的事情，但帮助其产业发展不容易。

衣食足，礼仪兴。要加强乡村文明建设，没有物资作基础便是空中楼阁。我进村后的举措是：维稳安顺，技能培训，科普扶志，解决问题。首先建立了裕河乡第一个村级农民技术学校，一方面在提升农村群众的思想素质上下功夫，协助完成了电、水、路基础设施的建设。另一方面，为改善村民的精神和物质生活，党支部对应党支部，单位对村委，职工对贫困户。最主要的是跑基础建设项目，让村民投工投劳，早日用上了电灯、电视、电话，让山里的交通得到改善，村级公路通达后方便了村民的出入和运输；让自来水管道通入家家户户，而改变了干旱吃水到河沟去背的困境。

对贫困户的帮扶主要采用的办法有四点：一是捐钱、捐物，帮扶贫困党员，为贫困党员和困难户发放菌种、树苗和科技书籍；二是为创造长效机制，加强技术培训，积累技术知识，增加物质产出的思路来源；三是扩大食用菌、中药材、果树的种植量，鼓励发展畜牧业；四是引导村民外出打工，一户输出一个劳动力出门挣钱。这样一来，人人都有了事干，提高了家庭经济收入。

一个村落一个世界，大环境差，小村落改变面貌就难。裕河盛产茶叶、木耳、蜂蜜、药材等农副产品，客观上交通不便，偏僻闭塞，信息不灵；主观上缺乏开发当地的生态资源的思路和技能，传统守旧的生产生活方式落伍，几乎影响了像庙坝一样的村寨。裕河、五马二乡主要是道路交通条件差，导致贫困。我多次将调研材料整理成文，并联合其他市政协委员以政协提案的方式递交报告，其中反映社情民意的修路扶贫的建议得到了采纳。先加宽了琵琶乡两河口至裕河乡赵钱坝的公路，后分期硬化了这条民生公路。

乡村不变，扶贫不变。2008 年发生"5·12"大地震，我被市委派任为裕河乡灾后重建工作组的组长，协助武都区委和乡党委开展生产自救和重建工作。通知就是命令，我立即组织全单位职工捐款三万多元，带领四名职工下乡，第一时间走到裕河，为赵钱坝、庙坝、凤屏、梨树、余家河等村的 15 家特困户，纾解了思想和精神压力，支援了重灾特困户的重建。另外，捐款衣物、帐篷，把党的温暖送到受灾群众心头，从而激发出灾民万众一心，夺取抗震救灾的决心。我结合实际，写出了《"5·12"大地震百日纪实》日志，由大众科普出版社出版发行。

为了改变裕河的面貌，改善教育、交通、农电、生态、旅游、科技、文化、信息、环境的投入不足，我四处奔波，写提案，跑项目，找相关单位，找熟人，为裕河的扶贫发展做了添砖加瓦的工作。扶贫工作离不开科学文化，我先后发表200多篇论文，编制100余项地方农业标准，著作有《田茂琳科技文论集》《绿色油橄榄生产技术》《特色果树生产技术》《低碳果蔬设施生产技术》《家庭绿色食用菌生产技术》《低碳蜜蜂饲养》《陇南特色农业标准》《甘肃覃菌》等。后根据裕河乡及庙坝村的帮扶实际，将积累的日记整理成《扶贫日志》。

若要富，先修路。2012年11月，随着国家减贫考量的升级，精准扶贫的政令力度逐年加大。我会同市政协委员，再次撰写的武都区五马乡经裕河至康县阳坝镇的公路建设提案，得到市领导的高度重视。从五阳路提案的落地立项到建设，直至竣工通车运营，仅用了三年时间。这条路的开通，让裕河一带的人民摆脱了几千年来大山的封锁。路通解困，人和村兴。扶贫使这个昔日闭塞的区域走上了脱贫路，形成了以省道县道为主线，连接南海、十天、京昆高速，通过乡村公路网联系到千家万户。连通了文县碧口、康县阳坝，陕西宁强、汉中，四川广元、九寨沟等县市级城市，这些地方均可朝发夕至。有位一辈子没有走出过大山的老汉拉着我的手，非常感慨地说道："我是受了一辈子苦的老农民，快入土了还能赶上这样的好光景，坐上儿子开的车南下成都北上西安，便利的交通给当地的农副产品进入国内外市场提供了通道，这要感谢国家的扶贫政策带给农民的改革红利。"

四

退休前后不离阵，扶贫不减当年勇。

乡村振兴谋发展，科学文化写春秋。

2013年，习近平总书记提出了"精准扶贫精准脱贫"的重要论述，至此，中国开启了新一轮向贫困发起总攻的攻坚战。中央关于扶贫工作的指示深入人心，为打赢脱贫攻坚战提供了行动指南，创新发展的特色扶贫开发道路越走越宽。当然，让我想得最多的还是扶贫认识问题。帮扶和被帮扶者的思想解放不到位怎么办？怎样让贫困人口自力更生，摆脱精神贫困？如何引领村民提高素质，应用科技扶贫走上产业路？

裕河幸运，赶上了国家的精准扶贫和精准脱贫的好时光。中共陇南市委抢抓机遇，把裕河作为自己的扶贫联系点，并直接安排市委办公室人员进驻最贫困的凤屏村、梨树村。在这几年，我配合裕河乡党委，多次举行营林、茶叶、猪苓、天麻、崖蜜、果树技术培训活动。更为重要的是，启动了本土文化研究，开始挖掘当地的生态、人文、民俗、地产、旅游等资源。裕河乡赵钱坝村，在建立民俗史馆期间，我给予了大力协助。以上举措虽小，但为脱贫致富奔小康做了铺垫。裕河在市委的关注下，交通、产业、电商、文化、科技、精神、旅游、环保、信息、劳务、农业等扶贫措施到位，全镇干部和各村"两委"群策群力，把这个早前遗忘在秦岭大山中的小镇建设得生机盎然。不少贫困户乘势而上，特困户顺势而为，已搬迁至赵钱坝的新楼群安居。

2015年10月，我光荣退休。此后，我被陇南师专特聘为教授，裕河镇聘请我为科学顾问。在我的建议协调下，裕河镇领导赴陇南师专与该校党委书记、校长座谈，一是将裕河确定为定点帮扶和学生实习地；二是校方给裕河镇馈赠科学技术和文化学习资料；三是为裕河自然保护区提供智能技术支撑；四是师生定期或不定期赴裕河开展社会调查；五是裕河镇为其提供授训的环境条件。在我为校方服务期间，多次深入基层调研。特别是农林技术学院、职业继续教育学院的技术扶贫培训课，假期下乡的扶贫培训课均由我兼职完成。对贫困群众的诉求，我也一一给予解答。

裕河乡升级成镇是建制上的进步。2016年后，陇南市领导从科学文化升华考虑，叮嘱我发挥自身优势，对裕河全域建设发力。我紧咬文旅产业扶贫暨建设服务不松劲，想方设法招商引智，为其促进茶叶、天麻、蜂业、文旅的全方位发展创作撰写文章、诗词，拍摄民俗、社会和金丝猴照片，向有关网络和杂志发表，推举介绍宣传裕河。另外，完成了《西秦岭五阳路》《图说裕河》的出版发行，完成了散文集《五阳路印记》《探秘裕河》的出版发行。这些科学与文学的融合举措，弥补了裕河的文化不足，提升了裕河的知名度，引来不少金凤凰的青睐。

2018年，中共甘肃省委书记深入裕河镇调研，裕河金丝猴登上央视《新闻联播》，陇南山水纪录大片《水木裕河》在陇南人民广播电台微信公众平台"陇南之声"发布。

2019年，裕河镇首次登上央视《新闻联播》，裕河茶叶在"2019·甘肃（陇南）茶文化旅游节名优茶评比活动"中获得两金两银奖牌的好成绩。裕河茶叶品质得到专家认可，极大提升了裕河茶叶的市场影响力和品牌竞争力。

2020年初，按照防疫要求，围绕林下经济天麻扶贫开发工作，复工生产，配合镇党委和政府完成了《天麻生产营林技术培训班》，为脱贫攻坚效了力。同年，裕河获得甘肃气候小镇荣誉称号。陇南首届乡村旅游节，"2020魅力陇南乡村旅游月"活动在裕河镇盛大开幕，为助推裕河乡村旅游业发展提供了难得的历史机遇。

2020年末，裕河镇荣获中华人民共和国农业农村部全国一村一品示范村镇称号。经按程序严格验收，裕河镇全面脱贫而甩掉了几千年来的贫困帽子。

近年来，裕河镇党委、政府紧盯村民钱袋子增收，大力推进"三变"改革，在培育多元富民产业方面下了功夫。一是发挥当地资源优势，引进臻怡澜悦茶业、金陇红茶业、裕春茶业三家龙头企业；二是组建了"裕河镇电子商务服务站"，借助电商平台，拓宽了贫困户农特产销售渠道；三是积极鼓励引导贫困户发展地域性特色产业，发展种植茶叶、天麻、猪苓、黄连、猕猴桃，以及中蜂、生态土鸡等；四是硬化了所有行政村的通村公路，彻底解决了群众吃水难的问题；五是解决了10个行政村34个村民小组的生产和生活用电；六是修建垃圾焚烧屋40座、垃圾处理场1处、污水处理渠3000米、公共卫生厕所12座；七是改善了农户人居环境和生产生活条件，消除了村内脏乱差的现象；八是全面落实教育扶贫，控辍保学，做到了义务教育阶段的适龄儿童上得起学；九是严格按上级金融扶贫政策要求，根据农户对资金的需求量，做到应贷尽贷，彻底解决发展产业无资金的难题；十是狠抓生态旅游康养建设，全面拓宽人文旅居的项目实施开发范围。

实干托起梦想，奋斗铸就辉煌。直至今日，茶叶、天麻、猪苓等种植户如雨后春笋，家家过上了好日子；公路村村通，年轻人开着私家车，往返于四川、陕西推销特色农副产品。清晨，在学校宽阔的操场上，穿着整齐校服的学生，唱着国歌，敬着队礼，望着五星红旗冉冉升起。有外面商家来裕河投资开发，无论发展茶叶、文化旅游，还是生态康养，我都尽全力服务。因为裕河有几十年来摸爬滚打的干群群众，有共同洒下汗水心血的个体户，有共同唱响笑语欢歌的文化人，也有我几十年来由贫困变富裕的精神寄托家园。

功成不必在我，功成必定有我。这里曾经偏僻落后，这里曾经贫困如洗，这里曾经大地震害人，这里曾经暴洪灾害发生……一切都成为过去，过去的裕河，现得到了重生。

回想几十年来的扶贫足迹，裕河镇的班子换了一届又一届，他们的诚信和能干鼓舞了我。我对其关注一直没变。现由陇南市科协立项、陇南师专农林技术学院配合的裕河自然保护区古树名木科普调研文旅挂牌工作，我正在以裕河古树名木科普勘测队队长的身份带领一批人实施。裕河自然保护区野生动植菌物资源调查研究、野生金丝猴及生态环境保护、数字化生态康养旅游建设、《裕河名镇志》的编写等工作，均在智能帮扶中进行。

人无精神则不立，国无精神则不强。我现在已经退休多年，虽服务于"三农"没有报酬，但是我对扶贫与乡村振兴的情怀没有减，几十年来对裕河人的感情没有减。在裕河人奔向小康的道路上，我只是一块"铺路石"。所交结的朋友不少，他们真诚、朴实、可信，每次下乡关怀无微不至，已铸成为魂牵梦萦的烙印。我每年陪同远方朋友去裕河多次，察看指导过的茶园，观赏金丝猴的生息，记录山河的变化，用散文、摄影或诗词报道裕河的发展。

裕河的百姓脱贫不是终点，是新生活、新奋斗的起点。裕河的山水已融入我的血液脉络，裕河的人文自然资源已成我的物质精神财富，裕河的贫富兴衰无不牵动我的心弦。

　　有几位友人和我约谈，打算再过数年跑不动了，让我为他们在裕河租个小院，一起合居养老。届时，置身于鸟语花香之中，吃纯天然食材做的农家饭，喝农家自育的崖蜜水，品高山生态栗香茶。享受天然氧吧，品尝生活美好。

后 记

    为总结脱贫攻坚的历史和实践经验，推进中国特色社会主义新时代口述史资料征集研究工作，2021年中央党史和文献研究院第七研究部组织全国各省区市党史和文献部门，对征集到的一些领导同志、亲历者的口述史料进行整理，选取反映党和国家脱贫攻坚重大决策在地方贯彻执行情况、本地区具有全国意义或地方特色的重大事件、帮扶对口支援地区合作中的重大事件等史料，编辑了脱贫攻坚口述史丛书。

    本丛书在策划、选稿、编辑、出版过程中，得到地方党史和文献部门以及各位作者的大力支持。中央党史和文献研究院院长曲青山和副院长、中央编译局局长柴方国给予了精心指导，中央党史和文献研究院第七研究部刘荣刚、李树泉、徐鹏堂、谢文雄、宿凌、刘一丁、孙迪、张晓飞等同志承担了具体选编工作。中共党史出版社领导和编辑为本丛书的编辑、出版付出了辛勤劳动。中共甘肃省委党史研究室魏洁庆等同志承担了本书大量编务工作。在此表示衷心感谢。

    由于编辑时间紧迫，编者水平有限，书中难免存在不当之处，欢迎广大读者提出宝贵意见。

编　者

2023 年 10 月